G. Calabi, S. Hecker, R. Sarro, A. Busani

LE OPERE D'ARTE E LE COLLEZIONI

Acquisto, gestione, trasferimento

LA BIBLIOTECA DEL WEALTH MANAGEMENT

Wolters Kluwer

CEDAM

Fotocomposizione a cura di Integra Software Services Pvt.Ltd

Finito di stampare nel mese di ottobre 2020
dalla L.E.G.O. S.p.A.
Viale dell'industria, 2 - 36100 - Vicenza

GLI AUTORI

GIUSEPPE CALABI (LL.M. Harvard Law School) avvocato e socio dello Studio CBM & Partners di Milano, ha avviato con successo l'area di attività relativa a beni culturali ed al mercato dell'arte, nella quale lo Studio è riconosciuto tra quelli di eccellenza a livello italiano ed internazionale. Assiste artisti, collezionisti, fondazioni, musei italiani e stranieri, gallerie, case d'asta, banche, assicurazioni, operatori logistici dell'arte. È consulente dell'Associazione Italiana delle Case d' Asta e dell'Associazione Antiquari d'Italia.

È stato membro del Gruppo di lavoro istituito dal Ministro dei Beni e delle attività culturali per la riforma degli indirizzi generali in tema di circolazione internazionale di beni culturali. Si occupa infine di e-commerce e di diritto delle nuove tecnologie prestando assistenza a favore di importanti operatori italiani e stranieri. È consulente di Consorzio Netcomm, la principale associazione di categoria di imprese di ecommerce in Italia.

È Co-Chair dell'Art, Cultural Institutions and Heritage Law Committee dell'International Bar Association.

SHARON HECKER (B.A. Yale, Ph.D. U.C., Berkeley) è storica dell'arte, curatrice, e fondatrice di The Hecker Standard®. Esperta di arte italiana moderna e contemporanea, è autrice di oltre 30 pubblicazioni, come *Un monumento al momento: Medardo Rosso e le origini della scultura contemporanea*. Ha lavorato presso la Peggy Guggenheim Collection di Venezia e ha curato mostre alla Harvard University Art Museums, Pulitzer Arts Foundation e Galerie Thaddaeus Ropac. Nel 1990, è stata Project Coordinator per il Padiglione USA alla Biennale di Venezia, vincitore del 'Leon d'Oro.' Ha ricevuto premi dalle Fondazioni Getty, Mellon e Fulbright. Coordina l'Expert Pool per la Court of Arbitration for Art (CAfA). Insegna sulla *due diligence* alla Camera Arbitrale di Milano, Università Cattolica, 24Ore Business School, Associazione Italiana Family Office (AIFO) e Master in Diritto dell'Arte presso l'Università di Milano.

RAFFAELLA SARRO è avvocato e trustee professionale. Dopo un percorso ventennale svolto all'interno di primari istituti di credito dove ha rivestito funzioni apicali nell'ambito di società prodotto specializzate nell'offerta di servizi fiduciari e di trust, nel 2018 ha costituito "La Trust Company Spa", una realtà professionale indipendente di cui è attualmente amministratore delegato e che si occupa della progettazione, implementazione e gestione di soluzioni personalizzate funzionali a realizzare la protezione e il passaggio generazionale di beni personali e aziendali, nonché altre finalità meritevoli di tutela. Membro di Step e Professionista Accreditato dell'Associazione il Trust in Italia, dove per alcuni anni ha rivestito anche la carica di consigliere esecutivo, relatrice a numerosi convegni istituzionale ed accademici, docente in master e corsi di formazione manageriale, ha al suo attivo diverse pubblicazioni su libri e riviste specializzate nel settore della pianificazione patrimoniale e una monografia sul trust.

ANGELO BUSANI pratica (dal 1989) la professione di notaio, attualmente con studio in Milano e (dal 2000) insegna come professore a contratto presso l'Università Bocconi. È una delle firme più note e frequenti nelle pagine del Sole 24 Ore dedicate a diritto e fisco, con cui collabora dal 1988. Ha pubblicato diverse monografie e decine di articoli sulle principali riviste giuridiche italiane. È presidente del consiglio di amministrazione di "Credit Suisse Servizi Fiduciari s.r.l." (società erogatrice di servizi fiduciari) e di "La Trust Company s.p.a." (società erogatrice del servizio di trustee e di protector di trust).

INTRODUZIONE

di Pierre Valentin (*)

Questo libro offre una guida estremamente chiara, precisa e facilmente comprensibile all'acquisto, vendita e gestione delle collezioni d'arte.

Giuseppe Calabi, Sharon Hecker, Angelo Busani e Raffaella Sarro sono tutti esperti di spicco nel loro settore e insieme forniscono una ricca prospettiva in una materia molto complessa.

Il libro si articola in sei capitoli. Ciascun capitolo contiene un'analisi approfondita di un argomento, che ogni sofisticato collezionista italiano dovrebbe conoscere ed è accompagnato da una ricca serie di esempi pratici per illustrare le numerose regole di un mercato dell'arte, che non funziona più come un club di intenditori, ma come un mercato complesso ed opaco, in cui i collezionisti navigano a proprio rischio e pericolo.

I rischi sono molteplici: dall'acquisto di un'opera falsa o di un'opera saccheggiata durante l'epoca nazista, fino al sequestro dell'opera ambita, oggetto di scavi o di esportazione illecita. Il libro costituisce una lettura essenziale per i collezionisti che cercano di capire questi rischi. Il rischio può essere nel materiale stesso dell'opera. Per esempio, l'opera è stata creata con avorio o osso? E, se è di avorio, quali sono i rischi se la si sposta oltre confine? Il rischio può essere relativo all'identità dell'artista: se l'opera fosse stata creata da qualcuno diverso dall'artista, la cui firma sia stata apposta sull'opera stessa? Il rischio può essere insito nella provenienza dell'opera: se non c'è traccia della provenienza dell'opera durante l'era nazista, qual è il rischio che essa sia stata saccheggiata? Il rischio potrebbe risiedere nel Paese di origine dell'opera d'arte: e se fosse oggetto di scavi o esportazione illeciti da quel Paese? Il rischio può sorgere quando l'opera viene trasferita oltre confine:

(*) Partner dello Studio Constantine Cannon LLP.

quando viene spostata da un'abitazione a un'altra in uno Stato differente, è possibile che si incorra in un'imposta sull'esportazione o sull'importazione? Come è tassata l'eredità di un soggetto che viene a mancare, mentre una parte della sua collezione è in prestito presso un museo in un altro Paese? Tuttavia, le imposte non costituiscono un rischio semplicemente quando le opere vengono spostate in un altro Paese. Fiscalmente, possedere, prestare, comprare, vendere e trasferire alla generazione successiva una collezione d'arte sono potenziali campi minati. E la lista può continuare oltre.

Per valutare il rischio ed apprezzarne le possibili conseguenze, si può ricorrere a un esperto per verificare l'attribuzione, la condizione o il valore di mercato dell'opera d'arte. Si può consultare un avvocato specializzato in arte, ad esempio per stabilire se un oggetto antico scoperto nel sottosuolo di un Paese mediterraneo possa essere legittimamente oggetto di proprietà privata (e non appartenga invece allo Stato in cui l'oggetto sia stato trovato). Inoltre, quali sono le probabilità che sia stata legalmente esportata? La consulenza di uno specialista o di un esperto in materia di trust e pianificazione successoria può essere richiesta per formulare una strategia che ottimizzi l'impatto fiscale e assicuri un corretto trasferimento a figli e nipoti. Infine, può essere necessario uno scienziato per l'analisi dei materiali, ad esempio se la pittura applicata a una tela sia del periodo in cui l'opera è stata presumibilmente creata, oppure se il legno di cui è composta sia incluso in un elenco di specie in via di estinzione.

D'altra parte, purtroppo, molti rischi non possono essere eliminati. Un falsario può aver dipinto su una vecchia tela. L'attribuzione di un'opera può mutare nel tempo. La documentazione può suggerire che l'opera d'arte provenga da un Paese, quando in realtà proviene da un altro che applica regole diverse per la proprietà e l'esportazione. Alla fine, chi gestisce opere d'arte, sia che si tratti di un collezionista, di un museo o di un professionista del mercato dell'arte deve prendere importanti decisioni. I rischi sono accettabili e gestibili in una determinata situazione?

Questo libro aiuta il lettore a porsi le domande giuste e fornisce molte risposte. È una lettura obbligata per i collezionisti italiani e per chiunque altro sia coinvolto nel mondo dell'arte italiano. Dimostra, con la sua stessa esistenza e il suo contenuto, che la più volte citata affermazione che il mercato dell'arte non è regolamentato è semplicemente falsa. Esistono dozzine di leggi, regolamenti, regole e convenzioni che i collezionisti e gli operatori del mercato dell'arte devono rispettare, anche solo per proteggere la propria posizione e il valore della loro collezione.

Un modo per farlo è prestare attenzione a questo eccellente libro.

INDICE SOMMARIO

Capitolo 2

ACQUISTO DI UN'OPERA

di *Giuseppe Calabi*

CAPITOLO 3

DIRITTO DI PROPRIETÀ E NORMATIVA DI TUTELA
di *Giuseppe Calabi*

CAPITOLO 4

LA GESTIONE DI UNA COLLEZIONE

di *Giuseppe Calabi*

CAPITOLO 5

ASPETTI FISCALI

di *Angelo Busani*

Capitolo 6

TRUST, OPERE D'ARTE E COLLEZIONI D'ARTE

di *Raffaella Sarro*

Capitolo 1

LA FORMAZIONE DI UNA COLLEZIONE

di *Sharon Hecker*

1. Introduzione

Dare origine ad una collezione d'arte è un'operazione complessa, anche in ragione del delicato processo di selezione delle opere che la compongono. Acquistare significa non soltanto farsi guidare da scelte di gusto personale, ma talvolta anche dalla volontà di effettuare un investimento economico(1).

Per il collezionista, quindi, è opportuno comportarsi con la dovuta diligenza a monte di qualsiasi compravendita. Il collezionista deve individuare la sussistenza di eventuali "*red flags*", ossia dei campanelli d'allarme a cui prestare particolare attenzione per non rischiare di vedere il proprio acquisto compromesso.

Benché non sussistano stringenti obbligazioni in tal senso dal punto di vista legale, la diligenza richiesta ai venditori e agli acquirenti d'arte non può essere considerata trascurabile, nemmeno in nome della segretezza e della riservatezza che caratterizzano il mercato. Il rischio di affrontare controversie legali post-vendita su un'opera d'arte dipende in gran parte dal fatto che gli operatori agiscano o meno con il grado di attenzione richiesto non solo dalle norme di legge, ma anche dal codice etico che sono tenuti a rispettare.

Pertanto, il mantenimento di un elevato standard di conformità e di *due diligence* rappresenta la migliore strategia per il collezionista al fine di veder ridotti i rischi associati al proprio investimento. Le indagini prima dell'acquisto consentono di evitare controversie successive alla vendita dall'esito incerto e dispendiose in termini di tempo e denaro.

Il presente Capitolo esplorerà il tema con particolare riferimento alla questione dell'autenticazione dal punto di vista della storia dell'arte e degli strumenti diagnostico-scientifici, essenziali nella determinazione dell'autorialità di un'opera d'arte.

Quali che siano la ragione e la finalità dell'acquisizione di un'opera d'arte, resta fermo che l'autenticità è un elemento da indagare imprescindibilmente a monte della transazione. Dall'autenticità - o meno - di un'opera d'arte dipendono infatti il suo valore e la sua commerciabilità. Se un collezionista non esegue un'adeguata *due diligence*, rischia di vedere il valore della propria opera d'arte compromesso.

Autenticare è un procedimento delicato che include il coinvolgimento di diversi strumenti scientifici e storico-artistici, nonché

(1) - Sulla distinzione fra "collezionista-investitore" e "collezionista-speculatore" si veda A. M. LEOZAPPA, *La collezione di arte contemporanea fra diritto di autore e diritto di impresa*, in *Giur. comm.*, 2005, 658.

di studiosi e ricercatori. Se, dal punto di vista della storia dell'arte, l'autenticazione è strettamente legata alla conoscenza dell'*opus* di un determinato autore, nell'ottica giuridica assumono rilevanza questioni inerenti ai diritti morali dell'artista, meritevoli di tutela, come si avrà modo di descrivere al Capitolo successivo.

Quale che sia la lente attraverso cui si legge la nozione di "autenticità", quella dello storico dell'arte o quella del giurista, resta fermo che si tratta, per il collezionista, di un'operazione che consente di prendere consapevolezza di diverse eventuali problematiche, come si andrà di seguito a chiarire.

2. Il primo passo nel processo di acquisizione: la *due diligence*

2.1. *Cos'è la* due diligence *per le opere d'arte? Verso una definizione*

La *due diligence* è un concetto generale che indica una forma di indagine utilizzata in vari campi per valutare i rischi insiti in un potenziale acquisto. Nel mondo della finanza, la *due diligence* è diventata un approccio standardizzato che aiuta a sostenere il processo decisionale prima di effettuare un investimento. Nel corso dell'acquisizione di un'opera d'arte, ci sono numerose aree di *due diligence* che devono essere svolte prima di effettuare un acquisto affidabile. Le aree vanno dalle indagini storico-artistiche sull'autenticità e l'attribuzione di un'opera d'arte, alla valutazione del prezzo, alla valutazione delle questioni legali rilevanti. Esiste anche un certo ordine in cui queste aree di ricerca devono essere svolte. Purtroppo, questa pratica non è ancora consolidata o ben definita nel mondo dell'arte, né esistono standard unificati per il processo di *due diligence* sulle opere d'arte. Poiché attualmente non esiste una pubblicazione completa sulla *due diligence* storico-artistica, questa discussione sarà la prima nel suo genere[2].

---

(2) - Ci sono stati alcuni recenti e preziosi tentativi iniziali di creare delle linee guida per la *due diligence* e per gli esperti, come il Toolkit di RAM (*Responsible Art Market*), accessibile online: http://responsibleartmarket.org/guidelines/art-transaction-due-diligence-toolkit/. Esistono anche linee guida per alcune aree specifiche della *due diligence*, ad esempio

La *due diligence* storico-artistica dovrebbe essere lo strumento iniziale per supportare i collezionisti nel loro processo decisionale. Dovrebbe essere effettuata prima di valutare il valore finanziario dell'opera e prima di prendere in considerazione gli aspetti legali. È quindi essenziale che i collezionisti comprendano meglio il significato di *due diligence* storico-artistica e si rendano conto dei pericoli che si annidano in ogni fase del processo.

Il mercato dell'arte è noto per la sua mancanza di trasparenza. Ci sono ancora pochi controlli e persistono numerosi conflitti d'interesse nel campo. Nel mondo dell'arte regna anche una notevole confusione di ruoli, che porta a molte questioni di mercato e a problemi legali.

Oggi il settore si sta lentamente muovendo verso una maggiore trasparenza. Il termine *due diligence* sta ora cominciando ad emergere anche nel mondo dell'arte, ma è ancora poco compreso. Spesso il concetto viene interpretato in modo superficiale, generico o erroneo dal mercato e dalla legge e la *due diligence* viene eseguita da persone non qualificate e con procedure non standardizzate.

Il metodo che consiglio e che descriverò nelle pagine seguenti si chiama The Hecker Standard® (http://theheckerstandard.com). Si tratta di un approccio innovativo basato sulle prove per condurre una ricerca sistematica, con l'obiettivo di fornire informazioni sulle opere d'arte. Questo tipo di *due diligence* è ancorato a una ricerca rigorosa che permette ai collezionisti di fare scelte informate e di valutare i rischi prima di acquistare un'opera. I collezionisti possono

contro il riciclaggio di denaro, o il traffico di antichità, o l'arte razziata dai nazisti. Per quest'ultimo, v. "*Washington Conference Principles on Nazi-Confiscated Art*" 1988, accessibile online: https://www.state.gov/washington-conference-principles-on-nazi-confiscated-art/. All'interno di alcuni libri-guida per collezionisti, si trovano brevi sezioni dedicate al tema della *due diligence*, ad esempio alcune pagine in M. ROZELL, *The Art Collector's Handbook*, Lund Humphries/Sotheby's Institute of Art, Londra, 2014, 37–44; D. WOODHAM, *Art Collecting Today: Market Insights for Everyone Passionate About Art,* Allworth Press, New York, 2017, 96–97; A. BAMBERGER, *The Art of Buying Art*, Robinson, New York, 2007 e 2018, 318, 320, 364. Ci sono anche studi che affrontano l'autenticità di opere specifiche, ad esempio M. ALDRICH e J. HACKFORTH-JONES, *Art and Authenticity*, Lund Humphries e Sotheby's Institute of Art, Londra, 2012. Per un breve riassunto delle problematiche trattate in questo Capitolo, v. S. HECKER, *Via il prosciutto dagli occhi: i rischi del collezionismo*, in *We Wealth*, 28 febbraio 2020, accessibile online: https://www.we-wealth.com/it/news/pleasure-assets/opere-darte/via-prosciutto-occhi-rischi-collezionismo/.

trovare questo metodo utile anche per esaminare la storia delle opere d'arte già presenti nelle loro collezioni, per preparare un'opera di loro proprietà per una vendita o prima di prendere in considerazione la possibilità di prestare un'opera a una mostra. The Hecker Standard® non si ferma alla raccolta di informazioni relative alle opere d'arte: coordina, interpreta e analizza i risultati forniti dai vari specialisti e li compila in un report formale di *due diligence*. Questo approccio e il report che ne risulta, sono indipendenti dal mercato e, se seguiti correttamente, imparziali. I risultati sono affidabili in caso di controversie e contenziosi successivi.

Per definizione, uno studio di *due diligence* non può mai essere considerato completo in assoluto: è la migliore raccolta e analisi delle informazioni che si possono ottenere in un determinato momento.

2.1.1. *Cinque motivi per cui spesso la* due diligence *non viene eseguita prima dell'acquisto di un'opera d'arte*

I collezionisti spesso non effettuano la *due diligence* su un'opera d'arte prima di acquistare, vendere o prestare un'opera a una mostra. Ci sono molte ragioni per questo. Queste sono le cinque tra le più significative che incontro tipicamente nel mio lavoro:

1. i collezionisti d'arte sono spesso spinti dalla passione. Acquistano semplicemente perché si innamorano di un'opera, senza guardarne la storia. Molti collezionisti che sono caduti in questa trappola, quando più tardi parlano dell'acquisto, ricordano che "mi sono innamorato/a dell'opera d'arte e ho voluto semplicemente possederla";

2. i collezionisti potrebbero sentirsi sotto pressione o essere spinti dalla fretta. Questo accade spesso in un'asta o in una fiera d'arte, dove il concetto di "ora o mai più" viene promosso come strategia di marketing per spingere sottilmente gli acquirenti a completare frettolosamente un acquisto;

3. i collezionisti spesso dicono di avere fiducia nella propria capacità di distinguere un falso da un'autentica opera d'arte, assumendo il ruolo di esperti senza avere le qualifiche necessarie per fare tale distinzione;

4. i collezionisti possono riporre troppa fiducia negli operatori del mercato o in coloro che ritengono di avere le competenze necessarie, senza assumersi il compito di trovare qualcuno adatto a condurre una ricerca imparziale sui presunti esperti o sull'opera d'arte stessa;

5. i collezionisti possono fare affidamento ciecamente e acriticamente sulla documentazione fornita, senza rendersi conto della necessità di ulteriori controlli. Inoltre, alcuni basano la loro decisione di acquistare un'opera esclusivamente sul curriculum delle mostre in cui l'opera è stata esposta, o sulla sua pubblicazione in un catalogo ragionato, o sulla presenza segnalata dell'opera, in passato o al momento dell'acquisto, in una collezione importante. Ma tutto questo non basta. La *due diligence* richiede una valutazione professionale e indipendente della documentazione, che comprende un'attenta analisi dei cosiddetti "certificati di autenticità" che vengono oggi forniti, nonché della presunta provenienza dell'opera. Tutte le informazioni devono essere valutate, così come l'affidabilità di chi le ha fornite.

2.1.2. *Cinque buone ragioni per condurre la* DUE DILIGENCE *prima dell'acquisto di un'opera d'arte*

Ci sono invece numerosi buoni motivi perché i collezionisti conducano una *due diligence* sulle opere d'arte che intendono acquistare o che già possiedono. Ne riporto cinque:

1. ridurre i rischi di acquisto o vendita di un'opera d'arte problematica;

2. acquistare consapevolezza dei potenziali conflitti di interesse che possono esistere tra gli operatori del mercato;

3. aiutare ad arrivare a una corretta valutazione del valore finanziario dell'opera. Ad esempio, un'opera attribuita alla Scuola di Caravaggio avrà un valore di mercato inferiore a quello di un'opera di Caravaggio stesso. Se i collezionisti decidono di acquistare un'opera con una provenienza non verificata, devono correre il rischio che l'opera possa avere un valore inferiore a quello di un'opera con documentazione verificata;

4. scoprire se un'opera trovata in una soffitta, senza alcuna documentazione, possa rivelarsi un cosiddetto "*sleeper*" di grande valore, o un falso;

5. proteggere il collezionista e i suoi eredi dopo l'acquisto. In caso di controversie legali, una buona e dimostrabile *due diligence* come quella di The Hecker Standard® potrebbe esonerare i venditori da gravi responsabilità.

3. Cinque esempi di problemi per collezionisti

Negli ultimi anni, il mondo dell'arte è stato ripetutamente scosso da casi in cui la *due diligence* era assente, impropria o incompleta. Ciò ha portato a notevoli danni economici e finanziari per i collezionisti. Nei casi in questione, i collezionisti non hanno condotto una *due diligence* approfondita e si sono affidati a false rassicurazioni di diverso tipo. In ognuno di questi casi uno studio di *due diligence* esaustivo e critico avrebbe evitato i problemi di mercato e i problemi legali e le spese che ne sarebbero derivati.

3.1. Esempio 1: Galleria Knoedler

Per citare alcuni degli esempi più eclatanti degli ultimi anni, ci sono delle gallerie d'arte che sono state coinvolte in scandali significativi a causa della vendita di opere d'arte false ai clienti. Il caso più famoso è quello della storica Knoedler Gallery, che risale al 1846. Nel 2011, la galleria è stata costretta a chiudere definitivamente dopo che è stato scoperto che ha venduto oltre 60 dipinti falsi, dichiarando che si trattava di Robert Motherwell, Jackson Pollock e Mark Rothko, per un periodo di 25 anni. Si è scoperto che le opere erano state dipinte da un falsario d'arte che lavorava nel Queens, New York.

In questo caso, la totale fiducia accordata ciecamente alla fama storica della galleria e al suo direttore ha fatto sì che i collezionisti non abbiano effettuato alcuna forma di *due diligence* autonoma prima di acquistare i dipinti. Alcuni di questi collezionisti erano persone molto esperte nel mondo dell'arte, come Domenico De Sole, ex presidente del consiglio di amministrazione di Sotheby's, che nel 2004 aveva acquistato un Rothko falso per 8,3 milioni di dollari da Knoedler. Nessuno degli acquirenti ha chiesto al venditore, agli esperti o alle istituzioni di autenticazione di fornire la documentazione, né ha richiesto ad altri esperti imparziali di condurre una *due diligence*. Ad esempio, il proprietario originale delle opere è stato nominato dalla galleria come un certo "Mr. X, Jr.", che in seguito – troppo tardi – si è scoperto che non è mai esistito. Questo nome, senza prove, avrebbe dovuto mettere in guardia i compratori, così come il fatto che non è stata fornita alcuna documentazione storica con le opere d'arte. Inoltre, l'esame scientifico dei dipinti è stato condotto solo dopo lo scoppio dello scandalo. Come si è scoperto, le opere erano state dipinte con materiali che non esistevano durante la vita di questi artisti. *La due diligence* fatta prima dell'acquisto avrebbe rivelato tutto questo(3).

3.2. Esempio 2: Ruffini Old Masters

In un altro scandalo che ha coinvolto vendite private e aste, un mercante francese di nome Giuliano Ruffini ha iniziato nel 2012 a vendere per milioni di euro decine di dipinti Old Masters impeccabilmente falsificati a collezionisti che li ritenevano dei veri e propri capolavori. Tra questi, copie di opere di Parmigianino, Lucas Cranach il Vecchio, Frans Hals, Orazio Gentileschi e altri. Le opere sono descritte da chi ha scoperto la loro falsità come «prive di qualsiasi provenienza o storia di pubblicazione prima degli anni Novanta»(4). L'analisi dei pigmenti ha rivelato materiali che non

(3) - Per lo scandalo Knoedler, v. I. Tarsis, *From the Archives: Knoedler Obituary (1857-2011): Select Legal History of the Oldest American Art Gallery*, Center for Art Law, 11 luglio 2019. Accessibile online: https://itsartlaw.org/2019/07/11/from-the-archives-knoedler-obituary-1857-2011-select-legal-history-of-the-oldest-american-art-gallery/ Per un breve riassunto dello scandalo in italiano v. G. Biglia, *Scandalo Knoedler, si chiude la decima causa legale contro Anne Freedman*, in *Il Sole24ore*, 20 settembre 2017, accessibile online: https://www.ilsole24ore.com/art/scandalo-knoedler-si-chiude-decima-causa-legale-contro-anne-freedman-AEYTtwVC.

(4) - Per un riassunto, v. *Fakes, fakes everywhere?*, in *Art History News*, a cura di B. Grosvenor e A. Busiakiewicz, 17 gennaio 2017, accessibile online: https://www.arthistorynews.com/articles/4412_Fakes_fakes_everywhere_ctd; S. Cascone, *European Police Art Making Arrests in a String of High-Profile Old Master Forgeries of Cranach, El Greco,*

esistevano durante la vita di questi artisti e che non possono essere attribuiti a restauri successivi. Le indagini sono ancora in corso e si sta scoprendo in collezioni private e musei un numero sempre maggiore di opere falsificate che appartengono a questo gruppo. Anche in questo caso, un'adeguata *due diligence* prima dell'acquisto avrebbe portato alla luce i problemi.

3.3. Esempio 3: I "Pollock" di "Brennerman"

Infine, si stima che dal 2013 sia stata venduta in tutto il mondo una serie di 748 opere falsificate che portano la firma di Jackson Pollock. La documentazione che accompagna le opere ha creato un'elaborata storia di un immigrato tedesco di nome James Brennerman che si stabilì a Chicago negli anni Quaranta. Si dice che Brennerman abbia acquistato le opere con il suo amico Charles Farmer dalla vedova di Pollock, Lee Krasner. Pollock ha prodotto solo circa 1.100 opere d'arte nel corso della sua vita, quindi questi 748 dipinti sarebbero sembrati strani a qualsiasi esperto di Pollock. Ma un esperto non è mai stato consultato. Le foto del palazzo di Brennerman a Chicago, contenute nel dossier, erano immagini create con Photoshop del Castello Sforzesco di Milano, della fontana di Nettuno a Madrid e della biblioteca dell'Abbazia di Wiblingen a Ulm, nella Germania meridionale. Le lettere "documentarie" apparentemente perfette scritte dal signor Brennerman erano in realtà fittizie, così come la sua apparente discesa nella follia, che è stata usata per spiegare perché nessuno sapeva della collezione, che sarebbe stata lasciata alla servitù. Un attento studio di *due diligence* dopo il fatto ha rivelato i problemi di queste opere e della loro documentazione contraffatta, ma purtroppo non è stato eseguito prima del loro acquisto(5).

---

and Others, 13 settembre 2019, accessibile online: https://news.artnet.com/art-world/arrests-old-master-forgery-scandal-1649779.

(5) - Per una descrizione dettagliata del caso, v. L. Duffy-Zeballos e S. Flescher, *The Mysterious James Brennerman; Did he exist and where did all his fakes come from?*, in *IFAR Journal*, V. 17, (4), 2017, accessibile online: https://www.ifar.org/upload/pdffile2599db8c47f7fcIFARJournal_17.4_TheMysteriousJamesBrennerman.pdf. Per un breve

3.4. *Esempio 4: La mostra di Modigliani a Genova*

Un altro problema può emergere per i collezionisti che espongono opere senza aver eseguito la *due diligence* prima di prestarle alle mostre. Ne è un esempio l'esposizione delle opere di Amedeo Modigliani tenutasi nel 2017 a Palazzo Ducale di Genova. 21 delle 70 opere esposte in questa mostra sono state dichiarate false e sono state sequestrate dalla polizia italiana.

Questi scandali sollevano serie questioni sulla mancanza di standard per i musei per quanto riguarda la conduzione della *due diligence* prima delle mostre. Tuttavia, è utile considerare i momenti precedenti nella storia dell'acquisizione di queste opere. Ci si chiede quale sia stata l'eventuale *due diligence* condotta da ciascun proprietario di queste opere prima dell'acquisto. Sembra chiaro che i collezionisti che hanno prestato le loro opere alla mostra di Genova, e le hanno poi viste sequestrare come falsificazioni, non abbiano effettuato la dovuta diligenza sui loro oggetti al momento dell'acquisto e quindi non abbiano potuto protestare contro il sequestro o recuperare il loro investimento nelle loro opere. Forse i collezionisti non hanno compreso appieno le implicazioni di un'indagine completa e l'importanza della necessità di una *due diligence* per le loro opere.

Una delle opere sequestrate in questione era stata notificata dal governo italiano come bene di interesse culturale nel 1974. È evidente che in questo caso il proprietario ha attribuito alla notifica il valore di una garanzia automatica di autenticità dell'opera. Tuttavia, il proprietario non aveva alcuna valutazione basata su norme e criteri secondo i quali l'opera era stata notificata come autentica.

Nel caso di questo dipinto, i carabinieri non hanno trovato alcuna incompatibilità con i materiali utilizzati all'epoca di Modigliani, suggerendo al giudice che potrebbe essere autentico. Ma come vedremo, l'analisi scientifica da sola non può determinare l'autenticità, né si possono escludere definitivamente i falsi d'epoca realizzati durante la vita dell'artista o subito dopo la sua morte. L'analisi scientifica può solo valutare la compatibilità di un'opera

---

riassunto in italiano, v. Aa.Vv., *La truffa dei finti Pollock*, *Il Post*, 10 giugno 2019, accessibile online: https://www.ilpost.it/2019/06/10/truffa-finti-pollock/.

con un'epoca e con un artista, portando a una probabilità di autenticità, ma non a una garanzia complessiva.

In generale, nessuna decisione legale può rendere l'opera d'arte autentica: un giudice e gli avvocati non sono in grado, per formazione ed esperienza, di dichiarare l'autenticità di un'opera d'arte. Solo il consenso della comunità internazionale di storici dell'arte esperti di Modigliani, lavorando in coordinamento con i *conservation scientists*, può collocare un'opera nel suo giusto contesto attraverso un ampio studio e una valutazione aperta. Se il collezionista si fosse affidato agli esperti appropriati e avesse condotto uno studio completo e imparziale di *due diligence* prima dell'acquisto, avrebbe potuto fornire al giudice gli elementi corretti per la sua decisione[6].

3.5. Esempio 5: Il Pissarro del Baron Thyssen Bornemisza, oggetto di spoliazione da parte dei nazisti

Sono numerosi i casi in cui sono state acquistate opere d'arte che poi sono risultate essere saccheggiate o rubate. È il caso del dipinto di Camille Pissarro acquistato dal barone Thyssen-Bornemisza senza verificarne la provenienza. In seguito, è emerso in un'amara causa che il dipinto era stato confiscato al gallerista Paul Cassirer durante la Seconda guerra mondiale. Da un punto di vista storico-artistico, era chiaro alla Corte che non era stata condotta la dovuta diligenza. Le etichette sul retro del dipinto sono state ignorate, mentre avrebbero dovuto suscitare sospetti in chi ha esaminato il dipinto, dai commercianti che lo hanno venduto al barone che lo ha acquistato.

Un frammento dell'etichetta conteneva la parola "VICTO", che si riferiva a Victoriastrasse 35, l'indirizzo della galleria Cassirer, la parola "BERLIN", e le parole parziali "KUNST UND VE" (Kunst und Verlagsanstalt, relativa alla galleria di Bruno e Paul Cassirer). Queste informazioni sono state omesse dalla galleria da cui il barone ha acquistato l'opera, che non indicava la sua provenienza dalla Germania. La corte

(6) - Per un'analisi del caso, v. G. Calabi e S. Hecker, *Modigliani e i suoi giudici*, *We Wealth*, 19 luglio 2019, accessibile online: https://www.we-wealth.com/it/news/pleasure-assets/opere-darte/modigliani-e-i-suoi-giudici/.

qualificava il barone come un collezionista sofisticato che avrebbe dovuto sapere che le opere di Pissarro avevano suscitato l'interesse dei collezionisti ebrei e che erano state oggetto di incursioni durante il nazismo. Al momento dell'acquisto del dipinto c'erano molti esperti di Pissarro che avrebbero potuto essere consultati. Il barone ne conosceva alcuni personalmente, ma scelse di non consultarli. Non ci sono prove che il Barone abbia consultato anche studiosi che conoscessero la storia della Galleria Cassirer. Né chiese alla galleria di fornirgli informazioni sull'origine dell'opera. Il Barone ha dichiarato al *New York Times*: «Compro le cose in Svizzera e negli Stati Uniti, ma non so come ci arrivano. Non posso controllare tutto questo»[7]. Inoltre, sembra che nessuna delle molte mostre a cui questo dipinto ha partecipato abbia condotto una *due diligence* sull'origine dell'opera. Un'analisi approfondita della *due diligence* prima dell'acquisto avrebbe sollevato sospetti sulle origini problematiche di quest'opera[8].

4. "Bandiere rosse" per collezionisti

Nel suo recente libro *The Dark Side of the Boom*, la giornalista Georgina Adam del *Financial Times* ha portato alla luce il sinistro ventre molle del mercato dell'arte[9]. Gli acquirenti e i consulenti devono essere consapevoli dell'esistenza di questo lato oscuro. A causa della situazione caotica del mercato che ho descritto sopra, è imperativo stare attenti alle "bandiere rosse".

La prima interfaccia per un acquirente è di solito qualcuno del mercato: un commerciante, una casa d'aste o un intermediario del mercato dell'arte come un consulente d'arte. Per la legge italiana,

(7) - *David Cassirer, et. al, -v- Thyssen-Bornemisza Collection Foundation*, United States District Court, Central District of California, Civil Minutes – General, 30 aprile 2019, accessibile online: https://www.courthousenews.com/wp-content/uploads/2019/05/Cassirer Thyssen-JUDGMENT.pdf.

(8) - Per un'analisi del caso v. G. Calabi e S. Hecker, *Il dilemma di Antigone: Pissarro, Cassirer e il Barone Thyssen Bornemisza*, *We Wealth*, 14 ottobre 2019, accessibile online: https://www.we-wealth.com/it/news/pleasure-assets/opere-darte/pissarro-cassirer-barone-bornemisza/. T. Chung, *Case Review: Cassirer v. Thyssen-Bornemisza Collection Foundation*, Center for Art Law, 12 giugno 2019, accessibile online: https://itsartlaw.org/2019/06/12/case-review-cassirer-v-thyssen-bornemisza-collection-foundation/.

(9) - G. Adam, *The Dark Side of the Boom*, Johan & Levi, Milano, 2019.

questi operatori del mercato sono tenuti a fornire all'acquirente la documentazione che accompagna il lavoro (si veda la discussione legale al Capitolo successivo). In particolare, il venditore è tenuto a fornire due elementi: un documento che garantisca l'autenticità dell'opera e la sua probabile attribuzione, e una relazione sulla provenienza dell'opera. Questo è problematico per due motivi: (a) non viene specificato da nessuna parte chi è qualificato a fornire tale perizia; e (b) questi due requisiti legali non sono chiaramente definiti, né sono sufficienti per qualificarsi come *due diligence*.

Nel caso della *due diligence*, le due "bandiere rosse" più importanti sono legate ai problemi di (a) esperti e (b) *expertise*.

4.1. Il problema dell'esperto

Nel mondo della finanza, prima di effettuare un investimento importante, viene effettuata un'analisi attenta e approfondita con l'aiuto di specialisti qualificati e indipendenti che valutano oggettivamente i rischi connessi all'investimento previsto. Questo dovrebbe valere anche per l'arte, ma purtroppo non è ancora così. Ciò comporta numerose difficoltà e rischi per i collezionisti.

4.1.1. Quattro problemi con gli esperti non qualificati

A. Nessun criterio standard per gli esperti

Un problema significativo di competenza per la *due diligence* nell'arte oggi è che non ci sono criteri standardizzati per chi si qualifica come "esperto". A differenza di altri settori, gli esperti del mondo dell'arte non sono soggetti a regolamentazione. Non esiste un registro internazionale degli esperti, con criteri di formazione rigorosi, esami di ammissione e standard di certificazione a cui si possa accedere. Non esiste, inoltre, alcuna regolamentazione di chi può essere definito "esperto". Secondo la legge italiana, chiunque può legalmente esprimere un parere su un'opera d'arte (si veda la discussione legale nel successivo Capitolo). Pertanto, attualmente, la designazione degli esperti è caotica e inaffidabile.

B. *Problemi con le qualifiche degli esperti*

Poiché non esistono criteri standardizzati o regolamentati per gli esperti, è importante che un collezionista sia consapevole del fatto che molti cosiddetti "esperti d'arte" non hanno necessariamente le qualifiche per formulare un'adeguata perizia su un'opera specifica. Pertanto, il collezionista dovrebbe indagare a fondo sulla credibilità, l'affidabilità e l'imparzialità dello specialista prima di accettare o sollecitare la sua opinione.

C. *Conflitti di interesse*

Quando il collezionista vuole acquistare un'opera d'arte, di solito si rivolge a un commerciante, a una casa d'aste o a una galleria, oppure tratta con intermediari esperti sul mercato. Per brevità, d'ora in poi mi riferirò a commercianti, case d'asta, gallerie e consulenti d'arte come "operatori di mercato". Queste figure possono essere competenti nel procurare un'opera da vendere, stimarne il valore finanziario corrente e prevederne l'eventuale incremento, ma non sempre hanno la qualifica, l'esperienza e la specializzazione storico-artistica per fornire adeguate informazioni sulla *due diligence*.

Nella vendita di oggetti d'arte, i documenti saranno spesso preparati per l'acquirente "*in-house*" dall'operatore del mercato o da un suo collaboratore. Spesso il venditore è la stessa persona che produce o raccoglie la documentazione. Ciò comporta un rischio di conflitto di interessi. La persona che produce i documenti ha un interesse personale nella vendita, e le informazioni fornite possono essere potenzialmente foriere di problemi. Una *due diligence* separata e imparziale dovrebbe essere condotta per corroborare o confutare le affermazioni di una persona interessata. Si veda, ad esempio, lo scandalo Knoedler di cui sopra, in cui la perizia è stata preparata "internamente" e non è mai stato effettuato un doppio controllo imparziale.

Spesso i documenti forniti dagli operatori del mercato sono supportati dal parere di esperti esterni. Ciò può portare a numerosi problemi. Può accadere che gli operatori di mercato si affidino, a volte involontariamente, a "esperti" non qualificati o a persone non competenti o inaffidabili. Essi ottengono opinioni che tali esperti non supportano con prove, oppure si affidano a "prove" che non sono supportate da documentazione storica. Può accadere che gli operatori del mercato si affidino ad esperti che a loro volta operano in un conflitto di interessi (perché, ad esempio, hanno un interesse nella vendita).

Infine, ci sono casi in cui qualcuno autentica un'opera per aumentarne il valore finanziario e la vendibilità sul mercato. Troppo spesso in questo settore incontriamo un vero e proprio mercato dei certificati di autenticità, dove gli "esperti" accettano un pagamento in cambio di competenze non supportate.

D. Soluzioni alternative inadeguate

Può un contratto sostituire l'*expertise?* La risposta è no. Il coinvolgimento dei consulenti legali del collezionista è indispensabile nei casi in cui è necessario un contratto di acquisto, vendita o prestito. In alcuni casi, i collezionisti ritengono che un contratto sia sufficiente o possa fungere da adeguato sostituto della *due diligence* storico-artistica. Né un contratto, né un successivo contenzioso legale possono rendere un'opera autentica o prendere il posto di un'adeguata *due diligence* eseguita da uno storico dell'arte.

4.1.2. Cinque problemi con gli esperti qualificati

Anche quando si sceglie un esperto qualificato, ci sono diverse altre importanti questioni che il collezionista dovrebbe tenere a mente.

A. Il generalista contro lo specialista

Si può consultare in modo affidabile chiunque abbia esperienza nel campo dell'arte? La risposta è no. Nel mondo dell'arte c'è, purtroppo, una grande confusione tra generalisti e specialisti. Molte volte, l'"esperto" consultato è un generalista che non ha alcuna esperienza specialistica nell'artista in questione. Per capire meglio questo problema, guardiamo al campo della medicina: se abbiamo un mal di testa fastidioso, possiamo andare da un medico di base, ma se dobbiamo valutare se sottoporci a un intervento di cardiochirurgia, andiamo da un cardiologo e poi da un cardiochirurgo e, idealmente, ne scegliamo uno specializzato nella particolare patologia che abbiamo. Non andremo da un gastroenterologo e tutti capiamo il perché.

B. Esperti singoli o multipli

Un esperto solo è sufficiente per l'autenticità? In alcuni casi la risposta può essere no. Come in ogni campo, spesso c'è più di uno specialista per ogni settore. In campo medico, tendiamo a basare le nostre decisioni sul parere di più di un esperto, cercando una seconda opinione. Nel mondo dell'arte, tuttavia, spesso si crede erroneamente che per ogni artista esista un solo esperto. Il mercato convalida l'idea che il parere di un solo esperto sia sufficiente e necessario a spese di altri esperti. Questo potrebbe sembrare l'approccio più semplice e diretto, ma può portare a gravi problemi. La ricerca del parere di un solo esperto sopprime il disaccordo e limita fortemente la possibilità di sollevare questioni su un'opera d'arte o di giungere a un consenso ragionato. Se si escludono altre opinioni, esse potrebbero in seguito comparire in un contenzioso, sotto forma di "battaglia di esperti". Un approccio come The Hecker Standard® conduce ad un confronto tra opinioni e cerca di arrivare a un consenso. Questo fornisce al collezionista i necessari approfondimenti su cui basare una decisione informata[10].

C. Esperti che non esprimono o non possono esprimere opinioni

Al giorno d'oggi, molti esperti qualificati sono diventati riluttanti ad esprimere opinioni per paura di essere citati in giudizio. Sebbene siano legalmente protetti da una libertà di opinione, non

[10] - P. Cohen, *A Modigliani? Who Says So?*, in *The New York Times*, 2 febbraio 2014, accessibile online: https://authenticationinart.org/pdf/artmarket/20140202-A-Modigliani-Who-Says-So-NYT.pdf.

vogliono vedere la loro reputazione offuscata da un contenzioso o dover pagare le spese legali per difendere le loro posizioni. Si spera che in futuro ci sia una protezione legale più forte che consenta loro di esprimere le proprie opinioni senza minacce, e che le opinioni basate su prove contribuiscano a rendere obsolete queste controversie(11). Altri esperti qualificati non possono, in base ai loro contratti di lavoro presso le istituzioni, fornire pareri.

D. La falsa rappresentazione dell'esperto

Ci sono casi in cui il nome di un esperto qualificato viene dato dall'operatore di mercato all'acquirente come garanzia di autenticità. In seguito, si scopre che il parere a cui fa riferimento il venditore non è mai stato effettivamente dato da quell'esperto. Un esempio è stato l'uso di nomi di esperti importanti nello scandalo Knoedler per invogliare i compratori a sentirsi sicuri dell'autenticità delle opere contraffatte. I nomi degli esperti sono stati presentati come approvazione di un'opera dove in realtà non avevano mai espresso tali opinioni. Durante il processo, due esperti hanno dimostrato che la galleria aveva travisato le loro opinioni nel corso degli anni. Entrambi gli esperti hanno dichiarato di non aver dato il permesso di includere i loro nomi in una lista di esperti che avevano visto i dipinti, lista che è stata allegata a una lettera di autenticazione fornita dalla galleria. Un altro esperto ha detto nel processo che non aveva mai visto i dipinti(12).

Vi sono anche casi in cui l'operatore del mercato non comunica all'acquirente i dubbi espressi da un esperto qualificato in merito all'opera d'arte in vendita. Dati questi problemi, l'acquirente dovrebbe sempre eseguire personalmente una verifica con l'esperto per accertare se il suo nome e le sue parole sono state usate in modo improprio.

---

(11) - R. D. Spencer, *Art Law on Protection for Art Experts*, *Artnet*, 1 febbraio 2013, accessibile online: https://news.artnet.com/market/protection-from-legal-claims-for-art-experts-29980.

(12) - Per un altro caso recente, v. *Leonardo da Vinci expert declines to back Salvator Mundi as his painting*, *The Guardian*, 2 giugno 2019, accessibile online: https://www.theguardian.com/artanddesign/2019/jun/02/leonardo-da-vinci-expert-carmen-bambach-says-she-wont-back-salvator-mundi-as-his-painting.

E. Esperti e fondazioni/archivi: diritti morali

Qual è il ruolo delle fondazioni e degli archivi come esperti? Negli ultimi anni sono emersi archivi e fondazioni di artisti per l'arte moderna e contemporanea. Questi archivi e fondazioni rivendicano il diritto di avere l'ultima parola sull'autenticità dell'opera e, nei casi migliori, lavorano seriamente e con grande rispetto per proteggere l'espressione del patrimonio dell'artista attraverso il suo lavoro (si veda la discussione legale nel successivo Capitolo). Inoltre, promuovono generosamente gli studi sull'opera dell'artista, comprese le pubblicazioni, le conferenze, le mostre e gli eventi. Un collezionista interessato a un artista può imparare molto su di lui o lei dall'archivio o dalla fondazione seguendo le sue attività. In alcuni casi, l'archivio è stato creato già durante la vita dell'artista, oppure è stato creato dall'artista insieme a qualcuno incaricato di promuovere la sua reputazione postuma.

Tuttavia, può accadere che i titolari dei diritti morali raggiungano lo status di arbitro unico e inattaccabile o di "esperto" di ciò che è considerato autentico nell'opera dell'artista[13]. La questione degli eredi degli artisti che autenticano le opere d'arte può essere problematica. Se pensiamo a questo in termini di qualsiasi altra professione, diventa chiaro il perché: essere figlio di un chirurgo non lo qualifica automaticamente per dare consigli sulla chirurgia. Nei casi migliori, una fondazione o un archivio conduce un processo di autenticazione in modo serio, raccogliendo le opinioni degli esperti. Infatti, gli eredi di alcuni artisti non autenticano mai le opere dei loro parenti. Il figlio di Mark Rothko, ad esempio, non autentica i dipinti del padre, dicendo che «è un settore che credo richieda una competenza speciale che non credo di avere»[14]. Tuttavia, ci sono stati numerosi esempi in cui questo non è stato il caso. A volte, un erede di un artista si riserva il diritto di

---

(13) - Ci sono anche casi di battaglie tra eredi e pareri famigliari diversi sull'autenticità, come gli eredi di Victor Vasarely o Lygia Clarke. Su Vasraley, v. F. Duret-Robert, *On the Vasarely Affair*, *L'Objet d'art*, febbraio 2010, traduzione inglese accessibile online: https://news.masterworksfineart.com/2017/10/19/on-the-vasarely-affair. Per Clarke, v. C. Burns, *Heirs of Brazil's leading artist at war over estate*, *The Art Newspaper*, 1 luglio 2015, accessibile online: https://www.theartnewspaper.com/news/heirs-of-brazil-s-leading-artist-at-war-over-estate.

(14) - C. Moynihan, *In Knoedler Art Fraud Trial, Expert Testimony on Fakes Weighs Heavily*, *The New York Times*, 1 febbraio 2016, accessibile online: https://www.

pronunciarsi sull'autenticità delle opere d'arte senza avere le qualifiche professionali o le competenze necessarie per farlo. Numerosi casi di abuso di potere da parte dei detentori dei diritti morali degli artisti deceduti stanno ora giungendo in tribunale, così come le falsificazioni da parte degli archivi stessi (ad esempio, ci sono stati scandali recenti che hanno coinvolto artisti come Gino De Dominicis, come si illustrerà dettagliatamente nel Capitolo 2)[(15)]. I collezionisti dovrebbero informarsi sulla reputazione di ogni archivio prima di contattarlo.

Quando gli eredi o gli amici o le fondazioni, spesso titolari di diritti morali, si pronunciano sull'autenticità o sull'attribuzione di un'opera d'arte, è importante che i collezionisti si rendano conto che stanno esprimendo un'opinione[(16)]. La legge deve proteggere l'espressione di un'opinione. Tuttavia, i titolari di diritti morali spesso non si sentono obbligati a fornire prove a sostegno della loro opinione. Mentre la legge e il mercato possono accettare questa pratica, per il campo della storia dell'arte i diritti morali non sono qualifiche sufficienti a giustificare un'opinione sull'attribuzione o sull'autenticità, a meno che l'erede non abbia lavorato a stretto contatto con l'artista durante la sua vita[(17)].

Come in tutte le ricerche scientifiche, l'autorità di qualsiasi opinione sarà forte solo quanto i fatti forniti a sostegno di essa e l'accettazione di questi fatti da parte della più ampia comunità degli storici dell'arte. La mancanza di trasparenza, come il fatto di non fornire prove per le opinioni, può avere conseguenze negative. I collezionisti rimangono in un dilemma frustrante quando chiedono a un erede o a una fondazione perché il loro lavoro è stato rifiutato o

---

nytimes.com/2016/02/02/arts/in-knoedler-art-fraud-trial-expert-testimony-on-fakes-weighs-heavily.html.

(15) - I. Sacchettoni, *Falsi De Dominicis: odore di vernice su tele di venti anni fa*, in *Corriere della Sera*, 11 marzo 2019, accessibile online: https://roma.corriere.it/notizie/cronaca/19_marzo_11/dorso-rm-5-nuova-bis-aprecentrocorriere-web-roma-015d5d6c-4368-11e9-9709-cc10f0c9377f.shtml.

(16) - È importante precisare che in Italia i diritti morali spettano solo alle persone fisiche in rapporto di parentela diretta o collaterale con l'artista e non alle fondazioni o archivi, anche se create dall'artista.

(17) - Ad esempio, v. S. Fabro e S. Hecker, *Towards a definition of authenticity for a work of art*, in A. Donati, R. Ferrario, S. Simoncelli, (a cura di), *Artists' Archives and Estates: Cultural Memory Between Law and Market*, Napoli, 2018, 166–176.

considerato erroneamente attribuito. Non sembra esserci un'autorità superiore a cui rivolgersi per un'opinione altrettanto influente. Il fatto che molte fondazioni non forniscano prove documentate delle loro opinioni è problematico.

Mentre la storia dell'arte si muove per consenso ragionato, il potere assoluto e indiscutibile di cui si sentono investiti alcuni di coloro che hanno diritti morali ha di fatto eliminato altre voci e opinioni. Inoltre, le opere che non incontrano il consenso del titolare dei diritti morali possono e spesso sono escluse dai cataloghi ragionati e dalle mostre importanti. Questo rappresenta un eccesso di potere da parte di archivi e fondazioni.

Va ricordato che le opinioni degli organismi di autenticazione non sono sempre corrette. Un esempio recente è il quadro di Van Gogh, *Tramonto a Montmajour* (1888), relegato in soffitta perché il Museo Van Gogh lo considerava non autentico negli anni Novanta. Ulteriori ricerche hanno rivelato che si è trattato di un errore. Una descrizione dettagliata del dipinto è stata trovata in una lettera di Van Gogh a suo fratello. Un numero d'inventario nei registri del fratello corrispondeva a un numero scarabocchiato sul retro della tela. La compatibilità è stata trovata con la gamma di colori utilizzati da Van Gogh, incluso il blu cobalto. Infine, la trama della tela si è dimostrata compatibile con i rotoli di tela di Van Gogh. Il museo ha impiegato fino al 2013 per accettare che l'opera fosse un autentico Van Gogh. Includendo molti pareri di esperti, si sarebbe potuto risolvere il problema dell'eccessivo potere dato a una sola voce.

Che cosa può fare un collezionista se un'opera viene accettata da un esperto esterno, ma la fondazione o il patrimonio non la accetta? Si tratta di una domanda difficile per la quale non esiste ancora una risposta definitiva. Molte fondazioni, ad esempio quelle di Jean-Michel Basquiat, Robert Rauschenberg, Willem De Kooning, Andy Warhol e molti altri non si esprimono più sull'autenticità, a causa delle numerose azioni legali che hanno subito a causa della mancata certificazione[18]. Una strada aperta ai collezionisti è

---

(18) - G. ADAM, *Wildenstein can't be forced to recognise disputed Monet*, *The Art Newspaper*, 1° febbraio 2016, accessibile online: https://www.theartnewspaper.com/news/wildenstein-can-t-be-forced-to-recognise-disputed-monet.

quella di commissionare una ricerca indipendente di *due diligence* sull'autenticità dell'opera. Da un punto di vista storico-artistico, un report di *due diligence* ben documentato durerà molto più a lungo del parere non supportato di una fondazione.

Inoltre, bisogna tener conto del fatto che non tutti gli artisti hanno un archivio. Gli archivi esistono solo per l'arte realizzata a partire dalla fine dell'Ottocento, che è una parte molto piccola della storia dell'arte e del mercato dell'arte. Non esistono archivi per nessuna arte in nessuna cultura prodotta prima del XIX secolo. È quindi consigliabile identificare gli studiosi di quell'artista per effettuare la *due diligence*. Anche in questo caso è utile cercare un consenso di opinioni, poiché in alcuni casi gli esperti concordano sull'autenticità dell'opera d'arte, ma non sempre è così.

4.1.3. Sintesi: cinque qualifiche desiderate di un esperto

In sintesi, i collezionisti farebbero bene a ridurre i pericoli associati ai problemi sopra descritti: alcuni cosiddetti esperti possono non essere qualificati, non avere competenze specialistiche, possono avere conflitti di interesse, possono fornire informazioni dubbie o non comprovate, e gli operatori del mercato possono fare affidamento sulla competenza di altri che non sono qualificati. Anche con esperti qualificati, possono sorgere problemi se non sono specializzati, se esprimono un'opinione ad esclusione di altri o se vengono travisati dagli operatori di mercato. Le fondazioni e gli archivi possono non giungere alle corrette conclusioni sull'autenticità. Tutti questi problemi sono stati riscontrati nei casi in cui la *due diligence* non è stata condotta correttamente, o i risultati sono stati contestati o pongono dubbi.

Al fine di mitigare i rischi sopra descritti, un collezionista dovrebbe iniziare chiedendo quanto segue:

- "Chi ha preparato i documenti che ho ricevuto?";
- "Quali sono le qualifiche di questa persona?".

Nel rispondere a queste due domande, può essere utile tenere presente che, come in ogni professione, la persona che fornisce le competenze deve avere specifiche qualifiche professionali. L'affidabilità non può basarsi esclusivamente sul nome o sulla reputazione della persona sollecitata.

È utile verificare che l'esperto referente abbia almeno le seguenti cinque qualifiche:

1. laurea specialistica in *storia dell'arte* conseguita presso un'università riconosciuta;

2. esperienze di lavoro sull'artista in questione (ad esempio, l'esperto è il curatore di mostre sull'artista a livello internazionale);

3. sia autore di studi sull'artista, pubblicati su riviste internazionali, *peer-reviewed*, del settore. Questi non dovrebbero essere solo cataloghi, libri o riviste auto-pubblicati o commerciali;

4. una solida reputazione tra i colleghi; riconoscimento internazionale nella comunità degli specialisti dell'artista;

5. indipendenza dal mercato per evitare conflitti di interesse (da valutare caso per caso).

Conoscere e verificare queste cinque qualifiche può allertare l'acquirente sui rischi inerenti alla scelta dell'esperto per l'autenticazione.

4.2. *Il problema dell'*expertise

Un'area legata alla scelta dell'esperto è il problema dell'*expertise* fornita all'acquirente, su cui si basa la decisione per un acquisto. L'*expertise* è un mestiere delicato. Richiede tempo e deve essere effettuata in un certo modo per essere affidabile.

La legge italiana impone al venditore di fornire solo due forme di documentazione: la garanzia di autenticità/attribuzione probabile e la provenienza dell'opera. Nessuna delle due è sufficiente per una corretta *due diligence* storico-artistica.

Di seguito sono riportati alcuni dei problemi di *expertise*.

4.2.1. *Nessuna documentazione*

Un importante campanello d'allarme è quando un'opera non ha alcuna documentazione. In linea di principio, i collezionisti non dovrebbero mai accettare un'autenticazione senza un'*expertise* storica di supporto.

4.2.2. Expertise *superficiale*

Un altro campanello d'allarme è quando un'opera è accompagnata solo da un'*expertise* superficiale. I collezionisti dovrebbero evitare le opinioni date al volo da quelli che vengono chiamati i "*connoisseurs* da poltrona". Per fare un esempio dalla medicina, un cardiochirurgo non eseguirebbe mai un intervento a cuore aperto senza aver prima condotto e analizzato i necessari test diagnostici sul paziente e valutato seriamente i rischi dell'intervento.

4.2.3. *Attribuzioni frettolose*

Le problematiche di *expertise* includono le attribuzioni frettolose. Sempre più "servizi di *due diligence*" vengono offerti sia da *art advisories* che *online*, garantendo una risposta entro 48 ore. Questi dovrebbero essere evitati a tutti i costi. Un buon studio di *due diligence* storico-artistico richiede tempo.

4.2.4. *Metodi che rivendicano un "sigillo di autenticità": certificati di autenticità*

Il modo più diffuso per garantire l'autenticità è quello di fornire al collezionista un certificato di autenticità da parte di un esperto (o nel caso dell'arte moderna e contemporanea, dall'archivio o dalla fondazione dell'artista). Questo sembrerebbe semplice e diretto, ma non lo è. Questi certificati sono diventati problematici nel mondo dell'arte e non dovrebbero essere considerati di *per sé* affidabili. I collezionisti dovrebbero ricordare che non sono in alcun modo una garanzia. Sono solo l'opinione di chi li offre, non necessariamente dichiarazioni di fatto. La qualità o il valore di tali certificati non è superiore alle qualifiche professionali di chi li rilascia. I soli certificati di autenticità non sono considerati forme complete di *due diligence*. Inoltre, vi sono anche numerosi casi in cui i certificati sono stati notoriamente falsificati[19].

---

(19) - R. Rosa, *Presa la banda dei falsari d'arte*, in *Corriere della Sera*, 24 luglio 2014, accessibile online: https://milano.corriere.it/notizie/cronaca/14_luglio_24/presa-banda-falsari-d-arte-b2018c06-1307-11e4-a7ff-409dc1c2ba25.shtml.

4.2.5. Problemi con la documentazione

Uno dei pericoli più gravi si annida nei "documenti" che dovrebbero accompagnare l'opera d'arte. Come in ogni lavoro professionale, il valore e l'affidabilità dei documenti dipende dalle capacità di chi li prepara, da quali strumenti vengono utilizzati e da come vengono interpretate le informazioni in essi contenute. I paragrafi seguenti esaminano quale documentazione debba essere inclusa e come un acquirente possa giudicare se la documentazione supporta l'autenticità e l'attribuzione. Per fare questo, dobbiamo comprendere meglio gli strumenti della *due diligence.*

5. Gli strumenti della *due diligence*

La *due diligence* deve essere effettuata su due livelli. In generale, la procedura metodologica dovrebbe essere uniforme per qualsiasi opera d'arte di qualsiasi periodo storico. In particolare, la singola opera d'arte richiede l'intervento di specialisti dell'artista o di specialisti del periodo dell'opera.

Sono disponibili tre strumenti generali per condurre un corretto studio di *due diligence*: (1) la *connoisseurship*, (2) la ricerca sulla provenienza e (3) gli esami tecnico-scientifici.

Le indagini devono produrre informazioni che siano contestualizzate all'interno della vita dell'artista, del periodo storico e dei materiali utilizzati.

Nei casi migliori, i risultati ottenuti da tutti e tre i settori portano alla stessa conclusione.

5.1. Connoisseurship

La *connoisseurship* è un modo tradizionale di autenticare le opere d'arte. Comporta un'analisi visiva dell'opera da parte di un "*connoisseur*" o "intenditore", o di qualcuno che pretende di riconoscere l'autenticità o l'attribuzione attraverso tali criteri come lo stile tipico di un artista. Non ci sono strumenti o tecnologie utilizzate, e l'analisi si basa sull'occhio, l'intuizione e l'esperienza dell'esperto.

La *connoisseurship* può essere una forte intuizione iniziale, ma non è uno strumento infallibile e non è sufficiente da solo per l'autenticazione. Il critico d'arte e mercante d'arte Bernard Berenson, che ha basato le sue autenticazioni solo sulla *connoisseurship*, ha dichiarato di poter riconoscere un vero dipinto di Velásquez perché sviene di fronte ad esso. Tuttavia, nella collezione personale di Berenson, solo una delle 87 opere è ancora oggi accettata come autentica.

La *connoisseurship* spesso non è infallibile quando si tratta di falsificazioni. Esistono abili falsari capaci di confondere anche i più grandi esperti, come dimostrano i dipinti falsi realizzati dal talentuoso falsario Wolfgang Beltracchi. Nel corso di molti anni Beltracchi ha falsificato dipinti di importanti artisti, tra cui Pablo Picasso, Paul Gauguin e Max Ernst, che hanno ingannato anche i più grandi esperti di questi artisti, e in alcuni casi i loro eredi più stretti.

Nonostante il fatto che la sola *connoisseurship* non sia sufficiente per una *due diligence* approfondita, la maggior parte delle autenticazioni in Italia è ancora condotta utilizzando solo questo strumento(20).

5.2. Provenienza

Un altro strumento per valutare l'autenticità è la provenienza. Per la legge italiana, il venditore professionale è obbligato a rivelare la provenienza dell'opera. Ma spesso c'è un malinteso su cosa significhi il termine "provenienza": non è solo il proprietario che vende l'opera o la collezione più recente da cui proviene l'opera, ma piuttosto è un termine usato per indicare l'origine e la catena di proprietà di un'opera d'arte la più indietro possibile nel tempo, idealmente arrivando fino all'artista stesso(21).

---

(20) - V. la conferenza *Art, Law and Crises of Connoisseurship*, *Artwatch UK*, 1° dicembre 2015, accessibile online: http://artwatch.org.uk/art-law-and-crises-of-connoisseurship/.

(21) - Art Institute of Chicago, *Researching the Provenance of a Work of Art*, accessibile online: https://www.artic.edu/library/discover-our-collections/research-guides/researching-the-provenance-of-a-work-of-art. Per un riassunto dei concetti chiavi, v. S. Hecker, *Collezionismo, i rischi: la provenienza dell'opera d'arte*, *We Wealth*, 5 giugno 2020, accessibile online: https://www.we-wealth.com/it/news/pleasure-assets/opere-darte/collezionismo-rischi-provenienza-opera-arte/.

Oggi, la parola "provenienza" è diventata una prova di autenticità o di attribuzione. Spesso è considerata una garanzia su cui si basa una "certificazione" o "archiviazione", sia in forma cartacea che attraverso nuovi metodi digitali come il *blockchain*, che pretendono di "sigillare l'autenticità" garantendo la provenienza "per sempre". Vedremo tra un momento perché questo è altamente problematico.

Qualsiasi persona può condurre ricerche sulla provenienza? La risposta è no. La ricerca di provenienza è spesso condotta "internamente" da un operatore di mercato, che potrebbe non essere qualificato per questo tipo di lavoro. Si tratta di un campo altamente specializzato, che si divide in molte sotto-specializzazioni mirate in base al tipo di oggetto e al periodo in questione. Per l'arte saccheggiata o rubata, ad esempio, ci sono professionisti specializzati che si dedicano alla ricerca di opere d'arte saccheggiate in epoca nazista, coloniale e postcoloniale, e di oggetti religiosi. Ci sono esperti specializzati in specifici luoghi, come l'Africa, la Cina, i Balcani, la Russia, il Medio Oriente, o per il tipo di oggetto da ricercare, dagli scavi illegali di antichità, ai beni archeologici, a molti altri tipi di opere d'arte. Per questo motivo, si consiglia all'acquirente di informarsi su chi ha condotto la ricerca sulla provenienza e sulle sue qualifiche(22).

Nel caso di artisti viventi, la provenienza è verificabile: nella maggior parte dei casi esiste un certificato di vendita e l'artista può garantire che l'opera sia sua. Nel caso di artisti non viventi o di oggetti per i quali non si conosce il nome dell'artista, tuttavia, più l'opera è antica, più è complicato stabilire la sua provenienza. Alcune opere sono accompagnate da documenti affidabili, come ricevute di vendita o presenza nei registri dell'epoca, ma altre ne sono completamente prive, oppure la catena di proprietà è incompleta o sospetta. I collezionisti devono essere consapevoli di questi rischi(23).

---

(22) - *Provenance Guide*, *International Foundation for Art Research* (IFAR), accessibile online: https://www.ifar.org/Provenance_Guide.pdf. G. FEIGENBAUM e I. JACKSON REIST, *Provenance: An Alternative History of Art*, Getty Research Institute, Los Angeles, 2013; J. MILOSCH e N. PEARCE, *Collecting and Provenance: A Multidisciplinary Approach*, Rowman & Littlefield, Lanham, Maryland, 2019.

(23) - M. CARRIGAN, *California man sentenced to five years in prison for $6m international art fraud scheme*, *The Art Newspaper*, 16 luglio 2020, accessibile online: https://www.theartnewspaper.com/news/california-man-sentenced-to-five-years-in-prison-for-art-fraud-scheme.

La provenienza di un'opera dovrebbe avvicinarsi il più possibile all'artista che l'ha realizzata. Idealmente, qualsiasi cambio di proprietà dovrebbe essere accompagnato da prove documentali storicamente verificabili. Molte volte, tuttavia, la provenienza originale di un'opera viene dimenticata, perduta, modificata o falsificata nel tempo. In altri casi, non è possibile stabilire una catena di proprietà per mancanza di documenti affidabili, come nel caso di un dipinto che appartiene da generazioni alla stessa famiglia, sulla cui origine ci sono solo ricordi nebulosi. Altre volte compaiono in luoghi inaspettati e privi di storia. Così è stato il dipinto attribuito a Cimabue recentemente scoperto nella cucina di un'anonima casa di campagna in Francia. In questo caso, l'opera è stata venduta a un prezzo astronomico, senza uno studio completo di *due diligence*, né alcun accenno alla provenienza dell'opera per 800 anni prima di arrivare in quella cucina(24).

È fondamentale non dare mai per scontata la provenienza dichiarata. Può darsi che un'opera sia stata rubata o saccheggiata e che questa informazione non venga riportata (vedi l'esempio Thyssen sopra). Per verificare se un'opera è stata rubata o saccheggiata, il collezionista viene spesso rinviato alla *Art Loss Register*, una banca dati *online*, che tuttavia è ancora in corso e incompleta(25). Per capire la difficoltà di rintracciare i proprietari originali delle opere saccheggiate, basti pensare alla ricerca durata otto anni condotta da una task force specializzata del governo tedesco su 1590 opere della collezione dell'epoca nazista Gurlitt: ad oggi ne sono state restituite solo 14 ai legittimi proprietari(26).

Spesso i dubbi nascono dall'incompatibilità tra un'opera e la documentazione di provenienza che la accompagna. Non basta dire che l'opera apparteneva a un amico, un parente o un conoscente

---

Sulla documentazione falsificata, v. il sito della Fbi, *Forging Papers to Sell Fake Art*, 6 aprile 2017, accessibile online: https://www.fbi.gov/news/stories/forging-papers-to-sell-fake-art.

(24) - A. Brady, *'Kitchen Cimabue' sells for € 24.1m*, *The Art Newspaper*, 27 ottobre 2019, accessibile online: Cimabue https://www.theartnewspaper.com/news/kitchen-cimabue-sells-for-eur24-1m.

(25) - V. il sito di *The Art Loss Register*, accessibile online: https://www.artloss.com.

(26) - N. Wojick, *Gurlitt trove: Research on Nazi-looted art ends*, *DW*, 21 maggio 2020, accessibile online: https://www.dw.com/en/gurlitt-trove-research-on-nazi-looted-art-ends/a-53601554.

dell'artista: la presunta relazione con l'artista può essere rassicurante, ma deve essere confermata da prove dell'epoca in cui la persona è esistita, che si tratti di un regalo o di un acquisto. Un nome senza documentazione deve essere un campanello d'allarme per i collezionisti (si veda sopra l'esempio della Knoedler Gallery). Si consiglia al collezionista di insistere affinché il venditore, l'esperto o l'istituto di autenticazione fornisca ulteriore documentazione.

Con l'arte antica, ad esempio, spesso non si conosce la completa provenienza di un'opera d'arte. Se la provenienza è dubbia o incompleta, o se non è possibile ricostruire completamente la catena di proprietà, questa circostanza deve essere dichiarata all'acquirente in modo trasparente. Se c'è una domanda sulla provenienza, il collezionista deve essere messo a conoscenza di tale domanda.

A volte, vedendo una provenienza, l'acquirente si sente rassicurato dalla presenza di nomi di proprietari che conoscevano direttamente l'artista. Anche in questi casi è consigliabile indagare ulteriormente e verificare che tale persona sia esistita, e che l'opera sia effettivamente appartenuta a questa persona, perché nomi e attribuzioni possono sempre essere inventati o non essere dimostrabili (si veda sopra l'esempio "Pollock" di "Brennerman"). Se si dimostra affidabile e documentata, la provenienza del lavoro è considerata il miglior indicatore. Se è supportata da altri strumenti di *due diligence*, l'attribuzione è ancora più sicura.

Le etichette sono essenziali per la ricerca sulla provenienza. Possono aiutare a determinare una catena di cambiamenti di proprietà e le mostre a cui l'opera ha partecipato. Tuttavia, le etichette da sole non sono sufficienti. Gli esperti indipendenti dal mercato dovrebbero verificarne l'autenticità. Ci sono casi di etichette contraffatte o invecchiate artificialmente utilizzando acquerello marrone o tè. A volte, possono non essere del periodo che dichiarano di essere. Oppure possono essere rimosse. Nel caso del dipinto di Pissarro di origine nazista descritto sopra, qualcuno ha probabilmente rimosso le etichette sull'opera per evitare il sospetto di confisca da parte della Gestapo. Il tribunale ha concluso che l'etichetta parziale "BERLIN", oltre al nome e all'indirizzo parziale della galleria, avrebbe dovuto essere un elemento sufficiente per destare sospetti e giustificare ulteriori verifiche, che l'acquirente non ha effettuato.

Le provenienze possono includere bibliografie o storie di mostre in cui l'opera è stata esposta. Ma nessuna di queste fonti costituisce una garanzia automatica di autenticità. Esse vanno sempre confrontate con la biografia dell'artista e le pubblicazioni originali della sua vita. L'attendibilità delle pubblicazioni e delle mostre da cui sono state ottenute le informazioni deve essere verificata. Nel caso della mostra di Modigliani sopra descritta, le opere erano apparse in numerosi libri ed erano state esposte in mostre precedenti, ma chi ha preparato questi libri e mostre non aveva verificato l'autenticità dei dipinti.

Per natura, le indagini sulla provenienza sono complicate e sono un lavoro al dettaglio, e non dovrebbero essere lasciate a un non specialista o a un operatore interessato.

5.3. Analisi scientifica

Un terzo strumento per condurre la *due diligence* è l'analisi scientifica. Nei casi in cui la provenienza è mancante o incompleta, può essere d'aiuto uno specialista in scienze dei materiali che abbia esperienza dell'artista o del periodo artistico in questione. Può identificare materiali o tecniche che non esistevano all'epoca dell'artista. Se, ad esempio, si trovano pigmenti negli strati originali di un dipinto di un periodo successivo, l'opera può essere falsa, indipendentemente dalla validità della provenienza[27].

Possiamo quindi concludere che tutte le opere con materiali all'epoca incompatibili sono false? La risposta è no. Come gli storici dell'arte sanno, esistono copie legittime non intese come falsi, che sono state realizzate in epoche successive per emulare il maestro, o per soddisfare una richiesta del mercato o per una collezione museale di riproduzioni di opere d'arte del passato. In alcuni casi, una provenienza più antica è stata aggiunta, per errore, per ingannare i compratori o per aumentarne il valore. È possibile che siano stati realizzati anche restauri che utilizzano materiali incompatibili con l'epoca dell'opera.

---

(27) - La letteratura in materia di scienza della conservazione è vasta e va oltre lo scopo di questo intervento.

Non basta sapere che i pigmenti usati da un certo artista esistevano all'epoca per dimostrare l'autenticità di un'opera d'arte. L'opera potrebbe essere una copia, o un falso realizzato durante la vita dell'artista. Proprio per questo motivo, i risultati degli esami scientifici valgono poco se non sono contestualizzati all'interno della storia tecnica del materiale e della produzione dell'artista.

Mentre gli esami scientifici e tecnici possono rivelare un falso se il materiale non è compatibile con l'epoca dell'artista, raramente possono essere usati come unica prova di autenticità e di attribuzione. Le informazioni scientifiche, infatti, sono di scarsa utilità se non vengono effettuate da uno scienziato specializzato in conservazione, e se i risultati non vengono interpretati attraverso un ampio campionamento e una più ampia banca dati dei materiali e dei processi dell'artista. Ad esempio, se si trovano tracce di pigmento blu cobalto in un dipinto che si crede sia di Van Gogh, questo non è di per sé una garanzia automatica di attribuzione. Anche altri artisti potrebbero aver usato questo pigmento, o l'opera potrebbe essere una copia d'epoca. Inoltre, questa informazione è utile solo se si considera la data in cui Van Gogh ha iniziato ad usare questo pigmento.

I collezionisti devono esaminare in modo critico il modo in cui vengono utilizzate le informazioni scientifiche. Ad esempio, nel 1984, quando nel Fosso Reale di Livorno sono state rinvenute alcune sculture, tutti credevano che fossero di Modigliani. L'equivoco nasceva dal fatto che erano create in pietra di Livorno, un materiale che, secondo un aneddoto, Modigliani usava. Si è creato un mix perfetto per accertare l'attribuzione dell'opera. L'operazione si è rivelata essere uno scherzo messo in scena da un gruppo di studenti universitari con un trapano. Anche se Modigliani avesse usato quel tipo di pietra (e non ci sono prove di ciò), il materiale non è sufficiente a dimostrare che *quelle* specifiche opere siano state scolpite dalle sue mani. Infatti, il materiale è ancora oggi disponibile e utilizzabile(28).

Grazie alle attuali tecniche sofisticate, gli scienziati della conservazione possono smascherare la documentazione abilmente falsificata

(28) - V. *La burla delle false statue di Modigliani*, Rai Cultura, video d'epoca accessibile online: https://www.raicultura.it/arte/articoli/2019/11/La-burla-della-false-statue-di-Modigliani-c3787f24-a1df-446e-ab12-9b5f7bf8f2a7.html.

che accompagna un'opera. Con Photoshop, i falsari possono realizzare foto d'epoca false per giustificare la presenza di un'opera in una collezione o inserirle in cataloghi originali di mostre. Questo è avvenuto nel 2017 in occasione di una prestigiosa mostra di arte d'avanguardia russa finora sconosciuta presso lo storico Museum voor Schone Kunsten di Gand. Pochi mesi dopo l'inaugurazione, una lettera aperta dei maggiori esperti mondiali di arte d'avanguardia russa, pubblicata sul quotidiano fiammingo *De Staandard*, affermava che ogni opera in mostra era falsa. Come hanno notato questi esperti, le opere non avevano una storia espositiva, non erano mai state riprodotte in pubblicazioni scientifiche serie e non avevano registrazioni di vendita tracciabili. Il museo non ha fornito alcuna informazione sulla loro provenienza o sulla storia della mostra se non il nome del proprietario attuale. L'unica provenienza fornita era una collezione russa chiamata "Toporovsky". La "documentazione" fornita come supporto per queste opere era un catalogo della mostra magistralmente creato con Photoshop, dove anche il ritratto sulla copertina era stato sostituito e l'anno della mostra era stato modificato, compresi i falsi numeri di inventario del museo e le false provenienze come "il Comitato Statale per le Arti" (che non è mai esistito)(29).

In conclusione, l'analisi tecnico-scientifica può essere un'ottima fonte di informazioni, ma da sola non è sufficiente e deve essere letta nel contesto delle informazioni fornite dagli altri strumenti.

5.4. Altra documentazione

5.4.1. Condition Report

È importante che l'acquirente riceva un report sulle condizioni dell'opera. Ma attenzione all'uso di *condition report* che vengono offerti come prova di autenticità. Tali documenti possono fornire informazioni importanti sulle condizioni fisiche dell'opera,

(29) - S. Hewitt, *The Art Newspaper's exposé helps close dubious Russian avant-garde art display in Ghent museum*, *The Art Newspaper*, 29 gennaio 2018, accessibile online: https://www.theartnewspaper.com/news/the-story-behind-the-dubious-russian-avant-garde-art-show-in-ghent-museum.

compresa la storia dei danni, il restauro e la riparazione, che devono essere comunicate all'acquirente. Tuttavia, un *condition report* non può garantire l'autenticità o l'attribuzione. Come hanno dimostrato i dipinti del falsario Beltracchi, un'opera può essere in perfette condizioni ed essere un'opera perfettamente falsa[30].

Il restauro può essere molto importante, a volte rivelando informazioni nuove e precedentemente sconosciute su un'opera. Può anche essere problematico. È importante considerare quanto restauro sia accettabile. A che punto un'opera d'arte restaurata non è più considerata accettabile come di mano dell'artista? Molti artisti contemporanei non rilasciano certificati di autenticità per paura che le loro opere vengano restaurate male. Recentemente, l'artista americana Cady Noland ha disconosciuto un'opera restaurata male perché sentiva che non rappresentava più la sua arte.

5.4.2. *Firme e analisi grafologica*

La firma su un'opera d'arte deve essere controllata. Ma da sola non è una garanzia di autenticità. In generale, bisogna sempre fare attenzione a non fare affidamento solo sulle firme per le attribuzioni, perché ci sono casi in cui sono state aggiunte da un discepolo, da un commerciante o da un successivo proprietario.

Non tutti gli artisti hanno firmato le loro opere. Cimabue, ad esempio, non ha mai apposto firme sulle sue opere. Rembrandt incoraggiava i suoi studenti a copiare le sue opere per imparare dall'esercizio e come forma di ispirazione, ma non gli era permesso firmare le opere prima di diventare maestri, ed è quindi possibile che Rembrandt stesso abbia firmato i dipinti degli allievi del suo studio. È il caso di *An Old Man in an Armchair* alla National Gallery di Londra, già attribuito a Rembrandt e poi scoperto probabilmente come opera di un allievo.

---

[30] - A. M. Amore, *The Art of the Con: The Most Notorious Fakes, Frauds, and Forgeries in the Art World*, St. Martin's Press, New York, 2015, N. Charney, *The Art of Forgery: The Minds, Motives and Methods of the Master Forgers*, Phaidon Press, Londra e New York, 2015; K. Perenyi, *Caveat Emptor: The Secret Life of An American Forger*, Pegasus Books, Newburyport, 2012.

Di conseguenza, l'analisi calligrafica della firma su un'opera d'arte eseguita da un grafologo non può garantire l'autenticità o l'attribuzione, e l'acquirente non dovrebbe fare affidamento sull'esistenza di tale analisi come rassicurazione.

5.4.3. *Cataloghi ragionati*

Un'altra rassicurazione data ai collezionisti è l'inserimento dell'opera in un catalogo ragionato. Idealmente, il catalogo ragionato può essere uno strumento per lo studio e la protezione delle opere d'arte. I cataloghi ragionati fanno parte della documentazione storico-artistica e, nella maggior parte dei casi, sono pubblicazioni serie e affidabili che forniscono informazioni dettagliate sulla storia dei singoli oggetti. Essi contengono informazioni descrittive e ragionate sulle opere pubblicate. Nei casi migliori, sono scritti da studiosi indipendenti e sono pubblicati indipendentemente dal mercato. Allo stesso modo, l'autore di un catalogo ragionato non dovrebbe trattare le opere dell'artista sul mercato. Tale catalogo dovrebbe essere il più completo possibile e contenere informazioni descrittive e ragionate sulle opere pubblicate. L'autore dovrebbe aver visto le opere di persona e dovrebbe avere le qualifiche necessarie per esprimere un'opinione.

Ma non è sempre così. Alcuni cataloghi non sono considerati autorevoli, altri non sono completi o accettano acriticamente opere ritenute discutibili dalla comunità scientifica. Le ipotesi possono inspiegabilmente essere trasformate in fatti dal catalogo. A volte ci sono importanti differenze di opinione sulle opere che sorgono tra gli esperti, che il catalogo omette.

C'è una tendenza negli ultimi decenni a spostare i cataloghi ragionati *online*. Questo potrebbe sembrare a prima vista utile al collezionista, dando agli studiosi la possibilità di correggere gli errori, di aggiungere opere mancanti e di ragionare apertamente, o di eliminare opere di dubbia attribuzione o che dividono gli esperti. Tuttavia, il catalogo *online* potrebbe generare nuovi problemi: non c'è garanzia che un sito web duri per sempre a causa di problemi di finanziamento e di manutenzione, né si può garantire la qualità e la continuità dell'esperto incaricato.

E se ci fossero numerosi cataloghi ragionati per uno stesso artista scritti da esperti diversi? Modigliani, ad esempio, ne ha cinque, con altri due in preparazione, Rembrandt e De Chirico ne hanno più di uno. L'autorità di un catalogo rispetto a un altro dipende proprio dal ragionamento degli autori. Quindi i criteri di inclusione o esclusione di un'opera devono essere trasparenti. È importante consultare tutti i cataloghi esistenti per sapere se ci sono differenze di opinione tra gli autori su un'opera che si sta considerando di acquisire.

L'autorità principale è sempre l'autore del catalogo ragionato? La risposta è no. Non sempre i migliori studiosi scelgono di scrivere un catalogo ragionato. Nei casi migliori, gli studiosi esterni concordano con le opinioni del catalogo ragionato. A volte, però, ci sono delle differenze di opinione che possono essere importanti e che devono essere considerate dal collezionista prima di un acquisto, per evitare una "battaglia di esperti" in un contenzioso dopo l'acquisto.

E infine, e se non ci fosse proprio un catalogo ragionato? Molti artisti non ne hanno uno. In questi casi, l'unica soluzione ragionevole è commissionare uno studio di *due diligence* esaustivo.

6. Mettere insieme le informazioni

L'acquirente deve essere consapevole che non è sufficiente ricevere semplicemente le prove raccolte. Per rivelare eventuali discrepanze, un team di storici dell'arte e scienziati dei materiali specializzati nello studio delle opere d'arte è l'ideale, e le informazioni devono essere interpretate, valutate e coordinate.

Cosa succede se i risultati dei diversi strumenti sono in conflitto? E se gli esperti dichiarano di non poter giungere a una conclusione definitiva? In questi casi, l'acquirente dovrà decidere se assumersi il rischio di acquisire un'opera d'arte la cui autenticità non è stabilita.

6.1. Cambiamento di attribuzione

Un rischio che può essere mitigato ma non eliminato è il cambiamento di attribuzione. L'attribuzione avviene attraverso l'emergere di nuove informazioni, la disponibilità di nuove tecniche scientifiche e il dibattito in corso tra gli esperti. È un rischio inevitabile che ogni collezionista o proprietario deve correre, e la valutazione del valore può cambiare di conseguenza. Ma meglio una consapevolezza del rischio che false rassicurazioni o garanzie[31].

6.2. *Problemi specifici dei multipli e delle opere postume*

Le opere d'arte create come multipli, come sculture fuse in cera o bronzo o altro materiale, fotografie, litografie e molta arte concettuale rappresentano una categoria a parte per l'autenticazione. Le opere fuse o stampate durante la vita dell'artista devono essere distinte dalle opere riprodotte attraverso modelli, lastre o disegni originali dopo la morte dell'artista[32].

Quando si parla di arte postuma, i concetti di originalità e autenticità sembrano diventare meno chiari e definiti, lasciando spesso i collezionisti, i musei e le case d'aste nell'incertezza sullo *status* e il valore dell'opera: l'originalità sta nel modello, nei calchi o in entrambi? E cosa si intende esattamente per arte postuma?

Nella scultura, il termine "fusione postuma" indica un'opera riprodotta dopo la morte dell'artista a partire dai modelli da lui o lei creati. La definizione non si limita però alle fusioni in bronzo: l'arte postuma comprende anche le opere create con le luci al neon di Dan Flavin che continuano ad essere prodotte dopo la sua morte, o i Wall Drawings di Sol Lewitt, anch'essi per intenzione dell'artista, eseguibili dopo la sua morte, o le fotografie di Robert Mapplethorpe o Diane Arbus stampate dopo la morte dell'artista. Ogni artista è diverso, quindi ogni caso è diverso. Ci sono notevoli differenze visive e qualitative tra le opere prodotte durante la vita dell'artista e quelle successive, alcune accettabili altre no.

---

(31) - A. K. Wheelock, Jr., *Issues of Attribution in the Rembrandt Workshop*, National Gallery of Art Online, accessibile online: https://www.nga.gov/research/online-editions/17th-century-dutch-paintings/essay-issues-attribution-rembrandt.html.

(32) - V. S. Hecker, *The afterlife of sculptures: posthumous casts and the case of Medardo Rosso (1858–1928), Journal of Art Historiography*, giugno 2017, accessibile online: https://arthistoriography.files.wordpress.com/2017/06/hecker.pdf.

Ogni artista è diverso, e per questo motivo l'esperto deve conoscere la storia dell'artista in questione e la sua opinione sulla sua arte postuma. Henry Moore, ad esempio, ha distrutto tutti i suoi modelli perché non voleva che le fusioni fossero riprodotte dopo la sua morte. Altri artisti, come Auguste Rodin e Medardo Rosso, approvarono le fusioni postume dai loro modelli, mentre altri ancora non si espressero chiaramente su questo argomento (alcuni esempi sono gli artisti che hanno lasciato modelli di scultura non fusi in vita come Umberto Boccioni, Edgar Degas e Honoré Daumier...). A volte, in mancanza di chiarezza, le opere postume vengono prodotte senza sapere cosa avrebbe voluto l'artista. Ogni paese ha leggi diverse sul numero di opere postume che si possono realizzare. In Italia non c'è limite alle fusioni postume per i detentori di diritti morali e non c'è garanzia della qualità delle fusioni prodotte. Molte fiere d'arte richiedono ora che la data della fusione appaia sull'etichetta per rendere più chiaro all'acquirente che l'opera è postuma.

Capitolo 2

ACQUISTO DI UN'OPERA

di *Giuseppe Calabi*

1. Prima dell'acquisto: aspetti legali relativi al tema dell'autenticità

1.1. *Certificati di autenticità e provenienza*

Tanto l'acquirente occasionale quanto il collezionista hanno interesse, a monte dell'acquisto di un'opera d'arte, ad ottenere dal venditore un documento che attesti l'autenticità e la provenienza del bene. Disporre di tali informazioni consente non soltanto di vedere "assicurato" il valore venale di un oggetto d'arte, ma anche e soprattutto di garantire la trasparenza delle transazioni sul mercato.

Se, da una parte, la normativa italiana non prevede alcuno specifico obbligo di diligenza o buona fede da parte dell'acquirente di cose d'arte, il codice dei beni culturali impone sul venditore professionista o abituale un onere informativo relativo allo svolgimento della propria attività.

Ai sensi dell'art. 63, d.lgs. 22 gennaio 2004, n. 42 (codice dei beni culturali e del paesaggio, di seguito codice beni culturali), coloro che esercitano il commercio di cose antiche o usate hanno l'obbligo di denunciare la propria attività commerciale e di tenuta di registro e sono soggetti a particolari controlli da parte dell'autorità locale di pubblica sicurezza. Inoltre, il successivo art. 64 prevede che: «*chiunque esercita l'attività di vendita al pubblico, di esposizione a fini di commercio o di intermediazione finalizzata alla vendita di opere di pittura, di scultura, di grafica ovvero di oggetti d'antichità o di interesse storico od archeologico, o comunque abitualmente vende le opere o gli oggetti medesimi, ha l'obbligo di consegnare all'acquirente la documentazione che ne attesti l'autenticità o almeno la probabile attribuzione e la provenienza delle opere medesime; ovvero, in mancanza, di rilasciare, con le modalità previste dalle disposizioni legislative e regolamentari in materia di documentazione amministrativa, una dichiarazione recante tutte le informazioni disponibili sull'autenticità o la probabile attribuzione e la provenienza.* [...]».

L'evidente *ratio* della norma è di responsabilizzare i venditori, tutelando al contempo la buona fede degli acquirenti ed evitando possibili manovre speculative che siano indotte dall'incertezza o dalla difficoltà oggettiva di determinare l'autenticità e la provenienza lecita del bene[1].

I grandi limiti del dettato normativo restano tuttavia due: *in primis*, il fatto che si applichi soltanto a venditori professionisti o abituali; in secondo luogo, l'assenza di qualsivoglia specifica sanzione in caso di violazione dell'obbligo di informativa relativo all'autenticità ed alla provenienza del bene, nonché la possibilità di limitarsi ad indicare, in mancanza di un attestato, la semplice "*probabile attribuzione e la provenienza*" ovvero una semplice dichiarazione con le informazioni a disposizione del venditore.

Di qui è facile intuire come l'obiettivo di tutela del collezionista e di garanzia di trasparenza del settore non sia pienamente soddisfatto dal codice dei beni culturali. Esso, infatti, non aggiunge alcun altro onere specifico a carico del venditore professionista o abituale di cose d'arte.

Certo è che, in ogni caso, l'art. 64 codice beni culturali rappresenta un passo in avanti nel lento processo di regolamentazione del mercato: la dottrina ha messo in evidenza come la disposizione presenti una importante innovazione poiché pone sullo stesso piano chi esercita professionalmente le attività di cui all'art. 64 e chi vende tali opere abitualmente[2].

Si vedrebbe così realizzato, quantomeno in astratto, il «duplice scopo di salvaguardare il patrimonio culturale e di soddisfare le esigenze della regolarità e della correttezza degli scambi nel mercato dell'arte e della connessa tutela della salute pubblica»[3].

D'altra parte, sottolineano alcuni commentatori, «l'art. 64 tutela anzitutto la buona fede dei terzi acquirenti», cercando di indirizzarli ad accertarsi dell'origine del bene che si accingono ad acquistare. Al contempo, «dato il valore culturale dell'oggetto della vendita», la disposizione «intende creare un contesto normativo certo per una

---

(1) - A. Giuffrida, *Contributo allo studio della circolazione dei beni culturali in ambito nazionale*, Milano, 2008, 356.

(2) - Cfr. R. Tamiozzo (a cura di), *Il Codice dei beni culturali e del paesaggio*, Milano, 2005, 294.

(3) - *Ibidem*.

più efficace applicazione delle misure preventive in materia di lotta alla contraffazione ed alterazione delle opere d'arte»[4].

La codificazione di quello che, per prassi, è ritenuto ormai uno standard per le transazioni aventi ad oggetto beni artistici è stata accolta positivamente dal mercato italiano. Si tratta, senza dubbio, di uno strumento di tutela importante per il collezionista, a garanzia del valore del bene acquistato ed al contempo utile all'individuazione di eventuali *gap* nella vicenda di un'opera che potrebbero essere riconducibili a una sua illecita rimozione (si pensi, ad esempio, al caso della *looted art* che interessa, ad oggi, gli eredi delle vittime del nazismo).

Una recente sentenza del tribunale di Genova ha però ritenuto che il venditore che abbia consegnato un attestato di autenticità per un'opera successivamente rivelatasi falsa, al di fuori dei casi di dolo o colpa grave, ha comunque esaudito l'obbligo dettato dall'art. 64 codice beni culturali[5].

Più in generale, il certificato di autenticità assume centralità nel contesto di qualsiasi transazione avente ad oggetto opere d'arte poiché può consentire all'acquirente di ottenere la risoluzione del contratto di vendita nel caso sia accertata la non autenticità dell'opera *post sale*.

Quanto al rilascio di autentiche da parte di artisti e fondazioni o archivi d'artista, si veda l'analisi più approfondita di cui ai paragrafi 1.4 e 1.5.

1.2. Autentica e giudizio di autenticità

L'autentica è una dichiarazione scritta, provvista di indicazione di luogo e data di rilascio, che attesta l'autenticità di un'opera d'arte. Si tratta della trasposizione per iscritto della dichiarazione di paternità di un bene, sottoscritta da colui che la ha emessa e apposta, laddove possibile, sull'oggetto stesso. Ad esempio, nel caso di una

---

(4) - A. Angioli, V. Caputi Jambrenghi, *Il possesso*, in P. Schlesinger (a cura di), *Commentario del Codice civile*, Milano, 2003, 191.

(5) - Trib. Genova, n. 1981/2018, in *Mass. Gius. civ.*, 2018.

tela, l'autentica viene solitamente apposta sul retro, ma anche su una fotografia professionale dell'opera di cui vengano messe in circolazione poche tirature (se non addirittura una sola).

Nel caso di opere più complesse (si pensi ad esempio a quelle dell'artista francese Daniel Buren), i modelli contrattuali con cui esse vengono scambiate presentano spesso regole ferme dal punto di vista dell'affermazione di assoluta paternità intellettuale dell'opera[6].

Trattandosi dell'espressione di un'opinione, chiunque può esprimere un giudizio relativo all'autenticità di un'opera d'arte: si tratta di un diritto garantito dall'art. 21 della Costituzione, secondo cui «*Tutti hanno diritto di manifestare liberamente il proprio pensiero con la parola, lo scritto e ogni altro mezzo di diffusione*». Chiaro è che sussiste, nell'opinione pubblica, una forma di discrimine a seconda del soggetto che esprime il giudizio sulla paternità di un'opera: l'esperto avrà maggiore influenza rispetto al profano, mentre all'apice della "piramide" si trova l'autentica rilasciata dallo stesso artista, ovvero dai suoi aventi causa, designati per testamento ovvero indicati dalla legge.

L'artista, infatti, è titolare di tutti i diritti morali e patrimoniali connessi alla propria opera, con la differenza che i primi, contrariamente ai secondi, sono imprescrittibili, irrinunciabili e inalienabili, e alla morte dell'artista si trasferiscono *ex lege* ai di lui aventi causa (articoli 20 e ss. della legge n. 633 del 22 aprile 1941 sul diritto d'autore, "l.d.a.").

Anche una fondazione, creata per testamento dall'artista, può essere nominata come erede (si pensi al caso dell'odierna fondazione Emilio e Annabianca Vedova).

Si noti che il già citato certificato di autenticità e provenienza rilasciato dal commerciante abituale di oggetti d'arte ai sensi dell'art. 64 codice beni culturali non è un certificato di autenticità.

Da vivo, l'artista, poiché unico titolare dei diritti morali sulle proprie opere, sottoscrive personalmente le autentiche. Di più: l'artista, in vita, è *ex lege* titolare di tutti i diritti sull'opera. Dal

---

(6) - A. Donati, *Autenticità, authenticité, authenticity dell'opera d'arte. Diritto, mercato, prassi virtuose*, in *Riv. dir. civ.*, 4, 2015, 1010.

concetto di autentica derivano tre diritti di natura morale ai sensi dell'art. 20 l.d.a.:

- il diritto di autentica e di negazione dell'autenticità per l'artista;

- il diritto di attribuzione dell'opera e di rivendicazione della paternità;

- il diritto alla integrità dell'opera, spettante esclusivamente all'autore, non trasferibile e che può essere fatto valere anche nel caso di un'opera realizzata in esecuzione di un contratto d'opera[7].

Giurisprudenza e dottrina sono unanimi nel ritenere che l'artista abbia il diritto di autenticare la propria opera. Da tempo, le corti ammettono che «Su tutti [*i diritti d'autore*] prevale il diritto alla paternità dell'opera che, in quanto basato sul legame di genesi creativa che lega indissolubilmente l'opera al suo autore, rappresenta il diritto fondamentale, per sua natura inalienabile... ed inestinguibile con la morte del soggetto... Anzi, la tutela di tale diritto realizza ad un tempo l'interesse privato e l'interesse pubblico, assicurando al titolare la possibilità di farsi riconoscere attraverso l'opera dell'ingegno ... ed alla collettività di evitare ogni forma di inganno nell'attribuzione della paternità intellettuale»[8].

La legislazione di altri Paesi[9] e le convenzioni internazionali danno ulteriore conferma di tale tendenza protezionistica: l'art. 6-*bis*, capoverso 1 della Convenzione di Berna prevede infatti che «*Indipendentemente dai diritti patrimoniali d'autore, ed anche dopo la*

---

(7) - A. S. GAUDENZI, *Il nuovo diritto d'autore*, Bologna, 2018, 117.

(8) - Trib. Roma, 25 luglio 1984, GI, 1985, I, 2, 82. Sul tema v. V. M. DE SANCTIS, *La protezione delle opere dell'ingegno*, Milano, 2004, 187 ss.

(9) - Ad esempio, in Francia, l'articolo L121-1 del *Code de la propriété intellectuelle* prevede che «*L'auteur jouit du droit au respect de son nom, de sa qualité et de son œuvre. Ce droit est attaché à sa personne. Il est perpétuel, inaliénable et imprescriptible. Il est transmissible à cause de mort aux héritiers de l'auteur*»; ugualmente, anche l'*Urheberrechtsgesetz* dispone che l'autore ha il diritto al riconoscimento della paternità dell'opera, potendo determinare se essa debba essere contrassegnata con il nome dell'autore e quale designazione deve essere utilizzata. Negli Stati Uniti, secondo la Sezione 610(a) del *Visual Artists Rights Act* del 1990, «*...the author of a work of visual art —(1) shall have the right — (A)to claim authorship of that work, and (B)to prevent the use of his or her name as the author of any work of visual art which he or she did not create; (2) shall have the right to prevent the use of his or her name as the author of the work of visual art in the event of a distortion, mutilation, or other modification of the work which would be prejudicial to his or her honor or reputation...*». Sul tema, si veda DONATI, *Autenticità, Authenticité, Authenticity,* op. cit.

cessione di detti diritti, l'autore conserva il diritto di rivendicare la paternità dell'opera e di opporsi ad ogni deformazione, mutilazione od altra modifica, come anche ad ogni altro atto a danno dell'opera stessa, che rechi pregiudizio al suo onore od alla sua reputazione».

I diritti morali legati alla paternità dell'opera, di cui agli articoli 20 e seguenti l.d.a. sono quindi legati alla persona dell'artista e dei suoi aventi causa e, si ribadisce, sono imprescrittibili, non trasferibili e non rinunciabili. Il trasferimento dei diritti morali connessi all'opera agli eredi, operato *ex lege*, genera ad oggi diverse criticità, da parte della dottrina, legate alla potenziale conflittualità tra di essi per la moltiplicazione dei soggetti legittimati, ad esempio, ad esercitare singole attività a tutela del patrimonio culturale ereditato dall'artista, del suo nome e della sua reputazione(10).

L'avvento della tecnologia blockchain, che consiste in un elenco di "blocchi" collegati tramite crittografia ed immutabili, potrebbe condurre ad una rivoluzione nell'ambito delle autentiche, poiché consentirebbe di "fissare" in maniera permanente le dichiarazioni di autenticità sussistenti ad ogni scambio dell'opera, consentendo di risalire con certezza a chi la emesse ed in quale momento. La blockchain, infatti, è «un libro mastro aperto, distribuito, in grado di registrare… [*un evento storico*] in modo efficiente e verificabile e permanente»(11).

Il fatto che l'autentica rappresenti un elemento fondamentale da accompagnare all'opera venduta da parte dell'artista trova conferma anche nelle pronunce delle corti italiane: la Corte di cassazione, con sentenza n. 1300 del 15 febbraio 1985, ha sancito che il mancato rilascio di una dichiarazione di autenticità del bene da parte del venditore legittima l'acquirente a richiedere la risoluzione del contratto sinallagmatico conformemente all'art. 1455 c.c., in quanto rappresenta un «*inadempimento di non scarsa importanza*»(12).

La giurisprudenza italiana ha infatti a più ripreso confermato che «l'appartenenza di un quadro all'autore indicato dai contraenti

(10) - Donati, *op. cit.*, 1009.

(11) - M. Iansiti, K. R. Lakhani, *The Truth About Blockchain*, in *Harvard Business Review*, Harvard University, 2017.

(12) - Cass., 15 febbraio 1985, n. 1300, in *Mass. Gius. civ.*, 1985.

di una opera d'arte assume… valore di mezzo specifico di identificazione della cosa venduta con carattere sostanziale»[13]. Per questo motivo, come meglio si illustrerà *infra* al paragrafo 2.2.1, l'inadempimento ritenuto rilevante ai sensi dell'art. 1455 c.c. ai fini della risoluzione del contratto per *aliud pro alio* può configurarsi anche nel mancato rilascio, da parte del venditore, di una copia fotografica dell'opera con retrostante dichiarazione firmata di autenticità della stessa. A tal fine, incombe al venditore fornire la prova positiva di aver correttamente adempiuto a tale onere[14].

Se, come già accennato *supra*, il certificato di autenticità assume una centralità assoluta nella vicenda collezionistica di un'opera d'arte, si pone il problema di determinare che ruolo questo documento possa assumere nel caso dell'arte concettuale e della *performance art*.

Per quanto riguarda l'arte concettuale, è facile intuire come il certificato di autenticità non sia soltanto centrale, ma assolutamente essenziale. L'arte concettuale, infatti, si fonda nella maggior parte dei casi sull'utilizzo di materiali semplici e fungibili, addirittura facilmente sostituibili, proprio perché trova la propria ratio nell'espressione di un'idea.

Per questo motivo, essere in possesso di tale certificato consente di certificare, oltre qualsiasi dubbio, il fatto che si sia proprietari di una determinata opera, e di assicurarne così la "riproduzione" qualora il materiale con cui essa è realizzata si trovi a venire meno. Si pensi, ad esempio, alla lampada al neon che è parte integrante di un'opera composta proprio soltanto dalla stessa lampada: essere in possesso del certificato di autenticità permetterà non solo di identificare quella lampada come l'opera di un determinato artista, ma anche di garantire la sostituzione della lampada, qualora si guasti (possibilmente previo il consenso dell'artista), senza intaccare in alcun modo l'autenticità dell'insieme.

Spesso, nel caso di contratti aventi ad oggetto opere concettuali, tale possibilità di sostituzione sarà prevista nel contratto stesso.

---

(13) - Cass., 8 febbraio 2018, n. 3129, in *Mass. Gius. civ.*, 2018.

(14) - *Ibidem*.

Per quanto invece riguarda la *performance art*, trattandosi di una forma d'arte che prende forma e si esaurisce rispettivamente all'inizio ed al compiersi di uno o più gesti, il certificato di autenticità non trova affatto rilevanza. L'opera, infatti, esiste ed è autentica nel momento in cui viene svolta.

Si pensi, ad esempio, al caso dell'artista tedesco Tino Sehgal, che ha portato avanti un'idea esasperata di opere d'arte effimera. L'artista, noto per la coreografia delle proprie performance, non lascia alcuna traccia scritta o documentata delle proprie opere.

La mancanza di qualsivoglia forma di "fissazione", quantomeno dell'esecuzione di un'opera, solleva degli interrogativi quanto alla possibilità di tutelare, in concreto, i diritti morali e patrimoniali ad essa connessi, come meglio si chiarirà *infra*.

1.3. Il disconoscimento dell'opera

Il disconoscimento dell'opera da parte dell'autore è una pratica che si presenta con frequenza nel contesto del mercato dell'arte contemporaneo, benché il diritto non fornisca una definizione precisa di tale operazione.

Frequenti sono le controversie che vedono coinvolti archivi e fondazioni d'artista contro collezionisti, con il rischio che le dispute vengano risolte in sede giudiziale da tribunali poco usi alla questione dell'autentica di opere d'arte e, dunque, con il rischio di lunghi e dispendiosi processi dall'esito incerto.

Dal punto di vista della normativa, già di per sé lacunosa, l'art. 142 l.d.a. prevede che «*l'autore, qualora concorrano gravi ragioni morali, ha diritto di ritirare l'opera dal commercio, salvo l'obbligo di indennizzare coloro che hanno acquistati i diritti di riprodurre, diffondere, eseguire, rappresentare o spacciare l'opera medesima*». Si tratta, anche in questo caso, di un diritto personale e non trasmissibile.

Con "*ragioni morali*", l'art. 142 l.d.a. si potrebbe riferire all'art. 20 l.d.a., ossia a tutte le situazioni in cui venga messa a repentaglio, ad esempio, la dignità o il nome dell'artista. L'azione di disconoscimento, quindi, rappresenterebbe la capacità "negativa" dell'artista di non riconoscere la paternità di un'opera che gli viene falsamente attribuita, unita all'abilità "positiva" di essere riconosciuto come autore dell'opera e di rivelarsi come tale[15].

Ai sensi del seguente art. 143 l.d.a., «*L'autorità giudiziaria, se riconosce che sussistono gravi ragioni morali invocate dall'autore, ordina il divieto della riproduzione, diffusione, esecuzione, rappresentazione o spaccio dell'opera, a condizione del pagamento di una indennità a favore degli interessati, fissando la somma dell'indennizzo e il termine per il pagamento*».

Tuttavia, per quanto riguarda la possibilità di esperire un'eventuale azione di disconoscimento della paternità di un'opera d'arte, il tribunale di Roma, con sentenza del 20 giugno 2019, ha confermato un *trend* giurisprudenziale[16] secondo cui: «L'azione di disconoscimento della paternità dell['opera] dovrebbe tutt'al più essere qualificata come esercizio del diritto al nome quale manifestazione dei diritti della personalità ... e, conseguentemente, tale azione spetta esclusivamente a chi abbia un interesse fondato da ragioni familiari degne di protezione ai sensi dell'art 8 del c.c.».

Tale orientamento giurisprudenziale, dunque, punta a consentire sì l'azione di disconoscimento della paternità di un'opera, ma in virtù delle norme poste a salvaguardia del nome e dello pseudonimo dell'artista rispetto agli usi non autorizzati.

Resta comunque pacifica la possibilità, per l'artista, di far valere i propri diritti morali avverso qualsiasi riproduzione o utilizzo della propria opera che sia lesivo nei confronti della sua dignità.

Una recente ordinanza del tribunale di Milano del 15 gennaio 2019, pronunciata in occasione del rifiuto, da parte dell'artista di strada Banksy[17], di veder associato il proprio nome a una mostra

---

(15) - G. Cavagna, *Il disconoscimento dell'opera d'arte: tra libertà dell'artista e limiti legali*, in *Collezione da Tiffany*, 4 giugno 2019.

(16) - Così Corte d'Appello Milano, 11 dicembre 2002, in *Riv. Dir. ind.*, 2003, 577, che ha ritenuto applicabile la disciplina generale del nome (artt. 7 ed 8 c.c.) e non invece quella dei diritti morali d'autore.

(17) - Banksy non è nuovo a tali atti di opposizione rispetto al vedersi attribuita la paternità di un evento espositivo portante il proprio nome: ad esempio, in occasione della mostra *Stealing Banksy* tenutasi a Londra nel 2014, l'artista ha dichiarato sul proprio sito Internet di "*non aver niente a che fare*" con la mostra e di essere "*disgustato*" dal fatto che il pubblico potesse ammirare le sue opere appese al muro senza che vi fosse stato alcun consenso da parte sua in tal senso. Discussa è la possibilità di attribuire ad un artista un'opera che egli

svoltasi al Museo delle culture di Milano e mai autorizzata da lui, ha ritenuto che il nome dell'artista fosse stato utilizzato a mero uso descrittivo ai sensi dell'art. 21 l.d.a. Il museo avrebbe infatti fatto uso del nome dello *street artist* come «elemento della comunicazione intesa ad evidenziare i contenuti dell'evento promosso», senza rinvenire alcuna condotta «parassitaria... denigratoria o comunque pregiudizievole».

La *street art*, peraltro, presenta la problematica di non poter essere fisicamente esposta in un museo o in una mostra, ovvero semplicemente essere spostata (ad esempio, nel caso di una vendita) senza essere "denaturata".

Parte della dottrina si oppone alla possibilità per l'artista di disconoscere "arbitrariamente" le opere d'arte, esigendo una rigida lettura dell'art. 142 l.d.a. nella parte in cui si fa riferimento alla necessaria sussistenza di "*gravi ragioni morali*"(18). Il rischio, infatti, è che, a causa di possibili ripicche o comunque motivazioni meramente personali dell'artista, siano messi a repentaglio gli equilibri di un mercato in cui i beni scambiati vedono il proprio valore fondato sul concetto di autorialità.

Tale dinamica, peraltro, è già di frequente applicazione nei paesi anglosassoni, in particolare gli Stati Uniti. Si pensi, ad esempio, al disconoscimento, operato nel 2017 dall'artista statunitense Prince, di un'opera su tela in cui questi aveva riprodotto una fotografia del feed Instagram di Donald Trump, poi acquistata dalla figlia Ivanka Trump per 36.000 dollari(19).

In tal caso, tuttavia, non è chiaro se il disconoscimento operato dell'artista potrà portare ad un'effettiva diminuzione del valore

---

stesso ha creato nel portare a termine un atto distruttivo e, quindi, apparentemente disconoscitivo. È il caso dell'opera su carta *Girl with Balloon* (2019), sempre di Banksy, lacerata "a sorpresa" a causa dell'attivazione da remoto di un tritacarte per mano (o comunque su istruzione) dello stesso artista in occasione di una vendita all'asta. È discusso se si possa parlare, in tal caso, di disconoscimento, anche tenuto conto del fatto che l'opera-risultato abbia visto il proprio valore aumentare considerevolmente malgrado la distruzione. Si veda sul tema V. A. SALA, *Le ricadute sull'acquirente nel caso Banksy*, in *Artribune*, 15 febbraio 2019.

(18) - CAVAGNA, *op. cit*.

(19) - In occasione del disconoscimento, sul proprio feed Twitter, Prince ha dichiarato: «This is not my work. I did not make it. I deny. I denounce. This fake art».

dell'opera, tenuto conto dello scalpore e dal clamore mediatico generato dalla vicenda.

Nei sistemi di *common law*, infatti, la legge non è così generosa nei confronti dell'artista come in Italia, non prevedendo la possibilità, per l'autore, di un vero e proprio "diritto di pentimento" quanto alla propria opera, nemmeno per ragioni di ordine morale.

Ciò ha condotto, in diverse situazioni, ad alcune situazioni "estreme": si pensi, ad esempio, all'artista John Baldessari, il quale attraverso la propria operazione concettuale *Cremation Project* nel 1970 ha bruciato tutte le proprie opere giovanili, da cui aveva deciso di prendere radicalmente le distanze.

In un altro caso, un tribunale di Chicago ha acconsentito[20] affinché l'artista Peter Doig vedesse effettivamente disconosciuto un dipinto attribuitogli a causa di un curioso caso di "scambio" di identità con un artista (quasi) omonimo, reale autore della tela erroneamente attribuita al convenuto. In tal caso, Peter Doig, chiamato in giudizio dal proprietario dell'opera per il risarcimento dei danni derivanti dall'aver interferito con l'andamento del valore mercato dell'opera attraverso l'operazione di disconoscimento, ha avuto l'onere di dimostrare, attraverso l'apporto di prove minuziose ed esaustive, di non esserne stato il realizzatore.

Infine, la giurisprudenza italiana si è anche interrogata sulla responsabilità di un artista nella situazione in cui un'opera, da questi autenticata, si riveli in seguito essere falsa.

La Corte d'Appello di Roma, in una sentenza del 26 luglio 1978[21], ha ritenuto che il pittore che appone la propria firma autenticata sul retro di un dipinto poi risultato falso risponde soltanto nei confronti di chi ha ricevuto direttamente da lui l'opera.

I giudici di legittimità, nel cassare tale sentenza[22], hanno invece ritenuto che sia responsabile per fatto illecito il pittore che, dopo aver apposto la propria firma autenticata da notaio sul retro di un

(20) - United States District Court for the Northern District of Illinois, 1:13-cv-03270, *Fletcher et al. v Doig et al.*, 23 agosto 2016.

(21) - Corte d'Appello Roma, 26 luglio 1978, in *Foro it.*, 102-1053/1054-1057/1058.

(22) - Cass., 4 maggio 1982, n. 2765, in *Foro it.*, 1982, I, c. 2864.

quadro senza averne diligentemente controllato la paternità, lo disconosca cagionando un danno patrimoniale al terzo acquirente il quale abbia fatto affidamento sull'autenticità dell'opera.

1.4. *Il ruolo di fondazioni, archivi e trust*

Il mercato dell'arte è un sistema in cui, più di altri, sussistono forti asimmetrie informative, in particolare in ragione del fatto che i beni artistici hanno un valore intrinseco fortemente dipendente dai *trend* di mercato e che prescinde da parametri oggettivamente misurabili.

Per tale ragione, il ruolo di fondazioni, archivi e trust è essenziale nella regolazione e nella garanzia della qualità delle informazioni sul mercato dell'arte, in particolare per quanto riguarda il fenomeno dell'autenticazione di opere. Si parla dunque di questi soggetti come "*gate-keepers*"[23] del mercato.

Fondazioni, archivi e trust (di quest'ultima forma di ente si tratterà estensivamente al Capitolo 6) sono tutti e tre enti preposti alla promozione ed alla valorizzazione dell'opera di un artista, vivente o defunto, attraverso attività, *inter alia*, di ricerca, archivio, autenticazione, documentazione ed esibizione.

Si tratta, perciò, di enti solitamente istituiti da quegli stessi soggetti legittimati a tutelare la paternità della produzione dell'artista (ovvero dall'artista stesso), quindi in numerosi casi dai titolari dei diritti morali d'autore sulla sua produzione. Tali enti godono di un "potere" di supervisione generale sul patrimonio creativo e documentale di un artista, particolarmente a seguito della sua morte[24].

Come appena accennato, l'attività di tali enti è rilevante anche ai fini della certificazione di autenticità di un'opera, che può avvenire sia (i) attraverso il rilascio di attestati di autenticità, sia (ii) attraverso l'individuazione dell'opera nell'archivio delle opere di produzione

(23) - Sul tema, si veda in particolare D. McClean, *Artist, Authorship & Legacy: A Reader*, Ridinghouse, Londra, 2018.

(24) - Donati, *op. cit.*, 999.

dell'artista ed eventualmente anche (iii) mediante l'inclusione di un'opera nel catalogo ragionato dell'artista.

È in tale operazione che si estrinseca la qualità di *gate-keepers* di fondazioni, archivi e trust: infatti, il valore di un'opera d'arte dipende in larga parte dal fatto che di essa sia stata o meno certificata l'autenticità.

Si pone dunque la questione di determinare se e in qual misura tali enti siano legittimati a compiere l'attività di autenticazione, in particolare laddove l'artista di riferimento sia defunto.

Preme ricordare che, in ogni caso, l'art. 21 della Costituzione garantisce la libertà di espressione, ragione per cui, in principio, nulla vieta ad una fondazione, archivio o trust di esprimere un giudizio, positivo o negativo che sia, sulla paternità di un'opera d'arte. L'espressione di tale giudizio, tuttavia, trova un attrito laddove non vi sia un'esatta corrispondenza fra il soggetto che la formula e l'effettivo titolare dei diritti morali d'autore che, ai sensi degli articoli 22 e 23 l.d.a., è l'artista e, alla sua morte, gli eredi, senza possibilità di rinuncia, prescrizione od alienazione.

La questione che si pone è estremamente delicata ed impone una riflessione critica, oltreché giuridica, proprio perché gli interessi sottesi all'autenticazione (o alla non autenticazione) di un'opera d'arte sono molteplici e possono influenzare notevolmente non solo l'andamento commerciale di un'opera, ma anche e addirittura la reputazione di un gallerista, di un ricercatore o di un collezionista.

La l.d.a, al proprio art. 20, stabilisce che «*l'autore conserva il diritto di rivendicare la paternità dell'opera*»; la disposizione, se letta in combinato disposto con il precitato art. 23 l.d.a., conferma che il diritto di autenticare (e dunque, *a contrario*, di negare l'autenticità di un'opera) spetta all'artista e, alla morte di questi, ai di lui aventi causa[25]; l'interpretazione operata dalla prassi mercantile suggerisce

(25) - Trib. Milano, 1° luglio 2004, inedita (cit. da D. JUCKER, *Autenticazione di opere d'arte: chi ha l'esclusiva?*, in *FlashArt*, ottobre-novembre 2007, 78), secondo cui «l'attività di autenticazione di un'opera d'arte si risolve nell'attribuzione all'autore della paternità, ovvero nel disconoscimento di un'opera quale proveniente dall'autore e, quindi, configge con il diritto garantito dall'art. 20 della legge d'autore e può essere svolta solo previa autorizzazione dell'autore stesso o dei suoi aventi causa».

una lettura "esclusiva" del dettato in favore delle sole categorie di soggetti ivi individuate[26].

Tuttavia, dottrina e giurisprudenza si sono lungamente interrogate quanto alla compatibilità di queste disposizioni con il diritto costituzionalmente garantito alla libertà di espressione del pensiero, come accennato poco fa.

Particolarmente *tranchante* è stata una ordinanza resa dal tribunale di Roma in data 19 luglio 2010, la quale ha stabilito che le fondazioni non sono titolari dei diritti morali dell'opera di un artista e che, dunque, non possono svolgere una vera e propria attività di autenticazione.

Un'altra corrente giurisprudenziale, ad oggi prevalente, tende invece ad accordare tale diritto di autentica anche a soggetti terzi, purché esperti, quali appunto archivi e fondazioni: si pensi, ad esempio, alle pronunce del tribunale di Roma del 16 febbraio 2010[27] e del 14 giugno 2016[28], che sottolineano come, stante questa possibilità, resti in ogni caso fermo il diritto per gli eredi di rivendicare ovvero di smentire la paternità dell'opera d'arte.

L'appena citata sentenza del 2016 arriva a tale conclusione prendendo in considerazione la nozione di *expertise*: si tratta di un documento recante i risultati dell'analisi tecnica sull'opera compiuta da un esperto, che il più delle volte non è titolare dei diritti morali connessi all'opera studiata.

Partendo da questa considerazione, i giudici hanno così statuito: «Ritenuto che l'expertise [...] può essere rilasciata da chiunque sia competente ed autorevole, non trattandosi di un diritto riservato in esclusiva agli eredi dell'artista - i quali non possono, quindi, attribuire o negare a terzi (ad es. critici d'arte o studiosi) la facoltà di rilasciare expertises in merito all'autenticità dell'opera del loro congiunto -, la formulazione dei giudizi sull'autenticità e sul conseguente valore di un'opera d'arte di un artista defunto costituisce

(26) - G. Frezza, *Opera d'arte e diritto all'autenticazione*, nota a Trib. Roma 16 febbraio 2010, n. 3425, in *Dir. Fam.*, 2011, 4, 1740.

(27) - Trib. Roma, 16 febbraio 2010, n. 3425, in *Dir. Fam.*, 2011, 4, 1734.

(28) - Trib. Roma, 14 giugno 2016, n. 12029.

espressione del diritto alla libera manifestazione del pensiero, e, pertanto, può essere effettuata da qualunque soggetto considerato esperto, fermo restando il diritto degli eredi di rivendicare la paternità dell'opera d'arte, ove erroneamente attribuita ad altri, o, viceversa, di disconoscerne la provenienza».

In base a quanto affermato, è quindi possibile mettere in discussione il fatto che la facoltà di autentica possa essere considerata quale elemento qualificante il diritto morale d'autore spettante esclusivamente all'autore quando egli è in vita; ciò, a maggior ragione, vale quando l'artista è morto in ordine ad un «preteso diritto esclusivo di archiviazione» a favore dei legittimari e degli altri eredi di cui all'art. 23 l.d.a.(29).

L'apertura della giurisprudenza alla possibilità, per «qualunque soggetto considerato esperto», di autenticare (*rectius*, di rilasciare una *expertise*) solleva alcuni importanti interrogativi, specialmente laddove vengano a crearsi situazioni di conflitto d'opinioni o d'interessi relative alla paternità dell'opera di un artista defunto.

Si impone, ad esempio, la necessità di qualificare giuridicamente l'attività di rilascio di una *expertise*. Parte della dottrina tende a ritenere che si tratti dell'espressione di un'opinione soggettiva, conformemente all'art. 21, comma 1 della Costituzione. Secondo un altro orientamento, invece, la "archiviazione", poiché non proveniente dall'autore o da esperto di rilievo, costituirebbe una operazione di "autenticazione" rientrando così nella categoria del c.d. "accreditamento" e si tratterebbe di un parere(30). La sfumatura, in tal caso, consiste nel fatto che il parere sia necessariamente fondato su una serie di valutazioni oggettive e non su un'idea puramente soggettiva.

Per quanto sottile, questa distinzione assume una rilevanza fondamentale, in particolare avuto riguardo alla eventuale responsabilità di archivi e fondazioni laddove questi esprimano un giudizio sull'autenticità (o, come più spesso avviene) sulla non autenticità di un'opera d'arte. Se una mera opinione, infatti, non è suscettibile di essere messa in discussione in virtù della tutela costituzionalmente

(29) - FREZZA, *op. cit.*, 1744.

(30) - P. CIPOLLA, *La prova del falso d'arte, tra il principio del libero convincimento e l'obbligo di motivazione razionale*, in *Giur. merito*, 2010, 2201.

garantita alla libertà di espressione, il parere deve invece necessariamente fondarsi su dati oggettivi e, dunque, confutabili in caso di imperizie.

A fronte dell'incertezza caratterizzate i contorni della nozione di *expertise*, malgrado l'ampia "democraticizzazione" della legittimazione al giudizio di autentica in nome del diritto alla libera manifestazione del pensiero, fondazioni, archivi e trust hanno adottato standard comportamentali peculiari rispetto al processo di autenticazione.

1.5. Scelte metodiche relative all'autenticazione

Autenticare o meno un'opera d'arte consiste, in concreto, ad inficiarne non soltanto il valore di mercato, ma addirittura la circolazione, potendo altresì comportare conseguenze sul piano civilistico e penalistico nel caso in cui venga ritenuta la fattispecie di plagio.

Chi intende far autenticare un'opera, nella maggior parte dei casi, deve mettersi in contatto con l'archivio gestito dai legittimari dell'artista defunto. La richiesta di autenticare l'opera avviene attraverso il pagamento di una somma di denaro, la preventiva trasmissione di tutta la documentazione relativa all'opera e la sottoscrizione delle condizioni secondo cui avrà luogo il procedimento di autenticazione.

L'archivio si riserva di compiere ulteriori indagini sia con riguardo alla documentazione trasmessa dal richiedente sia, laddove ritenga d'uopo procedere a visionare l'opera accogliendo la richiesta, con riguardo alle sue caratteristiche attraverso l'utilizzo di strumenti tecnico-scientifici.

Nel sottoscrivere le condizioni a cui avverrà il procedimento (contenute nella c.d. "scheda"), determinate unilateralmente dall'archivio, il proprietario dell'opera si troverà in alcuni casi ad accettare alcune clausole vessatorie, con richiamo agli articoli 1341 e 1342 c.c., in particolare per quanto riguarda l'eventualità di un giudizio negativo sull'autenticità da parte dell'archivio. In tale situazione, si pensi, ad esempio, alla clausola che priva il proprietario della possibilità di adire un tribunale, che ad avviso di parte della dottrina pare incompatibile con il diritto inviolabile alla difesa in giudizio di cui all'art. 24, commi 1 e 2 della Costituzione.

Viene qui ad assumere rilievo quanto esposto nei paragrafi precedenti: se si considera il giudizio di autentica come l'espressione di una mera opinione, sembra che ciò possa dare adito ad eventuali abusi da parte degli archivi, che detengono senza dubbio una posizione di "superiorità" rispetto al richiedente. Al contrario, quest'ultimo stipula con l'archivio un contratto di prestazione d'opera intellettuale consistente l'archiviazione dell'opera d'arte dietro il pagamento di un compenso, ragione per cui dovrà ritenersi possibile l'esperimento di un'azione giudiziale risarcitoria *ex* art. 1218 c.c. nel caso in cui l'archivio venga meno agli obblighi di correttezza e buona fede propri dell'esecuzione del contratto. Lo stesso vale per i casi in cui il diniego di archiviazione avvenga per comprovato dolo o colpa grave.

In ragione dei rischi connessi all'operazione di autenticazione, diversi archivi e fondazioni hanno adottato una visione "protezionista", dotandosi di un complesso organigramma e di vere e proprie *policies* quanto alle operazioni di certificazioni. Si pensi, ad esempio, alla Fondazione Giacometti, estremamente attiva nella protezione e nel monitoraggio della produzione dell'omonimo scultore, dotata di un *comité d'authentification* composto dall'insieme degli aventi diritto di Alberto Giacometti (ossia la *Fondation Giacometti* di Parigi, la *Alberto Giacometti-Stiftung* di Zurigo e gli eredi di Silvio Berthoud).

Oltre a ricorrere all'ausilio di esperti del settore e a compiere analisi approfondite sull'opera dell'artista, il comitato si avvale di complesse regole procedurali: il proprietario di un'opera è tenuto a trasmettere al comitato per email una fotografia dell'opera con annesse tutte le informazioni ad essa relative; in un secondo momento, qualora l'opera venga "*selezionata*" per un successivo esame fisico da parte del comitato, il proprietario è tenuto a compilare un modulo fornendo numerose informazioni relative a se stesso e all'opera entro un lasso di tempo molto stretto. Il comitato si dimostra molto severo nella verifica di tali informazioni.

Laddove la documentazione ricevuta incontri il pieno consenso del comitato, il proprietario dell'opera dovrà poi fissare un appuntamento per il deposito dell'oggetto. All'atto della consegna, viene svolto un *condition report*. All'esito delle analisi, qualora l'opera venga considerata autentica, il comitato emette un certificato di autenticità in un solo esemplare, senza la possibilità di fornirne duplicati. Per assicurare la tracciabilità delle opere autenticate, il comitato le inserisce in un database online, numerandole.

Alcuni comitati (si pensi, ad esempio, al *Comité Marc Chagall* di Parigi) prevedono addirittura la possibilità di allertare le autorità al fine di ottenere il sequestro dell'opera laddove vi siano fondati sospetti che possa trattarsi di un falso.

A causa dell'ampiezza dei rischi legati all'autenticazione, non tutti gli enti e fondazioni d'arte svolgono tale attività su richiesta, rifiutando di emettere certificati di autenticità (si pensi, ad esempio, alla disciolta Andy Warhol Foundation, alla Willem de Kooning Foundation(31) ed alla Irving Penn Foundation negli Stati Uniti, che hanno scelto di adottare l'impostazione del c.d. *laissez-faire*). Al contrario, in altre situazioni, esistono più enti che si contendono od arrogano la prerogativa di emettere autentiche.

Le scelte metodiche sulla questione sono variegate e dipendono in larga misura dalla vicenda della produzione dell'autore.

In alcuni casi, ad esempio, può sussistere un conflitto fra gli enti dedicati alla promozione e alla tutela della produzione di un artista: ad esempio, alla scomparsa dell'artista Gino De Dominicis nel 1999, l'Associazione Gino De Dominicis, l'Archivio Gino De Dominicis e la Fondazione Gino De Dominicis si sono contesi, i primi due in conflitto con il terzo, l'autorità culturale e legale nell'ordinamento del lavoro del defunto(32).

Nel corso di una *querelle* che dura da più di vent'anni e puntellata da numerosi episodi di certificazione di dipinti poi rivelatisi falsi dell'artista, permangono "zona grigie" legate alla difficoltà di determinare chi possa ritenersi la "autorità" di riferimento per il rilascio di documenti attestanti l'autenticità delle opere di De Dominicis.

(31) - La pagina internet della Fondazione riporta, a proposito della possibilità di richiedere l'autenticazione di opere dell'artista: «*The Willem de Kooning Foundation does not authenticate works of art. Accordingly, we do not issue certificates or otherwise provide assistance in connection with any form of authentication request. If and when a catalogue raisonné project is established, owners will be welcome to submit work(s) under whatever guidelines are set for doing so*».

(32) - G. Gigliotti, *Tre associazioni e due cataloghi per l'artista che non voleva apparire*, in *Il Giornale dell'Arte*, n. 237, gennaio 2013.

La questione è tanto più spinosa tenuto conto, ad esempio, del fatto che l'artista impediva di riprodurre fotograficamente le proprie opere affermando che fossero «opera del fotografo non sua!»[33].

Ancora, sussistono conflitti fra l'Archivio Mario Schifano, fondato dalla vedova e dal figlio dell'artista, titolari dei diritti morali d'autore del dante causa, e la Fondazione MS Multistudio, ente che ancora svolge varie attività concernenti l'opera di Schifano malgrado le svariate azioni legali intraprese nei suoi confronti.

Un altro *case study* di particolare interesse è rappresentato dall'*opus* di Giorgio De Chirico e della contesa fra la Fondazione Giorgio ed Isa De Chirico di Roma e l'Archivio dell'Arte Metafisica di Milano, entrambi devoti a conservare e promuovere l'opera dell'artista.

In occasione di un'asta tenutasi a Londra nell'ottobre 2013, è stata battuta all'asta un'opera attribuita a De Chirico intitolata *Le Muse inquietanti*, pubblicata nel catalogo generale dell'artista e di cui la Fondazione Giorgio e Isa De Chirico aveva riconosciuto l'autorialità. L'acquirente si era però rifiutato di versare il prezzo adducendo come giustificazione il fatto che, in realtà, si trattasse di un'opera falsa, circostanza della quale era stato allertato appena dopo l'asta da un esperto di De Chirico di sua conoscenza, vicepresidente dell'Archivio dell'Arte Metafisica.

La Fondazione Giorgio e Isa De Chirico ha interpretato tale dichiarazione come un segno di provocazione, ragione per cui negli anni si sono susseguiti dibattiti dai toni particolarmente aspri quanto all'autenticità dell'opera ma anche, più in generale, sull'autorevolezza dell'opinione dell'uno o dell'altro ente.

È facile intuire come, da un dibattito simile, suscettibile di assumere un'ampiezza a livello addirittura internazionale, dipenda la credibilità di numerosi esperti del settore, la cui carriera si è costruita, negli anni, proprio grazie a puntuali analisi della corrente dell'arte metafisica. Pertanto, l'esito di un simile dibattito può comportare conseguenze particolarmente importanti.

---

[33] - G. CELANT, *Catalogo de Dominicis, Sgarbi contro Celant*, in *L'Espresso*, 11 febbraio 2013.

Resta comunque fermo che, in diritto, la volontà dell'artista gioca un ruolo poco influente nella conservazione della sua eredità artistica in quanto, come già accennato, i diritti morali d'autore si trasferiscono *ex lege* agli eredi alla sua morte, a prescindere da eventuali volontà difformi. Questo è forse l'unico elemento in grado di inficiare, indirettamente, l'autorevolezza dell'opinione espressa dagli enti che svolgono attività di autentica in rapporto alla produzione di un determinato artista, venendo considerati ugualmente liberi di farlo in ragione del diritto costituzionalmente garantito alla libertà di espressione.

In altri casi, invece, è proprio l'ente preposto all'autenticazione a certificare l'autorialità di opere false: si pensi, ad esempio, allo scandalo che nel 2018 ha coinvolto l'archivio Dadamaino, in cui furono implicati anche tre componenti dell'ente per aver emesso certificati di autenticità mendaci. L'indagine ha condotto al sequestro di numerose opere e ha certamente influito in negativo sul valore e sulla circolazione stessa dell'*opus* di Eduarda Emilia Maino[34].

1.6. Autentica e forme di responsabilità: la nozione di plagio

Il plagio, totale o parziale che sia, consiste sostanzialmente nella contraffazione di un'opera originale altrui presentata come propria. In diversi casi, riscontrare una appropriazione di elementi creativi di un determinato autore è una operazione non semplice.

Qualora venga accertata la fattispecie di plagio, è pacifico che l'artista plagiato possa agire in risarcimento del danno provocato dal plagiario al diritto morale dell'autore e, eventualmente, anche dei danni patrimoniali relativi allo sfruttamento economico dell'opera.

La questione si pone anche laddove un ente preposto alla tutela e valorizzazione dell'opera di un artista intenda ricorrere giudizialmente al fine di ottenere il risarcimento del danno morale causato dalla commercializzazione di un'opera di cui si è accertata la falsità. Se tale azione pare, a prima vista, esperibile, si pone il problema

(34) - Sul tema, v. G. Biglia, *Falsi Dadamaino, coinvolto nelle contraffazioni anche l'archivio dell'artista*, in *Il Sole 24 Ore*, 29 marzo 2018.

di determinare avverso chi e su quale fondamento giuridico ciò sia possibile, tenuto conto della rigida "personalità" dei diritti morali d'autore.

A tal proposito, la Corte di cassazione, in una sentenza resa il 26 gennaio 2018[35], ha ritenuto che: «Posto che le persone giuridiche, e in generale gli enti collettivi, hanno diritto al risarcimento del danno non patrimoniale alla loro reputazione e identità, la fondazione preposta per statuto alla tutela della figura, della memoria e dell'opera dell'artista ha titolo a un tale risarcimento, da non confondere con quello al diritto morale dell'autore, in conseguenza della commercializzazione di opere costituenti plagio di quelle del maestro».

La fattispecie riguardava il plagio dell'opera di Emilio Vedova lamentato dalla omonima Fondazione nei confronti di un gallerista. Il caso sottoposto all'attenzione della Corte ha evidenziato due principali aspetti relativi da una parte al diritto d'autore, dall'altra alla responsabilità del professionista dell'arte nell'offerta di opere plagiarie nei confronti della fondazione che ne tutela il patrimonio.

Sotto il primo profilo, la Suprema Corte ha riportato l'attenzione sul concetto di "plagio" e sulla sua identificazione, enunciando i diversi criteri che devono fondare la valutazione circa la sua sussistenza, ossia:

(i) l'autore del plagio deve appropriarsi degli elementi creativi dell'opera altrui «...ricalcando in modo pedissequo quanto da altri ideato ed espresso in forma determinata e identificabile...».

(ii) non è sufficiente ad escludere il plagio la «...originalità di mero dettaglio dell'opera plagiaria...».

(iii) la riproduzione illecita di un'opera è rilevante, non la confondibilità tra due opere.

(iv) la valutazione alla base del giudizio deve essere «complessiva e sintetica», non analitica, e deve avere ad oggetto il risultato globale o l'effetto unitario.

(v) non è ammissibile la valutazione in sede di legittimità del giudizio svolto in sede di merito relativo a opere d'arte contemporanea.

---

(35) - Cass civ., 26 gennaio 2018, n. 2039, in *Foro it.*, 2018, I, 855.

Sotto il secondo profilo, la Corte di cassazione ha confermato la ricostruzione della corte di merito, che ha applicato il principio di responsabilità solidale tra tutti i soggetti che hanno dato un contributo rilevante all'illecito ai sensi dell'art. 2055 c.c. nell'ipotesi di violazione dei diritti d'autore. Ciò includeva, appunto, anche l'operatore professionale che aveva commercializzato l'opera, con particolare enfasi alla fattispecie di vendita telematica, cosa «che palesava una particolare idoneità lesiva, attesa la diffusione che permette nella distribuzione dell'opera plagiaria».

La responsabilità del professionista, lungi dall'essere assimilata a quella derivante dalla violazione dei diritti morali d'autore di cui alla l.d.a., è stata invece ricondotta alla violazione del dovere di diligenza qualificata ai sensi dell'art. 1176 c.c., con conseguente obbligo di risarcimento del danno cagionato per inadempimento, gravante sull'operatore professionale del mercato.

La Corte ha peraltro rilevato che la sussistenza della buona fede dell'operatore non ne esclude di per sé la colpa e la conseguente responsabilità per inadempimento se non sia in concreto provato, ai sensi dell'art. 1218 c.c., che l'errore avrebbe potuto essere evitato usando l'ordinaria diligenza(36).

In sintesi, posto che le persone giuridiche, e in generale gli enti collettivi, hanno diritto al risarcimento del danno non patrimoniale alla loro reputazione e identità, la fondazione preposta per statuto alla tutela della figura, della memoria e dell'opera di un artista ha titolo a un tale risarcimento, da non confondere con quello al diritto morale dell'autore, in conseguenza della commercializzazione di opere costituenti plagio di quelle del maestro.

Tale impostazione trova riscontro nella giurisprudenza delle corti: il tribunale di Milano, con ordinanza del 18 luglio 2011(37), ha riconosciuto ad esempio alla Fondazione Anne et Alberto Giacometti un autonomo diritto di preservare l'identità personale di Alberto Giacometti e, in caso di «*paventato svalutarsi dell'opera del Maestro*», di tutelare l'immagine della stessa Fondazione. Tale

(36) - Tale principio è consolidato in giurisprudenza nel caso di vendita di cose d'arte, come ad es. in Cass. civ. 3 luglio 1993, n. 7299, in *Giust. civ. Mass.*, 1993, 1113 (s.m.).

(37) - Trib. Milano, 18 luglio 2011, in *Riv. dir. ind.*, 6/2011.

circostanza, a detta dei giudici, «può integrare altresì un danno all'immagine della Fondazione stessa, che sul mercato rischierebbe di apparire negligente per non aver esercitato efficacemente la cura delle opere e della memoria del Maestro, cui essa è statutariamente tenuta».

Nel caso di specie, una nota fondazione di Milano aveva esibito alcune sculture di un artista americano molto simili a quelle che hanno reso celebre l'artista svizzero Giacometti. L'omonima fondazione aveva così agito di fronte al tribunale di Milano per vedersi riconosciuto il risarcimento del danno all'immagine ad essa arrecato per il plagio perpetrato, vedendo riconosciuta l'ammissibilità del proprio ricorso.

Di contro, nella propria sentenza, i giudici hanno fornito delle importanti precisazioni in merito alla nozione di "plagio". È stata infatti operata una distinzione tra rivisitazione o rielaborazione di un'opera, contraffazione e plagio.

La rivisitazione mira a rendere omaggio all'artista tramite la creazione di una scuola o di una corrente, la rielaborazione invece è diretta a realizzare una finalità di critica o parodia. Entrambe le ipotesi si caratterizzerebbero per la creatività dell'elaborazione, tutelabile autonomamente ove esteriorizzata[38].

Il tribunale di Milano sembra peraltro riferirsi al plagio e alla contraffazione in modo indistinto, per indicare «la sostanziale riproduzione dell'opera originale, con differenze di mero dettaglio che sono frutto non di un apporto creativo ma del mascheramento della contraffazione». Non può dunque ritenersi sussistente la contraffazione laddove sussista soltanto la *possibilità* di confondere tra due opere e non l'effettiva riproduzione illecita di un'opera.

Al contrario, i giudici fanno riferimento alla tendenza della c.d. arte appropriativa (o "*appropriation art*"), a cui fa ampio riferimento la giurisprudenza statunitense. Si tratta di un'operazione attraverso cui, partendo dall'opera di un artista, un altro artista ricava un'opera sostanzialmente "nuova", in quanto frutto di un atto creativo orientato ad una specifica finalità, ad esempio parodistica.

(38) - Nota a massima di Trib. Milano, 18 luglio 2011, in *Riv. dir. ind.*, 6/2011.

Il riconoscimento della sussistenza della fattispecie di arte appropriativa in sede giudiziale consente ad esempio, nel sistema statunitense, di riconoscere l'eccezione di *fair use*, consentendo così di aggirare la limitazione di utilizzo di materiale soggetto a copyright senza autorizzazione(39).

La questione dell'arte appropriativa non fa che dimostrare come gli istituti di diritto "classici" siano ad oggi inadeguati rispetto alle forme di espressione dell'arte contemporanea.

La difficoltà di individuare la fattispecie di plagio si presenta anche in situazioni in cui l'applicazione di una pratica "comune" da parte di un soggetto si trova a sovrapporsi alla tecnica "iconica" utilizzata da un artista, specialmente nel contesto dell'arte concettuale.

Va infatti ricordato che la legge sul diritto d'autore protegge qualsiasi "forma" di espressione dell'ingegno creativo ma non la mera idea: nell'arte concettuale, tale distinzione si fa sottile proprio perché l'opera d'arte è costituita dall'idea trasmessa dall'utilizzo, spesso e volentieri, di pochi materiali molto semplici.

Ad esempio, l'artista concettuale Emilio Isgrò è stato al centro di una controversia portata avanti contro Roger Waters, ex membro dei Pink Floyd, poi risoltasi con un accordo stragiudziale, perché la copertina dell'album dell'artista *Is This The Life You Really Want?* era stata realizzata utilizzando la medesima tecnica delle "cancellature", spessi tratti neri che vanno a coprire alcune parti di un testo lasciandone altre scoperte, che ha reso famoso l'artista siciliano(40).

Prima della risoluzione della disputa, nel 2017, il tribunale di Milano aveva disposto il blocco delle vendite del disco, per riautorizzarle temporaneamente e poi sospenderle nuovamente(41).

---

(39) - Per esempio, nel caso *Rogers v Koons* (1992), il noto artista Jeff Koons ha cercato di giustificare l'appropriazione della fotografia di Art Rogers *Puppies* nella propria scultura *String of Puppies* invocando l'eccezione di *fair use* parodistico. La Corte d'Appello degli Stati Uniti per il Secondo Circuito ha invece ritenuto, attraverso un'interpretazione molto rigida dei § 101 ss. del *Copyright Act* del 1976, che l'eccezione non potesse sussistere poiché l'opera di Koons non veniva presentata come una parodia della fotografia di Rogers in particolare, ma come una satira della società in generale.

(40) - Sul tema si veda F. Di Marzio, *Is this the life we really want? Sulla illecita riproduzione delle opere visuali*, in *Giust. civ.*, fasc., 5 aprile 2018.

(41) - Trib. Milano, 25 luglio 2017, n. 29032.

Nel disporre tale forma di tutela inibitoria ai sensi dell'art. 156 l.d.a., il giudice ha dapprima ritenuto che le cancellature di Isgrò potessero essere protette alla luce dell'art. 2 l.d.a in quanto dotate di un autonomo valore artistico.

Successivamente, è stata ritenuta l'illiceità della riproduzione delle cancellature da parte di Waters sulla base della «comune percezione da parte dei critici musicali e dei critici dell'arte, che hanno immediatamente associato la copertina dell'opera discografica in oggetto all'artista Emilio Isgrò», circostanza che avrebbe legittimato l'esperimento della tutela inibitoria, sussistendo anche il criterio del *periculum in mora*.

Tale vicenda non fa che confermare l'opacità dei tratti che separano la violazione del diritto d'autore per plagio dalla mera ispirazione, ovvero addirittura dalla mera coincidenza nella forma di espressione di un'opera.

Si pone, pertanto, la questione di determinare in futuro criteri più precisi e più consoni rispetto alle odierne esigenze dell'arte contemporanea. Ormai, infatti, viviamo in un mondo in cui le forme di espressione si sono fatte molteplici e, in sempre più situazioni, si intersecano o collidono.

1.7. *L'accertamento dell'autenticità in sede giudiziale*

Il giudizio sull'autenticità o meno di un'opera d'arte rileva dall'espressione di un'opinione e, dunque, da un diritto tutelato ai sensi degli articoli 21 e 32 della Costituzione.

Per questo motivo, la giurisprudenza ammette pacificamente che non sia possibile dichiarare l'autenticità di un'opera attraverso una sentenza a fronte di una domanda formulata in via principale (c.d. azione di mero accertamento). *A contrario*, è pure considerata inammissibile la domanda avente ad oggetto l'accertamento della non autenticità di un'opera d'arte[42].

Semmai, è pacifico che l'accertamento dell'autenticità in sede di giudizio possa avvenire nel quadro di azioni di risoluzione di

[42] - Trib. Roma, 20 giugno 2019, n. 34722, in *Dir. fam. Pers.*, 2019, 4, I, 1688.

un contratto fondate sulle qualità promesse o essenziali della cosa, ovvero su errore o dolo. Ad esempio, laddove la compravendita di un dipinto si sia perfezionata sull'esclusivo presupposto dell'autenticazione o dell'autenticità dello stesso, la paternità dell'opera vale come elemento di identificazione del bene oggetto del contratto e, pertanto, è suscettibile di essere accertata mediante consulenza tecnica d'ufficio in corso di causa.

Una recente sentenza del tribunale di Roma, resa in data 26 giugno 2019[43], ha confermato questo *trend* nel quadro di una disputa in cui era coinvolta la prestigiosa Keith Haring Foundation, ritenendo che una domanda formulata in tal senso sia inammissibile. Il tribunale ha così efficacemente sintetizzato la posizione della giurisprudenza maggioritaria[44]: «L'azione di accertamento non può avere ad oggetto, salvo i casi eccezionalmente previsti dalla legge, una mera situazione di fatto, ma deve tendere all'accertamento di un diritto che sia già sorto, in presenza di un pregiudizio attuale e non meramente potenziale. Nel caso di specie viene in rilievo il "diritto all'autenticazione" di un'opera d'arte, dovendosi stabilire se sussista un diritto, ed un conseguente potere, giudiziale di accertare l'autenticità dell'opera. [...] Del bene quindi possono essere cristallizzati i dati evidenti, mai il giudizio sulla sua autenticità. Una volta che l'artista non sia in grado di autenticare l'opera d'arte l'autenticità della stessa può essere oggetto esclusivamente di un parere e non di un accertamento in termini di verità, parere che è espressione del diritto alla libera manifestazione del pensiero *ex* art. 32 Cost. E difatti il mondo dell'arte conosce i cosiddetti "*expertise*" ovvero pareri particolarmente qualificati relativi ad una determinata opera d'arte. L'accertamento giudiziale non farebbe altro che interferire nella necessaria dialettica, tutta interna e propria al mondo dell'arte, relativa all'attribuibilità di alcune opere a determinati artisti e si tradurrebbe in un giudizio collegiale giudiziale di maggior convincimento di una perizia rispetto all'altra».

(43) - Trib. Roma, 26 giugno 2019, n. 13461.

(44) - Altre pronunce significative in tal senso sono Trib. Genova, n. 1981/2018; Trib. Roma, 6 luglio 2018, non pubblicata, c.d. "caso Twombly". Quest'ultima sentenza ha anche rigettato la domanda volta ad ottenere l'inclusione coattiva delle tre opere nel catalogo redatto a cura della omonima Fondazione, previa attestazione della loro autenticità.

Questo orientamento è avallato anche dalla Corte di cassazione, che in una propria sentenza del 2017 ha espresso la stessa posizione nelle medesime forme(45).

In altre parole, se è possibile affermare che la facoltà di autenticazione non spetta in via esclusiva agli eredi dell'artista defunto o agli enti da questi costituiti, va altresì riconosciuto che gli eredi o gli altri soggetti legittimati non possono essere obbligati a rilasciare pareri sull'autenticità (o meno) di un'opera, ovvero sull'inclusione della stessa in un catalogo ragionato.

Tuttavia, recenti orientamenti hanno manifestato una tendenza contraria rispetto a quanto eccepito dal tribunale di Roma(46). Ad esempio, tramite sentenza n. 6542 dell'11 giugno 2018, la sezione specializzata in materia di impresa del tribunale di Milano ha addirittura ammesso la possibilità di accertare e dichiarare l'autenticità di un'opera d'arte a fronte di una domanda formulata in via principale.

Nella fattispecie, la Fondazione Lucio Fontana aveva rifiutato di autenticare e catalogare un dipinto originariamente di mano dell'omonimo artista, sostenendo che fosse stato "*irrimediabilmente compromesso*" da un incidente che aveva provocato la collusione della tela con un telaio estraneo, e che lo stesso artista l'avesse quindi scartato. La circostanza che l'opera fosse priva di data e firma, contrariamente a tutte le altre opere di Fontana, aveva condotto a ritenere che essa non rispondesse alla volontà dell'artista. Il proprietario dell'opera aveva dunque fatto eseguire delle analisi scientifiche, che avevano smentito la valutazione fatta dalla Fondazione, e aveva quindi convenuto quest'ultima in giudizio, al fine di far accertare l'autenticità dell'opera e farne ordinare l'archiviazione e la pubblicazione.

Due sono le principali questioni di diritto che il tribunale di Milano è stato chiamato a dirimere nella causa in questione: *in primis*, se la domanda di condanna alla catalogazione dell'opera d'arte possa considerarsi ammissibile, avuto riguardo alla libertà di

(45) - Cass. civ., 30 novembre 2017, n. 28821.

(46) - Per approfondimenti, si veda G. CALABI, *Vero o falso? Lo decida il giudice*, in *We Wealth*, giugno 2019, 90-91.

manifestazione del pensiero, costituzionalmente garantita nel nostro ordinamento; in secondo luogo, se sia lo stesso tribunale a poter dichiarare l'autenticità di un'opera d'arte a fronte di una domanda formulata in via principale, e non accessoria alla risoluzione di un'altra questione. In caso di risposta affermativa, sarebbe poi d'uopo interrogarsi sulla rilevanza di tale forma di accertamento.

Se, da una parte, i giudici del tribunale di Milano hanno ritenuto inammissibile la domanda di condanna a inserire l'opera nel catalogo della Fondazione, dall'altra hanno essi stessi, sulla base di circostanze fattuali, dichiarato l'opera di mano del maestro Fontana.

Nel motivare l'inammissibilità di una condanna a un'obbligazione di *facere*, viene richiama la già citata libertà di opinione e manifestazione del pensiero, che nella fattispecie si era concretizzata attraverso l'esito negativo della verifica dell'autenticità del dipinto da parte della Fondazione.

D'altra parte, nell'accertare che l'opera fosse effettivamente di Fontana, la sentenza fa leva sui fatti «provati e/o riconosciuti dalle parti in causa» e, in particolare, sul fatto che sia stata la stessa Fondazione ad aver ammesso che l'opera fosse stata realizzata per mano di Fontana.

La pronuncia del tribunale di Milano desta non poche perplessità nella misura in cui è il giudice a pronunciarsi in via principale sull'autenticità dell'opera, peraltro senza aver preventivamente ordinato alcuna consulenza tecnica d'ufficio.

Di più: è sorprendente che, nell'ammettere l'accertamento dell'autenticità dell'opera in via principale, il tribunale di Milano non faccia alcun riferimento all'orientamento contrario e ben stabilito dalla giurisprudenza appena richiamato. Inoltre, i giudici riconoscono quali elementi sufficienti e idonei a confermare l'autenticità dell'opera «il riconoscimento parziale effettuato dalla stessa Fondazione in occasione dell'esame del dipinto» e le «indagini scientifiche» che avevano permesso di accertare le circostanze della commistione fra telaio e colore fresco, escludendo qualsiasi necessità di ulteriore approfondimento istruttorio.

D'altro canto, la sentenza rigetta la domanda di condanna della Fondazione Fontana a un'obbligazione di *facere* consistente, nella fattispecie, nel catalogare l'opera oggetto della controversia (*de facto* autenticandola)[47].

Va infatti sottolineato che, come meglio si è chiarito *supra* al paragrafo 1.2, il rilascio (o il diniego di rilascio) di un'autentica, in quanto manifestazione del diritto costituzionalmente garantito alla libertà di opinione, è incoercibile. Esso «può essere effettua-t[*o*] da qualunque soggetto considerato esperto», e dunque anche da fondazioni e archivi, e senza che sia possibile imporre a chi è stato chiamato ad esprimersi un'obbligazione di fare risultante nella negazione del giudizio pronunciato.

Affidare l'incarico di autenticare un'opera è una scelta delicata e suscettibile di produrre conseguenze deleterie in caso di diniego. A maggior ragione, l'autentica pronunciata in via principale da un tribunale, che non dispone degli strumenti scientifici né delle conoscenze specifiche proprie a qualsiasi esperto del settore, pare quantomeno discutibile e, probabilmente, fine a se stessa se si considerano le complesse dinamiche del mercato dell'arte.

2. L'acquisto di un'opera d'arte sul mercato secondario

L'acquisto di un'opera può avvenire (come il più delle volte avviene) sul mercato c.d. secondario, ma – con riferimento all'arte contemporanea - può anche aver luogo sul mercato primario, ossia direttamente dall'artista.

Il mercato primario è quello in cui un'opera è messa in commercio e venduta per la prima volta direttamente dall'artista all'acquirente.

Il mercato secondario ha per oggetto tutte le transazioni, successive alla prima, di una medesima opera d'arte per diverse mani. Il mercato secondario è dominato da case d'asta e gallerie d'arte, che svolgono una funzione fondamentale nel garantire la circolazione di beni artistici sul mercato.

Logicamente, dunque, gli artisti le cui opere transitano nel mercato secondario sono generalmente più affermati rispetto a quelli

(47) - *Ibidem*.

che operano nel mercato primario. Ciò è anche in larga parte dovuto al fatto che la maggioranza di questi artisti non vendono direttamente le proprie opere poiché deceduti, il che può condurre ad una limitazione dell'offerta di opere e, quindi, anche ad un potenziale pedissequo aumento dei prezzi. Al contrario, i prezzi del mercato primario tendono ad essere più bassi e volatili.

Il contrasto fra mercato primario e secondario è messo in evidenza anche dal fatturato medio complessivo dei di ciascuno: nel 2019, i venditori che operano esclusivamente nel mercato primario hanno ottenuto il fatturato mediano più basso, con 375.000 dollari, rispetto al minimo di 5,5 milioni di dollari per chi invece lavora esclusivamente nel mercato secondario(48).

I rivenditori che operano in entrambi i mercati hanno avuto un fatturato mediano di 840.000 dollari, con una ripartizione media delle vendite per valore del 56% nel mercato primario e del 44% nel mercato secondario(49).

Questi dati forniscono una chiara impressione di quanto il mercato secondario debba considerarsi fondamentale nel sistema arte: si tratta infatti di un terreno strategico per il collezionista, acquirente o venditore che sia. Pertanto, si rende indispensabile conoscere quali sono, dal punto di vista giuridico, le accortezze che chiunque agisce sul mercato secondario deve conoscere, al fine di portare a termine una transazione sicura e a garantire stabilità alla nuova situazione proprietaria nel tempo.

La peculiare identità dell'opera d'arte comporta la difficoltà di "adattare" alla stessa gli istituti giuridici tradizionali relativi all'acquisto di beni mobili e rende particolarmente rischiosa l'operazione di compravendita. Le sfaccettature tecnico-giuridiche dell'opera d'arte sono infatti mutevoli ed i rischi connessi ad un acquisto sono molteplici: il valore di un oggetto dipende da una valutazione - quella dell'esperto - che è sempre suscettibile di modifica e che è legata in gran parte all'autenticità di un oggetto.

---

(48) - C. McAndrew (a cura di), *The Art Market 2019: an Art Basel & UBS Report*, 2019, 86.

(49) - *Ibidem.*

Pertanto, l'incertezza oggettiva sulla paternità dell'opera implica, sul piano giuridico-processuale, che spesso i giudizi in materia vengano risolti facendo applicazione della regola dell'onere della prova, spettante a chi intenda rimettere in causa la validità di una transazione.

In diritto italiano, la proprietà di un bene può essere acquisita soltanto nei modi previsti dalla legge, che si dividono essenzialmente in modi di acquisto a titolo originario e a titolo derivativo.

L'acquisto a titolo derivativo ha luogo laddove si acquisisce sulla cosa il diritto di proprietà già spettante a un precedente proprietario, tramite un trasferimento che ha sostanzialmente luogo nel quadro di un contratto avente effetto traslativo o di una successione nei beni di un defunto. Colui che trasferisce il diritto (ossia l'alienante) è detto "dante causa", colui che lo acquista (ossia l'acquirente) "avente causa": quest'ultimo non acquista la proprietà della cosa che se e nella misura in cui il dante causa ne era proprietario, ragione per cui, a seguito della transazione, la cosa continuerà ad essere gravata da eventuali diritti altrui. Allo stesso modo, se l'alienante non dispone di un titolo sull'oggetto venduto l'acquisto a titolo derivativo non potrà avere luogo.

Al contrario, l'acquisto a titolo originario permette di ottenere sulla cosa un diritto indipendente da quello di cui disponeva il proprietario precedente. Essa è dunque libera da ogni diritto altrui: oltre al diritto del precedente proprietario, si estinguono anche i diritti reali e le garanzie reali in precedenza costituiti sull'oggetto(50).

La compravendita si configura, di regola, come un contratto a titolo derivativo(51): ai sensi dell'art. 1470 c.c. «*La vendita è il contratto che ha per oggetto il trasferimento della proprietà di una cosa o il trasferimento di un altro diritto verso il corrispettivo di un prezzo*».

Si tratta di un contratto consensuale: essa si perfeziona, infatti, tramite il semplice scambio dei consensi di alienante e acquirente, che implica il passaggio di proprietà dal primo al secondo. Il prezzo è elemento essenziale della fattispecie e consiste, di regola, in una somma di denaro.

---

(50) - F. GALGANO, *Il diritto civile il 27 lezioni*, Milano, 2007, 93.

(51) - Si noti tuttavia che la fattispecie dell'acquisto *a non domino*, ai sensi dell'art. 1153 c.c., comporta il conseguimento, da parte dell'acquirente di buona fede, della proprietà sul bene oggetto della transazione a titolo originario.

Nel caso della compravendita di opere d'arte, l'acquisto risulterà il più delle volte da un titolo (almeno astrattamente) idoneo al trasferimento del diritto di proprietà su di essa, tipicamente un contratto scritto, anche se è frequente la conclusione di affari attraverso la semplice "stretta di mano". In ogni caso, alla luce dei numerosi alea legati all'acquisto di un'opera d'arte, *in primis* con riguardo all'autenticità ed alla provenienza della stessa, il contratto scritto rappresenta senz'altro una miglior forma di allocazione o riduzione dei rischi.

L'intervento che segue si concentrerà quindi sulle caratteristiche dei contratti di compravendita che contraddistinguono il mercato dell'arte.

In tale contesto, va premesso che il regime giuridico di riferimento è costituito da una pluralità di fonti non del tutto coordinate fra loro. In particolare, si tratta delle norme generali del codice civile, cui si accostano e intersecano quelle del codice del consumo (d.lgs. 6 settembre 2005, n. 206 e successive modifiche e integrazioni, compresa la c.d. "direttiva consumatori", di cui alla direttiva 2011/83/UE, recepita in Italia con d.lgs. 21 febbraio 2014, n. 21), del codice dei beni culturali e del paesaggio (d.lgs. 22 gennaio 2004, n. 42 e successive modifiche e integrazioni) e della legge sul diritto d'autore (legge del 22 aprile 1941, n. 633 e regolamenti applicativi).

In particolare:

- il codice del consumo reca disposizioni a tutela degli acquirenti qualificabili come "consumatori" nell'ambito di transazioni condotte da un "professionista" (v. *infra*, paragrafo 3);

- il codice dei beni culturali e del paesaggio include invece norme pubblicistiche che disciplinano la circolazione nazionale ed internazionale di quelle particolari categorie di beni mobili decretate come "beni culturali" dai competenti organi amministrativi, a cui si impone una serie di restrizioni quanto alla loro disponibilità e godimento, oltreché di tutti quegli altri beni *suscettibili* di essere decretati come tali[52] in virtù di determinate caratteristiche (della

(52) - Si pensi, ad esempio, alla clausola che subordina il passaggio di proprietà di un'opera d'arte alla condizione sospensiva relativa all'ottenimento di un'autorizzazione amministrativa all'uscita dal territorio italiano di un'opera d'arte avente più di 70 anni e realizzata da artista non più vivente, per cui è indispensabile un attestato di libera circolazione

circolazione di opere d'arte e beni culturali si tratterà estensivamente al Capitolo 3);

- la legge sul diritto d'autore (legge del 22 aprile 1941, n. 633) comprende disposizioni volte a salvaguardare i diritti morali (relativi alla dignità ed all'integrità del nome dell'artista) e patrimoniali (concernenti, ad esempio, lo sfruttamento economico) sull'opera, di fondamentale importanza nell'arte contemporanea, oltreché a regolare questioni relative all'autenticità (e al possibile disconoscimento) dell'opera e al diritto di seguito.

2.1. Il codice civile e gli elementi essenziali del contratto di compravendita di opere d'arte

Le disposizioni sulla compravendita di cui al codice civile (Capo I del Titolo III del Libro IV) non prevedono una disciplina *ad hoc* relativa ai contratti aventi ad oggetto opere d'arte o beni aventi interesse artistico.

Ne consegue che, in tal caso, si fa applicazione della *lex generalis* relativa alla disciplina della compravendita, che pure presenta delle difficoltà di adattamento in diversi contesti, tenuto conto della particolare natura delle cose d'arte. Come qualsiasi contratto, anche quello di compravendita di un bene artistico è disciplinato dalle norme civilistiche e deve presentare gli elementi essenziali di cui all'art. 1325 c.c., ossia:

- l'accordo delle parti;
- la causa, ossia la compravendita del bene in questione;
- l'oggetto: va da sé che esso debba essere possibile, lecito, determinato o determinabile, in ottemperanza al dettato dell'art. 1346 c.c. Nel contesto della compravendita di un oggetto d'arte, si tratterà quindi della corretta descrizione dell'opera;

(per circolazione *intra* Unione Europea) o una licenza di esportazione (per circolazione *extra* Unione Europea). Sul punto, si veda in particolare G. Calabi, *La circolazione dell'opera d'arte: profili sostanziali*, in G. Liberati Buccianti (a cura di), *L'opera d'arte nel mercato: principi e regole*, Torino, 2019, 45-61.

- la forma, che nel contesto della compravendita è libera. Si noti tuttavia che il codice del consumo impone, al professionista, specifici obblighi formali e informativi, di cui si parlerà più estensivamente al paragrafo 3 del presente Capitolo). Ad esempio, nel contesto della vendita a distanza (ossia effettuata attraverso email, telefono o Internet), il professionista è tenuto a fornire, in forma scritta, al consumatore, informazioni di varia natura relative all'acquisto e ai beni che ne sono oggetto (artt. 49, 50 e 51 cod. cons.). L'essenzialità della forma scritta nei contratti a distanza è particolarmente rilevante nel contesto del mercato dell'arte odierno, caratterizzato da grande informalità e dalla predilezione dello scambio di consensi attraverso la c.d. "stretta di mano". Il tutto anche a fronte della crescente necessità di mantenimento del distanziamento sociale in luce degli eventi pandemici che si sono recentemente verificati. Si tratta, perciò, di un efficace esempio di come lo *shift* da un mercato fisico ad un mercato virtuale, tendenza sempre più marcata al giorno d'oggi, trovi un riscontro non irrisorio anche dal punto di vista giuridico.

2.2. Le condizioni generali di vendita

Fondamentale ai fini della conclusione della compravendita di un'opera d'arte è la definizione del contenuto delle condizioni generali di vendita del contratto.

Queste sono utili, in particolare, ai fini della verifica della sussistenza di determinate caratteristiche dell'oggetto, specificamente:

- autenticità;
- provenienza;
- pretese di terzi sull'opera;
- stato di conservazione;
- questioni inerenti al diritto d'autore;
- sussistenza di una dichiarazione di interesse culturale (c.d. "vincolo").

Con riguardo agli elementi appena elencati, le parti possono andare a compiere dichiarazioni e garanzie, definendo la ripartizione della responsabilità giuridica di ciascuna in ragione degli eventuali rischi ad essi connessi. Negli ordinamenti anglosassoni, questo tipo di dichiarazioni costituiscono le c.d. *representations and warranties*, di cui si fa ampiamente uso ai fini della negoziazione dei termini degli accordi.

Si rammenta che, laddove il contratto di compravendita sia stipulato fra professionista e consumatore ai sensi della normativa consumeristica, il contenuto delle condizioni generali di mandato deve attenersi a determinati criteri, come meglio si chiarirà *infra*.

Ai sensi dell'art. 1341 c.c. «*Le condizioni generali di contratto predisposte da uno dei contraenti sono efficaci nei confronti dell'altro, se al momento della conclusione del contratto questi le ha conosciute o avrebbe dovuto conoscerle usando l'ordinaria diligenza*».

Nella prassi, è nell'interesse dell'acquirente leggere con attenzione le condizioni generali di mandato che gli vengono presentate dal venditore, in circostanze che spesso non consentono la negoziazione di terminate clausole e termini. Si pensi, ad esempio, ai moduli sottoposti dalle case d'asta alla propria clientela e da accettarsi "in blocco" attraverso la sottoscrizione di numerose pagine.

Resta fermo che qualsiasi limitazione dei diritti o qualsiasi imposizione di oneri a carico di una delle due parti deve essere esplicitamente accettata dalla parte gravata per iscritto, ai sensi dell'art. 1341 c.c.

2.2.1. *Clausole sulla condizione giuridica dell'opera d'arte*

Le clausole sulla condizione giuridica dell'opera d'arte includono le eventuali dichiarazioni e garanzie del venditore sullo status giuridico del bene in relazione alle norme di diritto.

Si pensi, *in primis*, alla complessa disciplina del codice dei beni culturali, che prevede la possibilità, per l'Amministrazione, di dichiarare un bene mobile di proprietà privata come avente interesse culturale. Un "bene culturale" subisce limitazioni quanto ai passaggi di proprietà ed agli spostamenti, all'interno così come all'esterno del territorio nazionale.

Quid, perciò, nel caso in cui la compravendita abbia ad oggetto un'opera d'arte decretata essere un bene culturale, ai sensi del d.lgs. del 22 gennaio 2004, n. 42 (c.d. codice dei beni culturali e del paesaggio), dagli organi competenti del Ministero per i beni e le attività culturali?

Dal punto di vista pratico, le implicazioni sono ben visibili: se l'opera d'arte di un privato è stata dichiarata essere un bene culturale, la vendita deve essere denunciata entro trenta giorni, in genere da parte dell'alienante, al Ministero per i beni e le attività culturali in ottemperanza al disposto dell'art. 59 codice beni culturali

Ai sensi del comma 4 dello stesso articolo, «*La denuncia contiene* [a pena di nullità, N.d.R.]*:*

a) i dati identificativi delle parti e la sottoscrizione delle medesime o dei loro rappresentanti legali;

b) i dati identificativi dei beni;

c) l'indicazione del luogo ove si trovano i beni;

d) l'indicazione della natura e delle condizioni dell'atto di trasferimento;

e) l'indicazione del domicilio in Italia delle parti…».

Il Ministero può, in virtù degli artt. 60 e ss. codice beni culturali, acquistare in via di prelazione i beni culturali alienati a titolo oneroso al medesimo prezzo stabilito nell'atto di alienazione, il tutto entro sessanta giorni dalla data di ricezione della denuncia. L'atto di alienazione rimane condizionato sospensivamente all'esercizio della prelazione e all'alienante è vietato effettuare la consegna della cosa.

Al fine di tutelarsi di fronte all'incertezza dell'esito della transazione, il quale dipende dalla discrezionalità dell'amministrazione, sarà nell'interesse delle parti prevedere, nelle clausole contrattuali, che l'acquirente possa o meno pretendere, in caso di esercizio del diritto di prelazione da parte dello Stato, un indennizzo da parte del venditore.

Quanto alle limitazioni alla circolazione di un'opera d'arte che sia stata dichiarata bene culturale, si rinvia al Capitolo 3.

Per il momento, ci è sufficiente chiarire che ad un bene culturale, sia esso di proprietà pubblica o privata, non è consentita l'uscita definitiva dal territorio nazionale, ragione per cui, ad esempio, una eventuale dichiarazione di interesse culturale su di esso andrebbe a minare gravemente l'interesse di un acquirente residente al di fuori dell'Italia.

Le parti, mostrandosi diligenti, dovrebbero quindi andare a subordinare il passaggio di proprietà sull'opera alla condizione sospensiva del rilascio di un attestato di libera circolazione ovvero di una licenzia di esportazione per la stessa, come meglio si illustrerà.

In tal modo, in caso di diniego al rilascio dell'attestato necessario all'uscita definitiva del bene artistico dal territorio italiano, la vendita non si perfezionerà, a tutela della posizione dell'acquirente di fronte al rischio di non poter ottenere, *de iure* e *de facto*, la consegna della cosa. Anche in questo caso, si tratta di una scelta che dipende dall'esercizio della discrezionalità amministrativa, per cui la condizione sospensiva si riferisce ad un fatto aleatorio di cui il venditore non è in grado di garantire la realizzazione.

Pertanto, come avviene di norma, è nell'interesse di chi vende segnalare che non ci si assume alcuna responsabilità nei confronti dell'acquirente in ordine ad eventuali restrizioni all'esportazione di un bene.

Il complesso regime di circolazione dei beni culturali e, più in generale, delle opere d'arte, in Italia crea una serie di importanti limitazioni amministrative alla facoltà di disposizione in capo al proprietario, proprio in ragione dell'unicità che li caratterizza in quanto portatori di valori e non in quanto semplici merci.

Determinare se un'opera d'arte sia qualificabile o meno come bene culturale è quindi essenziale per poter garantire, in seno all'ordinamento italiano, la regolarità della compravendita, prevedendo apposite clausole contrattuali a salvaguardia di entrambe le parti.

2.2.2. *Vendita con riserva di proprietà e passaggio del rischio*

Le parti al contratto di compravendita di un'opera d'arte hanno la possibilità di prevedere una c.d. clausola di riserva di proprietà, che ai sensi dell'art. 1523 c.c. subordina il trasferimento del titolo sul bene (ma non il perfezionamento del contratto) al pagamento integrale del prezzo: «*...il compratore acquista la proprietà della cosa col pagamento dell'ultima rata di prezzo, ma assume i rischi dal momento della consegna*».

Si tratta di una clausola che trova ampio utilizzo nel contesto delle vendite all'asta, al fine di garantire che l'effetto traslativo della vendita si perfezioni soltanto ove l'aggiudicatario di un bene ne abbia pagato il prezzo. Infatti, il contratto di vendita ha natura consensuale, in quanto si perfeziona e produce effetti reali al momento del consenso delle parti legittimamente manifestato in ordine al bene che ne è oggetto ed al prezzo, ai sensi dell'art. 1376 c.c.

La specificità dell'asta è legata alle modalità di conclusione della vendita e determinazione del prezzo: il prezzo iniziale a cui il bene è offerto (detto base d'asta) subisce aumenti a seguito dei rilanci dei partecipanti fino all'offerta da parte del migliore offerente che si aggiudica il bene. L'aggiudicazione avviene attraverso il "colpo di martello" da parte del banditore dell'asta ed è in quel momento che si perfeziona la compravendita del bene. Al solo fine di documentare l'avvenuta compravendita, al cliente aggiudicatario viene fatto sottoscrivere un verbale di aggiudicazione.

In assenza di una clausola di riserva di proprietà, la vendita di un bene all'asta si perfeziona immediatamente al momento della sua aggiudicazione da parte dell'acquirente.

Quanto al passaggio del rischio al compratore, di norma questo avviene al momento della consegna del bene, a prescindere dal fatto che il diritto di proprietà su di esso sia stato o meno trasferito.

2.2.3. Clausole sulla condizione fattuale dell'opera d'arte

Le clausole relative alla condizione fisica e all'autorialità dell'opera d'arte assumono fondamentale rilievo nel quadro della vendita di un bene artistico. Si tratta, infatti, di elementi su cui, potenzialmente, si fonda lo stesso intento acquisitivo del compratore, quali ad esempio la paternità, la datazione, le misure, la tecnica e lo stato conservativo.

Un collezionista potrebbe essere interessato all'acquisto di un oggetto proprio in virtù dell'autorialità dello stesso: in un mercato dove il valore delle opere dipende in larga parte dall'artista che le ha realizzate, la paternità dell'opera ha primaria importanza in un investimento, come si è già avuto modo di osservare.

Ai fini della definizione delle caratteristiche di un'opera d'arte all'interno di un contratto di compravendita, le parti devono agire secondo canoni di diligenza, al fine di inserire informazioni il più possibile veritiere e verificate (o quantomeno verificabili): esse, infatti, potranno rivelarsi essenziali in presenza di situazioni di rischio od incidenti che interessino l'opera.

2.2.4. *Il* condition report

Il *condition report* è un documento che riporta le condizioni fisiche dell'opera d'arte in un preciso momento storico. Oltre ad essere uno strumento importante ai fini della determinazione del valore di un'opera con riferimento al suo stato conservativo, può anche essere determinante per la rilevazione di eventuali danni subiti da un'opera in un incidente.

Il *condition report*, che trova ampio uso nel contesto dei contratti di prestito di opere d'arte (e incluso nel c.d. *loan form*), viene di norma stilato da entrambe le parti a monte di una compravendita, un prestito o un restauro. A seguito dell'analisi dell'oggetto, che dovrebbe essere effettuata in presenza di esperti e restauratori, si indicano all'interno del documento la descrizione dello stato dell'opera, con annesse fotografie, con il maggior grado di dettaglio possibile e se ne consegna una copia a ciascuna delle parti.

Per quanto funzionale, il *condition report* non trova, ad oggi, un largo impiego e ciò contribuisce al sorgere di conflitti dall'esito incerto, in sede giudiziale, ai fini della determinazione dei danni subiti da un oggetto d'arte a seguito di un deterioramento o di un incidente.

In concreto, ciò comporta per le parti il dispendio di energie e, soprattutto, denaro in numerose perizie dai risultati discordanti nel contesto di processi che possono protrarsi per anni.

Un esempio che conferma quanto appena osservato riguarda il caso di un'opera di Umberto Boccioni che, in occasione di una mostra, era stata concessa in comodato d'uso dal comune di Milano al museo comunale di Ixelles, senza essere accompagnata un valido *condition report*. La statua si era poi danneggiata a causa di una caduta accidentale provocata da un dipendente del museo belga.

Il tribunale di Milano, adito per dirimere la causa nata fra i due comuni a seguito del fallimento di ogni trattativa amichevole sul risarcimento dei danni subiti dalla scultura, ha messo in luce che «la mancanza della "*condition report*" delle opere a inizio mostra nonché della documentazione inerente il restauro, aveva rilevato l'impossibilità di valutare in maniera certa e precisa l'entità del danno conseguente alla caduta...»[53].

L'assenza del *condition report* ha fatto sì che fosse molto complicato individuare, valutare e quantificare i danni (e, dunque, il deprezzamento ai fini della domanda risarcitoria) subiti dalla scultura nella caduta, distinguendoli da quelli causati dall'usura del tempo o comunque non strettamente legati all'incidente. Nonostante le consulenze tecniche d'ufficio ordinate in sede giudiziale, il tribunale di Milano ha respinto la domanda di risarcimento del comune di Milano, oltre in ragione dell'assenza di valore di mercato dell'opera in quanto non commerciabile, anche in ragione del fatto che: «appare poco congruente una impostazione che sia destinata a documentare un danno da deprezzamento alla luce della mera distinta e parcellizzata valutazione delle singole deformazioni o infossamenti della scultura che, in quanto opera d'arte, può essere apprezzata anche se non più presentabile nelle sue originarie forme. Il dato evincibile ed apprezzabile sotto il profilo del danneggiamento riportato quindi ad una analitica ricostruzione delle singole lesioni, poi raggruppate a formare una percentuale della superficie danneggiata dell'opera, non pare convincente ed efficace al fine di individuare quale sia il minor valore dell'opera a seguito della condotta negligente del comodatario».

Al contrario, la presenza di un *condition report* avrebbe consentito un'analisi meno complessa e frammentata, certamente più immediata e olistica, delle condizioni della scultura post-incidente. In altre parole, avrebbe consentito di apportare una prova efficace dell'effettivo danno.

Alla luce della casistica analizzata, appare chiaro che il *condition report* sia ad oggi uno strumento imprescindibile per chiunque,

---

(53) - Trib. Milano, 20 marzo 2017, n. 3190.

volendo portare a termine una transazione sicura, ha interesse a documentare lo stato dell'opera al momento della consegna. Ciò consentirà, in concreto, di risparmiare lunghe ed eventualmente infruttuose trattative e ricerche per determinare se gli eventuali danni emersi fossero o meno già presenti sull'opera prima che venisse trasferita.

A ciò ha interesse non solo il prestatore, ma anche l'acquirente di un'opera, il quale, in caso di difetti non segnalati e di particolare rilevanza nell'oggetto che ha acquistato, potrà esperire i rimedi contrattuali che gli sono tipicamente garantiti.

2.3. Le patologie del contratto: il problema dell'autenticità dell'opera

Il dibattito, in sede di dottrina e giurisprudenza, riguardante i contratti di compravendita di opere d'arte si concentra principalmente sulla questione dei vizi materiali e della responsabilità del venditore per l'assenza di qualità essenziali o promesse della cosa, in particolare per quanto attiene all'aspetto dell'autenticità.

Non è raro, infatti, che un acquirente venga spinto a comprare un oggetto proprio in virtù dell'attribuzione di quest'ultimo ad un determinato artista, scoprendo in seguito che la paternità dell'opera non corrisponde a quanto promesso dal venditore.

In via preliminare, va sottolineato - come meglio si illustrerà in questa sede - che la giurisprudenza italiana si è dimostrata, in tempi recenti, discordante sulla questione di determinare se l'autenticità di un'opera d'arte possa essere dichiarata in sede giudiziale o meno, con una prevalenza di opinioni in senso negativo(54).

Tuttavia se, da una parte, il giudizio sull'autenticità di un'opera rileva del diritto costituzionale alla libertà d'espressione(55) e, come tale, può essere effettuato da chiunque e mutare nel corso del tempo,

(54) - V. ad es. in senso favorevole Trib. Milano, 11 giugno 2018, n. 6542 (c.d. "caso Fontana"); in senso contrario, Trib. Roma, n. 13461 del 26 giugno 2019; Trib. Genova, n. 1981/2018; Trib. Roma, 6 luglio 2018, non pubblicata, c.d. "caso Twombly"; Cass. civ., n. 28821 del 30 novembre 2017, c.d. "caso Boetti".

(55) - V. art. 21 Costituzione. Sul tema si vedano, *ex multis*, A. Donati, *Autenticità*, authenticité, authenticity *dell'opera d'arte. Diritto, mercato, prassi virtuose*, in *Riv. dir. civ.*,

è pur vero che quando proviene da archivi e fondazioni d'artista esso è maggiormente rispettato e riconosciuto rispetto all'opinione di un "profano". Per quanto riguarda la valutazione dello stesso artista sulla paternità dell'opera, è ammesso che il disconoscimento possa portare con sé determinate conseguenze legali.

Da tale estrema mutevolezza del giudizio di autenticità deriva il problema di determinare in diritto se, in quale misura e su quali basi l'acquirente sia in grado di invocare l'annullamento ovvero la risoluzione del contratto di vendita alla luce della smentita attribuzione dell'opera.

In tale situazione, all'acquirente è possibile, *in abstracto*, esperire una delle seguenti soluzioni:

- azione di garanzia per vizi della cosa venduta, ai sensi degli artt. 1490 e ss. c.c.;
- risoluzione del contratto per mancanza di qualità promesse o essenziali, conformemente all'art. 1497 c.c.;
- risoluzione del contratto per *aliud pro alio datum*, conformemente agli artt. 1453 e ss. c.c.;
- annullamento del contratto per vizio del consenso per dolo o errore sulla identità dell'oggetto della prestazione, di cui agli artt. 1439 e 1429, n. 2 c.c.

Il coordinamento fra i precitati rimedi si avvera spesso e volentieri complicato alla luce della peculiare identità delle opere d'arte ed è tuttora oggetto di un nutrito dibattito in dottrina ed in giurisprudenza[56]. Queste hanno variamente qualificato la fattispecie in esame, riconducendola ora all'una ora all'altra delle categorie teoricamente prospettabili, con la sola esclusione della applicazione della disciplina dei vizi della vendita, non costituendo la non autenticità un vizio redibitorio[57].

4, 2015, issn 0035-6093; A. Visconti, *Contraffazione di opere d'arte e posizione del curatore d'archivio*, Adeon, numero 1, 2020, Issn 1127-1345.

(56) - Cfr. *ex multis* sul tema, G. De Cristofaro, *La tutela degli acquirenti di opere d'arte contemporanea non autentiche*, in G. Liberati Buccianti (a cura di), *L'opera d'arte nel mercato: principi e regole*, Torino, 2019, 61 ss.; A. Barenghi, *Vero o falso?*, in *Corr. giur.*, 2019, 1093 ss.; Donati, *op. cit.*

(57) - Cass. 26 gennaio 1977, n. 392, in *Mass. gius. civ.*, 1977.

In linea generale, si è assistito ad una evoluzione nell'orientamento assunto dalla giurisprudenza nell'affrontare la questione, per cui ad oggi l'acquirente vede la propria posizione tutelata laddove abbia fondato il proprio intento acquisitivo su una caratteristica contrattualmente dedotta o comunque garantita. Infatti, laddove venga garantita l'autenticità dell'opera, il mezzo di individuazione della cosa venduta assume carattere sostanziale, motivo per cui, nel caso se ne riveli la non autenticità, il bene venduto deve ritenersi diverso da quello dedotto all'interno del contratto.

In un primo tempo, nella prima metà del XX secolo, la giurisprudenza, assimilando il concetto di autenticità dell'opera a quello di alea, respingeva sistematicamente le domande di annullamento proposte dagli acquirenti, in base al principio che a causa dell'oggettiva incertezza sulla paternità di un'opera, l'errore su di essa non produrrebbe l'annullamento del contratto in quanto non rilevante, giungendo così all'ingiustificato estremo di lasciare l'acquirente sprovvisto di qualsiasi tutela(58).

In un secondo momento, tale orientamento, fortemente osteggiato dalla dottrina, ha lasciato spazio ad una nuova interpretazione del concetto di paternità di un oggetto d'arte slegata dalla riqualificazione del contratto in aleatorio. Si è infatti ritenuto che l'incertezza oggettiva sull'autorialità dell'opera non potesse essere in grado di incidere sulla classificazione del contratto a tal punto da inficiarne il carattere commutativo e renderlo aleatorio. Ciò malgrado, la tutela dell'acquirente di un bene artistico non autentico veniva comunque sistematicamente negata dalle corti, le quali rigettavano la domanda di annullamento del contratto sul presupposto che l'incertezza oggettiva sulla paternità dell'opera rendesse l'errore sulla stessa irrilevante, dal momento che quest'ultimo dovrebbe essere essenziale e dunque cadere su un elemento certo(59).

---

(58) - G. Calabi, R. Zollino, *Caveat emptor: come si tutelano l'acquirente e il venditore nel caso di vendita di opera d'arte non autentica*, in *Aedon*, numero 2, 2004, Issn 1127-1345.

(59) - In tal senso Trib. Milano, 12 giugno 1947, in *Giur. it.*, 1948, I, 2, 193: «L'errore deve essere innanzitutto essenziale. [...] Astrattamente non può esservi dubbio, dottrina e giurisprudenza concordi riconoscono, che per un'opera d'arte l'autenticità sia qualità sostanziale indipendentemente dall'influenza che possa avere sul suo valore; ma occorre anche considerare che l'errore presuppone una obiettiva certezza sulla sostanza della cosa, e tale elemento manca nella determinazione dell'autore di un'opera d'arte quando non soccorrano elementi

Da qui, la giurisprudenza del secondo dopoguerra ha maturato la propria impostazione spostando l'apprezzamento dell'errore dall'elemento dell'autorialità dell'opera a quello dello stato attuale della critica d'arte sul punto della paternità dell'opera stessa (c.d. tesi della *communis opino*). Stando a questa nuova lettura, l'errore non può ritenersi essenziale laddove cada sulla mera affermazione della paternità di un oggetto, bensì soltanto qualora si riferisca alle risultanze cui sia pervenuta la critica in ordine alla attribuzione dello stesso(60).

Si pensi, ad esempio, alla sentenza resa dalla Corte di cassazione in data 2 febbraio 1998, n. 985: il caso riguardava l'ipotesi di errore di attribuzione, da parte del venditore, su di una statua, ritenuta essere di mano del Maestro della Cappella Pellegrini e che si era poi rivelata essere stata realizzata da Jacopo della Quercia e quindi di valore molto maggiore rispetto al prezzo per cui era stata venduta. I venditori avevano perciò agito in giustizia chiedendo l'annullamento del contratto, dichiarando di aver prestato il proprio consenso alla vendita sul presupposto della attribuibilità dell'opera al Maestro della Cappella Pellegrini.

La sentenza della cassazione, riformando la decisione di appello, ha ritenuto insufficientemente motivata la negazione della materiale riscontrabilità nella situazione controversa di un errore degli alienanti sulla qualità della cosa negoziata, suscettibile in astratto di determinare l'invalidazione della vendita oggetto della controversia in base alla disciplina dei vizi del consenso(61).

Di qui la dottrina ha rilevato che l'errore sulla paternità dell'opera d'arte potesse assumere rilevanza solo in quanto avesse ad oggetto un fatto giuridico quale lo "stato attuale della critica", elemento suscettibile di essere accertato giudizialmente in un dato momento storico.

probatori documentali e dati storici che consentano di stabilire con assoluta certezza la paternità. Non può pertanto essere fatto valere come causa di annullamento del contratto l'errore in cui una parte pretenda di essere incorsa circa la paternità di un'opera d'arte di cui è controverso l'autore».

(60) - CALABI, ZOLLINO, *op. cit.*

(61) - *Ibidem.*

Tuttavia, la teoria della *communis opinio* può avere validità solo in relazione alle opere note, rispetto alla cui paternità si è formata e, quindi, esiste effettivamente uno "stato della critica"; pertanto, seguendo tale teoria, si dovrebbe escludere l'applicabilità della normativa sull'errore in tutti i casi in cui la critica non abbia avuto modo di formare un proprio convincimento sulla paternità di un'opera.

I precitati posizionamenti, tutti fondati sul vizio del consenso dell'acquirente, sono stati gradualmente scartati in favore di un approccio fondato sulla mancanza di una qualità promessa che si concretizza nell'impossibilità assoluta di destinare la cosa al suo uso normale.

In sostanza, laddove un'opera dichiarata di un determinato autore si riveli non autentica post vendita, tale difetto di autenticità costituisce un vizio tale da consentire la risoluzione del contratto per mancanza delle qualità promesse o essenziali all'uso cui è destinata. Ciò senza pregiudizio all'identità dell'opera stessa e, dunque, senza che ricorra l'ipotesi più estesa dell'*aliud pro alio*[62].

Se, da una parte, questo inquadramento ha avuto il merito di riconoscere la rilevanza della paternità dell'opera nel contesto di una transazione, astraendola dal mero piano della formazione del consenso, dall'altra ha messo gli acquirenti di fronte a degli ostacoli di natura giuridica difficilmente sormontabili senza tenere conto della peculiare natura degli oggetti d'arte.

Infatti, nell'ottica di questa interpretazione, il rimedio disponibile per l'acquirente che riscontri la non autenticità dell'opera acquistata consiste nell'azione c.d. di garanzia per vizi redibitori o mancanza di qualità promesse, la quale, ai sensi dell'art. 1495 c.c., presenta brevi termini di decadenza e di prescrizione. Il compratore decade infatti dal diritto alla garanzia se non denunzia i vizi al venditore entro otto giorni dalla scoperta e l'azione si prescrive entro un anno dalla consegna del bene: di qui è facile intuire come tali limitazioni mal si conciliano con la peculiare natura degli oggetti d'arte: è infatti frequente che un'opera venga dichiarata falsa o non autentica a distanza di diversi anni dalla compravendita.

---

(62) - In tal senso, v. Cass., n. 30 maggio 1969, n. 1923, cit.; Trib. Roma, 18 aprile 1952.

In luce di questi importanti ostacoli, anche questo posizionamento è stato scartato dalla Corte di cassazione, favorendo il rimedio di carattere generale della risoluzione per inadempimento. La Suprema Corte, con sentenza del 3 luglio 1993, ha definitivamente affermato che «la rilevanza della effettiva paternità dell'opera non può essere astrattamente negata, ma deve essere di volta in volta stabilita in base al contenuto del contratto e a seconda che tale paternità sia stata espressamente o anche solo implicitamente, ma inequivocabilmente indicata, assumendo la funzione di elemento decisivo di identificazione dell'oggetto o di una sua qualità essenziale o sia stata invece solo supposta dall'una o dall'altra parte assumendo il carattere di elemento incidente sul processo di formazione della volontà negoziale»(63).

Nel caso di specie, l'acquirente a cui era stato garantito che la tela da lui acquistata fosse di mano di Agostino Carracci, pittore emiliano del 1500, aveva poi appurato, tramite degli esperti, che questa non fosse in realtà autentica.

Avendo questi tempestivamente agito nei termini dell'azione di garanzia per vizi delle qualità promesse di cui all'art. 1495 c.c. contro il venditore, i giudici di primo grado avevano riqualificato la fattispecie come errore per vizio del consenso, sulla falsariga delle tendenze giurisprudenziali degli anni '50.

Su appello del venditore, i giudici di seconda istanza e, conformemente, la Corte di cassazione hanno invece ritenuto che l'autenticità dell'opera costituisse un elemento decisivo di identificazione del bene oggetto della vendita, tale per cui la disciplina dei vizi redibitori non trovasse applicazione. Piuttosto, si è determinato che all'acquirente fosse stato consegnato un quadro diverso rispetto a quello pattuito, configurandosi così una fattispecie di *aliud pro alio*(64).

La sopracitata sentenza della Suprema corte è andata così ad avallare un diverso orientamento giurisprudenziale, già assunto sporadicamente a partire dagli anni '60, che consacra l'autenticità dell'opera come connotato essenziale di identificazione e

---

(63) - Cass., 3 luglio 1993, n. 7299, in *Diritto d'autore*, 1994, 425.

(64) - Cfr. P. L. Carbone, *La vendita di opere d'arte non autentiche*, in *Giur. it.*, 1994.

qualificazione del bene. Ciò, in concreto, consente all'acquirente di ottenere la risoluzione del contratto di vendita di un'opera d'arte ogniqualvolta la non autenticità della stessa possa configurarsi come una mancanza delle qualità essenziali o promesse ovvero come consegna di *aliud pro alio*.

Decisiva, in tal senso, è stata la pronuncia della Corte di cassazione del 14 ottobre 1960, n. 2737, in cui si è ritenuto che: «l'essere un'opera d'arte di un determinato autore è un elemento sostanziale che è connaturato con l'opera stessa, cui conferisce quella specifica individualità che impedisce di assumere il requisito dell'autenticità come una semplice qualità della cosa [...] onde la sua mancanza importa che la cosa sia diversa sostanzialmente e non solo qualitativamente».

La Suprema Corte, consapevole della specificità ed infungibilità degli oggetti d'arte, è giunta a riconoscere l'autenticità come mezzo di identificazione della cosa venduta avente carattere sostanziale, per cui, ove tale appartenenza risulti successivamente insussistente, deve ritenersi che la cosa trasferita sia diversa da quella oggetto del contratto. Pertanto, scartata l'azione di garanzia per vizi redibitori o mancanza di qualità promesse di cui al precitato art. 1495 c.c., l'acquirente è in grado di esperire l'azione di inadempimento contrattuale per consegna di *aliud pro alio* ai sensi dell'art. 1453 c.c. ai fini della risoluzione del contratto. Il termine di prescrizione, in tal caso, è di dieci anni dalla conclusione del contratto, il che, oltre a garantire all'acquirente un lasso di tempo maggiore per agire, meglio si confà alla peculiare identità delle opere d'arte.

In sintesi, ogniqualvolta l'esistenza di un particolare requisito o di una qualità della cosa venduta - compresa l'autenticità dell'opera - venga specificamente dedotta all'interno del contratto di vendita, in modo implicito o esplicito, il fatto che tale requisito o qualità si riveli assente successivamente alla vendita configura un inadempimento del venditore che legittima l'acquirente ad agire in considerazione della falsa rappresentazione delle caratteristiche della cosa venduta.

Tale inadempimento può configurarsi, a seconda dei casi, come consegna di cosa priva delle qualità essenziali o promesse ovvero come consegna di *aliud pro alio*. La giurisprudenza maggioritaria tende oggi ad ammettere l'azione di risoluzione, ai sensi dell'art. 1453 c.c., per consegna di *aliud pro alio* laddove il contratto contenga una garanzia di autenticità dell'opera venduta, trattandosi di un elemento sostanziale di identificazione dell'opera stessa, potendo così ottenere il risarcimento del danno subito. Al contrario, laddove nessuna dichiarazione sia stata espressa in merito all'attribuzione dell'oggetto, non può configurarsi alcuna risoluzione per *aliud pro alio*, come recentemente confermato dalla giurisprudenza di legittimità[(65)].

In via subordinata, è ammesso che l'acquirente possa agire ai sensi dell'art. 1429, comma 1, n. 2, c.c., chiedendo l'annullamento del contratto per errore sull'identità dell'oggetto della prestazione e il conseguente risarcimento del danno, oltre, in entrambi i casi, alla restituzione della somma pagata a titolo di corrispettivo della vendita.

L'orientamento giurisprudenziale attuale favorisce, nel caso di vendita di un'opera poi rivelatasi falsa, l'esperimento dell'azione in risoluzione per *aliud pro alio* rispetto alla c.d. azione in garanzia, come dimostrato da numerose sentenze rese nell'ultimo ventennio (si veda, in particolare, Cass. civ. n. 17995 del 1° luglio 2008).

Ad oggi, la disciplina dell'azione di risoluzione per qualità promesse od essenziali è caduta in disuso, malgrado qualche recente eccezione.

In una sentenza del 2015[(66)], la Corte di cassazione ha ritenuto che, nel caso dell'acquisto di un dipinto firmato "S.M." ed attribuito a Mario Schifano, che l'omonima fondazione aveva dichiarato falso poiché retrodatato, rifiutando quindi di lasciare un'autentica, la fattispecie dovesse ritenersi attinente a quella di mancanza di qualità essenziali piuttosto che a quella di *aliud pro alio*. Ciò in ragione del seguente presupposto: «il criterio di distinzione tra cosa viziata o priva di qualità promesse, può essere colto nella considerazione che si ha diversità radicale della cosa data rispetto a quella dovuta quando tale diversità è di importanza fondamentale e determinante

---

(65) - Cass. civ., 31 maggio 2017, n. 13784 in, cui si è stabilito che non possano ritenersi contraffatti oggetti che, in sede di vendita, non sono stati esplicitamente attribuiti ad alcun determinato artista da parte del commerciante.

(66) - Cass. civ., 15 ottobre 2015, n. 20809.

nell'economia del contratto, sia perché la cosa appartiene ad un genere del tutto diverso, sia in quanto essa si presenta priva delle caratteristiche funzionali necessarie a soddisfare i bisogni dell'acquirente... Nel caso di specie ... il bene trasferito non era una cosa radicalmente diversa posto che il quadro in questione essendo effettivamente opera dell'autore che lo ha firmato ha un valore sul mercato ancorché inferiore a quello stimato dalle parti al momento del trasferimento».

In altre parole, la retrodatazione del dipinto, fattore che ha determinato il mancato rilascio dell'autentica da parte della Fondazione Schifano, non è stata ritenuta determinante ad inficiare le caratteristiche funzionali necessarie a soddisfare i bisogni del compratore. Tale circostanza, a detta dei giudici di legittimità, legittimerebbe l'applicazione della disciplina dell'azione in garanzia, precludendo la possibilità di esperire la più conveniente disciplina dell'*aliud pro alio*.

2.3.1. *Risarcimento del danno*

Laddove azionata dall'acquirente, la risoluzione del contratto di compravendita comporta anche l'obbligo dell'inadempiente di rifondere l'altra parte a titolo di risarcimento del danno. Nel caso di una tela dichiarata d'autore ma rivelatasi poi non autentica, il compratore avrà diritto di ottenere sia la restituzione del prezzo versato (c.d. danno emergente) sia il risarcimento dell'eventuale plusvalenza laddove il quadro, se autentico, avrebbe conseguito nel tempo un maggior valore (c.d. lucro cessante). L'eventuale difficoltà di tradurre quest'ultima in un ammontare preciso non può di per sé escludere tale risarcimento, come confermato dalle corti[67].

---

(67) - Cass. civ., 14 novembre 1983, n. 2457. La sentenza Cass. civ., 14 novembre 2019, n. 29566, ha ritenuto che «in ordine alla prevedibilità del danno da lucro cessante, riportato dall'acquirente di un quadro di autore, rivelatosi non autentico, [va valutata] la perdita dell'incremento di valore di mercato, rispetto al prezzo di acquisto versato di un quadro autentico dello stesso pittore, avente le medesime caratteristiche di quello risultato falso, valorizzando, tra l'altro, la circostanza che lo stesso venditore, pur assicurando l'incremento di valore dell'opera con il tempo, non aveva provveduto a fornire il certificato di autenticità».

La giurisprudenza di cassazione ha esplicitamente ammesso che, in caso di risoluzione di un contratto di vendita per inadempimento del venditore per *aliud pro alio*, questi è tenuto a restituire le somme ricevute con gli interessi legali a decorrere dal giorno in cui le stesse somme gli furono consegnate dall'acquirente(68).

Nel caso di azione per annullamento del contratto in virtù di un vizio del consenso, invece, l'acquirente non può che agire per ottenere il risarcimento del solo danno emergente, chiedendo il rimborso del prezzo e delle spese legate alla vendita.

2.3.2. *Onere della prova e prescrizione dell'azione*

In sede giudiziale, come confermato dalla Corte di cassazione, spetterà al venditore chiamato in causa nel quadro di un'azione in risoluzione per *aliud pro alio* dimostrare che la cosa consegnata non presenta caratteristiche essenzialmente differenti rispetto a quelle contrattualmente dedotte(69).

Al contrario, il compratore non è affatto tenuto a dimostrare la non autenticità dell'oggetto, ben potendo limitarsi ad allegarla, incombendo invece sul venditore l'onere di dimostrarne l'autenticità. Si tratta di una conclusione derivante da un orientamento interpretativo delle sezioni unite della Corte di cassazione che non ha mancato di suscitare perplessità in sede dottrinale(70).

Infatti, si perviene così ad una disparità di trattamento di due situazioni dalla fattispecie molto simili: laddove, infatti, un vizio occulto al momento della vendita si manifesti nell'opera venduta, spetta al compratore apportarne la prova; quando invece, successivamente ad una vendita, un oggetto d'arte si rivela essere stato privo *ab origine* di una qualità essenziale, all'acquirente è sufficiente

(68) - Cass civ., 22 febbraio 2008, n. 4604, in *Gius. civ. mass.* 2008, 2, 277.

(69) - Così Cass. civ., 23 marzo 2017, n. 7557, «ove l'oggetto della prestazione del venditore sia connotato da peculiari qualità individuanti, a fronte della contestazione dell'acquirente circa la difformità fra quanto pattuito e quanto consegnatogli, deve essere il venditore a dimostrare l'appartenenza dell'oggetto alla particolare *"species"* convenuta», in *Gius. civ. mass.* 2017.

(70) - De Cristofaro, *op. cit.*, 67.

allegare la diversità della cosa venduta rispetto a quella promessa, mentre grava sul venditore l'onere di dimostrarne la sussistenza[71].

Quanto alla prescrizione di tale azione, i giudici di legittimità hanno di recente adottato una interpretazione della normativa in senso sfavorevole all'acquirente danneggiato, ribaltando la tendenza fino ad allora seguita dalla giurisprudenza di merito.

La Corte di cassazione si è così espressa nella propria sentenza n. 1889 del 25 gennaio 2018, ritenendo così prescritta l'azione di risoluzione esperita da un acquirente oltre il termine di dieci anni dall'acquisto di un arazzo attribuito ad Alighiero Boetti e poi rivelatosi falso. Il compratore faceva invece valere che la prescrizione decennale avesse cominciato a decorrere soltanto dal momento in cui la non autenticità era stata accertata dall'Archivio Boetti, ipotesi avallata dai giudici di primo e secondo grado.

Se, infatti, ai sensi dell'art. 2935 c.c., «*la prescrizione comincia a decorrere dal giorno in cui il diritto può essere fatto valere*», questo momento è stato ricondotto non alla data di verifica dell'effetto traslativo della vendita, bensì dall'epoca di accadimento del fatto lesivo, che rappresenta la concreta manifestazione oggettiva del danno. Nel caso della non autenticità di un dipinto, non può quindi ritenersi valida, ai fini del computo del *dies a quo* del termine di prescrizione, il momento in cui l'acquirente è venuto a conoscenza della mancata attuazione della prestazione dovuta (ossia il dato relativo alla paternità dell'opera).

Quanto alla prescrizione dell'azione di annullamento del contratto per vizio del consenso, essa si prescrive in cinque anni dalla scoperta dell'errore sull'autenticità dell'opera, conformemente al disposto dell'art. 1442 c.c.

L'analisi appena intrapresa comporta dei risvolti concreti per qualsiasi acquirente di un'opera che si riveli essere non autentica. Infatti, al collezionista potrebbe essere preclusa la possibilità di agire per la (più conveniente) azione in risoluzione del contratto per *aliud pro alio* in ragione del decorso del termine di prescrizione decennale a fronte della tardiva scoperta della non autenticità. In

(71) - *Ibidem*.

tali circostanze, il compratore potrebbe comunque agire tempestivamente, nel termine di cinque anni dall'accertamento della non autenticità, per l'annullamento del contratto per vizio del consenso, con la possibilità di vedersi quantomeno risarcito il prezzo pagato per l'opera.

In ogni caso, l'acquirente dovrebbe essere tenuto a mantenere un comportamento diligente sin dalla fase delle indagini in merito alla provenienza e all'autenticità dell'opera, richiedendo tempestivamente il rilascio, da parte dell'acquirente, dell'attestato di autenticità e di provenienza ai sensi dell'art. 64 codice beni culturali

La presenza di qualsiasi *red flag* deve spingere il collezionista a interpellare gli esperti del settore, ai quali sarebbe d'uopo rivolgersi a monte della sottoscrizione di qualsiasi contratto di acquisto di opere d'arte per verificare che le caratteristiche del bene ivi indicate corrispondano a verità[72].

Il rischio di un acquisto incauto, infatti, è che il giudizio sull'autenticità dell'opera di cui si contesta la paternità solo post *sale*, venga demandato in un secondo momento a un consulente tecnico d'ufficio nel quadro di un procedimento giudiziale, con aggravio di tempi e costi.

2.4. La provenienza dell'opera d'arte

Le dichiarazioni del venditore di un'opera d'arte interessano anche, il più delle volte, la sua provenienza. Come già accennato, non è raro che si riscontrino dei "vuoti" nella vicenda collezionistica di un'opera, talvolta di ampiezza tale da suscitare sospetti quanto alla liceità dei precedenti passaggi di proprietà.

In realtà, a ben vedere, l'ordinamento italiano consente la "convalida" degli acquisti di beni mobili rubati a determinate condizioni, ragione per cui al pubblico di collezionisti è richiesta una particolare

---

(72) - Sulla questione della dicotomia tra le pratiche del mercato dell'arte e quelle giudiziali in materia di autentica, si veda A. L. Bandle, *Fake or fortune? Art Authentication Rules in the Art Market and at Court*, in *International Journal of Cultural Property*, 22(2-3), 2015, 379-399.

diligenza e scrupolosità nell'analisi della provenienza di un bene artistico a monte dell'acquisto.

Il rischio, infatti, è che il collezionista non presti attenzione allo storico della vicenda di un'opera e proceda quindi ad un acquisto o ad una vendita incauta, dovendo in un secondo momento fare i conti con le pretese restitutorie o risarcitorie del proprietario originario che ne era stato spossessato.

2.4.1. L'acquisto di opere d'arte rubate

Una situazione alquanto comune ha luogo quando qualcuno intende acquistare un bene mobile ad un alienante che non è in realtà proprietario del bene: è il tipico caso del ladro che rivende l'oggetto rubato al terzo innocente per trarne profitto.

L'art. 1153 c.c. consente l'acquisizione immediata e a titolo originario del diritto sul bene a favore dell'acquirente, stanti tre condizioni. La fattispecie deve innanzitutto essere fondata su un contratto astrattamente idoneo a consentire il perfezionamento del trasferimento. Secondo elemento indispensabile è il conseguimento della disponibilità *de facto* del bene da parte dell'acquirente. Infine, necessaria per perfezionare l'acquisto è la sussistenza della buona fede soggettiva in capo all'acquirente, il quale deve ignorare che il dante causa non disponga della titolarità del diritto che gli viene trasferito. Se tali criteri si trovano soddisfatti, l'ordinamento giuridico italiano accorda una tutela accentuata nei confronti del terzo acquirente, rendendolo l'effettivo proprietario a tutto danno del precedente titolare del diritto.

La posizione del legislatore italiano desta non poche perplessità, specialmente nella misura in cui la regola "possesso vale titolo" viene applicata agli oggetti d'arte.

Benché fondato sull'interesse generale alla sicurezza e alla snellezza del traffico giuridico dei beni, l'art. 1153 c.c. non prende in considerazione la specifica natura delle cose d'arte, beni unici e infungibili che, in quanto tali, dovrebbero poter fare l'oggetto di un'azione reipersecutoria da parte del proprietario originale.

Al contrario, questi si ritrova a subire il degradare della tutela da proprietaria e reipersecutoria a meramente risarcitoria, secondo un meccanismo che non tiene conto della velocità a cui variano le quotazioni di opere d'arte né dell'eventuale legame affettivo con l'opera. Infatti, l'opera d'arte per la sua qualità di bene universale, unico, realmente insostituibile, che porta con sé un valore non patrimoniale impossibile da quantificare o da risarcire[73].

Dal momento che, in virtù dell'art. 1153 c.c., l'acquirente in buona fede ottiene la titolarità del diritto sul bene acquistato senza la necessità di alcuna forma di consenso da parte del proprietario originario, a quest'ultimo rimane unicamente la possibilità di rivolgersi contro colui che ha rivenduto il bene al terzo, il *non dominus*.

Nessuna azione potrà essere intentata nei confronti dell'acquirente di buona fede, poiché questo è terzo nei rapporti tra il vero proprietario e il venditore e, di conseguenza, non solo è sottratto all'azione di rivendicazione, ma anche a qualsiasi altra forma di responsabilità civile nei confronti del proprietario.

Di fronte all'impossibilità di esercitare l'azione di rivendicazione in caso di acquisto in buona fede da parte di un terzo, il proprietario potrà richiedere il risarcimento del danno ai sensi dell'art. 2043 c.c. sulla responsabilità extracontrattuale oppure tramite un'azione *ex contractu* nel caso in cui il non proprietario si fosse obbligato contrattualmente a restituire la cosa poi alienata.

In via residuale, gli resterà possibile agire tramite l'azione di arricchimento senza causa ai sensi dell'art. 2041 c.c. contro il *non dominus* che abbia alienato la cosa a titolo oneroso e si sia così appropriato di un'utilità, riservata esclusivamente al proprietario e inerente al diritto di disposizione[74].

Questa forma particolarmente ampia di tutela nei confronti dell'acquirente è un *unicum* tipicamente italiano, che non si rinviene nei sistemi giuridici della stragrande maggioranza degli altri paesi.

---

(73) - M. Cenini, *Gli acquisti* a non domino, Milano, 2009, 159. Sul tema dell'acquisto di opere d'arte rubate si veda anche P. Bresciani, *Acquisto a non domino di opere d'arte rubate: l'indagine sulla provenienza come criterio di diligenza*, in D. Jucker (a cura di), *Le buone pratiche del collezionismo*, Napoli, 2020, 155-180.

(74) - Cenini, *op. cit.*, 17.

2.4.2. *La portata della buona fede*

Ad avvantaggiare ulteriormente la situazione dell'acquirente contribuisce la portata attribuita dal codice civile al concetto di buona fede.

Innanzitutto, a norma dell'art. 1147 c.c., la buona fede dell'acquirente si presume *iuris tantum* ed è sufficiente che sia esistita al tempo dell'acquisto (*mala fides superveniens non nocet*), cosicché spetta a chi la contesta fornirne la prova contraria. Se si considera che il traffico illecito di arte e antiquariato si muove tramite canali clandestini, spesso senza lasciare traccia se non a distanza di anni, esigere la prova della condizione psicologica dell'acquirente al momento dell'acquisto equivale a una vera e propria *probatio diabolica*.

Inoltre, se è vero che, ai sensi dell'art. 1147, comma 2 c.c., la buona fede non giova allorquando l'ignoranza costituisca colpa grave, la giurisprudenza ha sottolineato che il mancato compimento, da parte dell'interessato, delle indagini atte ad individuare l'appartenenza del bene a chi se ne affermi proprietario costituisce colpa grave soltanto laddove sia caratterizzato da un carattere di "*macroscopicità e di eclatanza*"[75].

Alla luce di quanto osservato, è chiaro che l'art. 1153 c.c. pone il collezionista imprudente in posizione di estremo favore. Ciò malgrado, la giurisprudenza è giunta ad ammettere in concreto la possibilità di garantire tutela al proprietario spossessato reinterpretando la portata del concetto di buona fede.

Nel celebre caso avente ad oggetto il dipinto di Giorgio De Chirico *Natura morta con pesci*, la Corte di cassazione ha stabilito, pur in applicazione dell'art. 1153 c.c., che la presunzione di buona fede possa essere esclusa in presenza di indizi gravi, precisi e concordanti tali da far presumere la situazione psicologica, in capo all'acquirente, dell'illegittima provenienza del bene. In particolare, al fine di presumere la malafede, i giudici di legittimità non si sono limitati a considerare tutti gli elementi del negozio - quali la natura del bene, il prezzo pagato e le eventuali conoscenze e qualità professionali

---

(75) - In tal senso, Trib. Napoli, 24 ottobre 2007, in *Rep. giur.*, 2008.

dell'acquirente -, ma hanno dato importanza anche a circostanze anteriori ed estrinseche all'acquisto, ossia quelle legate al furto del dipinto.

Nel caso di specie, il quadro rivendicato era stato rubato alla proprietaria e acquistato anni dopo da un noto gallerista ad un'asta. A corroborare i sospetti sulle circostanze della compravendita aveva contribuito innanzitutto la qualifica professionale dell'acquirente, gallerista di professione, e il fatto che questi fosse un esperto conoscitore delle opere di De Chirico. A ciò si era aggiunta l'ampia pubblicazione e il clamore generale che il furto aveva destato, vista l'importanza del dipinto.

Tenuto conto dei suddetti elementi fattuali, la condotta del gallerista non fu considerata conforme ai criteri di normale diligenza e prudenza che costituiscono la portata etica e psicologica della buona fede, lasciando così intendere che egli dovesse, secondo regole di esperienza e un criterio di probabilità, quantomeno interrogarsi sulla provenienza del dipinto.

Stanti le evoluzioni giurisprudenziali, la normativa italiana non garantisce l'esistenza di un mercato propriamente responsabile per quanto riguarda l'acquisto di opere rubate. Per questo, non poche, sono le perplessità mostrate dalla dottrina in merito all'applicazione dell'art. 1153 c.c. agli oggetti d'arte.

Infatti, di fronte al grande interesse e zelo con cui lo Stato persegue la tutela di beni artistici e beni culturali in Italia, l'art. 1153 c.c. viene comunque indistintamente applicato anche ad essi, tanto più che il traffico illecito di opere d'arte è un fenomeno in costante aumento. Gli studiosi ritengono che l'applicazione della fattispecie dell'art. 1153 c.c. ai furti di beni culturali si riveli "*deleteria*" per l'interesse collettivo alla fruizione e conservazione del patrimonio, anche perché deresponsabilizza l'acquirente non imponendogli di informarsi a dovere sulle circostanze in cui avviene la transazione(76).

D'altra parte, la regola trova la propria *ratio* nella garanzia della certezza degli scambi: il consolidamento della situazione in capo all'acquirente provoca un pedissequo aumento del valore del bene,

(76) - G. Magri, *Beni culturali e acquisto* a non domino, in *Riv. dir. civ.*, 3, 2013, 764 e ss.

in quanto questo elemento incide sul prezzo che il terzo è disposto a pagare per acquistare la proprietà dell'oggetto in condizione di incertezza: l'aumento del valore del bene ha come conseguenza la possibilità di maggior guadagno da parte del *non dominus*. In altre parole, l'acquirente non acquista a proprio rischio e dunque non trasferisce il rischio di evizione nell'economia del negozio(77).

Resta tuttavia paradossale che beni di particolare rilevanza storico-culturale, sottoposti a limitazioni volte alla loro conservazione e dettate da norme di diritto pubblico, che stridono con l'applicazione sistematica dell'art. 1153 c.c., vengano interessati da questa disciplina(78).

2.4.3. Il modo residuale di acquisto di proprietà dell'opera d'arte rubata: l'usucapione

Laddove in malafede o privo di titolo idoneo, il possessore di un'opera d'arte è in grado di acquisirne a titolo originario la proprietà attraverso l'istituto dell'usucapione (detta anche prescrizione acquisitiva), conformemente all'art. 1161 c.c.

Anche in quest'ultimo caso, la norma si mostra particolarmente generosa nei confronti del possessore "illegittimo": anche il ladro può acquistare la proprietà dell'oggetto rubato se ne conserva il possesso per il tempo necessario (in tal caso, vent'anni) a partire dalla cessazione della clandestinità, mentre per il possessore di buona fede il termine è decennale.

Non solo: logicamente, la possibilità di esercitare l'azione di rivendicazione, imprescrittibile come il diritto di proprietà che ne sta a fondamento, si estingue al perfezionarsi dell'usucapione.

La prescrizione acquisitiva consente di semplificare la prova in giudizio del diritto di proprietà: è infatti sufficiente provare di

---

(77) - Cenini, *op. cit.*, 132.

(78) - Peraltro, l'art. 64-*bis*, comma 3 codice beni culturali prevede che «*Con riferimento al regime della circolazione internazionale, i beni costituenti il patrimonio culturale non sono assimilabili a merci*», a riprova della loro specificità ed infungibilità che mal si concilia con l'applicazione dell'art. 1153 c.c. Si veda, sul tema, anche R. Sacco, *Il possesso*, Milano, 1988, 197 ss.

avere posseduto la cosa il tempo necessario per acquistare la proprietà a titolo originario(79). La sentenza che pronuncia l'avvenuta usucapione ha carattere dichiarativo e gli effetti dell'usucapione retroagiscono.

Provare il possesso prolungato e pacifico dell'opera può tuttavia rivelarsi una *probatio diabolica*, con il vantaggio però di mettere in luce eventuali situazioni di irregolarità.

Si pensi, ad esempio, al caso del dipinto *Ritratto della sorella* del pittore Felice Casorati, rubato dalla villa dell'artista nel 1963 e rinvenuto nel 2007 presso il domicilio di una donna, quest'ultima è stata chiamata in causa in una disputa con gli eredi dell'artista. In via subordinata rispetto alle proprie pretese ed eccezioni, la donna ha invocato l'avvenuta usucapione del quadro, dichiarando di averlo ricevuto dal padre e chiedendo di veder dichiarata in sede giudiziale l'avvenuta acquisizione della proprietà su di esso, pur senza allegare alcun titolo che giustificasse l'accessione al possesso del dipinto da parte del padre.

Il tribunale di Torino, chiamato a statuire sul caso, ha però respinto l'istanza della donna con sentenza resa in data 27 marzo 2013(80), affermando che incombe a colui che invoca l'usucapione l'onere di provare il protrarsi continuativo del possesso quale elemento costitutivo dell'istituto, conformemente alla giurisprudenza di cassazione.

Da quanto appena descritto, emerge che l'usucapione è un istituto che può rivelarsi fondamentale nella risoluzione di dispute giudiziarie aventi ad oggetto la proprietà di opere d'arte, specialmente laddove un oggetto rubato ricompaia a distanza di anni.

La dichiarazione dell'avvenuta prescrizione acquisitiva è suscettibile di generare situazioni di "ingiustizia", pur nella piena applicazione delle norme di diritto, specie nei casi in cui si dibatte della proprietà di beni confiscati dai nazisti all'epoca della seconda guerra mondiale (c.d. *looted art*), a tutto danno degli eredi delle vittime di tali razzie.

---

(79) - F. GALGANO, *Trattato di diritto civile*, Padova, 2014, 458.

(80) - Trib. Torino, 27 marzo 2013, n. 8994, confermata in appello.

2.4.4. *L'importanza della scelta della legge applicabile e del foro competente nelle controversie post-sale*

I contratti di compravendita di opere d'arte possono prevedere clausole di elezione della legge applicabile al contratto e del foro competente a conoscere di un'eventuale controversia sorta a seguito della vendita.

In taluni casi, ciò incoraggia notevolmente il fenomeno di *forum shopping*, consistente nell'adire scientemente un tribunale che, dichiaratosi competente, statuirà con ogni probabilità in proprio favore. In tal altri, invece, laddove le parti non si accordino su uno di questi elementi, possono sorgere dei problemi nell'individuazione della disciplina applicabile ad un'eventuale azione restitutoria.

Per quanto riguarda la competenza giudiziale, il panorama giuridico appare intricato in ragione delle differenze fra le leggi di diritto internazionale privato in vigore in ogni Stato, in virtù delle quali i tribunali di due Paesi diversi potrebbero affermarsi entrambi competenti sulla medesima questione. Il problema non è ancora risolto a livello globale e, di conseguenza, vige incertezza riguardo quale tribunale possa considerarsi competente in occasione di un litigio.

Oltre al precitato rischio di *forum shopping*, il principio del *forum non conveniens* applicato dalle giurisdizioni di Paesi anglosassoni può far sì che la corte ritenuta competente in virtù dell'applicazione delle regole di conflitto di giurisdizione possa rifiutarsi di conoscere del caso laddove ritenga che un altro foro sia più idoneo, in ragione di maggiori fattori di collegamento con un altro Stato[81].

Per di più, designare una giurisdizione come competente non equivale ad affermare che il tribunale applicherà necessariamente il diritto dello Stato in cui si trova, tenuto conto del fatto che le norme in materia di conflitto di leggi non sono armonizzate a livello europeo (né tantomeno globale) per quanto riguarda le azioni restitutorie in diritto civile.

Generalmente, in ottica comparatistica, la designazione della legge governante la circolazione di beni culturali e oggetti d'arte fa perno sul

(81) - Sul tema si veda M. A. Renold, *Cross-border Restitution Claims*, Studio per il Parlamento europeo, Bruxelles, maggio 2016, 25.

criterio della *lex rei sitae*, ossia sulla legge del luogo in cui si trova il bene. La regola è la medesima applicabile ai diritti reali su tutti i beni mobili ed è enunciata in Italia dall'art. 51 della legge del 31 maggio 1995, n. 218 di riforma del diritto internazionale privato, secondo cui «*il possesso, la proprietà e gli altri diritti reali sui beni mobili ed immobili sono regolati dalla legge dello Stato in cui i beni si trovano*».

Dal risvolto pratico di questo assunto derivano diverse complicazioni: ad esempio, quanto al momento rilevante per determinare la *lex rei sitae*, nel caso di acquisto *a non domino* di un bene illecitamente rimosso in un Paese e trasferito in un altro si terrà conto della legge del luogo in cui la cosa si trovava nel momento in cui la fattispecie acquisitiva si è perfezionata.

È agevole comprendere che un principio di tal genere può facilmente essere manipolato dai trafficanti di oggetti d'arte per ottenere l'applicazione di un diritto che assicuri la validità dell'acquisto di un terzo in buona fede. Al ladro sarà sufficiente trasferire il bene in uno Stato le cui regole favoriscono la convalida degli acquisti *a non domino* cosicché, una volta trasferito a un acquirente in buona fede, il titolo di proprietà sarà inattaccabile, vuoi nell'immediato vuoi dopo un certo lasso di tempo.

Una volta ottenuto a titolo originario il diritto reale sul bene, sarà possibile rivenderlo anche in uno Stato le cui norme non ammettono in principio l'alienazione di oggetti rubati.

Negli ultimi anni, diverse convenzioni internazionali, prime fra tutte le Convenzione UNESCO concernente le misure da adottare per interdire e impedire l'illecita importazione, esportazione e trasferimento di proprietà dei beni culturali del 1970 e la Convenzione Unidroit del 1995 sui beni culturali rubati o illecitamente esportati, hanno cercato di ovviare a questo fenomeno, proponendo una armonizzazione delle regole applicabili in tali fattispecie.

2.5. Il mandato a vendere

Nel mercato dell'arte è frequente riscontrare situazioni in cui un soggetto, intenzionato ad alienare un'opera d'arte di sua proprietà (c.d. mandante), conferisca un incarico in tal senso ad un altro soggetto (c.d. mandatario), secondo la disciplina del c.d. mandato a vendere.

Nel portare a termine il proprio incarico, il mandatario può agire in nome proprio e per conto del mandante (c.d. mandato senza rappresentanza) ovvero in nome e per conto del mandante (c.d. mandato con rappresentanza), con delle differenze sostanziali a seconda dei casi.

L'art. 1705, comma 1 c.c. prevede che «*Il mandatario che agisce in proprio nome acquista i diritti e assume gli obblighi derivanti dagli atti compiuti con i terzi, anche se questi hanno avuto conoscenza del mandato*». Al contrario, l'art. 1704 c.c. chiarisce che, nel quadro del mandato con rappresentanza, gli effetti degli atti posti in essere dal mandatario si ripercuotono direttamente nella sfera giuridica del mandante.

Quest'ultima fattispecie è assai frequente nel contesto delle vendite all'asta, in cui la persona determinata a vendere un'opera affida il compito alla casa d'aste di venderla in suo nome e per suo conto, conferendole appunto un mandato con rappresentanza.

Pertanto, il "colpo di martello" del banditore chiude l'asta, sancisce lo scambio dei consensi e perfeziona quindi la vendita, proprio come se a farlo fosse stato il proprietario-mandante.

L'effetto tipico della rappresentanza è indicato dall'art. 1388 c.c.: il negozio rappresentativo è concluso dal rappresentante-mandatario, ma produce direttamente effetto nei confronti del rappresentato-mandante. Il contratto è quindi immediatamente concluso tra il rappresentato e il terzo, i quali diventano, nell'immediato, titolari di tutti i diritti e gli obblighi scaturenti dal negozio.

Ciò è pacificamente ammesso anche dalla giurisprudenza della Corte di Cassazione, la quale, in tema di mandato, ha confermato a più riprese che la rappresentanza possa «essere desunta anche da un comportamento del rappresentante che, per univocità e concludenza, sia idoneo a rendere edotto l'altro contraente che egli agisce non solo nell'interesse, ma anche in nome del rappresentato, nella cui sfera giuridica gli effetti dell'atto sono destinati a prodursi direttamente[82]».

---

(82) - Cass. civ., 31 marzo 2011, n. 7510 in *CED Cassazione* 2011. In tal senso, si veda anche Cass. civ., sez. II, 15 febbraio 1990, n. 1104: «il mandatario, in forza di una procura

Il mandatario, dunque, è da considerarsi non soggetto ulteriore poiché non agisce indipendentemente dal mandante, bensì in sua rappresentanza e vece.

Nel caso, invece, del mandato senza rappresentanza, sarà necessario un atto ulteriore al fine di garantire il trasferimento degli effetti giuridici del negozio concluso con il terzo dal mandatario al mandante.

Il più delle volte, in ogni caso, la casa d'aste sottopone al proprio cliente-venditore specifiche condizioni generali di mandato, nelle quali possono essere limitate ovvero escluse diverse forme di responsabilità, ad eccezione della responsabilità della casa d'aste per dolo o colpa grave. Il tutto, naturalmente, a patto che il venditore approvi specificamente, ai sensi degli artt. 1341 e 1342 c.c., le già citate clausole vessatorie.

2.5.1. La vendita all'asta

I soggetti intenzionati a vendere affidano l'opera d'arte da mettere all'incanto alla casa d'aste attraverso la sottoscrizione delle condizioni generali di mandato. Allo stesso modo, i potenziali acquirenti che partecipano all'asta accettano le condizioni generali di vendita, solitamente contenute all'interno del catalogo d'asta.

Nel contesto della vendita all'asta, le *representations and warranties* contenute nelle condizioni generali di mandato contengono, *inter alia*, la garanzia, da parte del venditore: della titolarità del bene messo in vendita; della legittimità delle precedenti transazioni aventi ad oggetto l'opera; del fatto che non sia soggetto a sanzioni commerciali o embarghi; dell'ottemperanza alla normativa antiriciclaggio di cui al d.lgs. del 4 ottobre 2019, n. 125, che ha recepito la V direttiva antiriciclaggio (2018/843/UE).

Con specifico riferimento al mandato conferito, le condizioni generali contengono delle dichiarazioni riguardanti l'identità e lo

---

generale o speciale ad negotia, può esercitare tutti i poteri e le facoltà spettanti al mandante, inerenti e necessarie all'esecuzione del mandato ricevuto».

status giuridico di mandante e mandatario, ad esempio in relazione all'eventuale commissione di reati fiscali.

Fra le altre clausole più ricorrenti figurano quelle relative:

- al prezzo del bene;
- alle commissioni d'acquisto;
- al passaggio del rischio e alla responsabilità per perdita o danneggiamento.

Quanto al prezzo del bene, spesso le condizioni generali di mandato prevedono che l'oggetto non possa essere venduto al di sotto di un certo prezzo su cui si accordano casa d'aste e mandante (c.d. "prezzo di riserva" o "riserva"). Ciò, in pratica, consente al venditore di evitare la "svendita" dell'opera in mancanza di offerenti particolarmente interessati.

Le condizioni regolano anche i rapporti fra mandante e mandatario nel caso di ritardo o di mancato adempimento all'obbligazione del pagamento del bene da parte dell'acquirente.

Per quanto concerne le commissioni d'acquisto, le condizioni generali di mandato prevedono che l'acquirente debba corrispondere alla casa d'aste un importo a titolo di *buyer's premium* (traducibile, appunto, come "commissione d'acquisto"), stabilito a discrezione della casa d'aste e normalmente calcolato come percentuale sul prezzo di vendita dell'opera.

Anche la responsabilità della casa d'aste nei confronti degli acquirenti può incontrare limitazioni od esclusioni, approvate e sottoscritte dai compratori attraverso le condizioni generali di vendita.

Queste concernono in particolare la modificabilità delle stime, opinioni e di ogni rappresentazione scritta od orale espressa sulla casa d'aste in merito all'autenticità di un'opera. Così, anche nel caso in cui un'opera di riveli non autentica, il mandatario ha la possibilità di vedere la propria responsabilità limitata od addirittura esclusa.

È quindi nell'interesse del collezionista portare avanti tutte le più opportune diligenze con la finalità di assicurarsi della corretta attribuzione e provenienza dell'opera che intende acquistare, a pena di non potersi rivalere sulla casa d'aste laddove l'attribuzione di un'opera (la quale si configura come la mera espressione di una opinione, come meglio si chiarirà *infra*) venga smentita.

In ultimo, va specificato che le condizioni generali possono contenere specifiche clausole relative al foro competente in caso di controversie, nonché alla legge applicabile al contratto.

2.5.2. *Le aste online only*

La vendita a distanza è una realtà sempre più frequente nel mondo attuale, che ha facilitato il diffondersi delle aste c.d. *online only*, ossia svolte esclusivamente in rete senza la necessaria presenza fisica di battitore e pubblico.

Le aste *online only* presentano l'immediata comodità di permettere ai partecipanti di assistere all'evento ed acquistare a distanza, offrendo una maggiore comodità dal punto di vista pratico. Tenuto conto delle recenti emergenze sanitarie, la modalità di offerta e di acquisto da remoto si presenta come più sicura ed è dunque indubbio che abbia assunto una centralità non più trascurabile nel mercato dell'arte.

Dal punto di vista giuridico, la modalità di vendita all'asta *online only* presenta alcune peculiarità. Innanzitutto, l'art. 18, comma 5, del d.lgs. del 31 marzo 1998, n. 114 sancisce il divieto di realizzare operazioni di vendita all'asta per mezzo della televisione o di altri sistemi di comunicazione. La suddetta disposizione è stata interpretata in modo tale da includere fra le operazioni vietate anche le aste *online* e non è stata formalmente abrogata da alcuna successiva disposizione.

Tuttavia, il documento guida pubblicato dalla DG Giustizia della Commissione Europea con riferimento alla direttiva 2011/83/UE (c.d. direttiva sui diritti dei consumatori) fa riferimento alle "aste pubbliche" come quelle che offrono ai consumatori la possibilità di partecipare di persona, anche laddove sia possibile fare offerte *online* o per telefono (art. 2.13 della direttiva). In Italia, tale disciplina è stata recepita con il d.lgs. del 21 febbraio 2011, n. 21.

Per le aste pubbliche, l'art. 6, paragrafo 3, della direttiva consente di sostituire l'identità, le coordinate e l'indirizzo geografico dello stabilimento e della sede del professionista che vende i beni o servizi con quelli della casa d'aste. Inoltre, si noti che non sussiste alcun diritto di recesso dai contratti conclusi in un'asta pubblica, in virtù dell'eccezione di cui all'art. 16, lettera k) della direttiva.

Il documento guida indica che, ai sensi del considerando 24 della direttiva sui diritti dei consumatori, «[...] *l'uso, a fini d'asta, di piattaforme online messe a disposizione di consumatori professionisti non dovrebbe essere considerato un'asta pubblica ai sensi della presente direttiva*». Di conseguenza, le aste *online* dovrebbero essere pienamente soggette alla disciplina dettata dalla direttiva per quanto riguarda, ad esempio, le informazioni precontrattuali da fornire prima che il consumatore sia vincolato dal contratto (l'offerta) e il diritto di recesso.

Sulla base delle suddette disposizioni di diritto europeo, che si riferiscono specificamente alle "*aste online only*" considerandole "*pienamente soggette*" alle disposizioni della direttiva sui contratti a distanza (incluso il diritto di recesso), si può dedurre che, per quanto riguarda le aste *online only*, il divieto di cui al d.lgs. 114/1998 si intende tacitamente abrogato.

Pertanto, il contratto di vendita concluso con l'offerta *online only* è un contratto a distanza disciplinato dagli artt. 6 e ss. della direttiva sui diritti dei consumatori e dagli artt. 49-67 cod. cons.

Pertanto, vi è una schiera di informazioni che devono essere fornite in maniera chiara e comprensibile all'offerente/consumatore prima che questi sia vincolato dal contratto a distanza, oltre agli estremi della casa d'aste, ossia:

- le caratteristiche essenziali del bene venduto;
- i dati identificativi della casa d'aste, indirizzo e recapiti a cui indirizzare eventuali reclami;
- il prezzo del bene, tasse incluse, e l'indicazione delle spese di consegna o di altri oneri;
- l'eventuale costo dell'utilizzo del mezzo di comunicazione a distanza (è il caso delle aste con offerte formulate telefonicamente);
- la modalità di pagamento, di consegna e di esecuzione del contratto;
- la modalità di trattamento dei reclami.

Accanto a queste informazioni, sarà necessario anche fornire un promemoria della esistenza della garanzia legale di conformità, nonché di eventuali servizi di assistenza postvendita e delle garanzie commerciali più in generale. Dovranno altresì essere indicati gli eventuali meccanismi extra-giudiziali di reclamo e ricorso e le condizioni per avervi accesso, nonché l'informazione sull'esclusione del diritto di recesso.

2.5.3. *La vendita in galleria*

La vendita di opere effettuata dalle gallerie d'arte segue il medesimo schema giuridico della vendita all'asta: il gallerista (intermediario e, dunque, mandatario) si incarica normalmente di vendere l'opera per conto del proprietario, trattenendo una quota del prezzo di vendita a titolo di commissione.

In alternativa al mandato a vendere, in queste situazioni non è infrequente trovarsi di fronte alla simile fattispecie del contratto estimatorio. Attraverso tale contratto, disciplinato dagli artt. 1556-1558 c.c., il venditore consegna al gallerista i beni che intende alienare, con obbligo da parte del gallerista di pagarne al venditore il prezzo ovvero restituire i beni in un determinato termine temporale.

Secondo i termini del contratto estimatorio, la galleria viene solitamente autorizzata a disporre dell'opera ai sensi dell'art. 1558 c.c., con la possibilità di venderla a terzi e svolgere qualsiasi attività volta a consentirne la vendita, come ad esempio esibirla a terzi potenziali acquirenti ovvero a studiosi, esperti, restauratori o consulenti.

Nel momento in cui la galleria conclude un contratto estimatorio con un artista, l'assunzione dell'obbligo di promuoverne la vendita comporta infatti che essa si faccia carico a tutte le spese relative, quali quelle legate all'organizzazione di mostre, alla pubblicazione di cataloghi e ad altre iniziative di carattere pubblicitario, potendo eventualmente prevedere contrattualmente il trattenimento di una percentuale del prezzo di vendita dell'opera(83).

Nel caso in cui rinvenga un acquirente interessato, il gallerista potrà procedere a vendere il bene, impegnandosi a versare il prezzo

(83) - T. Tampieri, *La vendita di opere d'arte. Fra tutela e mercato*, Bologna, 2006, 288-289.

ricavato, al netto delle commissioni, al proprietario entro il termine convenuto. Il trasferimento della proprietà dell'opera venduta in forza del contratto estimatorio si perfeziona infatti soltanto nel momento in cui la galleria ne paga il prezzo o la rivende a terzi.

La differenza principale fra i due contratti risiede nel fatto che, contrariamente al mandato a vendere, con il contratto estimatorio non si stabilisce un rapporto di rappresentanza del mandatario. Inoltre, la galleria non subisce il rischio economico dell'invenduto, potendosi liberare dall'obbligo del pagamento del prezzo attraverso la restituzione del bene all'artista.

3. La disciplina consumeristica

Il d.lgs. 6 settembre 2005, n. 206 ("codice del consumo") contiene diverse disposizioni che possono assumere rilievo nel contesto del contratto di compravendita di un oggetto d'arte, specialmente laddove un acquirente sia qualificabile come "consumatore" ai sensi dello stesso e compri da una persona fisica o da un ente collettivo che agisce nell'esercizio di una attività imprenditoriale o di una libera professione.

Si parla di consumatore ogniqualvolta si tratti di una persona fisica che compra un'opera d'arte per finalità estranee all'attività imprenditoriale, commerciale o alla libera professione eventualmente svolta, a prescindere dal livello di competenza o dalle specifiche conoscenze che possiede[84].

Sono esclusi dalla disciplina consumeristica gli acquisti finalizzati alla successiva offerta dell'opera sul mercato nell'àmbito di un investimento ovvero qualsiasi acquisto effettuato per ragioni comunque collegate ad un'attività imprenditoriale, quale ad esempio l'abbellimento dei locali di una società.

Per quanto riguarda la definizione di "professionista", si intende la persona fisica o giuridica che agisce nell'esercizio della propria attività imprenditoriale, commerciale o professionale, ovvero un

---

(84) - Art. 3, comma 1, lett. a), cod. cons.

suo intermediario[85]. Quanto alla possibilità di considerare o meno l'artista come professionista, tutto dipende dalla modalità in cui l'attività legata alla produzione di opere viene svolta: se si tratta di una occupazione stabile, organizzata e professionale rivolta a soggetti qualificabili come "consumatori", la disciplina consumeristica troverà applicazione[86].

Laddove, dunque, compratore e acquirente rivestano le sopracitate qualità, vengono in considerazione, in particolare, le disposizioni del codice del consumo relative ai contratti dei consumatori (artt. 45-67), fra cui quelle specificamente dedicate agli obblighi di informativa precontrattuali gravanti sui professionisti (artt. 48-51) e quelle relative all'obbligo di consegna e al passaggio del rischio (artt. 61-63), oltreché le norme riguardanti la responsabilità del venditore per la non conformità al contratto del bene consegnato al consumatore e la disciplina delle garanzie convenzionali (artt. 128 ss.).

Si noti che è fatta salva l'applicazione del diritto di recesso di cui agli artt. 52-58 cod. cons. laddove un'opera venga acquistata a seguito di una procedura competitiva di offerte gestita da una casa d'aste, ai sensi dell'art. 59, lettera m) cod. cons.

3.1. L'obbligo di informativa precontrattuale e di chiarezza delle clausole contrattuali

Il primo pacifico obbligo derivante dall'applicazione della disciplina consumeristica consiste nel fatto che le clausole dei contratti di compravendita di opere d'arte debbano essere redatte in maniera chiara e comprensibile, pena la nullità delle stesse, in virtù del combinato disposto degli artt. 35 e 143 cod. cons.

Inoltre, ai sensi dell'art. 36 cod. cons., le clausole che causano significativi squilibri dei diritti e degli obblighi derivanti dal contratto sono da considerarsi "vessatorie" e, dunque, nulle.

---

(85) - Art. 3, comma 1, lett. c), cod. cons.

(86) - De Cristofaro, *op. cit.*, 75.

Ai sensi del comma 2 del medesimo articolo, sono nulle, anche se concordate fra le parti, le clausole aventi per oggetto o per effetto di: «*a) escludere o limitare la responsabilità del professionista in caso di morte o danno alla persona del consumatore, risultante da un fatto o da un'omissione del professionista;*

b) escludere o limitare le azioni del consumatore nei confronti del professionista o di un'altra parte in caso di inadempimento totale o parziale o di adempimento inesatto da parte del professionista;

c) prevedere l'adesione del consumatore come estesa a clausole che non ha avuto, di fatto, la possibilità di conoscere prima della conclusione del contratto».

Accanto alla previsione di tali divieti, il codice del consumo prevede anche una serie di obblighi precontrattuali in capo al venditore: l'art. 48 cod. cons., ad esempio, prevede che, prima della vendita di un bene mobile all'interno del proprio locale commerciale, il venditore adempia ad un obbligo informativo preventivo, che comprende, *inter alia*, l'indicazione delle caratteristiche del bene venduto, i dati relativi al professionista, il prezzo dei beni incluse eventuali tasse ed imposte, le modalità di pagamento e di consegna, il richiamo alla garanzia legale di conformità.

Le disposizioni appena menzionate assumono una importanza fondamentale nel contribuire a colmare il disequilibrio della posizione del collezionista/consumatore rispetto a quella del venditore, in particolare laddove si tratti di vendite online (e, dunque, commercio elettronico), una realtà sempre più frequente sul panorama del mercato dell'arte.

Infatti, in tali situazioni, sussistono veri e propri "*gap percettivi*" derivanti dall'impossibilità di incontrare di persona il gallerista, di ricevere direttamente informazioni sull'opera e di essere rassicurati circa l'autenticità e la provenienza della stessa[87]. Per questo motivo, il codice del consumo prevede per i professionisti stringenti obblighi informativi e di forma, i quali si pongono in netto contrasto con le prassi tipiche del mercato dell'arte caratterizzate, *inter*

(87) - A. Donati, F. Federici, E. Romanelli, *Covid-19: il vademecum dell'Art Team di NCTM*, Exibart, 28 aprile 2020.

alia, da informalità e dall'assenza di particolari forme regolamentate delle transazioni commerciali.

Resta fermo che ai venditori professionisti non è consentito il ricorso a pratiche commerciali scorrette, conformemente al dettato dell'art. 18 cod. cons., così come a pratiche commerciali che, seppure di fatto corrette, in qualsiasi modo, anche nella loro presentazione complessiva, inducono o sono idonee ad indurre in errore il consumatore medio riguardo, *inter alia*, alle caratteristiche e al prezzo del prodotto. Si pensi, nel caso della vendita di opere d'arte, all'imposizione di commissioni di acquisto, imposte doganali oppure anche al diritto di seguito, senza che ne sia data specifica ed esaustiva comunicazione al consumatore. Tali obblighi sussistono prima, durante e a seguito della conclusione del contratto, a pena, per il venditore professionista, di vedersi irrogate pesanti sanzioni amministrative da parte dell'Autorità garante della concorrenza del mercato, ai sensi dell'art. 27 cod. cons.

3.2. Le vendite a distanza

Nel caso in cui una compravendita fra consumatore e professionista si perfezioni a distanza o fuori dai locali commerciali, l'art. 49 cod. cons. impone a quest'ultimo uno specifico obbligo informativo, inerente alle caratteristiche principali dei beni, i dati relativi al professionista, il prezzo dei beni comprensivo di eventuali tasse ed imposte, l'esistenza della garanzia legale di conformità di cui agli artt. 128 e ss. cod. cons., le modalità di pagamento e di consegna, nonché l'esistenza del diritto di recesso unitamente alle modalità, agli eventuali costi e alla tempistica di restituzione.

Si rammenta che l'art. 59, lettere c) ed m) cod. cons. esclude l'applicazione del diritto di recesso nel caso si tratti, rispettivamente, di un bene confezionato su misura o chiaramente personalizzato (è il caso dell'opera commissionata) ovvero di un bene acquistato all'asta pubblica (fatta eccezione per le aste *online only*, per cui il diritto di recesso è preservato).

Tale obbligo di informativa deve anche espletarsi in forma scritta o su un supporto duraturo al momento della conclusione del contratto, in quanto ne forma parte integrante. Ai sensi degli artt. 50 e

51 cod. cons, si deve trattare di informazioni «*leggibili e presentate in un linguaggio semplice e comprensibile*».

Si tratta di un obbligo imperativo, che comporta, in caso di deroga, nullità ai sensi dell'art. 66-*ter* cod. cons., oltre a pesanti sanzioni amministrative pecuniarie dell"Autorità garante della concorrenza e del mercato.

3.3. La responsabilità del venditore per la non conformità del bene al contratto

Il codice del consumo, agli artt. 128 e ss., prevede una severa disciplina nei confronti del venditore nel caso in cui il bene venduto si riveli non conforme a quanto contrattualmente garantito all'acquirente/consumatore. A tal fine, l'art. 129 cod. cons. prevede dei criteri presuntivi con riguardo al bene venduto, relativi, *inter alia*, alla conformità alla descrizione fatta dal venditore, da intendersi come qualsivoglia dichiarazione afferente alle qualità del bene rivolta al consumatore dal venditore o da chi agisce in suo nome e/o per suo conto (si pensi, ad esempio, alle case d'asta), in forma scritta o orale; e la presenza delle qualità che il consumatore possa ragionevolmente aspettarsi tenuto conto della natura del bene e delle dichiarazioni pubbliche del venditore o di chi agisce in suo nome e/o per suo conto.

Il difetto di conformità non sussiste se, al momento della conclusione del contratto, il consumatore era a conoscenza del difetto o non poteva ignorarlo con l'ordinaria diligenza ovvero se il difetto di conformità deriva da istruzioni o materiali forniti dal consumatore.

Pertanto, le descrizioni contenute in cataloghi, *condition report*, le condizioni generali di mandato e, in linea di massima, in qualsiasi dichiarazione rivolta al consumatore o indistintamente al pubblico dei potenziali acquirenti dovranno essere il più possibile chiare, precise e dettagliate, in quanto idonee a generare, in capo al consumatore, un convincimento in merito alle caratteristiche del bene acquistato che assume rilevanza con riguardo alla disciplina della garanzia di conformità.

A tal proposito, la garanzia deve anche chiarire, in maniera definita e comprensibile, i diritti riconosciuti al consumatore in virtù della stessa.

Laddove l'oggetto d'arte consegnato al consumatore in esecuzione del contratto si riveli privo delle caratteristiche o qualità promesse contrattualmente, si configura infatti un difetto di conformità, a condizione che lo stesso fosse esistente al momento della consegna del bene e che si sia manifestato entro i due anni successivi (artt. 130, comma 1 e 132 cod. cons.) senza che il consumatore ne fosse a conoscenza all'epoca della conclusione del contratto (art. 129, comma 3 cod. cons.). Laddove si tratti di un difetto occultato dolosamente, la denuncia da parte del consumatore non è necessaria e la prescrizione dei diritti del consumatore avviene secondo il termine ordinario di dieci anni.

In tal caso, al consumatore sarà possibile esperire i rimedi della riduzione del prezzo, ovvero, qualora il difetto non sia di lieve entità, della risoluzione del contratto. Il tutto dopo aver denunciato, a pena di decadenza, il difetto entro sessanta giorni dalla scoperta, esercitando tali diritti entro ventisei mesi dalla ricezione del bene in consegna (art. 132 cod. cons).

La linea di demarcazione fra difetto di conformità ai sensi della normativa consumeristica e la fattispecie di *aliud pro alio* è particolarmente sottile, in particolare nel caso in cui si abbia luogo alla consegna di un'opera d'arte non autentica rispetto alla dichiarazione di cui al contratto di vendita.

In questo caso, la dottrina dibatte quanto alla possibilità di assorbire determinate fattispecie di *aliud pro alio* all'interno della disciplina consumeristica del difetto di conformità, propendendo maggioritariamente per una risposta positiva nei casi di non autenticità dell'opera venduta[(88)].

Da qui consegue un'ulteriore discussione tuttora in atto, sulla sussistenza o meno della facoltà, per il consumatore, di scegliere se ricorrere all'apparato di norme consumistiche "speciali" contemplate nel caso di difetto di conformità ovvero ai rimedi "generali" accordati dal codice civile al compratore che si veda consegnare un *aliud pro alio*, per cui la risposta è generalmente positiva.

---

(88) - De Cristofaro, *op. cit.*, 81.

4. La legge sul diritto d'autore

Nel quadro di un contratto di compravendita di un'opera d'arte, può assumere rilevanza anche la disciplina dettata dalla legge del 22 aprile 1941, n. 633 sul diritto d'autore (l.d.a.), in particolare su questioni vertenti intorno ai diritti morali e patrimoniali dell'artista, fra cui la questione del diritto di seguito.

Infatti, il diritto d'autore è «un diritto soggettivo che si scompone in un fascio di diritti, di differente natura, tecnicamente non confondibili (patrimoniali e personali) in ordine all'opera, quale bene immateriale e quale manifestazione della personalità dell'autore»(89). In tale ottica, il diritto d'autore ha una finalità protettiva nei confronti del "legame ideale" esistente fra l'opera e il suo autore.

4.1. *Integrità dell'opera e restauri*

È pacifico che diritti morali dell'autore di un'opera d'arte sono inalienabili e perpetui, ai sensi degli artt. 20 e ss. l.d.a., e vengono trasmessi ai suoi eredi alla morte(90).

È in forza di tali diritti morali che l'artista può opporsi a qualsiasi deformazione o, più in generale, lesione all'integrità della propria opera. Ciò include anche le operazioni di restauro, le quali sono il più delle volte supervisionate dall'artista stesso.

Tale disposizione trova alcuni temperamenti nel caso, ad esempio, di stampi di un'opera già esistente(91) oppure nel caso delle opere di architettura. In tal ultimo caso, infatti, il diritto morale dell'autore trova un limite nelle modificazioni che si rendano necessarie, dal

---

(89) - V. De Sanctis, *Autore (diritto di)*, in *Enc. dir.*, IV, Milano, 1959, 399; M. Fabiani, *Autore (diritto di)*, in *Enc. giur.*, I, Roma, 1988, 9.

(90) - Per quanto riguarda il tema dell'autenticità, si rinvia al Capitolo 1 e al paragrafo 1 del presente Capitolo.

(91) - In tal senso Trib. Firenze, 6 ottobre 2003, in *Dir. aut.*, 2005, 539, a proposito dello stampo di una scultura. È stata ritenuta la legittimità della riproduzione della stessa anche senza la supervisione dell'autore, benché siano stati utilizzati materiali diversi e una diversa esecuzione tecnica, senza che tuttavia sia stata inficiata la percezione "*visiva e spirituale*" dell'originale.

punto di vista architettonico, in corso d'opera o ad opera già realizzata; ciò anche se tali interventi arrechino pregiudizio all'onore o alla reputazione dell'autore. Se all'opera sia riconosciuta dalla competente autorità statale importante carattere artistico spetteranno all'autore lo studio e l'attuazione di tali modificazioni[92].

4.2. *Le questioni inerenti ai diritti patrimoniali*

Il contratto di compravendita di un'opera d'arte può prevedere la cessione di determinati diritti concernenti lo sfruttamento economico dell'opera, nel caso questi siano detenuti dal venditore. Essi spettano, in via originaria, all'autore dell'opera il quale può decidere di trasmetterli a terzi.

Salvo diverse pattuizioni, chi acquista un quadro o un'opera d'arte in genere diventa proprietario del supporto, ma i diritti di utilizzazione economica e la conseguente possibilità di sfruttamento commerciale dell'opera resta in capo al suo autore o ai soggetti suoi cessionari, conformemente all'art. 109 l.d.a. È vietata la cessione di diritti futuri.

La sezione specializzata in materia d'impresa del tribunale di Torino, con sentenza n. 3115 resa il 13 giugno 2017 ha statuito che, nell'ipotesi in cui un artista realizzi un lavoro in forza di un contratto di prestazione d'opera intellettuale o artistica, i diritti di utilizzazione economica dell'opera siano acquisiti direttamente ed immediatamente dal committente.

Altrettanto trasmissibile è il diritto esclusivo di riproduzione di un'opera, di cui all'art. 13 l.d.a., che può essere ceduto se previsto da un'apposita clausola del contratto di compravendita. Salvo pattuizioni contrarie, quindi, l'artista non cede il proprio diritto di riproduzione al collezionista per il solo fatto di vendergli l'opera o di consegnargliela in conto vendita, perché ne trasferisce solo il diritto di proprietà[93].

---

(92) - Art. 20, comma 2 l.d.a.

(93) - G. Bonomo, *La tutela delle immagini di opere d'arte*, in *Diritto24*, 28 marzo 2018.

Inoltre, si rammenta che l'art. 61, comma 2 l.d.a. prevede che «*la cessione del diritto di riproduzione o del diritto di distribuzione non comprende, salvo patto contrario, la cessione del diritto di esecuzione pubblica o di comunicazione al pubblico*».

Per questo motivo, il collezionista che intenda acquistare un'opera audiovisuale allo scopo di esporla e diffonderne il contenuto al pubblico, dovrà premurarsi di vedersi ceduto, in maniera esplicita, da parte dell'artista o del detentore il diritto di riproduzione della stessa.

Si noti infine che gli artt. 2581 c.c. e 110 l.d.a. richiedono la forma scritta *ad probationem* per i contratti di trasferimento dei diritti di utilizzazione economica sull'opera.

4.3. Il diritto di seguito

Il diritto di seguito è previsto dagli artt. 144 e ss. l.d.a. ed è un diritto inalienabile spettante all'artista e al quale egli non può rinunciare. Consiste in un compenso dovuto a suo favore, proporzionato al prezzo di vendita ed esigibile per ciascuna rivendita dell'opera successiva alla prima.

Il diritto di seguito si applica a tutti gli atti di rivendita che coinvolgono venditori, acquirenti o intermediari qualificabili come "professionisti" del mercato dell'arte, fra cui case d'asta, gallerie d'arte e, più in generale, qualsiasi commerciante di opere d'arte.

Il diritto di seguito si protrae fino a settant'anni dopo la morte dell'artista, alla morte del quale ne beneficiano gli eredi. Può essere percepito dagli artisti italiani o da artisti extracomunitari residenti in Italia, cittadini dell'Unione Europea e cittadini di un Paese terzo, a condizione che le leggi di tale Paese riconoscano lo stesso diritto per gli artisti che siano cittadini italiani.

Le percentuali spettanti all'artista a titolo di diritto di seguito sono fissate *ex lege*, fermo restando che esso non si applica per vendite di opere il cui prezzo è inferiore a 3.000 euro e che l'importo totale percepibile a titolo di diritto di seguito non può comunque superare l'importo di 12.500 euro.

Inoltre, ai sensi dell'art. 144, comma 3, l.d.a., il diritto di seguito non si applica agli atti di rivendita se il venditore ha acquistato l'opera direttamente dall'autore meno di tre anni prima della rivendita e se il prezzo di rivendita non supera i 10.000 euro.

Quanto al soggetto tenuto al versamento, sebbene l'art. 152 l.d.a. preveda che il diritto di seguito sia a carico del venditore, la sentenza della Corte di giustizia europea del 26 febbraio 2015 (C-41/14, Christie's France SNC contro *Syndicat national des antiquaires*[94]) ha statuito che le parti al contratto di compravendita possano prevedere che il pagamento del diritto di seguito incomba all'acquirente. La Società italiana autori ed editori (SIAE) è l'unico soggetto autorizzato a riscuotere il diritto di seguito per conto degli artisti e a versarlo a ciascun titolare.

Pertanto, nel caso in cui intenda traslare l'onere di pagamento del diritto di seguito sull'acquirente, spetterà al venditore fornire a quest'ultimo precise indicazioni, al fine di ottenerne il consenso scritto. In caso contrario, correrà il rischio di vedersi rimproverare di aver messo in atto una pratica commerciale scorretta laddove la normativa consumeristica (già descritta esaustivamente *supra*) si trovi applicabile.

4.4. Diritti di riproduzione

Altrettanto importanti sono le clausole che regalo il diritto di riproduzione dell'opera. Con riproduzione, si intende qualsiasi forma di moltiplicazione in copie dell'opera, diretta o indiretta, temporanea o permanente, in tutto o in parte, in qualunque forma e modo, con ogni procedimento di riproduzione, ai sensi dell'art. 13 l.d.a.

La legge sul diritto d'autore è chiara sul punto di determinare se il passaggio di proprietà dell'opera da alienante ad acquirente, in

[94] - «[*È ammesso*] che il debitore del compenso dovuto in forza del diritto sulle successive vendite, designato come tale dalla normativa nazionale, sia questi il venditore o un professionista del mercato dell'arte che interviene nella transazione, possa concordare con qualsiasi altro soggetto, compreso l'acquirente, che quest'ultimo sopporti in definitiva, in tutto o in parte, il costo del diritto sulle successive vendite, purché tale accordo contrattuale non pregiudichi in alcun modo gli obblighi e la responsabilità incombenti al debitore nei confronti dell'autore».

assenza di espressa disposizione scritta[95], comporti anche il trasferimento dei diritti di utilizzazione economica ad essa connessi. La risposta è negativa: l'art. 109 l.d.a. prevede infatti che «*La cessione di uno o più esemplari dell'opera non importa, salvo patto contrario, la trasmissione dei diritti di utilizzazione...*».

Eppure, dottrina e giurisprudenza concordano nel ritenere che la riproduzione fotografica delle opere e la redazione di cataloghi generali aventi ad oggetto un'opera siano lecite, anche se non espressamente autorizzate dal titolare dei diritti, laddove effettuate a scopo meramente didattico o divulgativo e senza fini di lucro.

L'art. 70, comma 1 l.d.a. si esprime in tali termini con riguardo a «*brani o parti di opera*», aggiungendo, ai propri commi 1-*bis* e 3, che la pubblicazione, a titolo gratuito, di immagini a bassa risoluzione per scopo didattico o scientifico è consentita, a patto che siano accompagnate dalla menzione del titolo dell'opera, del nome dell'autore. Si ritiene che la norma sia applicabile estensivamente anche all'arte figurativa[96].

È dubbio che possa ritenersi la medesima conclusione con riferimento alla possibilità, a favore dell'acquirente del *corpus mechanicus*, di effettuare la riproduzione fotografica dello stesso per motivi commerciali o espositivi. La fattispecie è frequente nel caso della preparazione di cataloghi di mostre e case d'asta, che contengono fotografie di opere finalizzate alla vendita delle stesse in formato sia cartaceo sia digitale.

Avuto riguardo al precitato art. 13 l.d.a., che sancisce l'esclusività dei diritti di riproduzione dell'opera in favore dell'autore, la giurisprudenza tradizionalmente non ammette tale possibilità per l'acquirente[97], nonostante la prassi mostri una tendenza

---

(95) - Ai sensi dell'art. 110 l.d.a., l'eventuale trasmissione dei diritti di utilizzazione deve avvenire per iscritto.

(96) - L. ALBERTINI, *La riproduzione fotografica in cataloghi delle opere dell'arte figurativa*, nota a Cass. 19 dicembre 1996, n. 11343, in *Gius. civ.* I, 1997, 1606, per cui il contratto traslativo dell'esemplare unico rende l'acquirente libero di godere dell'opera in modo pieno ed esclusivo.

(97) - Corte d'Appello Roma, 8 febbraio 1993, in *Dir. aut.*, 1994, 440; Trib. Roma, 25 luglio 1984, in *Giur. it.*, 1985, I, 2, 83.

opposta. Secondo questa corrente, il compratore di un'opera ne acquisisce, in assenza di disposizioni contrarie, soltanto il supporto materiale e quindi non i diritti di sfruttamento economico ad essa connessi.

Recentemente, la sezione specializzata in materia d'impresa del tribunale di Milano si è pronunciata sul punto[98]. Una società di moda aveva commissionato ad un artista un'opera da collocare in un punto vendita di Milano in occasione di un evento, per poi riprodurla ed esporla senza il suo consenso in altri negozi, sul sito internet della società e sul *packaging* del brand.

Il tribunale, adito dall'artista, ha accertato che la società non avesse documentato il consenso dell'autore alla riproduzione dell'opera, ribadendo il principio secondo cui la proprietà, in capo ad un soggetto, di un'opera altrui non implica anche la titolarità del diritto di utilizzazione della stessa mediante riproduzione. Per di più, le riproduzioni illegittime dell'opera non riportavano neanche l'indicazione dell'autorialità dell'opera.

I giudici hanno così riconosciuto «plateale violazione del diritto d'autore, sia con riguardo alla componente morale, che a quella patrimoniale», condannando la società al risarcimento dei danni.

A temperamento di tale tendenza, oggi maggioritaria, parte della dottrina[99] ritiene che dopo l'alienazione del *corpus mechanicum*, l'autore rimanga titolare dei diritti di utilizzazione dell'opera, perdendo tuttavia il diritto di pubblicazione a favore dell'acquirente, il quale sarà libero di far conoscere l'opera a propria discrezione, sempre che ciò non si traduca in una deformazione o in altre modificazioni dell'opera tali da pregiudicare l'onore e la reputazione dell'artista.

Pare ammesso che l'esposizione effettuata senza il consenso dell'autore non vada a danneggiare *ex se* i diritti morali di cui egli

(98) - Trib. Milano, 9 maggio 2018, n. 5093.

(99) - S. GATTI, *L'opera d'arte figurativa in un unico esemplare fra diritto di proprietà e diritto d'autore*, in *Riv. dir. comm.*, 1999, 6. Alcuni autori ritengono pure che l'esposizione sia una forma di pubblicazione tale per cui, quando l'opera è pubblicata, anche il diritto di esposizione viene trasmesso all'acquirente (v. R. LEVI, *Diritto di esposizione e diritto di riproduzione*, nota a Trib. Roma, 16 maggio 1959, in *Foro it.*, 1960, I, 173).

gode: questi, infatti, potrà opporvisi soltanto in caso di deformazione o modificazione dell'opera che possa essere lesiva al proprio onore o reputazione(100).

5. L'acquisto di opere d'arte sul mercato primario

5.1. Il contratto di prestazione d'opera

Il contratto di prestazione d'opera, disciplinato dagli artt. 2222 e seguenti c.c., comporta l'obbligo, per l'artista (c.d. prestatore), di realizzare un'opera o un servizio, con lavoro prevalentemente proprio e senza vincolo di subordinazione nei confronti del c.d. committente, ossia colui che commissiona l'opera.

Nell'immediato, si percepisce come tale forma di contratto, benché comporti un necessario adattamento alle esigenze del committente, conferisca al prestatore la necessaria autonomia per portare a compimento la realizzazione dell'opera richiestagli, normalmente in cambio di un corrispettivo in denaro.

Si tratta di una forma di contratto ampiamente impiegata dalla pubblica amministrazione per la realizzazione di opere in occasione di eventi ovvero di iniziative mirate alla diffusione dell'arte contemporanea nel contesto urbano.

Il contratto di prestazione d'opera di un'installazione artistica potrà pertanto includere dei termini temporali entro cui questa andrà realizzata, con la previsione di eventuali penali in caso di ritardi; la ripartizione dei costi relativi alla manodopera, all'acquisto di materiale di supporto, a tutti gli oneri relativi alla sicurezza, agli eventuali supporti addizionali, al trasporto e di quant'altro necessario per la realizzazione dell'opera d'arte, nonché ai costi di installazione, ancoraggio, illuminazione; l'eventuale durata dell'esposizione dell'opera con la data di smantellamento (e la definizione di chi ne sarà responsabile), nel caso di installazioni temporanee.

---

(100) - In senso contrario Gatti, *op. cit.*, 12, il quale sostiene che l'esposizione senza il consenso dell'autore possa configurare una lesione dei suoi diritti morali, trattandosi di una presentazione parziale, falsa o distorta dell'attività dell'artista in violazione dell'art. 20 l.d.a.

Se l'esecuzione dell'opera diventa impossibile per causa non imputabile ad alcuna delle parti, l'art. 2228 c.c. prevede che il prestatore d'opera abbia comunque diritto ad un compenso per il lavoro prestato in relazione all'utilità della parte dell'opera compiuta.

5.2. *Il contratto per opere* site-specific

Presentano alcune particolarità i contratti legati alla realizzazione di un'opera *site-specific* o *in situ*, ossia quella che prevede la «creazione di installazioni o tramite l'esecuzione di performances, spesso uniche e adattate a un particolare tipo di evento, luogo o collezionista»(101).

In tal caso, infatti, assume rilevanza non solo il contratto che ne prevede la realizzazione ma anche quello che, svariate volte, viene concluso da ciascun membro del pubblico o comunque ciascun "partecipante" o spettatore all'opera stessa (spesso consistente in una performance).

A tale riguardo, i visitatori sottoscrivono delle clausole di limitazione od esclusione della responsabilità ai sensi degli artt. 1341 c.c. e 1342 c.c., specialmente laddove si tratti di esperienze "sensoriali" in cui sta al senso di responsabilità di ognuno la decisione di partecipare o meno.

Vale anche la pena di soffermarsi sulla peculiarità dei diritti spettanti all'artista di un'opera *site-specific*: l'art. 80 l.d.a. prevede che l'autore goda di diritti patrimoniali esclusivi che possono formare oggetto di accordi contrattuali di trasferimento.

Ai sensi del medesimo articolo, l'artista ha il diritto esclusivo di autorizzare la fissazione della prestazione artistica, nonché di autorizzarne la riproduzione, diretta o indiretta che sia, in qualsiasi forma, oltreché la comunicazione al pubblico.

Al fine di tutelare l'artista rispetto alla riproduzione della propria prestazione, la lettera f) dell'art. 80 l.d.a. gli arroga anche il

---

(101) - S. Morabito, *Tra diritto e arte contemporanea: diritti e questioni nelle opere d'arte* site specific, in *BusinessJus*, 8 novembre 2010.

diritto di «*autorizzare il noleggio o il prestito delle fissazioni delle* [sue] *prestazioni artistiche e delle relative riproduzioni: l'artista interprete o esecutore, anche in caso di cessione del diritto di noleggio ad un produttore di fonogrammi o di opere cinematografiche o audiovisive o di sequenze di immagini in movimento, conserva il diritto di ottenere un'equa remunerazione per il noleggio concluso dal produttore con terzi. Ogni patto contrario è nullo*».

Tale disposizione trova ampia applicazione nel contesto delle opere *site specific*, che spesso si estrinsecano nella realizzazione di performance registrate e poi riprodotte in mostre e musei.

Essenziale, nelle opere *site specific* è anche la determinazione del luogo in cui esse prendono forma, come suggerisce d'altronde il termine stesso. In tale contesto, entrano in gioco i diritti morali d'autore previsti dall'art. 20 l.d.a.: la giurisprudenza ha confermato che essi tutelano anche la scelta della specifica collocazione geografica dell'opera in nome della reputazione e del decoro dell'artista, in special modo nel quadro di un contratto di prestazione d'opera. Una sentenza del tribunale di Napoli(102) ha confermato infatti che: «Lo spostamento di un'opera d'arte (nella specie, scultura) dal luogo originariamente individuato nel contratto di commissione dell'opera (ed ivi collocata dall'artista) in altro luogo discrezionalmente scelto dal committente (a carico del quale il contratto non prevedeva alcun patto limitativo circa l'utilizzo dell'opera) può dar luogo a lesione del diritto morale dell'autore, a norma dell'art. 20 l. del diritto di autore, se dallo spostamento in altro sito possa derivare pregiudizio al decoro o alla reputazione dell'autore».

In tal caso, dunque, l'artista potrà far valere i propri diritti morali per opporsi alla collocazione di un'opera *site specific* in un luogo non adatto che arrechi pregiudizio al proprio decoro.

Qualora l'artista sia defunto, è prassi rivolgersi a fondazioni e archivi legati alla sua opera, possibilmente dotati di documentazione e materiali su una installazione e che possono dunque essere di supporto nella riproposizione della stessa, assicurandosi che lo "spirito" dell'artista non venga leso.

---

(102) - Trib. Napoli, 9 ottobre 2002, in *Dir aut.*, 2003, 258. V. anche V. FALCE, *La modernizzazione del diritto d'autore*, Torino, 2012, 115 e ss.

Il problema si porrà, ad esempio, in rapporto alle installazioni del duo di artisti Christo & Jeanne-Claude, alcune delle quali già programmate mentre Christo era ancora in vita e che verranno installate a seguito della sua morte, avvenuta nel 2020.

Quanto ai profili assicurativi delle opere *site specific*, una polizza assicurativa idonea dovrà tenere in considerazione tale natura duplice, sia di bene tangibile e materiale sia di rappresentazione. Nondimeno, la polizza dovrà individuare anche i sinistri dai quali assicurarsi: laddove si sia in presenza di un'installazione, la polizza dovrà prevedere una copertura sia per il furto sia per il danneggiamento; nel caso di performance, eventualmente si dovrà prevedere una copertura per la responsabilità civile(103).

(103) - Morabito, *op. cit.*, 5.

CAPITOLO 3

DIRITTO DI PROPRIETÀ E NORMATIVA DI TUTELA

di *Giuseppe Calabi*

1. Beni culturali, dichiarazione di interesse culturale ed obblighi da essa derivanti

1.1. *Beni culturali: definizione*

Le opere d'arte e, in genere, i beni di interesse collezionistico possono assumere la qualifica di beni culturali.

Come si vedrà in seguito, la qualifica di una cosa di interesse collezionistico come "bene culturale" comporta rilevanti conseguenze da un punto di vista giuridico.

Innanzitutto, il diritto di proprietà del collezionista subisce limitazioni che incidono sulla sua libertà di disporre del bene e, in particolare, sulla sua libertà di custodirlo, di alienarlo o di trasferirlo da un luogo all'altro ed anche di farlo uscire, temporaneamente o definitivamente, dal territorio nazionale.

Il termine "bene culturale" risale agli anni '50[1] ed è stato recepito nell'ordinamento giuridico italiano grazie ai lavori della Commissione Franceschini, istituita con la legge 26 aprile 1964, n. 310 quale "Commissione di indagine per la tutela e la valorizzazione delle cose di interesse storico, archeologico, artistico e del paesaggio".

Il poderoso lavoro della Commissione ha avuto il merito di porre le basi teoriche e sollecitare l'introduzione di una disciplina unitaria relativa alla tutela di beni fino ad allora contenuta in testi giuridici diversi[2].

È merito della Commissione Franceschini il conio della definizione di beni culturali come «Beni di interesse archeologico, storico, artistico, ambientale, paesistico, archivistico e librario ed ogni altro bene che costituisca testimonianza materiale avente valore di civiltà».

---

(1) - Come rileva Casini, *Todo es peregrino y raro …Massimo Severo Giannini e i beni culturali*, in *Riv. Trim. Dir. Pubbl.*, 2015, 992, nota 19 "La locuzione "bene culturale", tradizionalmente fatta risalire alla Convenzione per la protezione dei beni culturali in caso di conflitto armato, firmata all'Aia il 14 maggio 1954, appare già in Grisolia, *La tutela delle cose d'arte*, Roma 1952, 124, il quale riprese l'espressione dal rapporto steso dal Prof. Georges Berlia a conclusione della riunione di esperti convocata dall'Unesco tenutasi a Parigi dal 17 al 21 ottobre 1949".

(2) - I lavori della Commissione sono pubblicati in tre volumi con il titolo *Per la salvezza dei beni culturali in Italia*, Roma, 1967.

La prima sistemazione teorica dell'istituto risale ad un celebre articolo di Massimo Severo Giannini[3], intitolato "*I beni culturali*", nel quale l'autore afferma come «il bene culturale abbia a supporto una cosa, ma non si identifichi nella cosa medesima, bensì come bene si aggettivi in quel valore culturale inerente alla cosa»[4].

Il "valore culturale" costituisce la componente immateriale della cosa portatrice di "testimonianza materiale di civiltà".

Secondo Giannini, in concreto, «il quadro del grande pittore è una cosa che è supporto di uno o più beni patrimoniali, e di un altro bene che è il bene culturale. Come bene patrimoniale la cosa (il quadro) è oggetto di diritti patrimoniali (diritto di proprietà) e può esserlo di altri diritti (p. es. usufrutto, pegno); come bene culturale è oggetto di situazioni soggettive attive del potere pubblico (che alcuni ritengono diritti, ma sono invece potestà ...)»[5].

Tuttavia, la definizione giuridica di bene culturale quale testimonianza materiale avente valore civiltà è una «nozione liminale, ossia nozione a cui la normativa giuridica dà un proprio contenuto, una propria definizione per altri tratti giuridicamente conchiusi, bensì opera mediante rinvio a discipline non giuridiche».[6]

Pertanto, ne deriva la sua "*storicizzabilità, necessaria ed ineludibile*": ciò che si ritiene abbia valore culturale oggi, potrebbe non averlo tra cinquant'anni, e viceversa.

Il d.lgs. 22 gennaio 2004, n. 42 (c.d. codice dei beni culturali e del paesaggio, di seguito codice beni culturali) ha adottato il criterio della materialità del bene storico-artistico, come si ricava dall'uso del termine "cose"[7].

Il requisito della materialità si ricava anche dall'art. 7-*bis* codice beni culturali in base al quale «*le espressioni di identità*

---

[3] - Massimo Severo Giannini collaborò in qualità di "membro esperto" ai lavori della Commissione Franceschini e coordinò il Gruppo di studio della stessa Commissione dedicato alla Revisione delle norme di tutela.

[4] - M. S. Giannini, *I beni culturali*, in *Riv. Trim. Dir. Pubbl.*, 1976, 24.

[5] - *Ibidem.*

[6] - *Ibidem.*

[7] - G. Morbidelli, *Commento all'art. 10,* in M. A. Sandulli (a cura di), *Codice dei beni culturali e del paesaggio*, Milano, 2019, 138.

culturale collettiva contemplate dalle Convenzioni Unesco per la salvaguardia del patrimonio culturale immateriale e per la protezione e promozione delle diversità culturali adottate a Parigi il 3 novembre 2003 ed il 20 ottobre 2005 sono assoggettabili alle disposizioni codice beni culturali qualora siano rappresentate da testimonianze materiali e vi siano i presupposti per l'applicazione dell'art. 10».

Non sono ammessi vincoli di destinazione d'uso: ad esempio, non è ammesso vincolare un bene immobile alla destinazione (cinematografica o teatrale) che quell'immobile ha avuto in passato, soprattutto se tale destinazione non sia più in concreto perseguibile[8].

L'art. 2 codice beni culturali ha recepito l'insegnamento di Giannini, prevedendo che «*sono beni culturali le cose mobili ed immobili che, ai sensi degli artt. 10 e 11, presentano interesse artistico, storico, archeologico, etnoantropologico, archivistico e bibliografico e le altre cose individuate dalla legge o in base alla legge quali testimonianze aventi valore di civiltà*».

Gli artt. 10 ed 11 codice beni culturali precisano il tipo di interesse che la "cosa" deve presentare per essere qualificata come "bene culturale".

Se la cosa (o la raccolta di cose: la collezione, l'archivio, la biblioteca) è di proprietà dello Stato, delle regioni, di altri enti pubblici territoriali, o di ogni altro ente ed istituto pubblico o di persone giuridiche private senza fine di lucro, ivi compresi gli enti ecclesiastici, basta un semplice interesse artistico, storico, archeologico, etnoantropologico, archivistico e bibliografico (art. 10, comma 1 codice beni culturali).

Se la cosa appartiene a qualsiasi altro soggetto e, in particolare, ad un collezionista privato, l'interesse deve essere "*particolarmente importante*" (art. 10, comma 3, lettera a).

Se si tratta di una collezione libraria ovvero di qualsiasi altra natura (es. opere d'arte, monete) appartenente ad un privato,

---

(8) - Cons. Stato, Sez. VI, 10 ottobre 1993, n. 741.

l'insieme deve presentare "*come complesso un eccezionale interesse*" (art. 10, comma 3, lettera e)[(9)].

Chiarito il contenuto della locuzione "bene culturale", la legge prevede che un bene possa essere qualificato come "culturale" se sia di un autore non più vivente e sia stato realizzato da oltre settanta anni.

Viceversa, un bene di un autore vivente ovvero, se di autore defunto, realizzato da meno di settanta anni, non è soggetto, in linea di principio, alla normativa di tutela[(10)].

L'art. 11 codice beni culturali prevede soglie temporali diverse per cose appartenenti a specifiche categorie: ad esempio, per le fotografie con relativi negativi e matrici, gli esemplari di opere cinematografiche, audiovisive o di sequenze di immagini in movimento, la soglia rilevante è 25 anni (lettera f); per i mezzi di trasporto (es. auto o moto d'epoca) è prevista una soglia di 75 anni (lettera g), mentre per i beni e gli strumenti di interesse per la storia della scienza e della tecnica, la soglia temporale è di 50 anni (lettera h).

È tuttavia previsto che una cosa realizzata da un autore non più vivente che abbia tra 50 e 70 anni possa essere soggetto alla

---

(9) - L'art. 10, comma 4 codice beni culturali precisa che sono comprese tra le cose indicate al comma 1 ed al comma 3, lettera a) dell'art. 10:

a) le cose che interessano la paleontologia, la preistoria e le primitive civiltà;

b) le cose di interesse numismatico che, in rapporto all'epoca, alle tecniche e ai materiali di produzione, nonché al contesto di riferimento, abbiano carattere di rarità o di pregio;

c) i manoscritti, gli autografi, i carteggi, gli incunaboli, nonché i libri, le stampe e le incisioni, con relative matrici, aventi carattere di rarità e di pregio;

d) le carte geografiche e gli spartiti musicali aventi carattere di rarità e di pregio;

e) le fotografie, con relativi negativi e matrici, le pellicole cinematografiche ed i supporti audiovisivi in genere, aventi carattere di rarità e di pregio;

f) le ville, i parchi e i giardini che abbiano interesse artistico o storico;

g) le pubbliche piazze, vie, strade e altri spazi aperti urbani di interesse artistico o storico;

h) i siti minerari di interesse storico od etnoantropologico;

i) le navi e i galleggianti aventi interesse artistico, storico od etnoantropologico;

l) le architetture rurali aventi interesse storico od etnoantropologico quali testimonianze dell'economia rurale tradizionale.

(10) - La soglia originariamente prevista era di 50 anni ed è stata innalzata a 70 anni dall'art. 1, comma 175, lettera a) della legge 4 agosto 2017, n. 124.

tutela qualora presenti un interesse artistico, storico, archeologico o etnoantropologico eccezionale per l'integrità e la completezza del patrimonio culturale della Nazione (art. 10, comma 5 codice beni culturali in riferimento al comma 3, lettera d-*bis* codice beni culturali).

La legge prevede che, indipendentemente dal fatto che il loro autore sia o meno vivo o dalla loro età, alcune cose mobili o immobili che rivestano un interesse particolarmente importante a causa del loro riferimento alla storia politica, militare, della letteratura, dell'arte, della tecnica, della scienza e della cultura in genere, ovvero quali testimonianze dell'identità e della storia delle istituzioni pubbliche, collettive o religiose possano essere designate come beni culturali. Se tali cose rivestono altresì un valore testimoniale o esprimono un collegamento identitario o civico di significato distintivo eccezionale, il provvedimento di cui all'art. 13 codice beni culturali può comprendere, anche su istanza di uno o più comuni o della regione, la dichiarazione di monumento nazionale.

Infine, è previsto che cose realizzate da oltre 70 anni da autore non più vivente e con un valore inferiore ad euro 13.500 (ad eccezione dei reperti archeologici, delle cose risultanti da smembramento di monumenti, da incunaboli e manoscritti) possano essere dichiarate di interesse culturale qualora sia avviata una procedura di autocertificazione per l'esportazione (su cui v. *infra*, paragrafo 3.3) e l'ufficio esportazione coinvolto reputi che le stesse presentino un interesse eccezionale per l'integrità e la completezza del patrimonio della Nazione: in questa ipotesi, la dichiarazione di interesse culturale sarà notificata dalla Direzione Generale competente.

La legge prevede regimi differenziati a seconda che la cosa a cui afferisce un bene culturale appartenga da un lato, allo Stato, alle regioni, agli altri enti pubblici territoriali, nonché ad ogni altro ente ed istituto pubblico e a persone giuridiche private senza fine di lucro, ivi compresi gli enti ecclesiastici civilmente riconosciuti ovvero, dall'altro, a soggetti diversi da quelli indicati, ossia a soggetti privati (persone fisiche, enti a base associativa o società).

L'appartenenza pubblica, ossia l'appartenenza allo Stato, a enti territoriali minori ovvero altri enti pubblici di una cosa (mobile o immobile) che presenti un interesse artistico, storico, archeologico ed etnoantropologico, ovvero l'appartenenza della stessa cosa ad un ente ecclesiastico civilmente riconosciuto ovvero ad una persona giuridica privata senza fine di lucro qualifica tale cosa come bene culturale, senza la necessità di un preventivo accertamento.

Deve trattarsi comunque di una cosa realizzata da un autore non più vivente e la cui esecuzione risalga ad oltre 70 anni.

La dottrina e la giurisprudenza parlano, in tal senso, di "*presunzione legale di culturalità*": un quadro, una scultura, ma anche un libro antico di proprietà dello Stato è caratterizzato da una presunzione di interesse culturale: soltanto l'esito negativo del procedimento amministrativo di "verifica" avviato su impulso dello stesso soggetto pubblico proprietario potrà rendere tale bene liberamente disponibile (art. 12 codice beni culturali)[(11)].

Quindi, la sottoposizione a tutela di tali cose è "provvisoria", in attesa della verifica prevista dall'art. 12 codice beni culturali, la quale, se dà esito positivo, consolida definitivamente la qualifica della cosa come bene culturale[(12)].

Tra i beni culturali pubblici, vi è una categoria di cose la cui qualifica come "beni culturali" avviene *ope legis*, ossia per il semplice fatto di appartenere ad un soggetto pubblico (Stato, altri enti pubblici territoriali ed enti ed istituti pubblici). Si tratta, in altre parole, delle categorie elencate nell'art. 10, comma 2 codice beni culturali: ad esempio, le raccolte di musei, pinacoteche, gallerie ed altri luoghi espositivi; archivi e documenti dello Stato e degli altri enti pubblici, territoriali e non; le raccolte librarie e le biblioteche dello Stato e degli altri enti pubblici, territoriali e non.

In entrambi i casi, la qualifica di una cosa come bene culturale pubblico comporta l'insorgenza di obblighi sia con riferimento alla sua fruizione (art. 101 e seguenti codice beni culturali), sia con riguardo alla sua circolazione (art. 53 e seguenti codice beni culturali).

---

(11) - A. BARLETTA *Commento all'art. 12*, in Sandulli, *op. cit.*, 138; N. AICARDI, *Commento all'art. 12*, in G. TROTTA, *Codice dei beni culturali e del paesaggio (d.lg. 22 gennaio 2004, n. 42)*, in *Nuove leggi civ.*, 2004, 1133 e ss.

(12) - Cass. S.U. 5 ottobre 2016, n. 19878.

L'alienazione di un bene culturale appartenente allo Stato o a uno dei soggetti sopra indicati deve essere sempre autorizzata dal Ministero (art. 56, comma 1 codice beni culturali).

È tuttavia previsto che alcuni beni appartenenti allo Stato o ad enti territoriali minori siano assolutamente inalienabili: ad esempio, i beni appartenenti a collezioni museali statali o comunali (art. 54, comma 1, lettera c) codice beni culturali).

Nel caso in cui un bene appartenente allo Stato, ad un altro ente pubblico ovvero ad un ente ecclesiastico sia alienato in spregio agli obblighi di inalienabilità assoluta ovvero di autorizzazione all'alienazione, il soggetto privato che ne abbia acquisito il possesso, anche se in buona fede, non potrà mai essere ritenuto titolare di un legittimo titolo di proprietà opponibile allo Stato ovvero ad uno degli altri soggetti sopra indicati(13).

Con riferimento ai beni culturali appartenenti alle persone giuridiche private senza fine di lucro (ad esempio le fondazioni), la legge li assimila ai beni di appartenenza pubblica (ad esclusione di quelli assolutamente inalienabili): l'alienazione di un bene culturale appartenente ad una fondazione deve essere autorizzata dal Ministero, sempre che abbia più di 70 anni e sia opera di autore non più vivente (art. 56, comma 1, lettera b) codice beni culturali).

1.2. *La dichiarazione di interesse culturale*

Nel caso in cui una cosa o una collezione appartengano ad un privato, la dichiarazione di interesse culturale accerta la sussistenza dell'interesse di volta in volta richiesto (particolarmente importante o eccezionale) dall'art. 10, comma 3 codice beni culturali

La dichiarazione di interesse culturale è un provvedimento dell'autorità amministrativa centrale (ossia il Ministero per i beni e le attività culturali e per il turismo, di seguito anche solo "Ministero") che costituisce in capo al proprietario (o anche al possessore

(13) - Cass. sez. II, 15 ottobre 2018, n. 25690; Cass. 7 aprile 1992, n. 4260.

o detentore) della cosa una serie di obblighi ed in capo allo Stato corrispondenti potestà[(14)].

La dichiarazione di interesse culturale (in gergo: la "notifica") rappresenta l'atto conclusivo di un procedimento amministrativo (il procedimento di dichiarazione) che è normalmente avviato dall'autorità periferica (ossia la soprintendenza di settore, ad es. la soprintendenza archeologia, belle arti e paesaggio o la soprintendenza archivistico-bibliotecaria), la quale ne dà comunicazione all'interessato.

La comunicazione contiene gli elementi utili di identificazione e valutazione della cosa risultanti dalle prime indagini e l'indicazione di un termine non inferiore a trenta giorni per la presentazione di eventuali osservazioni[(15)].

La comunicazione comporta l'applicazione in via cautelare delle disposizioni di cui al Capo II, della Sezione I del Capo III e della sezione I del Capo IV del Titolo II codice beni culturali

Gli effetti cautelari cessano alla scadenza del termine previsto per la conclusione del procedimento amministrativo che è di 120 giorni[(16)].

L'adozione del provvedimento di dichiarazione oltre il termine regolamentare non comporta l'illegittimità del provvedimento, trattandosi di un termine non perentorio[(17)]. La dichiarazione è adottata dal Ministero[(18)].

---

(14) - Per le cose a chiunque appartenenti che presentino interesse eccezionale per l'integrità e la completezza del patrimonio culturale della Nazione (art. 10, comma 3, lettera d-*bis*) codice beni culturali) la dichiarazione è adottata dalla direzione generale competente.

(15) - Se il procedimento riguarda complessi immobiliari, la comunicazione è inviata anche al comune e alla città metropolitana.

(16) - Il termine di 120 giorni è previsto dal d.p.r. 18 novembre 2010, n. 231 che ha approvato il Regolamento di attuazione dell'art. 2 della legge 7 agosto 1990, n. 241 riguardante i termini dei procedimenti amministrativi del Ministero per i beni e le attività culturali aventi durata superiore a novanta giorni.

(17) - Cons. Stato, VI, 29 luglio 2008, n. 3795.

(18) - In base all'art. 47, comma 2, lettera b) del d.p.c.m. 2 dicembre 2019, n. 169, Regolamento di organizzazione del Ministero per i beni e le attività culturali e per il turismo, degli uffici di diretta collaborazione del Ministro e dell'Organismo indipendente di valutazione della performance, l'organo ministeriale competente a adottare la dichiarazione è la Commissione regionale per il patrimonio culturale.

Per le cose realizzate da autori non più viventi da oltre 50 e da meno di 70 anni e per quelle realizzate da oltre 70 anni e con un valore inferiore ad euro 13.500, a chiunque appartenenti, che presentano un interesse artistico, storico, archeologico o etnoantropologico di eccezionale importanza per l'integrità e la completezza del patrimonio culturale della Nazione (art. 10, comma 3 lettera d-*bis*) codice beni culturali) la dichiarazione è adottata dalla direzione generale competente (organo centrale del Ministero).

La dichiarazione è notificata al proprietario, possessore o detentore a qualsiasi titolo della cosa che ne forma l'oggetto tramite messo comunale o a mezzo raccomandata con avviso di ricevimento (o tramite posta elettronica certificata, PEC).

Ove si tratti di cose soggette a pubblicità immobiliare o mobiliare (es. natanti o auto d'epoca), il provvedimento è trascritto nei relativi registri ed ha efficacia nei confronti di ogni successivo proprietario, possessore o detentore a qualsiasi titolo. Dei beni dichiarati il Ministero forma e conserva un apposito elenco, anche su supporto informatico.

Contro il provvedimento di dichiarazione l'interessato può presentare un ricorso al Ministero per motivi di legittimità e di merito entro 30 giorni dalla data della notifica della dichiarazione.

Il ricorso «mira alla sottoposizione alla attività giustiziale della pubblica amministrazione la prospettazione dei così detti vizi di merito, vale a dire di quei vizi che ... il giudice amministrativo rifiuta di delibare dietro lo schermo della discrezionalità tecnica insita nella valutazione»(19).

È stato osservato come il rimedio «recupera quella centralità del Ministero (e sia detto per inciso del patrimonio culturale italiano) già presente nella legge Bottai e certamente indispensabile per evitare inutili "fughe in avanti" e compressioni inutili del bene privato»(20).

La proposizione del ricorso comporta la sospensione degli effetti del provvedimento, ma resta ferma l'applicazione in via cautelare

(19) - C. Zucchelli, *Commento all'art. 16*, in Sandulli, *op. cit.*, 261.

(20) - *Ibidem*, 262.

delle disposizioni di cui al Capo II, della Sezione I del Capo III e della sezione I del Capo IV del Titolo II codice beni culturali.

L'organo centrale del Ministero (la direzione generale funzionalmente competente), sentito il competente organo consultivo (uno dei sette comitati tecnico-scientifici previsti dall'art. 28, comma 1 del Regolamento organizzativo n. 169/2019) decide sul ricorso entro il termine di 90 giorni e, qualora accolga il ricorso, annulla o riforma l'atto impugnato.

Il parere del comitato tecnico scientifico è obbligatorio ma non vincolante[21]. Qualora il Ministero non provveda nel termine citato, si forma il c.d. silenzio rigetto[22]. Contro il decreto del Ministero (ovvero il silenzio-rigetto) è ammesso il ricorso al T.A.R. Lazio – Roma per motivi di legittimità, nell'ambito del quale è anche possibile chiedere il risarcimento del danno causato all'interessato dall'operato dell'Amministrazione.

In alternativa al ricorso giurisdizionale, è possibile presentare ricorso straordinario al Presidente della Repubblica entro 120 giorni dalla data della notificazione del decreto di dichiarazione, per motivi di legittimità.

Il ricorso straordinario al Presidente della Repubblica è uno strumento poco utilizzato in quanto gli artt. 8 e seguenti del d.p.r. 24 novembre 1971, n. 1199, che disciplinano il procedimento, prevedono che il ricorso sia istruito dal Ministero competente (nel nostro caso, dal Ministero per i beni e le attività culturali e per il turismo), che lo trasmette insieme con gli atti e i documenti che vi si riferiscono, al Consiglio di Stato per il parere. La decisione del ricorso straordinario è adottata con decreto del Presidente della Repubblica su proposta del Ministero competente.

Questi, ove intenda proporre una decisione difforme dal parere del Consiglio di Stato, deve sottoporre l'affare alla deliberazione del Consiglio dei ministri. Qualora il Ministro competente per l'istruttoria del ricorso non intenda proporre al Consiglio dei ministri una

(21) - *Ibidem*, 265.

(22) - Il silenzio-rigetto è previsto dall'art. 6 del d.p.r. 24 novembre 1971 n. 1199.

decisione difforme dal parere del Consiglio di Stato, la decisione del ricorso deve essere conforme al parere predetto.

Pertanto, questo procedimento, pur essendo qualificato da una decisione finale proveniente dalla massima autorità dello Stato, in realtà prevede un'istruttoria interna al Ministero, che – in concreto – può condizionarne l'esito. Manca quindi una effettiva terzietà del soggetto che decide oltre alle garanzie di contraddittorio previste dal procedimento giurisdizionale.

1.3. La dichiarazione di interesse culturale di una collezione

Una delle maggiori preoccupazioni di un collezionista è che l'intera sua collezione possa essere oggetto di dichiarazione di interesse culturale.

In base all'art. 10, comma 3, lettera e) codice beni culturali le «*collezioni o serie di oggetti ... che, per tradizione, fama e particolari caratteristiche ambientali, ovvero per rilevanza artistica, storica, archeologica, numismatica o etnoantropologica, rivestano come complesso un eccezionale interesse*» possono essere oggetto di vincolo.

Indubbiamente deve trattarsi di un interesse particolarmente qualificato: l'art. 10, comma 3, lettera e) codice beni culturali parla di interesse "eccezionale" e nella graduatoria degli interessi che devono essere ritenuti sussistenti a giustificazione di un provvedimento di tutela, l'interesse eccezionale è posto al vertice.

In base alle norme civilistiche, una collezione si qualifica come una "universalità di mobili" sempre che appartenga alla stessa persona ed abbia una destinazione unitaria (art. 816, comma 1, c.c.). I beni appartenenti alla collezione possono formare oggetto di separati atti e rapporti giuridici (art. 816, comma 2, c.c.).

Il regime civilistico delle collezioni deve essere tuttavia integrato con la normativa di tutela: la libertà di disporre della propria collezione, consacrata nell'art. 816, comma 2 c.c. è significativamente ridimensionata dalla previsione dell'art. 21, comma 1, lettera c) codice beni culturali che prevede una autorizzazione del Ministero per lo "*smembramento di collezioni, serie o raccolte*".

Da un punto di vista pratico, in presenza di un vincolo su una collezione o una serie di cose (la serie potrebbe anche limitarsi a due oggetti: ad esempio, due vedute di Venezia di Canaletto), non sarà possibile – se non previa autorizzazione del Ministero – disporne liberamente mediante testamento, ad esempio pre-legando singole opere a ciascuno dei figli.

Oppure, in assenza di autorizzazione, sarà possibile vendere la collezione o la serie, ma la vendita dovrà avvenire in blocco e sarà comunque soggetta al diritto di prelazione da parte dello Stato.

Normalmente, tra le misure "preventive" che si possono immaginare per ridurre il rischio di una notifica "in blocco", vi è quella di dare scarsa visibilità pubblica alla collezione, attraverso prestiti a mostre o altri eventi similari, ovvero quello di effettuare una divisione della collezione per atto *inter vivos*, mediante donazioni ai futuri eredi ovvero per testamento: una eventuale futura notifica potrà infatti riguardare soltanto beni appartenenti ad un singolo proprietario e non potrà più insistere sulla originaria universalità di beni.

In conclusione, il vincolo sulla collezione incide in modo molto significativo sul diritto di proprietà del collezionista e sul valore economico della stessa "universalità".

Per questo motivo, ma anche per evitare aggiramenti della norma «è necessario che gli atti di vincolo indichino con precisione quali sono i beni appartenenti al complesso unitario e quali possono essere eventualmente interessati da vicende di separazione dello stesso»[(23)].

1.4. Obblighi derivanti dalla dichiarazione di interesse culturale

Il privato che sia proprietario, possessore o detentore di un bene dichiarato di interesse culturale deve sottostare ad una serie di obblighi e divieti, la cui violazione è sanzionata penalmente.

---

(23) - E. Boscolo, *Commento all'art. 20*, in Sandulli, *op. cit.*, 305.

Innanzitutto, l'art. 19 codice beni culturali prevede che il soprintendente possa procedere in ogni tempo, con preavviso non inferiore a cinque giorni, fatti salvi i casi di estrema urgenza, ad ispezioni volte ad accertare l'esistenza e lo stato di conservazione o di custodia dei beni culturali.

Si tratta di una «misura strumentale, di natura ricognitiva, finalizzata a consentire il pronto intervento di restauro in caso di accertato danneggiamento o ad accertare abusi o un uso non coerente con la dignità culturale della cosa»[24].

Occorre precisare che il potere di ispezione, che spetta al soprintendente competente per materia può essere esercitato solo su "beni culturali" propriamente intesi, ossia su cose di appartenenza privata in relazione alle quali sia già formalmente intervenuta una dichiarazione di interesse culturale importante o eccezionale a seconda dei casi o, perlomeno, avviato il procedimento volto ad accertare tale interesse, ovvero su beni di appartenenza pubblica per cui sia stato concluso positivamente il procedimento di verifica.

In alcun modo può l'ispezione trasformarsi in uno strumento di indagine volto a verificare se, in un determinato luogo, vi siano o meno beni culturali: «... esula dall'ambito ispettivo la possibilità di aver accesso alla proprietà privata con lo scopo di verificare se nasconda beni di rilevante interesse culturale che siano meritevoli di essere tutelati ai sensi codice beni culturali»[25].

È inoltre fatto divieto di distruzione, deterioramento o danneggiamento del bene ovvero di uso non compatibile con il carattere storico o artistico oppure tale da recare pregiudizio alla conservazione del bene (art. 21, comma 1, lettera a) codice beni culturali).

Gli archivi privati che siano stati dichiarati di interesse storico particolarmente importante ai sensi dell'art. 10, comma 3, lettera b) codice beni culturali, non possono essere smembrati (art. 20, comma 2 codice beni culturali) e le collezioni, le serie e le raccolte possono esserlo solo su autorizzazione del Ministero (art. 21, comma 1, lettera c) codice beni culturali).

---

(24) - F. Marzari, *Commento all'art. 16*, in Sandulli, *op. cit.*, 295.

(25) - *Ibidem.*

È inoltre previsto che il Ministero debba autorizzare la rimozione o la demolizione, anche con successiva ricostituzione, di beni culturali, ovvero il loro spostamento, anche solo temporaneo, salvo che lo spostamento dipenda dal mutamento della dimora o della sede del detentore: in quest'ultimo caso sarà sufficiente una denuncia al soprintendente che potrà entro 30 giorni prescrivere le misure necessarie per evitare danni durante il trasporto.

Inoltre, l'esecuzione di qualsiasi opera e lavoro di qualunque genere (ad esempio, anche interventi di natura conservativa, quali i restauri) devono essere autorizzati dal soprintendente. L'autorizzazione è resa su progetto o, qualora sufficiente, su descrizione tecnica dell'intervento, presentate dal richiedente e può contenere prescrizioni (art. 21, comma 5 codice beni culturali).

In caso di assoluta urgenza possono essere effettuati gli interventi provvisori indispensabili per evitare danni al bene tutelato, purché ne sia data comunicazione immediata alla soprintendenza, alla quale sono tempestivamente inviati i progetti degli interventi definitivi per la necessaria autorizzazione.

I privati proprietari, possessori o detentori di beni culturali sono tenuti a garantirne la conservazione (art. 30, comma 3 codice beni culturali).

Il restauro e gli altri interventi conservativi su beni culturali ad iniziativa del proprietario, possessore o detentore a qualsiasi titolo sono autorizzati ai sensi dell'art. 21 codice beni culturali. Il privato può chiedere al soprintendente di essere ammesso ai contributi statali previsti dagli artt. 34 e 35 codice beni culturali, previo accertamento del carattere necessario dell'intervento al fine della concessione delle agevolazioni tributarie ammesse dalla legge.

Il Ministero può imporre al proprietario, possessore o detentore a qualsiasi titolo gli interventi necessari per assicurare la conservazione dei beni culturali o provvedervi direttamente (art. 32 codice beni culturali).

Gli oneri per gli interventi sui beni culturali, imposti o eseguiti direttamente dal Ministero sono a carico del proprietario, possessore o detentore a qualsiasi titolo. Tuttavia, se gli interventi sono di particolare importanza ovvero sono eseguiti su beni in uso o godimento pubblico, il Ministero può concorrere in tutto o in parte alla relativa spesa. Per le spese sostenute direttamente. Il Ministero determina la somma da porre a carico del proprietario, possessore o detentore a qualsiasi titolo, e ne cura il recupero nelle forme previste dalla normativa in materia di riscossione coattiva delle entrate patrimoniali dello Stato.

Il Ministero ha facoltà di far trasportare e temporaneamente custodire in pubblici istituti i beni culturali mobili al fine di garantirne la sicurezza o assicurarne la conservazione (art. 43 codice beni culturali).

Un privato proprietario può concordare di consegnare in comodato per una durata non inferiore a cinque anni beni culturali mobili ad istituti che abbiano in deposito raccolte o collezioni artistiche, previo assenso del competente organo ministeriale, al fine di garantirne la fruizione da parte della collettività, qualora si tratti di beni di particolare pregio o che rappresentino significative integrazioni delle collezioni pubbliche purché tale deposito non risulti particolarmente oneroso (art. 44 codice beni culturali).

In base all'art. 48, comma 4 codice beni culturali, il prestito da parte di un privato collezionista di beni culturali o di collezioni per mostre ed esposizioni è soggetto ad autorizzazione, che è rilasciata tenendo conto delle esigenze di conservazione dei beni ed all'adozione delle misure necessarie per garantirne l'integrità. L'autorizzazione è subordinata all'assicurazione delle cose da parte del richiedente per il valore indicato nella domanda, previa verifica della sua congruità da parte del Ministero.

Per le mostre e le manifestazioni sul territorio nazionale promosse dal Ministero o, con la partecipazione statale, da enti o istituti pubblici, l'assicurazione richiesta dall'art. 48, comma 4 codice beni culturali può essere sostituita dall'assunzione dei relativi rischi da parte dello Stato. La garanzia statale è rilasciata secondo le procedure, le modalità e alle condizioni stabilite con decreto ministeriale, sentito il Ministero dell'economia e delle finanze. Ai corrispondenti oneri si provvede mediante utilizzazione delle risorse disponibili nell'ambito del fondo di riserva per le spese obbligatorie e d'ordine istituito nello stato di previsione della spesa del Ministero dell'economia e delle finanze.

È vietato, senza l'autorizzazione del soprintendente, disporre ed eseguire il distacco di affreschi, stemmi, graffiti, lapidi, iscrizioni, tabernacoli ed altri elementi decorativi di edifici, esposti o non alla pubblica vista (art. 50 codice beni culturali). Il divieto è sanzionato penalmente con l'arresto da sei mesi ad un anno e con l'ammenda da euro 775 a euro 38.734,50.

Si tratta di una forma di protezione che prescinde dalla dichiarazione di interesse del bene ovvero dell'immobile del quale il bene costituisce elemento decorativo (art. 169, comma 1, lettera b) codice beni culturali).

Il distacco non autorizzato di elementi decorativi di edifici (soprattutto se posti all'interno di un edificio) si verifica con una certa frequenza, in quanto la conoscenza della norma non è molto diffusa e le conseguenze possono essere assai rilevanti: indipendentemente dalla sanzione penale sopra indicata, qualsiasi atto giuridico (testamento o legato, donazione o compravendita) del bene "distaccato" è nullo ai sensi dell'art. 164 codice beni culturali(26).

Parimenti, è vietato, senza l'autorizzazione del soprintendente, disporre ed eseguire il distacco di stemmi, graffiti, lapidi, iscrizioni, tabernacoli nonché la rimozione di cippi e monumenti, costituenti vestigia della Prima guerra mondiale ai sensi della normativa in materia.

Una particolare attenzione è dedicata dall'art. 51 codice beni culturali ai c.d. "studi d'artista".

In base alla norma citata, «*è vietato modificare la destinazione d'uso degli studi d'artista, nonché rimuoverne il contenuto, costituito da opere, documenti, cimeli e simili, qualora esso, considerato nel suo insieme ed in relazione al contesto in cui è inserito, sia dichiarato di interesse particolarmente importante per il suo valore storico, ai sensi dell'art. 13*».

Lo "studio d'artista" è costituito non solo «dagli spazi e dai vani occupati ma anche dai materiali e dagli altri elementi che consentono di ricostruire le modalità di lavoro dell'artista. L'immobile e il contenuto, assunti alla stregua di una universitas rerum inscindibile, divengono in tal modo il "museo della produzione", in quanto traccia sensibile della vita artistico-culturale dell'artista»(27).

(26) - La nullità può essere fatta valere solo dallo Stato, nel cui interesse è posta la norma.

(27) - E. BOSCOLO, *Commento all'art. 51*, in Sandulli, *op. cit.*, 536.

Anche la giurisprudenza più recente ha definito gli studi di artista come *universitas rerum* rappresentativa della vita professionale dell'artista, indicando altresì che la norma di cui all'art. 51 codice beni culturali ha come obiettivo di rendere immodificabile l'ambiente e i luoghi nei quali operò l'artista, al fine di conservare intatta la testimonianza delle condizioni materiali del processo di formazione ed azione che è sotteso alle opere che lo hanno reso famoso[28].

Una più recente sentenza del T.A.R. Lazio – Roma[29] ha indicato che il vincolo sugli studi d'artista implichi una sorta di "*inalterabile musealizzazione*", in base alla quale la proprietà subisce gravi restrizioni, comportando l'inamovibilità dello studio e l'immodificabilità della destinazione d'uso dello stabile.

La dichiarazione di interesse relativa allo "studio d'artista" crea quindi una peculiare inscindibilità tra contenente (bene immobile) e contenuto, con forte compressione del diritto di proprietà dell'immobile, che spesso appartiene ad un soggetto terzo rispetto all'artista e dai suoi aventi causa.

Verosimilmente, la dichiarazione di interesse deve intervenire necessariamente dopo la morte dell'artista, in base al principio generale per il quale un complesso di beni può essere oggetto di tutela solo se sia riconducibile ad un autore defunto e risalga ad oltre 70 anni (art. 10 comma 3, lettera e) e comma 5 codice beni culturali).

Se il rapporto tra l'artista (e dopo di lui i suoi aventi causa: eredi ovvero enti associativi che gestiscano l'archivio e la c.d. *legacy* dell'artista) ed il proprietario dei locali è regolato da un contratto di locazione, il mancato pagamento del canone da parte del conduttore potrà legittimare il proprietario ad avviare una procedura di sfratto per morosità.

Tuttavia, in caso di convalida dello sfratto, l'unico effetto che il proprietario dei locali potrà conseguire sarà quello di impedire l'accesso ai locali da parte del conduttore. Non potrà viceversa essere disposto lo sgombero dei locali nella fase esecutiva dello sfratto e la

---

(28) - Cons. Stato, 5 dicembre 2017, n. 5737, in *Foro Amm.*, 12, 2017, 2401.

(29) - T.A.R. Lazio – Roma, 8 gennaio 2019, n. 221.

locazione degli stessi ad un diverso conduttore, in quanto la norma di tutela non lo consente[30].

2. La circolazione in ambito nazionale

2.1. *La denuncia degli atti traslativi*

L'alienazione, a qualsiasi titolo, di un bene culturale appartenente ad un soggetto privato (ad eccezione di quelli appartenenti alle persone giuridiche private senza fini di lucro, per le quali è necessaria l'autorizzazione del Ministero: v. *supra* paragrafo 1) è libera.

Tuttavia, in base all'art. 59, comma 1 codice beni culturali, gli atti che trasferiscono, in tutto o in parte, a qualsiasi titolo, la proprietà o la detenzione di beni culturali sono denunciati al Ministero.

La denuncia è «lo strumento che consente all'amministrazione di controllare la circolazione e la collocazione dei beni culturali e

[30] - La normativa antecedente all'entrata in vigore del codice dei beni culturali e del paesaggio prevedeva espressamente che gli studi d'artista fossero sottratti all'applicabilità delle norme sulle procedure di rilascio nel contenzioso locatizio, con il risultato che non potevano eseguirsi sfratti in danno degli occupanti, neppure in caso di morosità. L'art. 51 codice beni culturali non ricalca la previsione dell'art. 52 T.U.B.C. del 1999, questo anche alla luce della declaratoria di incostituzionalità della norma da parte della Corte Costituzionale (sentenza n. 185/2003) nella misura in cui essa era evidentemente lesiva del diritto di proprietà. In tal pronuncia, la Corte ha evidenziato che «l'esenzione degli studi d'artista dai provvedimenti di rilascio previsti dalla normativa vigente in materia di immobili urbani si rivela una misura assolutamente esuberante rispetto alla finalità di tutela perseguita». Si tratta quindi non di un vincolo di indisponibilità, quanto più di un vincolo di inamovibilità finalizzato alla non dispersione dei beni costituenti lo studio dell'artista. Come ha infatti rilevato la Corte in relazione all'art. 52 del T.U. del 1999 «la scelta del legislatore è nella fattispecie irragionevole, dal momento che l'intento perseguito in attuazione dell'art. 9 della Costituzione poteva già considerarsi attuato mediante le numerose altre previsioni contenute nella medesima norma, che costituiscono mezzi ampiamente idonei a rendere immodificabile l'ambiente e i luoghi nei quali operò l'artista, al fine di conservare intatta la testimonianza dei valori culturali in esso insiti. Non essendo consentita, già in forza dei predetti vincoli, la rimozione di alcuno dei beni contenuti nello studio né tanto meno l'attuazione di una diversa destinazione dell'immobile, risultano evidenti per un verso la ridondanza della prescrizione di non soggezione degli studi a provvedimenti di rilascio, che nulla aggiunge alle modalità di salvaguardia già previste, ma soprattutto per l'altro verso la eccessiva compressione dei diritti del locatore, costretto a subire la protrazione nel tempo, persino in assenza di un corrispettivo, sino a perdere indefinitamente la disponibilità dell'immobile». Questo, in altre parole, ben può tradursi in una azione finalizzata al rilascio dell'immobile nei confronti degli occupanti con necessaria permanenza dei beni all'interno dell'immobile, così da rispettare il vincolo, non consentendo però agli occupanti di accedervi (ad esempio, tramite il cambio della serratura).

storici, l'assetto dei diritti sugli stessi gravanti e la identità dei soggetti titolari dei diritti stessi»[31].

La denuncia è effettuata entro trenta giorni:

a. dall'alienante o dal cedente la detenzione, in caso di alienazione a titolo oneroso o gratuito o di trasferimento della detenzione;

b. dall'acquirente, in caso di trasferimento avvenuto nell'ambito di procedure di vendita forzata o fallimentare ovvero in forza di sentenza che produca gli effetti di un contratto di alienazione non concluso;

c. dall'erede o dal legatario, in caso di successione *mortis causa*. Per l'erede, il termine decorre dall'accettazione dell'eredità o dalla presentazione della dichiarazione ai competenti uffici tributari; per il legatario, il termine decorre dalla comunicazione notarile dell'esistenza del testamento al legatario, salva rinuncia ai sensi delle disposizioni del codice civile.

La denuncia è presentata al competente soprintendente del luogo ove si trovano i beni.

La denuncia contiene:

i. i dati identificativi delle parti e la sottoscrizione delle medesime o dei loro rappresentanti legali;

ii. i dati identificativi dei beni;

iii. l'indicazione del luogo ove si trovano i beni;

iv. l'indicazione della natura e delle condizioni dell'atto di trasferimento;

v. l'indicazione del domicilio in Italia delle parti ai fini delle eventuali comunicazioni previste.

Si considera non avvenuta la denuncia priva delle indicazioni sopra indicate o con indicazioni incomplete o imprecise.

2.2. *L'acquisto dello Stato in via di prelazione*

Il Ministero o, in caso di rinuncia da parte del Ministero, come previsto dall'art. 62, comma 3 codice beni culturali, la regione o

(31) - R. Invernizzi, *Commento all'art. 59*, in Sandulli, *op. cit.*, 593.

gli altri enti pubblici territoriali interessati, hanno facoltà di acquistare in via di prelazione i beni culturali alienati a titolo oneroso o conferiti in società, rispettivamente, al medesimo prezzo stabilito nell'atto di alienazione o al medesimo valore attribuito nell'atto di conferimento.

Qualora il bene sia alienato con altri per un unico corrispettivo o sia ceduto senza previsione di un corrispettivo in denaro ovvero sia dato in permuta, il valore economico è determinato d'ufficio dal soggetto che procede alla prelazione.

Qualora l'alienante non ritenga di accettare la determinazione effettuata dall'ufficio, il valore economico della cosa è stabilito da un terzo, designato concordemente dall'alienante e dal soggetto che procede alla prelazione. Se le parti non si accordano per la nomina del terzo, ovvero per la sua sostituzione qualora il terzo nominato non voglia o non possa accettare l'incarico, la nomina è effettuata, su richiesta di una delle parti, dal presidente del tribunale del luogo in cui è stato concluso il contratto. Le spese relative sono anticipate dall'alienante.

La determinazione del terzo è impugnabile in caso di errore o di manifesta iniquità.

La prelazione può essere esercitata anche quando il bene sia a qualunque titolo dato in pagamento (c.d. *datio in solutum*: art. 1197 c.c.).

2.3. Condizioni della prelazione

La prelazione è esercitata nel termine di sessanta giorni dalla data di ricezione della denuncia dal soggetto interessato.

Quid iuris nel caso di omessa denuncia o di denuncia incompleta?

Nel caso in cui la denuncia sia stata omessa o presentata tardivamente oppure risulti incompleta, la prelazione è esercitata nel termine di centottanta giorni dal momento in cui il Ministero ha ricevuto la denuncia tardiva o ha comunque acquisito tutti gli elementi costitutivi della stessa.

Quest'ultima previsione è il risultato di una modifica introdotta dall'art. 2, comma 1, lettera nn) del d.lgs. 26 marzo 2008,

n. 62, a seguito della nota sentenza della Corte Europea dei Diritti dell'Uomo (CEDU) nel caso *Beyeler c. Italia* (sentenza del 5 gennaio 2000 sul ricorso n. 33202/96)[32].

Il caso si riferisce ad un quadro di Vincent Van Gogh, *Le jardinier*, che il noto gallerista svizzero Ernst Beyeler comprò nel 1977 per 600 milioni di lire con l'intervento di un intermediario, senza comunque rivelare al venditore che il quadro era stato comprato per suo conto. La denuncia, già prevista dalla legge di tutela all'epoca dei fatti in vigore (legge 1° giugno 1939, n. 1089) non menzionava il signor Beyeler. Nel 1983, il Ministero italiano ebbe conoscenza del fatto che il signor Beyeler era il vero acquirente del quadro. Il 2 maggio 1988, quest'ultimo vendette l'opera ad una società americana che intendeva destinarlo ad una collezione veneziana (Fondazione Guggenheim) per la somma di 8,5 milioni di dollari. Il 24 novembre 1988, esercitando il suo diritto di prelazione e per eccepire che il signor Beyeler aveva omesso d'informare il Ministero del fatto che nel 1977 il quadro era stato acquistato per suo conto, l'Italia acquistò il quadro al prezzo della vendita conclusa nel 1977.

La CEDU non ha messo in discussione il diritto di prelazione sulle opere d'arte in quanto tale, né l'interesse dello Stato ad essere informato di tutti i dati di un contratto, ivi compresa l'identità dell'acquirente finale nel caso di una vendita attraverso un intermediario, ciò che ha per fine di mettere le autorità in posizione di determinarsi in piena consapevolezza quanto all'esercizio eventuale del diritto di prelazione.

Oggetto di censura da parte della Corte è stata la condotta delle autorità italiane: «Orbene, dopo essere state informate, nel 1983, dell'elemento mancante nella dichiarazione fatta nel 1977, cioè l'identità dell'acquirente finale, le autorità italiane hanno atteso fino al 1988 prima di interessarsi seriamente della questione della proprietà del quadro e di decidere di esercitare il diritto di prelazione. Durante questo lasso di tempo, le autorità hanno mantenuto una attitudine ora ambigua, ora consenziente agli occhi del ricorrente ed esse l'hanno spesso trattato, de facto, come l'avente diritto legittimo della vendita del 1977. Inoltre, il largo margine di manovra di cui le autorità hanno

(32) - https://www.ilsa.org/Jessup/Jessup17/Batch%201/Judgment%20of%20the%20ECHR-%20Beyeler%20v.%20Italy%20-2000.pdf.

goduto nel quadro delle disposizioni applicabili, come interpretate dalle giurisdizioni interne, così come la mancanza di chiarezza della legge, sopra richiamata, hanno amplificato l'incertezza in pregiudizio del ricorrente. ... La Corte stima che il Governo convenuto non ha spiegato in maniera convincente perché le autorità italiane non hanno agito all'inizio dell'anno 1984 nel modo in cui lo hanno fatto nel 1988. Da allora, rimproverare al ricorrente nel 1988 una irregolarità di cui le autorità avevano già avuto conoscenza quasi cinque anni prima non sembra giustificata. A tal proposito, conviene sottolineare che, di fronte ad una questione di interesse generale, i poteri pubblici sono tenuti a reagire in tempo utile, in maniera corretta e con la più grande coerenza. Inoltre, questa situazione ha permesso al Ministero dei beni Culturali di acquisire il quadro, nel 1988, ad un prezzo sensibilmente inferiore al suo valore di mercato. Le autorità hanno dunque tratto un arricchimento ingiusto dall'incertezza che ha regnato durante questo periodo ed alla quale esse autorità hanno largamente contribuito. Indipendentemente dalla nazionalità del ricorrente, un simile arricchimento non è conforme all'esigenza del *"giusto equilibrio"*».

Con successiva sentenza del 28 maggio 2002 (sul ricorso n. 33202/96), la CEDU ha condannato l'Italia a risarcire al signor Beyeler il danno liquidato nell'importo di euro 1.300.000.

Entro il termine di 60 giorni dalla data di ricezione della denuncia o di 180 giorni dal giorno in cui il Ministero ha ricevuto la denuncia tardiva o ha comunque acquisito tutti gli elementi costitutivi della stessa, il provvedimento di prelazione è notificato all'alienante ed all'acquirente. La proprietà passa allo Stato dalla data dell'ultima notifica.

In pendenza del termine, l'atto di alienazione rimane condizionato sospensivamente all'esercizio della prelazione e all'alienante è vietato effettuare la consegna della cosa.

Le clausole del contratto di alienazione non vincolano lo Stato. La giurisprudenza ha escluso che, nel caso in cui la vendita sia stata conclusa con l'intervento di un intermediario (galleria o casa d'aste), lo Stato sia tenuto a pagare le commissioni di intermediazione[33].

---

[33] - T.A.R. Lazio 13 aprile 2010, n. 18615. Cfr. Cons. Stato, IV, 10 giugno 1987, n. 400; Cons. Stato 30 novembre 1991, n. 58; Cons. Stato 3 aprile 1992, n. 226; Cons. Stato 13 ottobre 1993, n. 706; Cass. 26 giugno 1956, n. 229. *Contra*: Cons. Stato, n. 3241/2001.

Nel caso in cui il Ministero eserciti la prelazione su parte delle cose alienate, l'acquirente ha la facoltà di recedere dal contratto.

2.4. *Procedimento per la prelazione*

Il soprintendente, ricevuta la denuncia di un atto soggetto a prelazione, ne dà immediata comunicazione alla regione e agli altri enti pubblici territoriali nel cui ambito si trova il bene. Trattandosi di bene mobile, la regione ne dà notizia sul proprio Bollettino Ufficiale ed eventualmente mediante altri idonei mezzi di pubblicità a livello nazionale, con la descrizione dell'opera e l'indicazione del prezzo.

La regione e gli altri enti pubblici territoriali, nel termine di venti giorni dalla denuncia, formulano al Ministero una proposta motivata di prelazione, corredata dalla deliberazione dell'organo competente che predisponga, a valere sul bilancio dell'ente, la necessaria copertura finanziaria della spesa indicando le specifiche finalità di valorizzazione culturale del bene.

Il Ministero può rinunciare all'esercizio della prelazione, trasferendone la facoltà all'ente interessato entro venti giorni dalla ricezione della denuncia. Detto ente assume il relativo impegno di spesa, adotta il provvedimento di prelazione e lo notifica all'alienante ed all'acquirente entro e non oltre sessanta giorni dalla denuncia medesima. La proprietà del bene passa all'ente che ha esercitato la prelazione dalla data dell'ultima notifica.

3. **Circolazione internazionale**

3.1. *Premessa storica*

La circolazione internazionale delle opere d'arte è un fenomeno antico, per cui l'esame della disciplina in materia di circolazione internazionale delle opere d'arte e dei beni da collezione non può prescindere da una breve disamina dei suoi precedenti storici[34].

(34) - Si rinvia all'esaustiva trattazione di G. Volpe, *Manuale di diritto dei beni culturali, Storia e attualità*, Milano, 2013.

Fin dalle origini, le opere d'arte sono state spostate da un luogo all'altro per simboleggiare il potere di un sovrano nella sua corte, la supremazia di un popolo su un altro in caso di vittoria di una guerra, oppure quale dono o regalia diplomatica.

Proprio riconoscendo il valore dell'arte per l'affermazione degli Stati, già dal Rinascimento, periodo dell'apoteosi delle arti in tutte le loro espressioni, i sovrani hanno avvertito la necessità di sottoporre a controllo la circolazione delle opere d'arte.

Il 24 ottobre 1602, il Granduca di Toscana Ferdinando de' Medici emanò una Deliberazione(35) in cui sancì una serie di regole per l'esportazione dalla città delle "*Pitture Buone*" o di quelle "*de' Pittori Defunti in generale*" disponendone la non esportabilità senza licenza del luogotenente dell'Accademia del Disegno.

In relazione alle opere di artisti viventi, invece, la Deliberazione prevedeva che la licenza avrebbe dovuto essere concessa indistintamente da chi ne fosse l'autore o dal pregio dell'opera, senza possibilità per il luogotenente di rifiutare il rilascio della licenza sulle opere di artisti viventi(36).

Era assolutamente precluso, d'altra parte, il rilascio delle licenze per le opere degli artisti inseriti in un elenco redatto nella medesima Deliberazione, ma modificabile a discrezione della stessa Accademia del Disegno. Tra i diciotto nominativi inseriti nella Deliberazione, figuravano quelli di Michelangelo, Raffaello, Rosso Fiorentino, Leonardo, Correggio e il Parmigianino.

Per le altre opere di artisti defunti, invece, sarebbe stata necessaria una licenza di esportazione del Luogotenente dell'Accademia del Disegno. La motivazione di tale previsione era fondata sul «...Concetto che si ha delle Pitture Buone ...» su cui si fondava l'interesse a che le stesse non uscissero dalla città.

Il controllo sull'esportazione di beni artistici e culturali ha interessato anche altri Stati preunitari, tra cui lo Stato pontificio.

---

(35) - Per il testo integrale si rinvia ad A. EMILIANI, *Leggi, Bandi e Provvedimenti per la Tutela dei Beni Artistici e Culturali negli Antichi Stati Italiani 1571-1860*, Firenze, 2015, 8 e ss.

(36) - «... Concedasi generalmente [la licenza, ndr] per tutte le pitture di mano de' pittori che di presente vivono nello Stato di S.A. indifferentemente», *op. cit.*, 9.

L'Editto-Chirografo del 1° ottobre 1802, ispirato all'abate ligure Carlo Fea, Commissario pontificio per le arti e antichità, ufficio già ricoperto da Winckelmann, prevedeva che fosse «proibita da Roma e dallo Stato l'estrazione di qualunque Statua, Bassorilievo o altro simile lavoro rappresentante figure Umane, o di Animali, in Marmo, in Avorio ed in qualunque altra materia, ed altresì di pitture Antiche, Greche o Romane, o segate, o levate dai muri … e generalmente di tutti quelli lavori, o di grande o di piccolo Modello, che sono conosciuti sotto il nome di Antichità, pubbliche o private, Sacre o Profane, niuna eccettuata, ancorché si trattasse di semplici frammenti, de' quali ancora grandi lumi ricevono le Arti, e gli Artisti»(37).

La stessa proibizione di "estrarre" ossia di esportare fuori dal territorio dello Stato era prevista per «le Pitture in Tavola, o in Tela, le quali o siano opera di Autori Classici, che hanno fiorito dopo il Risorgimento delle Arti, o interessino le Arti stesse, le Scuole, la erudizione, o in fine per alter ragioni siansi rese celebri».

La proibizione era indiscriminata e non faceva distinzioni in base al censo, alla qualifica, ai privilegi legati a particolari cariche(38) e la sua violazione era soggetta a sanzioni molto severe(39).

La vendita di opere d'arte era tuttavia liberamente ammessa "*se seguirà dentro Roma*", mentre il trasporto in altro luogo all'interno dello Stato Pontificio doveva avvenire con un'apposita licenza, «la quale licenza concederete premessa sempre la visita dell'Ispettore

(37) - EMILIANI, *op. cit.*, 67 e ss.

(38) - Ivi, 68: «…assoggettiamo a questa proibizione le persone tutte, di qualunque privilegio fornite, e di qualunque Dignità decorate, compresi anche li Cardinali benché Titolari, Protettori di Chiese, ed altri privilegiatissimi, ancorché richiedessero per essere compresi specifica, ed individuale menzione, ed ancorché fossero rivestiti di qualsivoglia carattere, quanto più si possa concepire eminente; vogliamo che anche i Possessori Esteri degli enunciati oggetti situati in Roma siano alla stessa proibizione sottoposti; come ancora che la medesima comprenda per tutti gli effetti anche li Forastieri, che non abbiano fissato domicilio alcuno in Roma».

(39) - Ivi, 69: «Quelli poi, che estrarranno da Roma, o dallo Stato, o per la via di Mare , o per quella di Terra gli oggetti anzidetti, come ancora quelli, che scientemente gli avranno a loro venduti, ed i Sensali, e complici della vendita, oltre la perdita degli oggetti stessi, saranno ciascuno singolarmente soggetti alla multa pecuniaria di cinquecento ducati d'oro di Camera, e cumulativamente ad alter Pene afflittive del corpo a Vostro arbitrio, da estendersi alla galera per cinque anni, secondo la qualità delle persone, la importanza dell'oggetto, e la malizia, che avrà accompagnata la fraudolenta estrazione…».

delle Belle Arti … e con obbligare l'Asportante a dare idonea Cauzione di riportare dentro un termine, che gli farete prescrivere, il documento di forma provante, di aver recato, e collocato l'oggetto asportato nel luogo della sua destinazione dentro lo Stato; e mancando, sarà tenuto non solo alla Convenzionale, ma ben anche ad alter pene corporali a Vostro arbitrio»[40].

Dopo quasi 20 anni dall'emanazione dell'Editto Chirografo, il 7 aprile 1820, un altro editto del Camerlengo Cardinale Giuseppe Pacca proibiva non solo "*l'estrazione*" degli oggetti d'arte e di antichità dalle provincie pontificie all'estero, ma anche da Roma alle province senza averne ottenuto licenza e solo nella vendita che di tali cose si intendeva fare all'interno dello Stato riservava a questo il diritto di prelazione[41].

L'Editto Pacca ha introdotto (punto 9) l'istituto della notifica (dall'Editto denominata "*descrizione*") per ogni opera d'arte privata che debba essere assoggettata a tutela.

Come è stato efficacemente osservato: «[*non*] può essere sottovalutato il profondo nesso di causalità che collega il nuovo sentimento di consapevolezza e di vigilanza culturale cui sono improntate le due leggi – tese entrambe ad impedire con un vincolo severo l'esportazione delle opera d'arte fuori dei confine dello Stato – e la bruciante memoria della mutilazione subita durante le colonizzazioni francesi»[42].

Dalla formazione dello Stato unitario (1861), ci sono voluti quasi 50 anni perché in Italia fosse introdotta la prima organica legge di tutela.

Dopo un primo intervento legislativo attuato con la legge 12 giugno 1902, n. 185, ritenuto fin dall'inizio inadeguato in quanto subordinava la tutela dei beni appartenenti a privati all'iscrizione in un "catalogo" formato dal Ministero della Pubblica Istruzione

---

(40) - *Ibidem*.

(41) - EMILIANI, *op. cit.*, 80.

(42) - A. PINELLI, *Storia dell'arte e cultura della tutela. Le* Lettres à Miranda *di Quatremère de Quincy*, Ricerche di storia dell'arte, n. 8, 1975-1976, 43-62.

(art. 23), catalogo che non venne mai attuato[43], il Parlamento italiano approvò la legge 20 giugno 1909, n. 356 "*circa le antichità e le belle arti*", che è la prima legge organica di tutela dello Stato italiano.

Questo lungo periodo di "gestazione" si spiega in ragione delle forti pulsioni liberali che animarono i primi decenni di vita dello Stato unitario e la strenua difesa della proprietà privata consacrata nell'art. 29 dello Statuto albertino, in base al quale «[t]*utte le proprietà, senza alcuna eccezione, sono inviolabili. Tuttavia, quando l'interesse pubblico legalmente accertato, lo esiga, si può essere tenuti a cederle in tutto o in parte, mediante una giusta indennità conformemente alle leggi*».

L'art. 8 della legge del 20 giugno 1909 n. 364, ha previsto che fosse vietata l'esportazione dal Regno delle cose aventi interesse storico, archeologico, artistico tale che la loro esportazione costituisse un danno grave per la storia, l'archeologia o l'arte, ancorché per tali cose non fosse stata fatta la "diffida" prevista dall'art. 5.

Ai fini del trasferimento della proprietà o di dimissione del possesso di una cosa di interesse storico, archeologico, paletnologico o artistico che fosse di autore non più vivente o la cui esecuzione risalisse ad oltre 50 anni al quale l'autorità avesse notificato "*l'importante interesse*", l'art. 5 della legge n. 364/1909 prevedeva l'obbligo di denuncia al Ministero della pubblica istruzione in capo al proprietario (o possessore).

Il Titolo II del Regolamento di esecuzione della legge n. 364/1909, approvato con Regio Decreto del 30 gennaio 1913, n. 363 disciplina "*l'esportazione all'estero*" delle cose individuate dall'art. 8 della legge. Questo Regolamento è rimasto, in parte, in vigore: l'art. 130 codice beni culturali lo richiama espressamente prevedendo che la sua vigenza permarrà fino all'emanazione dei decreti e regolamenti previsti dall'attuale codice dei beni culturali.

Nel corso di oltre cento anni dall'approvazione della legge n. 364/1909, il legislatore italiano è ripetutamente intervenuto nella

---

(43) - L'art. 23, ultimo comma della legge n. 185/1902 prevedeva che «*l'iscrizione d'ufficio nel catalogo di oggetti d'arte o di antichità di proprietà privata, si limiterà agli oggetti d'arte e di antichità di sommo pregio, la cui esportazione dal Regno costituisca un danno grave per il patrimonio artistico e per la storia*».

disciplina del controllo sulla circolazione internazionale delle opere d'arte e dei beni da collezione. Ai fini della presente trattazione, è sufficiente menzionare i seguenti.

La legge 1° giugno 1939, n. 1089 (c.d. legge "Bottai") riassumeva in 7 articoli (artt. 35-41) le disposizioni in materia di controllo sulla circolazione internazionale delle cose oggetto di tutela in uscita dal (artt. da 35 a 40) ed in entrata nel territorio italiano (art. 41).

L'art. 35 prevedeva il divieto di esportazione dal regno delle cose mobili oggetto di tutela(44) quando le stesse presentassero un interesse tale che la loro esportazione costituisse "*un ingente danno per il patrimonio nazionale*". Erano escluse dall'ambito di applicazione della legge le opere e opere di autori viventi o la cui esecuzione non risalisse ad oltre cinquant'anni.

Il divieto operava a prescindere dalla circostanza che la cosa fosse stata o meno oggetto di notifica ai sensi dell'art. 3 della legge.

Il proprietario interessato ad esportare una cosa rientrante in una delle categorie soggette a tutela doveva chiedere ed ottenere una licenza a tal fine.

Le cose importate dall'estero non erano soggette alla tassa di esportazione qualora la loro importazione fosse temporanea, risultasse da certificato dell'ufficio di esportazione e la riesportazione avvenisse nel termine di cinque anni cinque (prorogabile di quinquennio in quinquennio).

La legge n. 1089/1939 è rimasta in vigore a seguito della caduta del regime fascista e l'approvazione della Costituzione repubblicana, il cui art. 9, comma 2, inserito tra i Principi Fondamentali, prevede che la Repubblica «*tutela il paesaggio ed il patrimonio storico e artistico della Nazione*». La citata previsione rappresenta «*un rafforzamento della natura pubblica della tutela*»(45) e deve essere interpretata

(44) - L'art. 1 della legge n. 1089/1939 ha sottoposto a tutela tutte le cose mobili o immobili che presentino interesse artistico, storico, archeologico o etnografico, comprese: a. le cose che interessano la paleontologia, la preistoria e le primitive civiltà; b. le cose d'interesse numismatico; c. i manoscritti, gli autografi, i carteggi, i documenti notevoli, gli incunaboli, nonché i libri, le stampe e le incisioni aventi carattere di rarità e di pregio.

(45) - A. Coppola, *La legislazione sui beni culturali e ambientali dopo il Testo Unico D.Lgs. 490/99*, Napoli, 2000, 21.

anche alla luce dell'art. 42, comma 2, della Costituzione, che prevede che «*la proprietà privata è riconosciuta e garantita dalla legge, che ne determina i modi di acquisto e di godimento e i limiti allo scopo di assicurarne la funzione sociale e renderla accessibile a tutti*».

L'art. 35 della legge n. 1089/1939 è stato sostituito dall'art. 1 del decreto legge 5 luglio 1972, n. 288 (convertito nella legge 8 agosto 1972, n. 487) in base al quale «*è vietata, nei casi in cui costituisca danno per il patrimonio storico e culturale nazionale, l'esportazione dal territorio della Repubblica delle cose di cui all'art. 1 della presente legge che, o considerate in se stesse o in relazione al contesto storico-culturale di cui fanno parte, presentano interesse artistico, storico, archeologico, etnografico, bibliografico, documentale o archivistico, a motivato giudizio dei competenti uffici di esportazione delle soprintendenze alle antichità e belle arti, nonché delle soprintendenze ai beni librari e delle soprintendenze archivistiche*»(46).

Nella valutazione da compiere ai sensi della citata previsione «*i competenti uffici si attengono ad indirizzi di carattere generale stabiliti rispettivamente dalla Direzione generale delle antichità e belle arti, dalla Direzione generale delle accademie e biblioteche e per la diffusione della cultura del Ministero della pubblica istruzione e dalla Direzione generale degli archivi di Stato del Ministero dell'interno*».

Gli indirizzi di carattere generale richiamati dal secondo comma del novellato art. 35 della legge n. 1089/1939 sono stati approvati con la circolare del Ministero della Pubblica Istruzione (Direzione generale antichità e belle arti) del 13 maggio 1974 adottata in base all'art. 1 d.l. 5 luglio 1972, n. 288, convertito in legge 8 agosto 1972, n. 487 in materia di esportazione delle cose di interesse artistico ed archivistico(47).

Per l'esame degli indirizzi generali contenuti nella circolare del 1974 e di quelli successivamente adottati con decreto 6 dicembre 2017, n. 537 del Ministro dei beni e delle attività culturali e del

(46) - La previsione originaria dell'art. 35 prevedeva che il diniego dovesse essere imposto qualora l'esportazione causasse un "*ingente danno*": la riforma del 1972 ha quindi ampliato il potere dell'Amministrazione di negare le licenze di esportazione.

(47) - La Direzione generale ha recepito, come atto interno, il parere espresso dalle Sez. I e II del Consiglio superiore delle antichità e delle belle arti nella seduta del 10 gennaio 1974. La circolare è stata confermata con circolare n. 4261/V.a 4a del 17 luglio 1998.

turismo e della loro applicazione da parte del Ministero e della giurisprudenza amministrativa si rinvia al paragrafo 3.4, *infra*.

La disciplina in materia di circolazione internazionale è stata oggetto di una rivisitazione da parte del d.lgs. 29 ottobre 1999, n. 490 (Testo Unico delle disposizioni legislative in materia di beni culturali e ambientali), il quale ha abrogato la legge n. 1089/1939 ma non ha, nella sostanza, innovato la suddetta materia (artt. 65-72).

Il Testo Unico del 1999 è, a sua volta, stato abrogato dall'art. 184 del d.lgs. 22 gennaio 2004, n. 42, con il quale è stato approvato il codice dei beni culturali e del paesaggio, il cui Capo V (Principi in materia di circolazione internazionale) è stato modificato dal d.lgs. 26 marzo 2008, n. 62.

3.2. Uscita definitiva di un bene di interesse culturale dal territorio dello Stato

In base all'art. 68 codice beni culturali, chi intenda far uscire in via definitiva dal territorio italiano: (i) cose a chiunque appartenenti che presentino interesse culturale, siano opera di autore non più vivente e la cui esecuzione risalga ad oltre 70 anni; (ii) archivi e singoli documenti appartenenti a privati che presentino interesse culturale e (iii) le altre cose indicate dall'art. 11, comma 1, lettere f), g) ed h) codice beni culturali[48] deve farne denuncia e presentare la cosa all'ufficio esportazione competente, indicandone contestualmente il valore venale al fine di ottenere l'attestato di libera circolazione.

Gli uffici esportazione sono articolazioni periferiche del Ministero per i beni e le attività culturali e per il turismo, incardinate presso le Soprintendenze[49].

---

[48] - L'art. 11, comma 1 elenca, tra gli altri: «*f) le fotografie, con relativi negativi e matrici, gli esemplari di opere cinematografiche, audiovisive o di sequenze di immagini in movimento, le documentazioni di manifestazioni, sonore o verbali, comunque realizzate, la cui produzione risalga ad oltre venticinque anni, di cui all'art. 65; g) i mezzi di trasporto aventi più di settantacinque anni, di cui agli artt. 65 e 67, comma 2; h) i beni e gli strumenti di interesse per la storia della scienza e della tecnica aventi più di cinquanta anni, di cui all'art. 65*».

[49] - C. Ferrazzi, *Commento all'art. 68*, in Sandulli, *op. cit.*, 684.

La presentazione può essere effettuata dal proprietario, ma anche da un suo mandatario o spedizioniere[50].

L'ufficio esportazione, entro tre giorni dall'avvenuta presentazione della cosa, ne dà notizia ai competenti uffici del Ministero, che segnalano ad esso, entro i successivi 10 giorni, ogni elemento conoscitivo utile relativamente all'oggetto presentato.

La giurisprudenza ha sottolineato la funzione di "filtro" affidata dalla legge agli uffici esportazione che consente, nell'occasione della domanda per la esportazione, l'emersione di opere di rilevante interesse culturale di cui l'Amministrazione fino ad allora ignorava l'esistenza[51].

Il diniego di attestato di libera circolazione deve essere preceduto da un "preavviso" ai sensi dell'art. 10-*bis* della legge 7 agosto 1990, n. 241. La mancanza di preavviso costituisce un vizio procedimentale che si ripercuote sul rigetto dell'attestato[52].

L'ufficio esportazione, accertata la congruità del valore indicato, rilascia o nega con motivato giudizio, anche sulla base delle segnalazioni ricevute, l'attestato di libera circolazione, dandone comunicazione all'interessato entro quaranta giorni dalla presentazione della cosa.

La giurisprudenza è costante nel ritenere che il termine di 40 giorni dalla data di presentazione della cosa abbia natura ordinatoria e non perentoria[53], in quanto: (i) non solo non è prevista alcuna sanzione in caso di sua inosservanza, ma la sua perentorietà deve

---

(50) - Cfr. art. 129 Regolamento 363/1913. Si noti che la dichiarazione del valore venale, ossia il giusto prezzo che il bene avrebbe in una libera contrattazione di compravendita, è funzionale all'eventuale esercizio del potere di acquisto coattivo da parte dello Stato o degli altri enti pubblici.

(51) - T.A.R. Lazio – Roma, Sez. II *quater*, 7 aprile 2017, n. 4395; 20 ottobre 2015, n. 12002; 30 gennaio 2015, n. 1786; 24 marzo 2011, n. 2659.

(52) - T.A.R. Lazio, Sez. II *quater*, 14 maggio 2008, n. 7757.

(53) - T.A.R. Lazio, 14 ottobre 2016, n. 10272. T.A.R. Lazio, 13 marzo 2012, n. 2456; T.A.R. Lazio, 17 settembre 2012, n. 7833. V. anche Cons. Stato, 3 aprile 2009, n. 2110, per il quale «costituisce principio generale del diritto, di cui le previsioni dell'art. 2 legge n. 241 del 1990 risultano essere una conferma a livello di normazione primaria, ... quello secondo cui i termini del procedimento amministrativo devono essere considerati ordinatori, qualora non siano dichiarati espressamente perentori dalla legge». Negli stessi termini Cons. Stato, 20 aprile 2006, n. 2195. T.A.R. Lazio, 30 luglio 2008, n. 7757, cit.

essere esclusa per la sua stessa natura «trattandosi di norma che ha la finalità preminente di impedire la dispersione del patrimonio culturale nazionale»; (ii) qualora si attribuisse natura perentoria a tale termine si creerebbero "*non poche complicazioni*", non essendo ammissibile in materia una autorizzazione all'esportazione *per silentium* (arg. *ex* art. 20, comma 4, legge n. 241/1990)[54].

Sempre secondo l'orientamento dominante, la conclusione circa la natura ordinatoria del termine «trova il proprio ultimo fondamento nell'art. 9 della Costituzione, che comporta – nel bilanciamento dei valori coinvolti – la prevalenza del relativo interesse pubblico sul diritto di proprietà del cittadino».

Che il decorso del termine di 40 giorni in assenza di un provvedimento espresso dell'Amministrazione non possa essere qualificato alla stregua di un silenzio-assenso risulta anche dal rilievo che l'art. 20 della legge n. 241/1990, che prevede in termini generali l'istituto del silenzio-assenso nel procedimento amministrativo, è stato interamente modificato con d.l. del 14 marzo 2005, n. 35, convertito nella legge 14 maggio 2005, n. 80, prevedendo espressamente che l'istituto del silenzio assenso «*non si applic*[hi] *agli atti e procedimenti riguardanti il patrimonio culturale e paesaggistico*», per il quali il provvedimento dovrà quindi essere sempre "espresso" e formale[55].

Quindi, malgrado capiti sovente che i provvedimenti di diniego di attestato di libera circolazione siano adottati ben oltre il decorso del termine di 40 giorni previsto dall'art. 68, comma 3 codice beni culturali, non potrà essere invocata l'inosservanza di tale termine per ritenere che l'Amministrazione abbia acconsentito in modo tacito all'uscita di un bene dal territorio nazionale. Un grave ritardo da parte dell'Amministrazione nel rilascio (o diniego) di un attestato di libera circolazione potrà consentire tuttalpiù di avviare un'azione fondata sul silenzio-inadempimento e giustificare una richiesta di risarcimento dei danni.

---

(54) - T.A.R. Lazio, 14 ottobre 2016, n. 10272, cit.

(55) - Prima della riforma introdotta con la legge n. 80/2005, la giurisprudenza del Consiglio di Stato aveva affermato la natura perentoria del termine di 40 giorni previsto per il rilascio (o il diniego) dell'attestato di libera circolazione dall'art. 66, comma 4 del Testo Unico n. 490/1999: cfr. Cons. Stato 2 luglio 2004, n. 7043.

Nella valutazione circa il rilascio o il rifiuto dell'attestato di libera circolazione gli uffici di esportazione accertano se le cose presentate, in relazione alla loro natura o al contesto storico-culturale di cui fanno parte, presentino interesse artistico, storico, archeologico, etnoantropologico, bibliografico, documentale o archivistico, a termini dell'art. 10 codice beni culturali; nel compiere tale valutazione gli uffici di esportazione si attengono a indirizzi di carattere generale stabiliti dal Ministero, sentito il competente organo consultivo.

Il richiamo all'art. 10 codice beni culturali evidenzia una scelta olistica da parte del legislatore: il diniego di esportazione presuppone che la cosa interessata presenti un interesse culturale rilevante (secondo le declinazioni previste dall'art. 10 con riferimento alle varie categorie di oggetti ivi indicate) e solamente le cose così qualificate possono essere dichiarate di interesse culturale.

Il cerchio si chiude con la previsione che il diniego comporta l'avvio del procedimento di dichiarazione, ai sensi dell'art. 14 codice beni culturali; a tal fine, contestualmente al diniego, sono comunicati all'interessato gli elementi di cui all'art. 14, comma 2 codice beni culturali e le cose sono sottoposte alla disposizione di cui al comma 4 del medesimo articolo.

L'attestato di libera circolazione ha validità quinquennale ed è redatto in tre originali, uno dei quali è depositato agli atti d'ufficio; un secondo è consegnato all'interessato e deve accompagnare la circolazione dell'oggetto; un terzo è trasmesso al Ministero per la formazione del registro ufficiale degli attestati.

Per le cose di proprietà di enti sottoposti alla vigilanza regionale, l'ufficio esportazione acquisisce il parere della regione, che è reso nel termine perentorio di trenta giorni dalla data di ricezione della richiesta e, se negativo, è vincolante.

L'esportazione al di fuori del territorio dell'Unione europea dei beni culturali indicati nell'allegato A del codice beni culturali è disciplinata dal regolamento (CE) n. 116/2009 del 18 dicembre 2008 del Consiglio relativo all'esportazione di beni culturali e dall'art. 74 del codice beni culturali

La licenza di esportazione prevista dall'art. 2 del regolamento CE è rilasciata dall'ufficio di esportazione contestualmente all'attestato di libera circolazione, ovvero non oltre trenta mesi dal rilascio di quest'ultimo da parte del medesimo ufficio. La licenza è valida un anno.

Nel caso di esportazione temporanea di un bene elencato nell'allegato A del presente codice, l'ufficio di esportazione rilascia la licenza di esportazione temporanea alle condizioni e secondo le modalità stabilite dalla disciplina prevista per il rilascio degli attestati di circolazione temporanea (artt. 66, 67 e 71 codice beni culturali).

Le disposizioni della sezione I *bis* (Uscita dal territorio nazionale ed ingresso nel territorio nazionale) del Capo V (Circolazione in ambito internazionale), Parte II, Titolo I del codice beni culturali non si applicano ai beni culturali entrati nel territorio dello Stato con licenza di esportazione rilasciata da altro Stato membro dell'Unione europea a norma dell'art. 2 del regolamento CEE, per la durata di validità della licenza medesima.

3.3. Il regime dell'autocertificazione

La legge 4 agosto 2017, n. 124 ha modificato il regime della circolazione internazionale con riferimento:

a. alle cose realizzate da autori non più viventi da oltre 50 e meno di 70 anni ("cose infra 70 ed ultra 50");

b. alle cose realizzate da autori non più viventi da oltre 70 anni e con un valore inferiore ad euro 13.500 (la c.d. "soglia di valore", di seguito anche "soglia"). La soglia non si applica ai reperti archeologici, alle cose risultanti da smembramento di monumenti, ad incunaboli e manoscritti ed agli archivi.

In entrambi i casi, come illustrato nel paragrafo 1, le cose possono essere oggetto di un provvedimento di tutela, qualora presentino «*un interesse artistico, storico, archeologico o etnoantropologico eccezionale per l'integrità e la completezza del patrimonio culturale della Nazione*» (art. 10, comma 3, lettera d-*bis* codice beni culturali).

Qualora un privato intenda esportare tali cose (ed a condizione che le stesse non siano già state oggetto di un provvedimento di dichiarazione di interesse), potrà farlo mediante una autocertificazione, ossia una dichiarazione resa ai sensi del d.p.r. 28 dicembre 2000, n. 445 (art. 65, commi 4 e 4-*bis* codice beni culturali, come, rispettivamente, modificato ed aggiunto dall'art. 1, comma 175, lettera g), numero 3 della legge 4 agosto 2017, n. 124).

In altri termini, non è soggetta ad autorizzazione l'uscita (definitiva o temporanea) delle cose di cui alle lettere a) e b) di cui sopra, ma l'interessato avrà l'onere di comprovare al competente ufficio esportazione, mediante un'autocertificazione che le cose da trasferire all'estero rientrano nelle ipotesi per le quali non è prevista l'autorizzazione, secondo le procedure e con le modalità stabilite con decreto ministeriale. Il competente ufficio esportazione, qualora reputi che le cose presentino «*un interesse artistico, storico, archeologico o etnoantropologico eccezionale per l'integrità e la completezza del patrimonio culturale della Nazione*», avvia il procedimento di dichiarazione previsto dall'art. 14, che si conclude entro 60 giorni dalla data della presentazione della dichiarazione.

Il decreto ministeriale 17 maggio 2018, n. 246 ha disciplinato al Capo II (esportazione e libera circolazione) le procedure relative alle cose infra 70 ed ultra 50 (art. 6) e quelle relative alle cose ultra 70 e al di sotto della soglia di valore.

Cose infra 70 ed ultra 50 di autore non più vivente

Il regime di autocertificazione relativo alle cose infra 70 ed ultra 50 (diversamente da quello delle cose ultra 70 e sotto la soglia di valore, su cui v. *infra*) è entrato in vigore in data 29 agosto 2017[56].

L'art. 6 del decreto n. 246/2018 ha previsto che la dichiarazione dell'interessato sia redatta in base ai modelli D1 e D2 allegati al decreto e sia presentata online tramite il S.U.E. (Sistema informativo degli uffici esportazione)[57].

---

(56) - Come ha precisato la circolare del 28 agosto 2017, n. 45, prot. 24238 della Direzione generale archeologia, belle arti e paesaggio «[p]otrà e dovrà invece trovare immediata applicazione … l'innalzamento a settanta anni della soglia temporale. Per tale profilo è senz'altro possibile acquisire l'attestazione del privato negli stessi esatti termini e con le stesse identiche modalità sinora praticate con riguardo al requisito dei cinquanta anni (e di quello relativo all'autore non più vivente)».

(57) - Il modello D1 riguarda l'uscita di oggetti d'arte, mentre il modello D2 è relativo all'uscita di materiale librario.

Entro 10 giorni dalla presentazione della dichiarazione, l'ufficio esportazione può chiedere la presentazione fisica della cosa e, qualora, reputi che la stessa presenti l'interesse particolarmente qualificato previsto dall'art. 10, comma 3, lettera d-*bis* codice beni culturali, entro 30 giorni dalla presentazione della dichiarazione avvia il procedimento di dichiarazione di eccezionale interesse, dandone comunicazione all'interessato ed alla direzione generale competente per materia.

La direzione generale adotta il provvedimento conclusivo del procedimento entro 60 giorni dalla presentazione della dichiarazione.

Malgrado sia la norma primaria (art. 65, comma 5, codice beni culturali come novellato dalla legge n. 124/2017) sia la norma secondaria (art. 6, comma 3 del decreto n. 246/2018) non dichiarino espressamente la natura perentoria del termine, si ritiene che il termine di 60 giorni per l'esercizio della potestà abbia natura perentoria: «[*l*]a formulazione tassativa (che poggia sulla declinazione verbale all'indicativo presente) della disposizione suggerisce la natura perentoria del termine»[58].

Conseguentemente, qualora il termine di 60 giorni dalla presentazione della dichiarazione tramite il S.U.E. decorra senza che la direzione generale competente abbia adottato il provvedimento di dichiarazione di eccezionale interesse, il potere dell'Amministrazione di sottoporre il bene a tutela si deve ritenere esaurito.

Nella prassi applicativa di questi primi tre anni si sono evidenziati i seguenti problemi:

a. i provvedimenti di dichiarazione previsti dall'art. 10, comma 3, lettera d-*bis* codice beni culturali a seguito di autocertificazione presentata da collezionisti sono frequentemente emessi a distanza di vari mesi dalla presentazione della dichiarazione e tale circostanza ha già dato luogo (e darà luogo) a contenzioso;

b. la presentazione della dichiarazione tramite il S.U.E. non rilascia automaticamente una "ricevuta". Gli uffici esportazione rilasciano una copia cartacea dell'autocertificazione timbrata e siglata dagli stessi. In funzione del carico di lavoro degli uffici (aggravato

(58) - A. SIMONATI, *Commento all'art. 65*, in Sandulli, *op. cit.*, 662.

dall'emergenza sanitaria esplosa nel 2020), il rilascio della copia cartacea può richiedere settimane, se non mesi. Nel primo semestre del 2020, alcuni uffici esportazione non hanno più consentito di caricare sul S.U.E. autocertificazioni o denunce di attestati di libera circolazione, privando il privato collezionista (ovvero l'intermediario) di un servizio necessario per la circolazione internazionale delle opere.

Entro 10 giorni dalla presentazione della dichiarazione, l'ufficio esportazione, se ritiene di dover procedere all'acquisto coattivo della cosa previsto dall'art. 70 codice beni culturali per il valore dichiarato, chiede la presentazione fisica della stessa e nei successivi 20 giorni avvia il procedimento di acquisto coattivo proponendolo alla direzione generale competente e dandone comunicazione all'interessato.

A parere di chi scrive, l'applicazione analogica prevista dagli artt. 6, comma 4, e 5, comma 7, del decreto n. 246/2018 della potestà di acquisto coattivo prevista dall'art. 70 codice beni culturali per le cose per le quali è prevista una autorizzazione all'uscita (ultra 70, sopra la soglia di valore e di autori non più viventi) alle cose che possono liberamente uscire in regime di autocertificazione è discutibile in punto di legittimità: una norma di rango secondario non può incidere sul diritto di proprietà privata, tutelato dall'art. 42 della Costituzione, in mancanza di una norma di legge che lo consenta.

Per le cose infra 70 e ultra 50, in quanto rientranti nell'ambito di applicazione del regolamento (CE) 116/2009 relativo all'esportazione di beni culturali, la richiesta di licenza comunitaria è fatta dall'interessato contestualmente alla presentazione dell'autocertificazione e la licenza viene rilasciata dall'ufficio esportazione, a meno che quest'ultimo non ritenga di avviare il procedimento di dichiarazione o di acquisto coattivo.

Nei primi tre anni di applicazione del regime di autocertificazione relativo all'uscita dal territorio italiano delle cose infra 70 ed ultra 50, sono emerse ulteriori rilevanti criticità, oltre a quelle sopra evidenziate, anche riconducibili ad una interpretazione della disciplina fornita con l'atto di indirizzo adottato con circolare n. 13 del 24 maggio 2019 dalla Direzione generale archeologia, belle arti e paesaggio e destinato agli uffici esportazione.

La circolare n. 13/2019 sostiene che, qualora l'ufficio esportazione ritenga che la cosa presentata presenti l'interesse particolarmente qualificato (eccezionale) di cui alla lettera d-*bis* del comma 3 dell'art. 10, «contestualmente all'emissione del provvedimento di diniego di esportazione (provvedimento la cui emanazione, ancorché non espressamente prevista dalla norma in questione, deve intendersi come presupposto necessario anche della presente fattispecie, in via di applicazione analogica del dettato di cui all'art. 68, comma 4, primo periodo codice beni culturali) è tenuto ad avviare ai termini dell'art. 14 il procedimento di dichiarazione».

Nella frase parentetica si annida un grave errore di interpretazione della norma primaria da parte dell'estensore della circolare n. 13/2019: l'autocertificazione è istituto radicalmente diverso dalla denuncia di attestato di libera circolazione, che – come noto – dà avvio ad un procedimento che si conclude o con un diniego o con un rilascio di attestato di libera circolazione[59].

Nel delicato equilibrio tra interesse pubblico ed interesse dominicale, che da oltre un secolo costituisce la trama della normativa di tutela, non è dato spazio a spericolate "applicazioni analogiche" delle norme previste per gli attestati di libera circolazione che presuppongono un ambito di piena applicazione delle norme di tutela, con quelle previste per le cose infra 70 ed ultra 50, per le quali la legge prevede solo la possibilità per l'Amministrazione di avviare (e concludere entro 60 giorni) un procedimento di dichiarazione.

Una volta presentata l'autocertificazione, l'Amministrazione ha tre possibilità: (i) rilasciare una copia timbrata della dichiarazione all'interessato; (ii) presentare un rapporto all'autorità in caso

(59) - La giurisprudenza ha inequivocabilmente statuito che l'autocertificazione «ha natura certificativa e probatoria» (Cass., 9 luglio 2019, n. 18375) e costituisce una «manifestazione di autonomia privata con cui l'interessato certifica la sussistenza dei presupposti in fatto ed in diritto» a sostegno della propria dichiarazione (T.A.R. Napoli, sez. II, 25 luglio 2016, n. 3869). Come indicato limpidamente da T.A.R. Lazio, nella sentenza del 2 maggio 2019, n. 5557 infatti: «[...] Le dichiarazioni sostitutive di atto notorio sono espressione del principio di autoresponsabilità, sancito dal d.p.r. n. 445/2000" e precludono al privato «...di trarre qualsivoglia vantaggio da dichiarazioni obiettivamente non rispondenti al vero» vincolando solo in quel caso l'Amministrazione ad "assumere le conseguenti determinazioni, senza alcun margine di discrezionalità, e a prescindere dal profilo soggettivo del dolo o della colpa del dichiarante...».

di dichiarazione mendace; (iii) dare avvio ad un procedimento di dichiarazione di eccezionale interesse che deve concludersi con provvedimento della Direzione generale entro 60 giorni dalla data di presentazione dell'autocertificazione[60]. *Quartum non datur*.

In particolare, non è previsto un "veto all'esportazione" È unicamente previsto che l'Amministrazione avvii e concluda il procedimento per la dichiarazione di eccezionale interesse entro il termine di 60 giorni.

La dichiarazione di eccezionale interesse comporta *ope legis* un divieto di uscita definitiva dal territorio italiano in base al combinato disposto dell'art. 65, comma 1 in relazione all'art. 10, comma 3, lettera d-*bis* codice beni culturali: «*È vietata l'uscita definitiva dal territorio della Repubblica dei beni culturali mobili indicati nell'art. 10, commi 1, 2 e 3*».

Non vi è alcuna necessità di un divieto, perché questo deriva direttamente dalla dichiarazione di interesse eccezionale.

Un altro discutibile indirizzo fornito dalla circolare n. 13/2019 agli uffici esportazione è quello in base al quale la presentazione "fisica" delle opere prevista dall'art. 6, comma 4 del decreto n. 246/2018 debba essere richiesta in relazione al 50% delle opere "auto-dichiarate"[61].

Gli operatori ed i collezionisti hanno lamentato che questo indirizzo sia una delle cause che ha contribuito ad ingolfare la gestione delle pratiche di esportazione, senza alcuna apparente giustificazione: un controllo "a campione" non può interessare il 50% delle cose presentate. La cosiddetta "convocazione" dell'opera dovrebbe essere richiesta nei soli casi in cui dalla documentazione fotografica e dalla descrizione fornita dal dichiarante risulti un interesse eccezionale, che non può essere "presunto" in considerazione dell'importanza dell'arte moderna del secondo dopoguerra.

---

(60) - In caso di dichiarazioni mendaci nell'autocertificazione, essa non produce i propri effetti e il dichiarante risponde penalmente di tali dichiarazioni, ai sensi dell'art. 76 del d.p.r. n. 445/2000.

(61) - Questa la motivazione: «considerata l'importanza delle opere e degli oggetti d'arte prodotti nell'ultimo settantennio si ritiene opportuno che gli Uffici in indirizzo programmino verifiche a campione tali da coprire almeno il 50% delle dichiarazioni sostitutive pervenute».

COSE ULTRA 70 E AL DI SOTTO DELLA SOGLIA DI VALORE

Con riferimento alle cose realizzate da autori non più viventi da oltre 70 anni e con un valore inferiore ad euro 13.500 ma diverse dai reperti archeologici, dalle cose risultanti da smembramento di monumenti, dagli incunaboli e manoscritti e dagli archivi, l'art. 7 del decreto n. 246/2018 ha previsto che la dichiarazione dell'interessato sia redatta in base ai modelli E1 e E2 allegati al decreto e sia presentata online tramite il S.U.E.[62].

Il comma 2 dell'art. 7 ha stabilito la documentazione in base alla quale il valore della cosa sotto la soglia dovrà essere "comprovato" all'ufficio esportazione:

a. nel caso in cui la cosa sia stata oggetto negli ultimi tre anni di compravendita all'asta o tramite un mercante d'arte, le fotografie della cosa e la fattura da cui risulti l'aggiudicazione ovvero il prezzo di vendita della cosa, al netto delle commissioni (di vendita e di acquisto) e di oneri (quali a titolo esemplificativo, diritto di seguito, se previsto, imposte, spese di trasporto e di assicurazione);

b. Nel caso in cui la cosa sia stata oggetto di cessione tra privati negli ultimi tre anni, le fotografie della cosa ed una copia del contratto sottoscritto dalle parti o, in mancanza, una dichiarazione congiunta delle parti resa davanti ad un pubblico ufficiale abilitato a riceverla da cui risulti il prezzo di acquisto;

c. Nel caso in cui la cosa sia destinata all'estero per essere venduta all'asta, una fotocopia della pagina del catalogo d'asta da cui risulti la data dell'asta con le fotografie ed una stima massima della cosa non superiore ad euro 13.500, se disponibile, ovvero del mandato a vendere o del contratto di deposito sottoscritti dalle parti, con indicazione della stima massima della cosa non superiore ad euro 13.500 o, in alternativa, una valutazione sottoscritta dalla casa d'aste;

d. in ogni altro caso, il valore dichiarato della cosa potrà essere comprovato, in alternativa: 1) dalla stima di un perito iscritto all'albo

---

(62) - Il Modello E1 riguarda l'uscita di oggetti d'arte, mentre il Modello E2 è relativo all'uscita di materiale librario.

dei consulenti tecnici del tribunale; 2) dall'ufficio esportazione su presentazione fisica della cosa.

La procedura relativa alla dichiarazione per le cose ultra 70 e sotto soglia ricalca quella prevista per le cose infra 70 ed ultra 50, alla quale si rinvia.

Malgrado il decreto n. 246/2018, emesso in attuazione dell'art. 1, commi 175 e 176 della legge n. 124/2017, sia *self-executing*[63], a distanza di oltre tre anni dall'introduzione del nostro ordinamento della soglia, il diritto di fare uscire dal territorio cose ultra 70 e sotto soglia in base ad una autocertificazione corredata dai documenti previsti dall'art. 7 del decreto n. 246/2018 non è ancora stato riconosciuto dagli uffici esportazione. Per queste cose, gli uffici esportazione e la Direzione generale archeologia, belle arti e paesaggio richiedono ancora il rilascio di un attestato di libera circolazione.

La posizione dell'Amministrazione è stata avallata dal decreto ministeriale 9 luglio 2018, n. 305, (c.d. Decreto integrativo) il quale ha sospeso l'applicazione della soglia di valore (che consentirebbe uno snellimento dell'operato degli uffici esportazione e che è già stata compiutamente attuata dal decreto n. 246/2018), subordinandola (i) all'adeguamento del S.U.E. (da attuarsi entro il 31 dicembre 2019) che dovrà consentire un controllo generalizzato sulle autocertificazioni e (ii) all'istituzione dell'anagrafe della circolazione internazionale (non prevista dalla Legge Concorrenza).

Il termine del 31 dicembre 2019 è decorso senza che si sia provveduto ad alcun adeguamento del S.U.E.

A sua volta l'art. 2 del decreto integrativo ha rinviato l'attuazione dell'anagrafe della circolazione internazionale, che dovrebbe rilasciare il "passaporto" per le opere, previsto dall'art. 1, comma 176, lettera b) della legge n. 124/2017, ad un decreto adottato "di concerto" con il Ministro dell'Interno previsto dall'art. 63, comma 2 del codice beni culturali (preesistente alla riforma), che invece riguarda il registro di commercio previsto dal TULPS.

---

(63) - Cfr. ultimo "considerando" del decreto n. 246/2018: «*Ritenuto opportuno fornire indicazioni sulle procedure relative alla cose eseguite da meno di settanta anni e da più di cinquanta, nonché delle cose aventi più di settanta anni di valore inferiore a 13.500 euro*».

Questo intreccio tra soglia di valore, anagrafe della circolazione internazionale, passaporto per le opere e registro elettronico è stato artificiosamente introdotto dal Decreto integrativo e non ha alcuna ragione d'essere, salvo quella di procrastinare l'applicazione della soglia di valore ad oltre tre anni dall'approvazione della riforma.

3.4. *Quali criteri per decidere se concedere o negare un attestato di libera circolazione?*

L'art. 68, comma 4 codice beni culturali prevede che nella valutazione circa il rilascio o il rifiuto dell'attestato di libera circolazione gli uffici di esportazione accertano se le cose presentate, in relazione alla loro natura o al contesto storico-culturale di cui fanno parte, presentano interesse artistico, storico, archeologico, etnoantropologico, bibliografico, documentale o archivistico, a termini dell'art. 10. Nel compiere tale valutazione gli uffici di esportazione si attengono a indirizzi di carattere generale stabiliti dal Ministero, sentito il competente organo consultivo.

L'art. 68, comma 4 codice beni culturali deriva la sua attuale formulazione dalla riforma introdotta dall'art. 2 del d.lgs. 26 marzo 2008, n. 62, che ha riformulato il comma 4 dell'art. 68 codice beni culturali, eliminando il riferimento al danno arrecato al patrimonio culturale nazionale quale condizione per giustificare un diniego di esportazione, stabilendo quale unica condizione quella dell'interesse artistico, storico, archeologico, etnoantropologico, bibliografico, documentale o archivistico.

I provvedimenti di diniego spesso invocano la riforma introdotta dal d.lgs. n. 62/2008 attribuendole una portata profondamente innovativa che dovrebbe condurre ad ampliare il margine di operatività della tutela: può essere negata l'esportazione definitiva ad una cosa anche se l'esportazione non causa alcun danno al patrimonio culturale nazionale, bastando a tal fine che si riscontri un interesse culturale.

A parere di chi scrive, l'eliminazione del riferimento al "danno al patrimonio culturale", concetto che sfugge alle categorie civilistiche tradizionali di danno, ha una rilevanza più formale che sostanziale e non dovrebbe avere ampliato l'operatività della tutela: si può infatti ritenere che l'uscita definitiva di ogni cosa che presenti un interesse culturale "eccezionale" (art. 10, comma 3 lettera c) codice beni culturali; art. 68, comma 4-*bis* codice beni culturali) o anche solo "particolarmente importante" costituisca di per sé un danno al patrimonio culturale nazionale.

Nel par. 3.1. dedicato ai precedenti storici dell'attuale disciplina sul controllo della circolazione internazionale si è richiamata la circolare del 1974 che stabiliva i principi di carattere generale in base ai quali l'esportazione di cose di interesse storico, artistico, archeologico ed etnografico costituisce danno al patrimonio nazionale.

I principi della circolare del 1974 erano declinati con riferimento:

(1) alla singolarità delle cose stesse:

a) particolare nobiltà della qualità artistica, normalmente indicata come pregio d'arte;

b) rarità, in linea assoluta, oppure nei confronti di un determinato artista, o centro o scuola artistica, o in relazione alla regione o alla zona da cui l'oggetto proviene;

c) particolare significato della rappresentazione;

d) originali qualità tecniche, anche in senso artigianale;

e) valore di antichità o di prototipo, per oggetti relativi alla storia della scienza;

f) particolare difficoltà di ulteriore acquisizione per restrizioni legali o simili quando si tratti di cosa originaria di altra nazione e di particolare interesse archeologico, storico, artistico, etnografico.

(2) all'interesse delle cose in relazione al contesto storico culturale di cui esse fanno parte:

a) appartenenza sicura, o anche probabile, ad un complesso artistico, storico, archeologico, monumentale;

b) caratteri che ne facciano un esempio considerevole di tradizioni locali;

c) appartenenza ad un'area di civiltà (archeologica, artistica, etnografica) diversa da quella di provenienza dell'oggetto e significativa di rapporti fra le varie civiltà, scuole o zone.

La circolare del 1974 è rimasta in vigore fino al 6 dicembre 2017, data di approvazione del decreto n. 537 del Ministro dei beni e delle attività culturali e del turismo, con il quale sono stati adottati i nuovi indirizzi di carattere generale per la valutazione del rilascio o del rifiuto dell'attestato di libera circolazione da parte degli uffici esportazione delle cose di interesse artistico, storico ed archeologico ed etnoantropologico.

Prima di esaminare in dettaglio in nuovi indirizzi generali, si rileva la diversa fonte normativa degli stessi rispetto a quelli 1974: i nuovi indirizzi sono stati adottati con decreto ministeriale, dotato di efficacia generale ed *erga omnes*, mentre i precedenti erano stati adottati con una circolare della Direzione generale antichità, belle arti e paesaggio del Ministero della pubblica istruzione, la quale aveva "fatto proprio" il parere espresso dalla I e dalla II Sezione del Consiglio superiore antichità e belle arti nella seduta del 10 gennaio 1974, e costituivano un atto interno che doveva essere recepito dall'Amministrazione.

Si vuole anche sottolineare il metodo profondamente innovativo con il quale i nuovi indirizzi generali sono stati adottati: con decreto ministeriale 7 novembre 2017, n. 480 è stato istituito un Gruppo di lavoro «*in modo da assicurare la presenza del contributo sia dell'esperienza e professionalità dei rappresentanti e dipendenti del Ministero ... sia degli apporti dottrinari e di studio*»[64].

Al Gruppo di lavoro è stato assegnato il compito di elaborare uno schema di decreto finalizzato a:

a. definire gli indirizzi di carattere generale a cui gli uffici di esportazione devono attenersi per la valutazione circa il rilascio o il rifiuto di attestato di libera circolazione ai sensi dell'art. 68, comma 4 codice beni culturali;

b. individuare le condizioni, le modalità e le procedure per il rilascio e la proroga dei certificati di avvenuta spedizione e di avvenuta importazione ai sensi dell'art. 72, comma 4 codice beni culturali;

(64) - In base all'art. 2 del decreto n. 480/2017, il Gruppo di lavoro risultava composto dal Capo dell'Ufficio legislativo, in qualità di presidente, dal Consigliere giuridico del Ministro, dal Segretario generale o suo delegato, dal Direttore generale archeologia, belle arti e paesaggio o suo delegato, dal Direttore generale biblioteche e istituti culturali o suo delegato, da Giuseppe Calabi, avvocato.

c. definire le caratteristiche del "passaporto" per le opere, di durata quinquennale per agevolare l'uscita e il rientro delle stesse dal e nel territorio nazionale.

In tempi rapidissimi, il Gruppo di lavoro ha elaborato e sottoposto lo schema di decreto relativo agli indirizzi generali *sub* a. al Ministro, che lo ha adottato il 6 dicembre 2017.

La prima rilevante innovazione introdotta dagli indirizzi generali è stata di considerare il bene culturale come valore unitario, nei suoi aspetti intrinseci ed in quelli relazionali con il contesto più generale: è così scomparsa la distinzione posta dalla circolare del 1974 tra principi relativi alla singolarità della cosa e quelli relativi all'interesse delle cose in relazione al contesto storico culturale di cui esse fanno parte.

Un'altra importante precisazione espressa dagli indirizzi generali è quella che un dinicgo di attestato di libera circolazione (ed il conseguente avvio del procedimento di dichiarazione di interesse) siano provvedimenti «pienamente giustificati da un alto concetto del bene pubblico in quanto finalizzati alla tutela del patrimonio culturale italiano», ma nel contempo «incidono anche sui diritti della proprietà privata, come riconosciuti e garantiti dalla Costituzione».

Conseguentemente, «occorrerà porre la massima cura nel formulare un provvedimento restrittivo, evitando giudizi apodittici non sostenuti da un'adeguata argomentazione critica e storica».

Inoltre, gli indirizzi prescrivono che le relazioni a supporto del provvedimento «devono sempre essere sviluppate in maniera esaustiva, con motivazioni puntuali, riferimenti bibliografici aggiornati, se disponibili, e attraverso l'associazione di più di un criterio di rilevanza tra quelli formulati nei nuovi indirizzi, soprattutto nei casi in cui sembra essere predominante una valutazione legata alla qualità artistica del bene, non sufficiente da sola a giustificare un provvedimento di tutela».

Ed è proprio la concorrenza tra più criteri, tra quelli indicati, che contribuisce a rafforzare il "*motivato giudizio*" imposto dall'art. 68, comma 3 codice beni culturali a giustificazione dei dinieghi di attestati di libera circolazione.

Infine, con particolare riferimento ad alcuni ambiti specifici (quali, ad esempio, la numismatica, l'orientalistica, l'etnoantropologica, la storia della scienza e della tecnica) gli indirizzi generali invitano gli uffici esportazione ad avvalersi «della collaborazione di esperti, provenienti dall'ambito universitario, se non disponibili nell'Amministrazione stessa».

Quest'ultima precisazione costituisce un'occasione mancata da parte del Ministero che evidenzia una scelta prevalentemente "autoreferenziale" ovvero limitata all'ambito universitario: a parere di chi scrive, dovrebbe essere lasciata maggiore autonomia agli uffici esportazione, che sono spesso privi delle competenze interne per valutare se una cosa meriti o meno di essere sottoposta ad un provvedimento restrittivo a causa dell'interesse culturale che la stessa presenti, di avvalersi di esperti esterni all'amministrazione o all'ambito universitario, eventualmente anche internazionali, soprattutto per le cose di origine non italiana.

Gli indirizzi generali individuano sei elementi di valutazione volti a far emergere la sussistenza o l'insussistenza dei presupposti o requisiti a giustificazione della decisione di rifiuto o rilascio dell'attestato di libera circolazione della cosa esaminata.

3.4.1. *Qualità artistica dell'opera*

Il criterio rappresenta una elaborazione di quello già presente nella circolare del 1974 che, con riguardo alla singolarità delle cose, indicava la «particolare nobiltà della qualità artistica, normalmente indicata come pregio d'arte»(65).

Un'importante innovazione introdotta dagli indirizzi generali, con riferimento al criterio della qualità artistica è rappresentata dal fatto che si è precisato che il pregio artistico «non può costituire l'unico elemento per giustificare un diniego. ... [*e*] dovrà essere illustrato con gli strumenti della critica d'arte, della storia dell'arte, dell'archeologia e dell'antropologia».

Inoltre, nello sforzo di guidare l'operato degli uffici esportazione, gli indirizzi generali hanno precisato che la qualità artistica,

(65) - Criterio 1, lettera b) della circolare del 1974.

«per poter concorrere a giustificare un diniego» dovrà essere valutata in relazione al:

1.a - Magistero esecutivo: il magistero esecutivo è inteso come verifica della qualità formale e/o abilità tecnica impiegata nella realizzazione dell'opera, sia attraverso un esame visivo e/o attraverso strumenti tecnici di analisi (radiografie, riflettografie) eventualmente disponibili.

1.b - Capacità espressiva: la capacità espressiva è rilevata attraverso valutazioni comparative con opere coeve dello stesso autore o del medesimo contesto geografico. Tali valutazioni dovranno essere condotte con rigore analizzando le componenti formali dell'opera nella loro complessità, ricchezza semantica, interazione e complementarietà.

1.c - Invenzione-originalità: si tratta dell'innovazione non passeggera che l'opera introduce nella tradizione (rendendola originale ovvero rendendo rilevante l'invenzione materializzata nell'opera), costituendo uno stimolo per lo sviluppo futuro sotto diversi profili: culturale, artistico, linguistico, tecnico-funzionale.

Già sotto il vigore della circolare del 1974, il pregio artistico è sovente stato ritenuto insufficiente a giustificare un diniego di esportazione.

Ad esempio, in data 27 settembre 2010, l'ufficio esportazione di Roma aveva negato il rilascio dell'attestato di libera circolazione per l'opera "*Santo vescovo, San Bartolomeo e profeta*" di Andrea Bonaiuti, in quanto «il dipinto riveste particolare interesse per la nobiltà e qualità esecutiva ed apparteneva ad un complesso di altare che oggi si trova nello Staatliche Museum di Altenburg».

A seguito di ricorso da parte del proprietario dell'opera, il T.A.R. Lazio[66] ha affermato che il giudizio formulato dall'Amministrazione con mero riferimento ai caratteri di "*nobiltà dell'opera e buona qualità esecutiva*" indicati dalla circolare risultava assiomatico e immotivato, in quanto consisteva nel mero richiamo del criterio di valutazione senza svolgere alcuna considerazione in merito all'eventuale frequenza e della disponibilità di opere analoghe; inoltre, e soprattutto, l'amministrazione procedente non aveva in alcun

(66) - T.A.R. Lazio, 15 giugno 2011, n. 5318; T.A.R. Lazio 13 dicembre 2012, n. 1038 (giudizio di ottemperanza).

modo espresso un giudizio sulla rappresentatività e significatività dell'opera, di rilevanza tale da poterla considerare componente costitutiva del patrimonio culturale nazionale; né, sul punto, era a tal fine sufficiente che l'opera presentasse il carattere di "*buona qualità esecutiva*", circostanza riscontrabile in numerosissime opere pittoriche, non tutte meritevoli di essere tutelate.

Il tribunale, accogliendo il ricorso per motivi aggiunti, ha annullato il provvedimento di dichiarazione di interesse storico-artistico particolarmente importante, rimettendo invece la questione dell'esportabilità del bene ad una successiva valutazione dell'ufficio esportazione.

Successivamente, il proprietario del dipinto ha dovuto promuovere un giudizio di ottemperanza per ottenere l'esecuzione della sopracitata sentenza.

Il T.A.R. Lazio si è pronunciato sostenendo che «il provvedimento di vincolo ... motivato ... *per relationem* mediante il mero richiamo ad altri pareri, che si limita a fare riferimento genericamente ai caratteri di nobiltà dell'opera e buona qualità esecutiva, senza motivare il giudizio relativo alla rappresentatività e alla significatività dell'opera per il patrimonio culturale nazionale, non soddisfa l'obbligo di motivazione della dichiarazione di interesse storico-artistico particolarmente importante ai sensi dell'art. 10 comma 3 lett. a) del d.lgs. 42/2004»(67).

3.4.2. Rarità dell'opera in senso qualitativo e/o quantitativo

Già la circolare del 1974 prevedeva che la rarità di un'opera potesse reggere un diniego di esportazione(68).

---

(67) - La giurisprudenza amministrativa si è mostrata oscillante sul tema: cfr. T.A.R. Toscana Firenze, Sez. III, 27 novembre 2014 n. 1905, che ha rigettato un ricorso contro un diniego di l'esportazione relativo ad una "*scatola circolare in legno laccato fondo blu, decorato con una scena di caccia animata*" attribuita a Giovanni di Ser Giovanni detto Lo Scheggia, fratello minore di Masaccio, in quanto – indipendentemente dall'attribuzione – l'oggetto era "*di alta qualità e rarissimo, anche attraverso una analisi comparativa con altri oggetti analoghi*". Il Giudice toscano si è limitato a richiamare la relazione sottolineando che la commissione si è avvalsa del parere di "*due importanti esperti della materia*".

(68) - In base al criterio 1, lettera b), nel rilasciare o negare un attestato di libera circolazione gli uffici esportazione dovevano valutare la «rarità, in linea assoluta, oppure nei

I nuovi indirizzi generali hanno meglio articolato il concetto di rarità, prevedendo che «Il criterio della rarità comporta una valutazione di tipo sia qualitativo, sia quantitativo. Da un punto di vista qualitativo, la rarità è legata alla rilevanza o alla diversità formale, contenutistica, tipologica o alla complessità tecnica di un manufatto. Da un punto di vista quantitativo, la valutazione è connessa alla sussistenza, al livello di presenza o di reperibilità di opere dello stesso autore o esemplari simili nel caso di strumenti scientifici o oggetti etnoantropologici, per i quali inoltre sarà motivo di rilevanza se l'oggetto abbia o meno avuto la funzione di prototipo».

Si è inoltre precisato che «anche se non è possibile ancorare il concetto di rarità, da un punto di vista quantitativo, ad un numero definito di opere dello stesso autore o esemplari simili, la sussistenza di tali opere in collezioni pubbliche o contesti privati vincolati, impone un particolare rigore nella motivazione di un provvedimento di diniego».

Gli indirizzi generali hanno indicato che la rarità dell'opera dovrà essere valutata in rapporto a:

- un determinato autore o centro o scuola o contesto di provenienza, anche qualora si tratti di ambiti stranieri;

- la tipologia, la cronologia, la morfologia dell'opera;

- i materiali e le tecniche esecutive, anche nell'ambito della produzione artigianale o industriale;

- il grado di presenza in collezioni pubbliche o contesti privati vincolati nel territorio nazionale;

- la rilevanza storico-cronologica e/o il valore di prototipo per oggetti relativi alla storia della scienza, della tecnica e dell'industria.

Rispetto alla circolare del 1974, si rileva un'importante precisazione: il concetto di rarità non deve essere valutato solo con riferimento alla presenza di opere analoghe in collezioni pubbliche, ma anche in relazione a "*contesti privati vincolati*", ossia ad opere di proprietà privata che siano state dichiarate di interesse culturale (e quindi non possano uscire permanentemente dal territorio dello Stato).

---

confronti di un determinato artista, o centro o scuola artistica, o in relazione alla regione o alla zona da cui l'oggetto proviene».

In mancanza di un *database* pubblicamente accessibile relativo alle opere "notificate" risulta tuttavia difficile per un privato collezionista che intenda esportare una propria opera dimostrare che vi siano altre opere vincolate dello stesso artista di proprietà di terzi.

Il tema della "rarità" è spesso sollevato nei ricorsi amministrativi o giurisdizionali contro i dinieghi di esportazione.

La giurisprudenza è tendenzialmente assai restrittiva nell'accoglimento dei ricorsi fondati sulla mancanza di "rarità" dell'opera, trincerandosi dietro il concetto della discrezionalità tecnica da parte dell'Amministrazione, la quale applica «cognizioni tecnico-scientifiche specialistiche, per cui il sindacato del giudice deve essere limitato alla logicità, coerenza e completezza della valutazione, considerata anche per il profilo della correttezza del criterio tecnico e del procedimento applicativo prescelto, restando però fermo il limite della relatività delle valutazioni scientifiche, potendo quindi il giudice amministrativo censurare la sola valutazione che si ponga al di fuori dell'ambito di opinabilità, affinché il suo sindacato, pur non restando estrinseco, non divenga sostitutivo di quello dell'Amministrazione con l'introduzione di una valutazione parimenti opinabile; ciò che risulta in particolare riguardo al giudizio in materia storico - artistica, che, pur ancorato a criteri tecnici, presenta margini notevoli di opinabilità per la stessa natura delle discipline applicate … Tale valutazione è espressione di una prerogativa esclusiva dell'amministrazione e può essere sindacata in sede giurisdizionale solo in presenza di profili di incongruità ed illogicità di evidenza tale da far emergere l'inattendibilità della valutazione tecnica discrezionale compiuta»[(69)].

La sentenza citata riguardava un'opera giovanile dell'artista Salvador Dalì, per il quale l'attestato di libera circolazione era stato negato con riferimento sia alla particolare importanza dell'autore, sia trattandosi di un'opera minore, appartenente ad un periodo giovanile dell'artista, in relazione al contesto culturale in cui era inserita, ovvero la pittura, anche italiana, degli anni '20.

---

(69) - T.A.R. Lazio, Sez. II *quater*, 7 aprile 2017, n. 4395. Conf. Cons. Stato, Sez. VI, 14 ottobre 2015 n. 4747; Cons. Stato. Sez. VI, 3 luglio 2014, n. 3360; Cons. Stato, Sez. VI, 22 aprile 2014, n. 2019.

Il giudice amministrativo ha riconosciuto tuttavia come «[*l*]a declaratoria di particolare interesse storico ed artistico scaturisc[a], infatti, dall'applicazione di canoni e criteri aventi peraltro un grado notevole di opinabilità, poiché basati sulla valutazione del contenuto artistico e della rilevanza storica dei beni, con l'effetto dell'ampiezza della discrezionalità esercitata e della conseguente limitazione del riscontro di legittimità al solo difetto di motivazione, alla illogicità manifesta ed all'errore di fatto».

Indipendentemente dal richiamo al "*notevole grado di opinabilità*", il giudice amministrativo ha affermato che «il concetto di rarità dell'opera, che può essere condotto anche con riferimento alla ricostruzione del quadro storico e artistico di un'epoca, non può essere considerato in termini strettamente numerici o di unicità dell'opera (T.A.R. Lazio II quater n. 1786 del 2015; n. 12002 del 2015; sulla valutazione di rarità, cfr., altresì, T.A.R. Lazio n. 5318 del 2011), per cui appare assai delicata la valutazione del profilo della rarità dell'opera, attesa la natura comparativa del giudizio valutativo in esame, che si fonda su un concetto di "utilità marginale" di un'unità aggiuntiva dell'opera rispetto a quelle già possedute, che è mutabile nel tempo a seconda delle esigenze di formazione culturale e delle politiche culturali di cui costituisce espressione. Inoltre, nel caso di specie, la stessa difesa ricorrente indica nel numero di cinque le opere di Dalì conservate in collezioni pubbliche in Italia (comprendendo, peraltro, due opere dei Musei vaticani) oltre a nove in collezioni private.

L'esiguità del numero di opere, considerato anche in relazione alla importanza e notorietà dell'autore, conducono chiaramente ad una valutazione di interesse a mantenere una ulteriore opera dell'artista in Italia, anche nella prospettiva, che è emersa sia nel corso del procedimento sia dopo la sua conclusione, di un possibile successivo reperimento di fondi per l'acquisto da parte dello Stato. In riferimento alla rarità dell'opera, comunque, nel caso di specie, l'Amministrazione ha basato il giudizio proprio sulla particolarità dell'opera, anche rispetto alla espressione artistica di Dalì, quale esempio "unico" in Italia del suo periodo di formazione. Tale valutazione, relativa all'interesse storico artistico anche per tale periodo dell'artista (di cui non è contestata la circostanza che si tratti della unica opera in Italia), è espressione, poi, di una scelta discrezionale che non rientra nei profili di legittimità oggetto di sindacato giurisdizionale».

Ci sia consentito formulare un giudizio critico rispetto alla motivazione espressa nella citata sentenza.

Il giudice amministrativo, pur affermando di non poter giudicare sulle scelte opinabili dell'Amministrazione, che agisce in base alle proprie «*cognizioni tecnico-scientifiche specialistiche*» nell'esercizio della propria discrezionalità tecnica, ha considerato "esigua" la presenza di 5 opere dell'artista nelle collezioni pubbliche e di 9 opere in collezioni private.

Inoltre, si è considerata la rarità con particolare riferimento al periodo giovanile della vita dell'artista, anche se questo criterio non risulta dagli indirizzi generali e viene richiamata l'interesse a mantenere «un'ulteriore opera dell'artista in Italia, anche nella prospettiva, che è emersa sia nel corso del procedimento sia dopo la sua conclusione, di un possibile successivo reperimento di fondi per l'acquisto da parte dello Stato».

A parere di chi scrive quest'ultima considerazione si presta ad una possibile censura sotto il profilo dello "sviamento di potere": l'Amministrazione era unicamente tenuta a valutare se l'uscita permanente dal territorio dello Stato potesse o meno essere autorizzata. Nell'ambito di tale procedimento, avrebbe potuto esercitare (ma non l'ha fatto) la potestà di acquisto coattivo. Non sembra invece consentito negare l'esportazione in vista di un possibile interesse ad acquistare l'opera in futuro in trattativa privata o esercitando il diritto di prelazione in caso di un'eventuale alienazione a titolo oneroso da parte della proprietaria.

In una precedente sentenza del T.A.R. Lombardia 29 gennaio 2002 n. 345 si è considerata la rarità come un «elemento sufficiente a giustificare il divieto di esportazione: divieto che nella ratio della legge è volto a scongiurare non un danno specifico al patrimonio nazionale che debba essere volta a volta individuato e motivato, ma quel pericolo di dispersione che deriverebbe dall'uscita del bene dal territorio nazionale e dalla conseguente impossibilità di tenerne sotto controllo passaggi e trasferimenti».

Un forte richiamo alla "rarità", nonché all' "antichità" ed "importanza storico-artistica" si rinviene nel caso deciso sfavorevolmente al proprietario dell'oggetto per il quale era stato richiesto un attestato di libera circolazione da T.A.R. Liguria, 15 giugno 2005, n. 906.

Il proprietario di un tappeto Ushak ha richiesto l'annullamento del provvedimento di veto all'esportazione, del decreto di apposizione del vincolo e di ogni altro atto connesso, emessi in considerazione del fatto che l'opera rivestisse «per la sua antichità e rarità particolare interesse in relazione al contesto storico-culturale di cui essa fa parte».

Il T.A.R., respingendo il ricorso, ha affermato che «[*i*]l danno per il patrimonio artistico e storico nazionale si evince dalla motivazione così argomentata conformemente ai principi di carattere generale fissati dalla Circolare del 13 maggio 1974. In relazione poi all'invocato difetto di motivazione del decreto di vincolo, è appena il caso di rilevare come quest'ultimo sia fondato su una pregevole e circostanziata relazione tecnico-scientifica che non si limita ad indicare "il pregio del tappeto, la sua preziosità o il suo valore nel mercato del collezionismo", come sostenuto in ricorso, ma che evidenzia altresì la sua antichità, rarità ed importanza storico-artistica, risultando addirittura un "prototipo" della già di per se assolutamente importante tipologia a cui appartiene».

Nel caso deciso da T.A.R. Lazio, Sez. II *quater*, 14 ottobre 2016, n. 10272, si è trattato di un diniego di esportazione relativo ad un'opera di Alberto Burri della serie dei "sacchi". Alla base del diniego l'ufficio esportazione aveva posto (i) la pubblicazione dell'opera nella monografia di Cesare Brandi edita nel 1963; (ii) la sua appartenenza ad una nota collezione tedesca; (iii) la sua esibizione nella mostra "*Paintings by Alberto Burri*" presso il Carnegie Institute di Pittsburgh (Stati Uniti) e le sedi di Roma e di Londra della galleria Marlborough.

L'ufficio esportazione aveva accertato che l'opera si caratterizzava per (a) l'alta qualità e l'"accuratezza formale"; (b) le peculiarità esecutive specifiche che caratterizzano le opere di Alberto Burri dei primi anni Cinquanta (1954); (c) la firma dell'artista e la data apposte a pennello sul retro, così come per (d) la storia espositiva, prova degli stretti contatti tra l'artista e gli esponenti della critica internazionale che favorirono il processo divulgativo ed espositivo della sua arte.

Inoltre, a conferma dell'ampio riconoscimento sia a livello nazionale che internazionale dell'opera di Alberto Burri, si segnalava infine che nel 2015, per commemorare il centenario dalla nascita (1995-2015), nell'ambito delle molteplici iniziative programmate, il Solomon R. Guggenheim Museum di New York «gli dedicherà una grande retrospettiva e in Italia è stato istituito il Comitato Nazionale "per la celebrazione del centenario della nascita di Alberto Burri"».

Secondo il T.A.R., l'Amministrazione, nell'esercizio del proprio potere, deve tenere conto degli interessi pubblici e privati coinvolti, ma anche di profili tecnici relativi agli aspetti storico-artistici del bene, con la conseguenza che «la valutazione dell'Amministrazione è, dunque, sindacabile dal giudice amministrativo soltanto quando presenti profili di illegittimità ed irrazionalità di tale evidenza da far emergere l'inattendibilità della valutazione tecnico-discrezionale compiuta da valutarsi nella sua portata complessiva (T.A.R. Piemonte, sez. II, 9 maggio 2014, n. 821; cfr. altresì T.A.R. Abruzzo-Pescara, sez. I, 8 marzo 2012, n. 121)».

Sulla base di questa premessa, il T.A.R. non ha ravvisato nelle sopra elencate valutazioni indizi di irragionevolezza manifestamente evidenti, ovvero insufficiente o travisata considerazione dei fatti, tali da infirmare nel complesso la validità delle conclusioni raggiunte dall'Amministrazione.

La circostanza che esista in Italia una fondazione (Fondazione Palazzo Albizzini Collezione Burri) proprietaria di numerose opere di Burri e rappresentative di tutto il suo percorso artistico e che tali opere, in quanto appartenenti ad una fondazione, debbano essere considerate come "*contesti privati vincolati*" e quindi non esportabili, non è stata presa in alcun modo in considerazione.

Sempre il T.A.R. Lazio Roma, Sez. II *quater* 20 ottobre 2015, n. 12002 ha rigettato il ricorso contro il diniego di esportazione di dipinto a tempera su tavola a fondo oro raffigurante Sant'Agostino attribuito a Michelino De' Molinari di Besozzo, quale «esempio relativamente raro di dipinto su tavola di sicura ascendenza lombarda della prima metà del XV secolo».

Nella citata sentenza si afferma che: «Sia la relazione redatta dall' ufficio esportazioni di Firenze sia la scheda della Commissione presso l'ufficio esportazioni fanno infatti riferimento ad una serie di elementi di cui ha tenuto conto l'Amministrazione. In particolare, la attribuzione alla pittura lombarda del XV secolo e alla particolare rarità di altri esemplari pittorici di tale periodo. Tale ultima circostanza è contestata dalla difesa ricorrente con riferimento alla esistenza di numerose altre opere dell'artista a cui è attribuito il quadro. Tale circostanza non può essere idonea a rendere il provvedimento viziato; è evidente, infatti, che il concetto di rarità dell'opera, anche ai meri fini del sindacato in termini di ragionevolezza, in termini di valutazioni di rilevanza storico artistica e di ricostruzione del quadro storico e artistico di un epoca non può essere considerato in termini strettamente numerici o di unicità dell'opera (T.A.R. Lazio II *quater* n. 1786 del 2015; sulla valutazione di rarità, cfr., altresì, T.A.R. Lazio n. 5318 del 2011, per cui appare assai delicata la valutazione del profilo della rarità dell'opera, attesa la natura comparativa del giudizio valutativo in esame - che si fonda su un concetto di "utilità marginale" di un'unità aggiuntiva dell'opera rispetto a quelle già possedute - che è mutabile nel tempo a seconda delle esigenze di formazione culturale e delle politiche culturali di cui costituisce espressione, che possono giustificare l'ascrizione al patrimonio culturale nazionale anche dell'ennesimo dipinto di un Maestro già presente nelle collezioni pubbliche qualora l'organo consultivo competente ne ravvisi il particolare valore identitario). Inoltre, nel caso di specie, la difesa ricorrente, tra le opere del medesimo autore, indica affreschi contenuti in edifici sacri e solo due dipinti su tavola, mentre la relazione storico artistica per l'avvio del procedimento di interesse culturale fa riferimento alla "relativa rarità di esemplari pittorici su tavola di sicura ascendenza lombarda del XV secolo».

Sempre in tema di rarità, ma con una decisione di segno opposto in accoglimento di un ricorso contro un diniego di attestato di libera circolazione relativo ad un dipinto su tavola attribuito ad Andrea Bonaiuti raffigurante *Santo Vescovo, San Bartolomeo e Profeta*, si è espresso il T.A.R. Lazio Roma, Sez. II *quater* 15 giugno 2011 n. 5318.

In quest'ultimo caso, il T.A.R. Lazio, richiamando i criteri della circolare del 1974, ha osservato che «appare assai delicata la valutazione del profilo della rarità dell'opera, attesa la natura comparativa del giudizio valutativo in esame - che si fonda su un concetto di "utilità marginale" di un'unità aggiuntiva dell'opera rispetto a quelle già possedute - che è mutabile nel tempo a seconda delle esigenze di formazione culturale e delle politiche culturali di cui costituisce espressione, che possono giustificare l'ascrizione al patrimonio culturale nazionale anche dell'ennesimo dipinto di un Maestro già presente nelle collezioni pubbliche qualora l'organo consultivo competente ne ravvisi il particolare valore identitario (ad esempio una veduta di Castel Sant'Angelo del Vanvitelli visto dalla Piazza dei Fiorentini rispetto ad analogo soggetto rappresentato da diverso punto di vista), oppure che giunga a conclusioni opposte ritenendo sufficienti gli esemplari già disponibili».

L'Amministrazione aveva negato l'esportazione in base al rilievo che «il dipinto riveste particolare interesse per la nobiltà e qualità esecutiva ed apparteneva ad un complesso di altare che oggi si trova nello Staatliche Museum di Altenburg».

Il tribunale ha ritenuto che il giudizio formulato dall'Amministrazione con mero riferimento ai caratteri di "*nobiltà dell'opera e buona qualità esecutiva*" indicati dalla circolare risulta assiomatico e immotivato, in quanto consiste nel mero richiamo del criterio di valutazione senza svolgere alcuna considerazione in merito all'eventuale frequenza e della disponibilità di opere analoghe; inoltre, e soprattutto, l'amministrazione procedente non ha in alcun modo espresso un giudizio sulla rappresentatività e significatività dell'opera, di rilevanza tale da poterla considerare componente costitutiva del patrimonio culturale nazionale; né, sul punto, è a tal fine sufficiente che un'opera presenti il carattere di "*buona qualità esecutiva*", circostanza riscontrabile in numerosissime opere pittoriche, non tutte meritevoli di essere tutelate.

In termini analoghi, T.A.R. Lazio Roma, Sez. II *quater* 14 maggio 2008, n. 7757, in cui si afferma che «per quanto concerne il profilo della rarità dell'opera, il giudizio formulato dall'amministrazione su tale presupposto risulta assiomatico ed immotivato, in quanto espresso senza svolgere alcun riferimento al dato oggettivo della frequenza e della disponibilità di opera analoghe, che potrebbero, in ipotesi, essere eventualmente già presenti nelle istituzioni museali o collezioni private in plurimi esemplari».

Da ultimo, si vuole citare la sentenza del T.A.R. Lazio Roma, Sez. II *quater*, 6 agosto 2014 n. 8811 che ha accolto un ricorso contro il diniego di esportazione relativo ad un'opera di Rembrandt Bugatti denominata *Petite Panthère Marchant*.

Il proprietario ha contestato la rarità dell'opera – a suo dire contraddetta dalla dichiarata esistenza in Italia di altre sculture (raffiguranti felini ed altri animali) del medesimo autore - e l'attinenza della stessa con la memoria della comunità nazionale (dal momento che l'artista, nato nel 1884, già nel 1903 si è trasferito a Parigi con la famiglia).

Secondo il T.A.R. in tale contesto ragionevoli e logiche appaiono le argomentazioni difensive dell'Amministrazione «laddove si evidenzia:

- che le altre sculture dell'autore presenti in Italia raffigurano i grandi felini (id est: sono opere di dimensioni notevolmente più grandi); e tanto, conseguentemente, contribuisce a rendere particolarmente rilevante l'interesse ed il valore culturale dei pochissimi esemplari di ridotte dimensioni, specie nel caso in cui - come accade per la scultura "Petite Panthère Marchant" - le stesse opere costituiscono una testimonianza del talento che l'autore, sin da giovanissimo, rivelò per la scultura;

- che la circostanza che l'opera fu scolpita nel 1904, e cioè all'inizio del soggiorno parigino dell'autore, e sia stata seguita da opere di ben più grandi dimensioni, comprova che essa è frutto della prima formazione dell'autore (maturata in Patria dove, aggiunge il Collegio, come noto, ebbe modo di crescere in un ambiente culturalmente stimolante per il continuo contatto con gli artisti che frequentano la casa di famiglia quali Giacomo Puccini, Ruggero Leoncavallo, lo scultore Ettore Rosa che, suo padrino, propose il suo insolito nome di battesimo e dove, non ancora ventenne, aveva già avuto modo di esporre le sue opere);

- che, contrariamente all'assunto di parte ricorrente, anche a dette opere minori è stato riconosciuto, nei mercati internazionali, un valore estremamente consistente; e tanto a riprova che le stesse non possono essere considerate "un esempio standard del lavoro di Bugatti».

A questi argomenti dell'Amministrazione, «il Collegio, richiamando la giurisprudenza della sezione sul tema (cfr. T.A.R. Roma Lazio sez. II, 15 giugno 2011, n. 5318; 22 marzo 2011, n. 2540; 24 marzo 2011, n. 2658;), aggiunge che le funzioni che il divieto di esportazione è inteso a salvaguardare devono identificarsi, alla luce dei principi richiamati dall'art. 1 codice beni culturali dei beni culturali, nelle finalità di "preservare la memoria della comunità nazionale" e "di promuoverne lo sviluppo della cultura" -. Ciò comporta che, già in linea di principio, deve escludersi che il carattere di "italianità" dell'esemplare costituisca una condizione imprescindibile affinché se ne possa imporre il trattenimento forzoso sul territorio nazionale e che sia di contro ben possibile il divieto di esportazione (anche) di opere straniere, purché la loro presenza nel patrimonio culturale nazionale sia necessaria per favorire la conoscenza delle culture di cui i beni in questione costituiscano "testimonianza materiale di civiltà", trattandosi di strumenti di formazione e crescita culturale della comunità. E come ha avuto modo di chiarire la Corte costituzionale nella sentenza 9 marzo 1990, n. 118, la cultura non assume mai un rilievo autonomo, separato e distinto rispetto ai beni di interesse storico, artistico, archeologico e etnografico ma si compenetra nelle cose che di essa costituiscono il supporto materiale e conseguentemente non può essere protetta separatamente dal bene: questo è il reale significato e la chiave di lettura dell'art. 9 della Costituzione. Conclusivamente il ricorso introduttivo del giudizio ed il terzo mezzo di gravame del ricorso aggiuntivo (che riproduce le contestazioni relative alla valutazione di "interesse particolarmente importante" dell'opera appena sopra scrutinate) sono infondati e da respingere».

3.4.3. Rilevanza della rappresentazione

Gli indirizzi generali ripropongono un criterio già espresso nella circolare del 1974[70] relativo "particolare significato della rappresentazione" La valutazione relativa alla "*rilevanza della rappresentazione*" richiede che la cosa presenti un «non comune livello di qualità e/o importanza culturale, storica, artistica, geografica, etnoantropologica, in rapporto a:

- aspetti di iconografia/iconologia

- esistenza di importante documentazione o testimonianza storica, geografica o sociale, compresa la storia del costume»

---

(70) - Criterio 1, lettera c).

Si è ritenuto che un dipinto attribuito all'artista Carlo Bossoli (1815-1884)[71] rappresentativo di un evento storico (commemorazione dei caduti delle 5 Giornate di Milano in data 6 aprile 1848) fosse rilevante, sia in quanto raro, sia in quanto pittoricamente pregevole testimonianza iconografica di un significativo evento storico che assume importanza non solo locale.

3.4.4. Appartenenza a un complesso e/o contesto storico, artistico, archeologico, monumentale, anche se non più in essere o non materialmente ricostruibile

Questo criterio richiama quello già espresso nella circolare del 1974[72], dal quale è stata eliminata la qualificazione dell'appartenenza come "*sicura, o anche probabile*", ma si è aggiunta la precisazione che il "*complesso*" o il "*contesto*" potrebbe anche non essere più esistente ovvero materialmente ricostruibile.

Questo elemento dovrà essere valutato in rapporto alla disponibilità di elementi di conoscenza tali da consentire, sicura e documentabile in vario modo della sua sussistenza nel caso concreto esaminato.

Il legame tra il bene e il contesto di origine o storicizzato sottolinea l'aspetto pertinenziale che può fondarsi su evidenze documentarie o su ricostruzioni plausibili, anche se tale contesto non sussista più. Ciò in relazione sia all'elemento di un contesto, sia ad un insieme: ad esempio, un capitello, la pradella di un polittico, l'arazzo di una serie.

Qualora il diniego si fondi sul rapporto pertinenziale, occorrerà argomentare il provvedimento con cura particolare, illustrando anche l'importanza del complesso e/o contesto di origine o storicizzato.

---

(71) - Artista svizzero e naturalizzato italiano.

(72) - Con riferimento «2. *all'interesse delle cose in relazione al contesto storico culturale di cui esse fanno parte (a) appartenenza sicura, o anche probabile, ad un complesso artistico, storico, archeologico, monumentale*».

In un caso deciso da T.A.R. Toscana in data 7 ottobre 2015, n. 1492 è stato ritenuto che il diniego di esportazione emesso con riferimento a «quattro placche in porcellana bianca raffiguranti le stagioni da modelli di Massimiliano Soldani Benzi», sul presupposto che le stesse (i) fossero rare in quanto erano l'unica e più antica serie completa di cui si avesse conoscenza e (ii) provenissero dalla raccolta del Principe Paolo di Jugoslavia nella villa Demidoff di Pratolino, dovesse essere annullato perché: la datazione era incerta (come riconosciuto dallo stesso ufficio esportazione)[73] e l'amministrazione «non ha precisato quali siano gli elementi probatori che persuaderebbero a ritenere certa o probabile la pregressa appartenenza delle formelle de quibus ad un complesso storico, artistico o monumentale» ai sensi del punto 2 lettera a) della circolare del 1974.

In questa sentenza il giudice amministrativo ha riconosciuto che, in ragione dell'amplia discrezionalità spettante all'amministrazione, «la motivazione è necessaria onde dar conto del corretto uso del potere esercitato e dell'osservanza delle linee guida dettate dall'ordinamento».

Inoltre, la «intrinseca insindacabilità nel merito del giudizio tecnico dell'amministrazione ... rende imprescindibile, al fine della legittimità dell'azione amministrativa nel settore, il rispetto delle garanzie formali e procedimentali prescritte per addivenire alla corretta formulazione della valutazione conclusiva, ovvero per addivenire alla graduazione d'intensità dell'interesse storico artistico propedeutica alla decisione sul rilascio o meno dell'attestato de quo. Tra tali garanzie assume rilievo quello dell'obbligatoria e convincente motivazione, indispensabile ad assicurare il sindacato sulla decisione maturata in ordine all'istanza, sia nella forma di verifica di legittimità e di merito in sede di ricorso gerarchico, sia nella forma più limitata del controllo esterno proprio del sindacato di legittimità del giudice amministrativo».

In termini analoghi, si segnala la sentenza del T.A.R. Lazio – Roma, II *quater*, 15 giugno 2011 n. 5318, sopra citata con riferimento al criterio della rarità:

---

(73) - Il diniego ha riconosciuto che «il dibattito critico sulla datazione su questa serie di porcellane non appare ancora giunto ad una conclusione».

«Né a tal fine l'appartenenza dell'opera in contestazione ad un complesso d'altare ormai disperso, di cui analogo esemplare è conservato presso lo Staatliche Museum di Altemburg, è sufficiente ad integrare la motivazione della valutazione in ordine alla rilevanza culturale del bene, considerata sia l'inapplicabilità del criterio di cui alla lettera a) appartenenza sicura, o anche probabile, ad un complesso artistico, storico, archeologico, monumentale; indicato dal Consiglio Superiore delle Antichità e Belle Arti nella seduta del 10 gennaio del 1974, in quanto riferito alla valutazione delle cose di interesse storico-culturale del secondo gruppo, e, comunque, considerato che la circostanza della provenienza dell'opera da un complesso disperso costituisce un elemento neutro di valutazione, che può anche essere addotto a sostegno della decisione di ricongiunzione dell'opera all'unità compositiva di cui faceva parte».

È stata invece ritenuta come particolarmente interessante in relazione ad un contesto/complesso il dipinto di un noto artista futurista italiano ritenuto appartenente ad un complesso destinato all'abitazione dello stesso, anche se le eredi lo avevano venduto ad un collezionista poco dopo la morte dell'artista (c.d. "caso Balla").

3.4.5. Testimonianza particolarmente significativa per la storia del collezionismo

Questo punto degli indirizzi generali è nuovo rispetto a quelli previsti nella circolare del 1974.

Il Gruppo di lavoro incaricato dal Ministro di predisporre lo schema di decreto relativo agli indirizzi generali ha discusso se il criterio dovesse essere limitato alle cosiddette "*collezioni storiche*" (si pensi, ad esempio, alle collezioni Colonna o Torlonia) ovvero a quelle formatesi nei secoli e successivamente disperse prima del 1909 (data della prima legge di tutela dello Stato unitario) o frazionate successivamente a quella data in mancanza di un provvedimento di tutela avente ad oggetto la universalità dei beni costituenti la collezione.

La soluzione adottata è stata di amplio respiro in quanto l'elemento di valutazione adottato dal decreto n. 537/2017 ha inteso: «sottolineare l'importanza assunta dagli aspetti legati alla storia del collezionismo e, di conseguenza, la possibilità di valutare il bene in quanto testimonianza significativa di una collezione privata rilevante – di formazione tanto storica, quanto contemporanea – o di un contesto particolare di storia locale», precisando tuttavia che «la testimonianza particolarmente significativa per la storia del collezionismo dovrà essere valutata soprattutto in rapporto alle collezioni storiche italiane o con riferimento alla storia delle tradizioni locali».

Quindi, in base a questo elemento di valutazione, la provenienza di un'opera dalla raccolta appartenente ad un noto collezionista contemporaneo può giustificare un provvedimento di diniego di attestato di libera circolazione.

Sotto il vigore della circolare del 1974, la provenienza di un'opera da una collezione è stata oggetto di esame da parte del giudice amministrativo ed una sentenza del T.A.R. Lazio del 2008, confermata dal Consiglio di Stato nel 2009(74), aveva stabilito un principio opposto: «la tutela della storia del collezionismo non è prevista dal legislatore quale presupposto per l'imposizione del vincolo in contestazione, se non con riferimento alle collezioni che rivestono eccezionale interesse quale complesso».

Il caso riguardava il diniego di esportazione relativa a un collage di Picasso (*Le verre*), il cui importante interesse culturale sarebbe stato giustificato dalla provenienza dell'opera da una nota collezione (Collezione Jucker), acquisita dal Comune di Milano nel 1992.

Il motivo del diniego è stato che «l'opera costituisce un importante recupero di un'opera di particolare pregio di Pablo Picasso già appartenuta ad un'importante collezione milanese, come da relazione della Commissione di Esportazione che si allega».

Nella relazione si precisava che «l'opera presenta una storia collezionistica di particolare rilievo, essendo appartenuta prima a Kahnweiler e poi essendo entrata nelle collezioni milanesi di Riccardo Jucker e della Galleria Milione».

Il T.A.R. Lazio ha accolto il ricorso della proprietaria statuendo che «il provvedimento di diniego fondato sulla provenienza da una collezione privata di rilevante interesse è viziato da eccesso di potere

(74) - T.A.R. Lazio, Sez. II, 30 luglio 2008 n. 7757; Cons. Stato, 19 ottobre 2009, n. 6386.

per mancanza dei presupposti, e tale assunto non può assumere alcun valore decisivo in merito all'opportunità di assoggettare l'opera al vincolo, poiché detta circostanza non rientra tra quelle contemplate dalla normativa in materia quale presupposto per la dichiarazione dell'interesse storico artistico particolare importante»[75].

Il Consiglio di Stato, su ricorso del Ministero, ha confermato la sentenza di primo grado, ha confermato l'illegittimità (per difetto di motivazione) del diniego di attestato di libera circolazione di un'opera pittorica per la quale non sia stato adeguatamente motivato il carattere di rarità, non essendo stata considerata la presenza di opere analoghe sul territorio italiano.

Il Consiglio di Stato ha inoltre confermato che l'imposizione del vincolo può avere a oggetto solo l'intera collezione, considerata nella sua globalità, e non singole opere, ormai da tempo fuoriuscite dalla collezione, già smembrata, che siano state acquisite da diversi proprietari, finendo, magari, per diventare parte di nuove collezioni, in quanto «la tutela della storia del collezionismo non è prevista dal legislatore quale presupposto per l'imposizione del vincolo in contestazione, se non con riferimento alle collezioni che rivestono eccezionale interesse quale complesso».

I nuovi indirizzi generali hanno colmato la lacuna ed hanno inserito, quale criterio autonomo al fine di valutare l'esportabilità o meno di una cosa, se la stessa rappresenti una testimonianza particolarmente significativa per la storia del collezionismo.

Con questo elemento si è inteso sottolineare l'importanza assunta dalla storia del collezionismo.

Come sopra precisato, un bene potrà essere valutato in quanto testimonianza significativa di una collezione privata rilevante - di formazione tanto storica, quanto contemporanea - o di un contesto particolare di storia locale, ma occorrerà tuttavia valutare, come indicano gli indirizzi generali «anche la natura del complesso di appartenenza (n.d.r.: forse sarebbe meglio dire di provenienza), che deve essere caratterizzato da una intenzione collezionistica

---

(75) - Secondo la citata sentenza del T.A.R. Lazio, «la vigente normativa in materia non prevede una tutela in via retrospettiva della storia delle collezioni passate, ma piuttosto una tutela al presente delle "collezioni nello stato di consistenza attuale».

riconoscibile o dal legame con un complesso ben individuabile di tradizioni sociali o culturali».

Un altro caso in cui si è affrontato il tema della provenienza di un bene da un'importante collezione è quello deciso da T.A.R. Lazio Roma, Sez. II *quater*, 8 gennaio 2010, n. 94, relativo ad un'opera di Andrea Sacchi (Roma 1559-1661), *Sant'Antonio da Padova resuscita un morto*.

La provenienza del dipinto era dalla ex Collezione fedecommissaria Barberini Corsini, un tempo assoggettata, come analoghe raccolte delle famiglie nobili della città di Roma, a vincoli di inalienabilità ed indivisibilità, e quindi anche di non esportabilità, dall'art. 4, comma 1, della legge 28 giugno 1871, n. 286 che, nell'estendere alla provincia romana lo scioglimento dei «*fedecommessi, dei maggioraschi e di ogni altra sostituzione fedecommissaria*» di cui agli artt. 24 e 25 del Regio decreto 30 novembre 1865, n. 2606, prevedeva un particolare regime giuridico per le raccolte artistiche, al fine di assicurarne l'integrità.

Tali vincoli sono stati mantenuti anche nella legislazione successiva, essendo consentita l'alienabilità delle Raccolte solo "*in blocco*" ed esclusivamente «*allo Stato, alle provincie, ai comuni, a istituti o altri enti morali nazionali laici, fondati o da fondarsi, i quali dovranno conservare o destinare in perpetuo a uso pubblico le dette gallerie, biblioteche e collezioni*» (art. 1 della legge 8 luglio 1883, n. 1461).

La collezione Barberini, tuttavia, a differenza di molte altre di cui lo Stato italiano aveva disposto l'acquisizione, era stata smembrata a seguito di una convenzione tra la famiglia Barberini e lo Stato italiano, approvata con R.d.l. 26 aprile 1934, n. 705, convertito, senza modificazioni, nella legge 4 giugno 1934, n. 928, nella quale parte delle opere (individuate nell'allegato A alla convenzione) venivano cedute in proprietà allo Stato (art. 2), ed, in cambio, altre opere (indicate nell'allegato B alla convenzione) venivano lasciate «*in assoluta e libera proprietà dei principi Barberini e Corsini, per le quote rispettive*", con riconoscimento, in loro favore, della "*facoltà di esportare i detti oggetti e quadri liberi e franchi da ogni e qualsiasi imposta e tassa di esportazione, dovendosi intendere ogni simile imposta e tassa già corrisposta con la cessione allo Stato degli oggetti di cui all'art. 2*"; una restante parte delle opere (elencate nell'allegato C) veniva lasciata nella piena proprietà, ma assoggettata a vincolo storico-artistico "*senza che perciò sia necessaria l'emanazione di uno speciale atto di notifica da parte della pubblica amministrazione*» (art. 4).

Con lo strumento pattizio approvato con legge, lo Stato effettuava una consapevole scelta e, oltre ad acquisire la proprietà di notevoli opere d'arte, selezionava, tra le restanti, quelle ritenute meritevoli di apposizione di un vincolo storico-artistico (art. 4) e quelle da considerare "*in assoluta e libera proprietà*" dei principi.

Ciò avrebbe escluso, secondo la società ricorrente, qualunque potere dell'Amministrazione di interdire l'esportazione dell'opera in contestazione, in quanto rientrante nell'allegato B sopra richiamato.

Secondo l'avvocatura dello Stato, tale speciale disciplina sarebbe stata invece abrogata, ai sensi dell'art. 15 delle disposizioni preliminari al codice civile, dalla sopravvenuta legge 30 marzo 1998, n. 88, in quanto la stessa avrebbe compiutamente ridisciplinato la materia della circolazione internazionale dei beni culturali ed avrebbe introdotto precisi limiti temporali alla efficacia del provvedimento di autorizzazione all'esportazione, incompatibili (agli effetti dell'art. 15 c.c.) con la precedente disciplina legislativa, che aveva sancito a favore dei proprietari la facoltà di esportare liberamente, in particolare senza alcun limite di tempo, le opere previste nell'allegato B della predetta convenzione.

Il Consiglio di Stato, con sentenza 6 settembre 2010 n. 6479, aderendo alle argomentazioni dell'Avvocatura ha statuito che: «A. la sinallagmaticità della convenzione sta in ciò che a fronte della cessione gratuita di determinati beni allo Stato, altri beni, ove esportabili, possono esser esportati in regime di esenzione dalla tassa di esportazione" ... "la sinallagmaticità non contempla invece un impegno dello Stato a considerare i beni liberamente esportabili senza controllo pubblico". B. Peraltro, a prescindere dal rilievo sub A la speciale prerogativa riconosciuta ai principi Barberini e Corsini (ed ai loro eredi) non potrebbe essere fatta valere dalla società terza acquirente di un'opera già appartenuta alla collezione Barberini-Corsini: non è possibile imprimere alle cose che componevano la collezione "un'irrevocabile qualificazione oggettiva di irrilevanza storico-artistica, valevole indipendentemente da chi ... ne acquisisca la proprietà».

3.4.6. *TESTIMONIANZA RILEVANTE SOTTO IL PROFILO ARCHEOLOGICO, ARTISTICO, STORICO, ETNOGRAFICO DI RELAZIONI SIGNIFICATIVE TRA DIVERSE AREE CULTURALI, ANCHE DI PRODUZIONE E/O PROVENIENZA STRANIERA*

Questo è l'unico tra i criteri dei nuovi indirizzi generali a richiamare espressamente l'origine straniera di un bene, sia in termini di "produzione", sia in termini di "provenienza".

Anche la circolare del 1974 ha previsto che l'origine straniera di un bene possa rilevare quale criterio autonomo al fine della decisione della sua esportabilità: il principio 1.f infatti individuava, con riferimento alla singolarità della cosa, la «particolare difficoltà di ulteriore acquisizione per restrizioni legali o simili quando si tratti di cosa originaria di altra nazione e di particolare interesse archeologico, storico, artistico, etnografico».

Un altro possibile richiamo all'origine straniera di un bene poteva essere individuato nel criterio che attribuiva rilevanza, con riferimento all'interesse della cosa in relazione al contesto storico culturale di cui essa faccia parte, alla appartenenza della cosa «ad un'area di civiltà (archeologica, artistica, etnografica) diversa da quella di provenienza dell'oggetto e significativa di rapporti fra le varie civiltà, scuole o zone».

I nuovi indirizzi generali hanno eliminato il primo criterio, sviluppando tuttavia il secondo che ha come fondamento la circostanza che la cosa appartenga ad un'area di civiltà diversa da quella di provenienza e che tale diversità sia significativa di rapporti tra la civiltà di appartenenza e quella di provenienza.

L'indirizzo in esame è fondato sul principio che una cosa possa essere sotto vari profili (archeologico, artistico, storico ed etnografico) una testimonianza di relazioni significative tra diverse aree culturali, anche di produzione e/o provenienza straniera.

È tuttavia precisato che «per le opere straniere occorrerà tenere conto della specifica attinenza delle stesse alla storia della cultura in Italia. Ad esempio, un'opera straniera che sia appartenuta ad una collezione italiana, in particolare ad una collezione storica potrà essere ritenuta rilevante per la storia del collezionismo italiano»[76].

---

[76] - Indirizzi generali, 6.

La giurisprudenza si è sempre mostrata incline ad escludere che l'interesse culturale rilevante al fine di negare una licenza di esportazione fosse unicamente quello riconducibile all'appartenenza della cosa alla cultura italiana.

Si ritrova spesso affermato nelle sentenze dei giudici amministrativi che «a differenza del bene paesaggistico, che è indissolubilmente legato alla nazione, il patrimonio "reale" rappresenta quel complesso di beni artistici, storici e culturali che si sono affastellati sul territorio nel tempo e siano ancora presenti per effetto delle più diverse e risalenti vicende (guerre, commerci, furti, scoperte, ecc.) a prescindere dal Paese di origine o della cultura di provenienza. L'erroneità della tesi della ricorrente emerge poi con plastica evidenza proprio pensando a quante collezioni e musei privati siano ricchi di statue dell'arte Greca, di monili fenici ed africani, di divinità egizie ed orientali, di pitture, di arredi ed oggetti provenienti da tutte le parti del mondo»(77).

Si è anche affermato che «deve escludersi che il carattere di "italianità" dell'esemplare costituisca una condizione imprescindibile affinché se ne possa imporre il trattenimento forzoso sul territorio nazionale e che sia di contro ben possibile il divieto di esportazione di opere straniere, purché la loro presenza nel patrimonio culturale nazionale sia necessaria per favorire la conoscenza delle culture di cui i beni in questione costituiscano "testimonianza materiale di civiltà", trattandosi di strumenti di formazione e crescita culturale della comunità»(78).

Questo elemento di valutazione si riferisce al caso di beni di qualunque epoca - compresi quelli di autore e/o provenienza straniera o di autori italiani per una committenza o un mercato straniero che costituiscano una testimonianza significativa tra dialogo e degli scambi tra la cultura artistica, archeologica, antropologica italiana e il resto del mondo.

In particolare, rispetto ad un'opera realizzata per conto di una committenza straniera, la sentenza del T.A.R. Veneto, Sez. II, 7

(77) - T.A.R. Lazio, 2010, n. 38574.

(78) - T.A.R. Roma – Lazio 3-10 luglio 2012, n. 7833.

maggio 2015, n. 51 ha affrontato un caso riguardante un dipinto di Pietro Labruzzi (Roma 1739 – 1805), *Ritratto di Sir James Bland Burges*, 1774.

L'opera è di sicura committenza estera in quanto ritrae un nobiluomo inglese ritratto da Labruzzi durante un soggiorno a Roma, tappa del suo Grand Tour, è rimasta nel territorio inglese per oltre due secoli fino alla sua recente spedizione nel territorio italiano.

Il diniego è stato motivato in base al criterio della rarità (malgrado siano presenti in Italia in collezioni pubbliche numerosi ritratti dell'artista, tra cui uno presso la galleria degli Uffizi a Firenze, anche a figura intera, ed al particolare significato della rappresentazione - presenza nel dipinto di elementi iconografici che richiamano Roma e la classicità -).

In relazione all'opera era già stato rilasciato cinque anni prima un attestato di libera circolazione, ma questa circostanza è stata ritenuta superata «dalla sopravvenienza di una monografia che rivaluta sia l'autore del quadro ... sia il quadro stesso (scelto per la copertina del libro)».

Proprio la provenienza da altre aree geografiche può costituire un arricchimento considerevole rendendo esplicite le interconnessioni territoriali che costituiscono un elemento cardinale della cultura nel nostro Paese in ogni epoca.

Tuttavia, per le opere estere occorrerà tener conto della specifica attinenza delle stesse alla storia della cultura in Italia. Ad esempio, un'opera estera che sia appartenuta ad una collezione italiana, in particolare ad una collezione storica, potrà essere ritenuta rilevante per la storia del collezionismo italiano.

A questo proposito, si segnala il caso deciso dal Consiglio di Stato, sez. VI, 13 aprile 2012 n. 3930/2012 (c.d. "caso *Commode*").

Il caso riguardava una *commode* francese realizzata nel 1744 da Antoine Robert Gaudreau, noto ebanista operante presso la corte di Luigi XV per il suo appartamento privato nel Castello di Choisy. Essa ha fatto parte degli arredi di corte fino alla Rivoluzione e poi è stata esportata in Egitto al seguito dei successivi proprietari fino a pervenire in Italia nel 1962 come parte del mobilio di privato della signora Finney, in coppia con analoga commode. Esse alla sua morte, avvenuta nel 1983, sono state devolute all'omonima fondazione per la tutela degli anziani. Entrambe le *commode* furono assoggettate a vincolo, imposto rispettivamente con decreti n. 100689 e n. 100690 del 7 gennaio 1986, e messe in vendita dalla casa d'aste Semenzato, che all'asta del 4 marzo 1987 aggiudicava una ad un privato e l'altra al signor Edmund Safra. Alla morte di questi, nel 2006, passava alla *Edmond J. Safra Philantropic Foundation* e non è mai stata esposta al pubblico né ne è stata richiesta la visione da parte di studiosi.

Il Consiglio di Stato ha precisato che: «se da un lato deve escludersi che il carattere di "nazionalità" del bene culturale costituisca una condizione imprescindibile affinché questo possa essere considerato componente del patrimonio culturale nazionale (in quanto la funzione di promozione della cultura con esso perseguita non è limitata solo a quella italiana, ma deve favorire anche la conoscenza di altre culture di cui i beni in questione costituiscano "testimonianza di civiltà"), tuttavia, dall'altro non si può neppure ritenere comunque compreso nel "patrimonio culturale nazionale" qualunque cosa di interesse storico-artistico per qualsiasi motivo presente nel territorio dello Stato.

Le decisioni dell'autorità amministrativa sono, com'è noto, frutto di una valutazione tecnico-discrezionale, che implica anche una componente di discrezionalità amministrativa, che varia nel tempo, anche in considerazione dell'esigenza di approfondire i legami con diverse civiltà straniere che muta a seconda dei diversi momenti storici.

Con l'altrettanto ovvia precisazione che il giudizio sulla sufficienza e rappresentatività degli esemplari è frutto di valutazioni, come si è detto, riservate all'Autorità amministrativa competente, insindacabili dal giudice amministrativo.

La "causa" che giustifica il trattenimento di un bene culturale all'interno del Paese non attiene alla protezione dell'opera in sé considerata, quanto alla possibilità – ipotetica ed astratta – di assicurarne in futuro la fruizione sul proprio territorio, nel caso di un eventuale, futuro intervento dello Stato volto all'acquisto di tale bene, condizione che potrebbe magari mai avverarsi; fruizione che, com'è noto, non è assicurata dalla mera presenza dell'opera sul territorio nazionale, in quanto la destinazione a pubblico servizio è limitata, ai sensi degli artt. 1, 2 e 3 codice beni culturali, ai soli beni culturali di proprietà pubblica, mentre il bene culturale di proprietà di privati non è destinato alla fruizione collettiva salvo le ipotesi eccezionali tassativamente previste dalla legge».

Può quindi darsi per acquisito che possono far parte del patrimonio culturale della Nazione anche beni di origine "non italiana", ma non può affermarsi, a contrario, che tutte le opere "non italiane", per le quali sia intervenuta la dichiarazione di interesse storico-artistico, debbono far parte per sempre del patrimonio culturale. Affermare ciò significa negare in radice la premessa, appena enunciata, dell'annullabilità o revocabilità del decreto di dichiarazione.

Quanto tempo deve restare un bene mobile (che non ha rapporto con l'ebanisteria italiana) in Italia per essere considerato patrimonio culturale nazionale?

Nel caso in esame, il Consiglio di Stato ha precisato come l'Amministrazione «non contest[i]`in alcun modo, così come evidenziato nel parere del consulente Palacios, che il mobile non abbia alcun rapporto con lo sviluppo dell'ebanisteria italiana e con la storia dell'Italia, ma sosten[ga] che la commode, in conseguenza del suo ingresso in via definitiva all'interno del territorio nazionale, debba essere considerata come ormai facente parte della storia recente del Paese, e pertanto assoggettabile, in virtù di intrinseco valore e pregio artistico, alla normativa di tutela nazionale».

Nel caso di specie il collegio ha ritenuto che il tempo dovesse essere computato «tra la data di adozione del decreto annullato, ossia il 17 gennaio 1986, e la data di richiesta di rimozione del vincolo (10 gennaio 2007): ossia ventuno anni. La questione da dirimere è quindi se possa essere rimossa la dichiarazione di interesse storico-artistico di un bene di origine straniera, in ragione della brevità del temine intercorso dall'apposizione del vincolo. Le affermazioni delle parti in ordine all'incidenza del tempo contengono, a ben vedere, dei giudizi di valore, tra i quali il giudice deve scegliere in ragione della loro intrinseca ragionevolezza. E giudicare breve un periodo di vent'anni, in relazione ad un mobile realizzato oltre 260 anni or sono, non appare né illogico, né irrazionale».

L'orientamento espresso dal Consiglio di Stato nel caso *commode* è stato seguito dalla stessa sezione nella sentenza 13 marzo-12 giugno 2014 n. 9454, riguardante l'istanza di revisione di un vincolo posto su un dipinto di scuola olandese del XVII secolo.

Il vincolo era stato posto sul presupposto di una attribuzione all'artista Van der Tempel e della sua provenienza dalla famiglia lucchese Massoni.

Il riesame aveva evidenziato una diversa possibile attribuzione (peraltro incerta: Bartholomeus Van der Helst oppure Peter van Thys) riconducendo «in modo meno immediato ed evidente" il dipinto ad "un ambito culturale di interscambio tra arte fiamminga e quella italiana nel corso del XVII sec., imprescindibile per la comprensione dello sviluppo della nostra cultura figurativa».

Si riportano i passaggi più rilevanti della citata sentenza.

«In linea di principio è vero che le valutazioni in ordine all'esistenza di un interesse storico-artistico ... tali da giustificare l'apposizione del relativo vincolo costituiscono l'espressione di un potere nel quale sono presenti sia momenti di discrezionalità tecnica, sia momenti di discrezionalità amministrativa; tale valutazione è espressione di una prerogativa esclusiva dell'amministrazione e può essere sindacata in sede giurisdizionale solo in presenza di profili di incongruità ed illogicità tali da far emergere l'inattendibilità della valutazione compiuta dall'Amministrazione ... Tuttavia, la congruità della motivazione va scrutinata sulla base di un'interpretazione della normativa di riferimento che ponga in primo piano il parametro costituzionale di riferimento, e in particolare il nesso tra l'attribuzione e l'esercizio dei poteri di tutela e il patrimonio storico e artistico della Nazione (art. 9 Cost.). Il valore identitario dei beni culturali si rispecchia infatti nella memoria collettiva da essi presupposta: memoria alla quale fa riferimento non a caso l'art. 1, comma 2 del D.LGS. N. 42/2004. Al riguardo questo Tribunale ha avuto modo di precisare (sent. N. 2540/2011):

- che "se da un lato deve escludersi che il carattere di "nazionalità" del bene culturale costituisca una condizione imprescindibile affinché questo possa essere considerato componente del patrimonio culturale nazionale - in quanto la funzione di promozione della cultura con esso perseguita non è limitata solo a quella italiana, ma deve favorire anche la conoscenza di altre culture di cui i beni in questione costituiscano "testimonianza di civiltà" -, tuttavia, dall'altro non si può neppure ritenere comunque compreso nel "patrimonio culturale nazionale" qualunque cosa di interesse storico-artistico per qualsiasi motivo presente nel territorio dello Stato";

- che "questi, per essere ritenuti elementi costitutivi e parte imprescindibile del predetto "patrimonio", debbono presentare caratteri tali da rispondere alle funzioni sopra ricordate, in quanto il bene oggetto di tutela non è tanto la cosa in sé, quanto piuttosto il valore culturale che questa rappresenta in quanto "testimonianza materiale di civiltà" e come "strumento" per la formazione e la crescita culturale della Comunità";

- che "l'esigenza di comprendere nel "patrimonio culturale nazionale" anche beni culturali di diversa provenienza va commisurata – secondo un giudizio che è necessariamente comparativo … - alla predetta funzione sicché si deve assicurare la presenza sul territorio nazionale di tali beni in misura sufficiente sotto il profilo quantitativo, ed adeguatamente rappresentativa, sotto il profilo qualitativo della significatività dell'oggetto, in modo da consentire, anche in Patria, l'approfondimento della conoscenza delle civiltà straniere di cui sono testimonianza";

- che l'apertura alle altre culture "non può comportare il disconoscimento del valore preminentemente dell'elemento identitario in questione"».

In sede di riesame è emerso un mutamento di attribuzione (peraltro neppure univocamente certa) ed un nesso con la cultura italiana motivato in maniera meno immediata ed evidente («non è neppure possibile dimostrare l'antica presenza del dipinto nel territorio italiano; e … il legame dell'opera con l'Italia andrebbe individuato nel contesto degli intrecci e degli scambi artistici e culturali tra l'arte fiamminga e quella italiana nel Seicento»).

Questa motivazione non è stata ritenuta sufficiente, «in quanto essa costituisce solamente lo sfondo e la premessa di un'ulteriore necessaria e puntuale valutazione omessa dall'Amministrazione: valutazione che deve concernere il legame tra la specifica opera in questione e il quadro storico e culturale di riferimento».

Un altro caso rilevante in tema di origine straniera di un'opera per la quale era stato chiesto un attestato di libera circolazione è stato quello deciso dal Consiglio di Stato con sentenza 28 ottobre 2014, n. 6046 (caso *Frans Floris*).

L'Amministrazione ha negato l'attestato di libera circolazione in relazione al dipinto dell'artista fiammingo Frans Floris "*Allegoria della Virtù*", del XVI secolo, sui presupposti della rarità e dell'eccellenza qualitativa del dipinto. In seguito, la stessa Amministrazione ha sostenuto che in realtà a fondamento del diniego vi fosse il fatto che tale dipinto rappresentasse un'allegoria della città di Genova e documentasse il rapporto tra l'artista e i suoi collezionisti italiani.

A questo proposito, il Consiglio di Stato ha rilevato che «dal complesso della documentazione in atti emerge che, effettivamente, in sede di riedizione del potere valutativo finalizzato alla pronuncia sull'interesse artistico particolarmente importante dell'opera, l'amministrazione appellata abbia agito in modo ondivago e sostanzialmente preconcetto, all'evidente fine di pervenire comunque a un provvedimento confermativo dei due precedenti del 2004 e del 2007 e utilizzando a tal fine elementi del tutto nuovi e che mai prima di allora avevano ottenuto ingresso nella fattispecie».

Inoltre, per ottenere la soddisfazione di una determinata pretesa riconosciuta come rilevante dal giudice, la nuova operazione valutativa della pubblica Amministrazione deve dimostrarsi frutto della constatazione di una palese e grave erroneità del giudizio precedente per conformarsi al giudicato. Non deve invece apparire come l'espressione di una gestione ondivaga e contraddittoria del potere, poiché in tal caso contrasterebbe con il principio costituzionale del buon andamento e con i principi di correttezza e buona fede.

Infine, la Consiglio di Stato ha sostenuto che il principio "universalistico" secondo cui un dipinto per il solo fatto di essere di pregio artistico debba ricadere nel novero delle opere di interesse artistico particolarmente importante, è in realtà contrario al principio comunitario della libera circolazione, che investe anche il mercato delle opere d'arte.

Per i motivi sopra esposti, il Consiglio ha accolto l'appello e riformato la sentenza di primo grado (con cui il tribunale aveva rigettato il ricorso del privato) ed ha quindi annullato gli atti impugnati.

Un'opera di un artista non italiano che ha vissuto e lavorato in Italia può essere oggetto di un provvedimento di tutela.

Questo principio è stato affermato dal T.A.R. Lazio Roma, Sez. II *quater*, 1°marzo 2011, n. 1901.

Il proprietario del dipinto di Caspar Van Wittel (Amersfoort, 1653 – Roma, 1736) "*Veduta sul Tevere a Castel Sant'Angelo*" si è visto negare l'attestato di libera circolazione, poiché l'opera è stata ritenuta un capolavoro. A questo proposito, il tribunale ha dichiarato che «l'obbligo di motivazione dell'amministrazione si attenua in presenza di un riconosciuto capolavoro».

Il T.A.R. ha richiamato l'importanza delle garanzie formali e procedimentali prescritte dalla normative per addivenire alla «corretta formulazione del giudizio valutativo finale sull'importanza storico-artistica di un'opera d'arte, in primis l'onere di motivazione che costituisce uno strumento indispensabile per assicurare il sindacato di legittimità sulle relative decisioni, sia nelle forme tradizionali dell'eccesso di potere, sia in quelle più evolute del sindacato di ragionevolezza, tanto più nel caso in cui il provvedimento di imposizione del vincolo storico-artistico concerne opere d'arte realizzate da artisti "d'avanguardia" – in cui si registra un drammatico scollamento dalle valutazioni espresse dai critici rispetto al "gradimento" delle opera da parte dei cittadini – fruitori delle stesse – oppure esemplari rappresentativi delle c.d. "arti minori" o applicate» (T.A.R. Lazio, II *quater*, n. 4987 del 23 maggio 2008; n. 7756 del 30 luglio 2008). Conclusioni condivise dalla citata sentenza in quanto «costituiscono un punto di equilibrio tra l'esigenza di offrire un minimo di tutela al privato proprietario del bene – atteso che altrimenti si finirebbe per assicurare all'Amministrazione del B.C. una inammissibile immunità nell'ambito di un'attività altamente "discrezionale" che incide pesantemente sulle situazioni giuridiche dei privati – e l'esigenza di rispettare il limite esterno della giurisdizione e non invadere le sfere di valutazione ad essa riservate, tant'è che si ritiene più opportuno per il privato "evidenziare le incongruità delle considerazioni d'ordine storico ed artistico" in sede di ricorso gerarchico».

Da ultimo, si vuole richiamare ancora la sentenza il T.A.R. Lazio Roma, Sez. II *quater*, 14 marzo 2017, n. 4395 già esaminata quando è stato esaminato l'elemento di valutazione relativo alla rarità di un'opera (c.d. "caso *Dalì*").

Il caso riguardava un dipinto giovanile di Salvador Dalì (Figueres, Spagna, 1904-1989), *Figura en una taula*, olio su tela, 1925, cm 46 x 48.

La proprietaria aveva ereditato dal padre il dipinto che lo aveva acquistato all'inizio degli anni Settanta. Volendolo vendere, la proprietaria ha presentato denuncia al fine di ottenere un attestato di libera circolazione.

L'ufficio esportazione ha negato l'attestato di libera circolazione, motivando in base all'elevata qualità del dipinto influenzato dall'esperienza di *Valori Plastici*, testimonianza della fase formativa di Dalì, assente nelle collezioni italiane, ed ha avviato un procedimento per il suo acquisto coattivo ai sensi dell'art. 70 codice beni culturali (su cui v. *infra sub* paragrafo 3.5.1.)(79).

La proprietaria ha impugnato davanti al T.A.R. Lazio il diniego di attestato di libera circolazione e, con motivi aggiunti, la successiva dichiarazione di interesse culturale, chiedendo il rinvio pregiudiziale alla Corte di Giustizia dell'Unione Europea sulla compatibilità della normativa di tutela italiana (artt. 65 e seguenti codice beni culturali) alle norme di cui agli artt. 34-36 del Trattato sul funzionamento dell'Unione Europea in relazione all'origine straniera dell'opera.

Il T.A.R. Lazio ha respinto il ricorso con la seguente motivazione: «Contesta ancora la difesa ricorrente la stessa dichiarazione di interesse storico artistico effettuata con riferimento all'opera di un artista straniero e sotto tale profilo chiede di rinviare pregiudizialmente alla Corte di Giustizia l'interpretazione dell'art. 36 del Trattato sul funzionamento dell'Unione europea. Ritiene il Collegio che dalle norme nazionali sopra citate non emerga alcuna limitazione o differenza nelle valutazioni circa la rilevanza storico artistica di un bene e, in particolare di un bene mobile, con riferimento all'origine o alla nazionalità dell'autore o al luogo, ad esempio, in cui l'opera è stata realizzata. L'unica differenza introdotta dalla disciplina positiva è il riferimento all'autore vivente e alla realizzazione dell'opera risalente a meno di cinquanta anni (n.d.r.: oggi 70 anni) prima, che comporta la esclusione in parte dal regime vincolistico per le ipotesi dell'art. 10 comma 3 lettera a)».

In particolare, il T.A.R. Lazio ha precisato che nella normativa di tutela italiana «Non vi [*sia*] ... alcun riferimento alla origine del

---

(79) - L'acquisto coattivo non si concluse per mancanza di fondi sul relativo capitolo di bilancio del Ministero.

bene o alla nazionalità dell'autore (cfr. Consiglio di Stato, VI, 5 luglio 2012, n. 3930, per cui possono far parte del patrimonio culturale della Nazione anche beni di origine "non italiana"; T.A.R. Lazio II quater, 17 settembre 2012, n. 7833, per cui "non rileva la circostanza che non vi sia alcun collegamento dell'opera con i valori identitari della nazione italiana, poiché tale elemento non è, come si è detto, condizione imprescindibile per poter ritenere l'opera rilevante per il patrimonio culturale nazionale, ben potendo l'opera essere sottratta alla esportazione perché rilevante come strumento di conoscenza anche delle culture straniere)».

Ha proseguito la sentenza indicando che: «[*i*]l riferimento concreto alle opere straniere è contenuto nelle linee guida di cui alla circolare del Ministero della Istruzione del 1974 … [ma]anche sotto tale profilo del diniego di esportazione, la giurisprudenza, anche della Sezione, si è già espressa nel senso per cui deve escludersi che il carattere di "italianità" dell'esemplare costituisca una condizione imprescindibile affinché se ne possa imporre il trattenimento forzoso sul territorio nazionale e che sia di contro ben possibile il divieto di esportazione di opere straniere, purché la loro presenza nel patrimonio culturale nazionale sia necessaria per favorire la conoscenza delle culture di cui i beni in questione costituiscano "testimonianza materiale di civiltà", trattandosi di strumenti di formazione e crescita culturale della comunità (T.A.R. Lazio, II quater, n. 7833 del 17 settembre 2012».

3.5. Rimedi contro il diniego di attestato di libera circolazione

In base all'art. 69 codice beni culturali, contro il diniego dell'attestato è ammesso, entro i successivi trenta giorni, ricorso al Ministero, per motivi di legittimità e di merito.

Il Ministero, sentito il competente organo consultivo, decide sul ricorso entro il termine di novanta giorni dalla presentazione dello stesso.

Dalla data di presentazione del ricorso amministrativo e fino alla scadenza del termine di cui al comma 2, il procedimento di dichiarazione è sospeso, ma i beni rimangono assoggettati all'applicazione in via cautelare delle disposizioni del Capo II, dalla sezione I del Capo

III e dalla sezione I del Capo IV del Titolo I codice beni culturali di cui all'art. 14, comma 4.

Qualora il Ministero accolga il ricorso, rimette gli atti all'ufficio di esportazione, che provvede in conformità nei successivi venti giorni.

Si applicano le disposizioni del d.p.r. 24 novembre 1971, n. 1199, contenenti norme sulla semplificazione dei procedimenti in materia di ricorsi amministrativi. Queste norme prevedono, tra l'altro, che decorso il termine di 90 giorni senza che l'organo del Ministero adito (direzione generale competente) abbia comunicato la decisione, il ricorso si intende respinto a tutti gli effetti e contro il provvedimento impugnato è esperibile il ricorso giurisdizionale ovvero quello straordinario al Presidente della Repubblica.

Si è posto il problema se il ricorso giurisdizionale contro il provvedimento di diniego sia o meno procedibile, qualora al diniego segua un provvedimento di dichiarazione di interesse, che sia pure stato impugnato con motivi aggiunti. La sentenza del T.A.R. Lazio Roma, Sez. II *quater*, 13 marzo 2012, n. 2456 ha concluso per la improcedibilità argomentando che l'intervenuta dichiarazione di interesse culturale "*preclude in radice l'esportabilità dell'opera*" ai sensi dell'art. 65 codice beni culturali ed anche qualora il ricorso contro la dichiarazione fosse accolto, l'amministrazione dovrebbe comunque ripronunciarsi sulla richiesta di esportazione.

I provvedimenti di rigetto devono essere motivati.

Secondo T.A.R. Lazio - Roma, Sez. II *quater*, 6 agosto 2014, n. 8811, «l'onere di cui al più volte menzionato art. 10-bis [n.d.r. della legge 241/1990] non comporta la puntuale confutazione analitica delle argomentazioni svolte dalla parte privata, essendo sufficiente, ai fini della giustificazione del provvedimento adottato, la motivazione complessivamente e logicamente resa a sostegno dell'atto stesso, ulteriormente e condivisibilmente soggiungendosi che in subiecta materia quel che rileva è la valutazione della sufficienza della motivazione in relazione all'ampiezza dei poteri affidati all'amministrazione. In altre parole - e nell'ottica sostanzialistica della prevalente elaborazione giurisprudenziale che in tema di garanzie partecipative è orientata a dare prevalenza alla c.d. "teorica del risultato" piuttosto che a esigenze giusformalistiche - quel che rileva ai fini della legittimità è la congruità della decisione e della motivazione in rapporto alle risultanze istruttorie complessivamente acquisite, dovendosi solo ritenere precluso alla p.a. fondare (e tale non è il caso di specie) il provvedimento medesimo su ragioni del tutto nuove, non enucleabili dalla comunicazione ex art. 10 bis , l. n. 241 del 1990».

3.5.1. *Acquisto coattivo*

In base all'art. 70 codice beni culturali, entro il termine di 40 giorni dalla presentazione della cosa, l'ufficio esportazione può proporre al Ministero l'acquisto coattivo della cosa o del bene per i quali è richiesto l'attestato di libera circolazione, dandone contestuale comunicazione alla regione e all'interessato, al quale dichiara altresì che l'oggetto gravato dalla proposta di acquisto resta in custodia presso l'ufficio medesimo fino alla conclusione del relativo procedimento. In tal caso il termine per il rilascio dell'attestato è prorogato di 60 giorni.

Il Ministero ha la facoltà di acquistare la cosa o il bene per il valore indicato nella denuncia. Il provvedimento di acquisto è notificato all'interessato entro il termine perentorio di novanta giorni dalla denuncia[80].

Fino a quando non sia intervenuta la notifica del provvedimento di acquisto, l'interessato può rinunciare all'uscita dell'oggetto e provvedere al ritiro del medesimo.

Si pone frequentemente il quesito se anche la richiesta (*recte*: denuncia) di attestato di libera circolazione a cui faccia seguito la comunicazione di avvio di procedimento di diniego è rinunciabile (fino alla conclusione del procedimento), indipendentemente dall'esercizio della potestà di acquisto coattivo.

Alcuni uffici esportazione rispondono negativamente al quesito: la legge prevede la facoltà di rinuncia esclusivamente nel caso in cui l'Amministrazione comunichi all'interessato una proposta di

---

(80) - T.A.R. Lazio – Roma, Sez. II *quater*, 25 settembre 2012 n. 8112 ha escluso che la notifica del provvedimento di acquisto possa essere effettuata allo spedizioniere.

acquisto coattivo. Viceversa, non essendo prevista la possibilità di rinuncia nel caso in cui sia stato comunicato un preavviso di diniego di attestato di libera circolazione, una volta che tale comunicazione sia stata notificata, l'interessato può soltanto presentare le proprie eventuali osservazioni, ma non potrà rinunciare all'uscita del bene.

A parere di chi scrive, questa interpretazione restringe in modo ingiustificato il diritto del proprietario di rinunciare un procedimento avviato su propria istanza (denuncia di attestato di libera circolazione: art. 68, comma 1 codice beni culturali).

L'Amministrazione potrà sempre avviare un procedimento di dichiarazione di interesse culturale in relazione al bene che sia stato sottoposto alla sua attenzione a seguito della denuncia, ma non si potrà precludere al privato la facoltà di ritirare la propria denuncia.

Qualora il Ministero non intenda procedere all'acquisto, ne dà comunicazione, entro sessanta giorni dalla denuncia, alla regione nel cui territorio si trova l'ufficio di esportazione proponente[81]. La regione ha facoltà di acquistare la cosa o il bene ed il relativo provvedimento è notificato all'interessato entro il termine perentorio di 90 giorni dalla denuncia.

L'art. 70, comma 1, codice beni culturali integra una differente modalità di tutela che, come tale è alternativa al diniego di attestato, potendo essere esercitata solo entro il termine di 40 giorni dalla presentazione della cosa e sempre che l'ufficio esportazione non abbia già provveduto al rilascio o al diniego dell'attestato di libera circolazione[82].

3.6. *Libertà di circolazione ed art. 36 del Trattato UE*

Il rapporto tra interesse pubblico e diritto di proprietà privata deve anche essere valutato in base al diritto dell'Unione Europea.

---

[81] - La regione ha facoltà di acquistare la cosa o il bene nel rispetto di quanto stabilito all'art. 62, commi 2 e 3, in materia di copertura finanziaria della spesa e assunzione del relativo impegno.

[82] - T.A.R. Lazio – Roma 23 dicembre 2010, n. 38574. Cfr. T.A.R. Lazio, 1° marzo 2001, n. 1901.

In base all'art. 36 del Trattato sul funzionamento dell'Unione Europea (di seguito Trattato UE) (già art. 30 del Trattato che istituisce la Comunità Europea), fermi restando i divieti di restrizioni quantitative (o misure equivalenti) all'importazione ed all'esportazione previsti dagli artt. 34 e 35, tali disposizioni «*lasciano impregiudicati i divieti o restrizioni all'importazione, all'esportazione e al transito giustificati da motivi ... di protezione del patrimonio artistico, storico o archeologico nazionale". Tali divieti, tuttavia, "non devono costituire un mezzo di discriminazione arbitraria, né una restrizione dissimulata al commercio tra Stati membri*».

La sentenza del T.A.R. Lazio – Roma, Sez. II *quater*, 14 marzo 2017, n. 4395 (c.d. "caso *Dalì*") ha trattato in modo approfondito la questione della compatibilità della normativa di tutela italiana (artt. 65 e seguenti codice beni culturali) alle norme di cui agli artt. 34-36 Trattato UE con in relazione all'origine straniera dell'opera, concludendo tuttavia che le disposizioni italiane non sono incompatibili con le norme del Trattato UE.

Si ritiene utile riportare qui appresso una parte della motivazione della sentenza del T.A.R. Lazio, in quanto la stessa analizza le questioni più rilevanti in merito al rapporto tra diritto di tutela (interno), principio di libera circolazione delle merci e politica culturale.

Secondo la citata sentenza, «[*l*]a disciplina di diritto interno, che non distingue la rilevanza storico artistica dei beni, in relazione alla loro origine o alla nazionalità dell'autore, non è ... incompatibile con il Trattato sul funzionamento delle dell'Unione Europea. Infatti, ai sensi dell'art. 36 del Trattato, i beni culturali costituiscono una eccezione alla disciplina della libera circolazione delle merci e, in base all'art. 167 del Trattato, si tratta di materia integralmente regolata dal diritto interno degli Stati membri. In particolare, l'art. 36 del Trattato, dettato in materia di libera circolazione delle merci, espressamente fa salve le restrizioni alle importazioni, alle esportazioni e al transito, giustificati da motivi di protezione del patrimonio artistico, storico o archeologico nazionale, ponendo solo il limite della discriminazione arbitraria o di una restrizione dissimulata al commercio tra gli Stati membri. Tale norma del Trattato giustifica la disciplina di diritto interno prevista dall'art. 65 del d.lgs. n. 42 del 2004, per cui è vietata l'uscita definitiva dal territorio della

Repubblica dei beni culturali mobili indicati nell'art. 10, commi 1, 2 e 3, ribadita dall'art. 64-bis comma 3 del codice, per cui con riferimento al regime della circolazione internazionale, i beni costituenti il patrimonio culturale non sono assimilabili a merci».

Prosegue la sentenza, precisando che: «[*non*] può essere accolta l'argomentazione della difesa ricorrente per cui l'art. 36 deve essere interpretato in senso restrittivo, in quanto norma eccezionale, rispetto alla disciplina generale della libera circolazione delle merci. Ciò in relazione alla circostanza che la materia dei beni culturali è considerata dal medesimo Trattato di esclusiva competenza degli Stai membri. L'art. 167 del Trattato in materia di cultura esclude, infatti, qualsiasi armonizzazione delle disposizioni legislative e regolamentari degli Stati membri da parte del Parlamento e del Consiglio, attribuendo al Consiglio solo un potere di raccomandazione e al Parlamento e al Consiglio il potere di adottare "azioni di incentivazione". Nella materia della cultura, comprensiva, in base alla espressa previsione dell'art. 167 della "conservazione e salvaguardia del patrimonio culturale di importanza europea", la azione dell'Unione, quindi, è solo caratterizzata da una funzione di promozione della cooperazione tra gli Stati membri ("incoraggiare la cooperazione tra gli Stati membri e se necessario, ad appoggiare e ad integrare l'azione di questi ultimi")».

A conferma di tale interpretazione, secondo la sentenza, «si devono richiamare gli atti normativi comunitari in materia di beni culturali, che in alcun modo definiscono la nozione ed il regime dei beni culturali, lasciata alla normativa nazionale. Il regolamento del Consiglio n. 116 del 2009 disciplina solo l'esportazione di beni culturali al di fuori del territorio dell'Unione, indicando specificamente nell'allegato alcuni beni considerati "culturali" ai fini dell'applicazione del Regolamento, fatta salva per gli altri beni la normativa nazionale dello Stato membro di esportazione (art. 2 paragrafo 4). Per individuare lo Stato competente al rilascio della licenza di esportazione, inoltre, il regolamento si riferisce allo Stato dove si trova il bene, senza alcun riferimento alla origine o alla nazionalità dell'autore. La direttiva 93/7, relativa alla restituzione dei beni culturali usciti illecitamente dal territorio di uno Stato membro, abrogata dal 19 dicembre 2015 dall'art. 20 della direttiva n. 2014/60, che ha ridisciplinato la materia, all'art. 1 n. 1 definiva bene culturale ai fini della direttiva un bene "che è qualificato, prima o dopo essere illecitamente uscito dal territorio di uno Stato membro, tra i beni del patrimonio nazionale aventi un valore artistico, storico o archeologico, in applicazione della legislazione nazionale o delle procedure amministrative nazionali, ai sensi dell'art. 36 del trattato CEE". Tale nozione è stata ribadita dalla direttiva 2014/60, attualmente in vigore, all'art. 2, per cui "bene culturale è un bene è classificato o definito da uno Stato membro, prima o dopo essere illecitamente uscito dal territorio di tale Stato membro, tra i beni del patrimonio artistico, storico o archeologico nazionale secondo la legislazione nazionale o delle procedure amministrative nazionali, ai sensi dell'art. 36 Trattato UE". Inoltre nelle premesse di tale ultima direttiva si dà espressamente atto che "ai sensi dell'art. 36 Trattato UE, le pertinenti disposizioni sulla libera circolazione delle merci lasciano impregiudicati i divieti o le restrizioni all'importazione, all'esportazione e al transito giustificati da motivi di protezione del patrimonio artistico, storico o archeologico nazionale"; "ai sensi e nei limiti dell'art. 36 Trattato UE, gli Stati membri mantengono il diritto di definire il proprio patrimonio nazionale e di prendere le misure necessarie per garantirne la protezione. Tuttavia, l'Unione svolge un ruolo prezioso nell'incoraggiare la cooperazione tra gli Stati membri al fine di proteggere il patrimonio culturale d'importanza europea di cui fanno parte i patrimoni nazionali».

Sulla base delle sopra riportate argomentazioni, il T.A.R. Lazio ha concluso che: «[*d*]a tali norme comunitarie deriva che, una volta applicata la disciplina interna sui beni sottoposti a vincolo storico artistico, che, come sopra evidenziato, non contiene alcun riferimento all'origine straniera dell'opera o del suo autore, è giustificata la limitazione all'esportazione prevista dall'art. 68 del d.lgs. 42 del 2004, in relazione all'art. 36 del Trattato, che espressamente dispone tale eccezione per i motivi di protezione del patrimonio artistico, storico o archeologico nazionale; infatti, allo stato della legislazione comunitaria, non sussistono particolari obblighi degli Stati rispetto alle norme di diritto interno che definiscono tali beni, se non quelli derivanti dai principi generali del diritto comunitario, ovvero rispetto del principio di tipicità, di proporzionalità e di esistenza di un effettivo interesse culturale (T.A.R. Lazio, Sez. II *quater*, n. 10272 del 2016). Tali principi risultano anche rispettati, nel caso di specie, avendo l'Amministrazione adoperato i poteri previsti dalla legge e sussistendo i presupposti per la dichiarazione di interesse storico artistico come sopra precisato.

La difesa ricorrente contesta le stesse scelte di "politica culturale", che sono alla base dei provvedimenti impugnati, e che, come affermato dalla Sezione (T.A.R. Lazio, Sez. II quater, n. 10272 del 14 ottobre 2016) implicano profili di "discrezionalità pura", che sfuggono al sindacato di pura legittimità del giudice amministrativo, nel caso in cui non sussista una evidente irragionevolezza della determinazione amministrativa. Infatti, la difesa ricorrente oltre a contestare le scelte operate dall'Amministrazione con riferimento alla valutazione di rilevanza del quadro, sostanzialmente auspica una differente politica culturale che escluda dalle valutazioni di interesse storico artistico particolarmente importante le opere di autori stranieri o che ne consenta comunque la fruizione in ambito comunitario. Ritiene il Collegio che si tratta di scelte di politica culturale neppure della sola Amministrazione, ma del legislatore, anche comunitario, che non si possono neppure desumere dalle disposizioni del Trattato dell'unione europea».

Ci sia consentito dissentire dalle conclusioni raggiunte dal giudice laziale: la "sovranità" degli Stati membri relativa alla protezione del patrimonio storico, artistico o archeologico nazionale costituisce un'eccezione alla regola della libera circolazione e non può rappresentare «*un mezzo di discriminazione arbitraria, né una restrizione dissimulata al commercio tra gli Stati membri*» (art. 36, comma 1, ultima frase).

La norma consente dunque agli Stati membri di fare ricorso ad uno degli strumenti storicamente più utilizzati – specie da un Paese come il nostro – per evitare la fuoruscita di beni culturali dal proprio territorio, cioè i limiti all'esportazione, pure in presenza delle norme comunitarie che, al contrario, fondano il mercato interno proprio su criteri opposti, quali quello della eliminazione di qualunque barriera alla circolazione dei beni.

Si noti che il termine "*artistico, storico o archeologico*" riferito al patrimonio di cui all'art. 36 Trattato UE (presente anche nell'art. 30 Trattato CE) è il medesimo che compare nell'art. 68 codice beni culturali, con riguardo all'interesse che deve rivestire il bene affinché gli uffici esportazione possano legittimamente negare l'attestato di libera circolazione, ma ciò non dimostra che il legislatore italiano abbia correttamente interpretato ed applicato la normativa comunitaria in materia di esportazione di beni culturali.

Infatti, l'incompatibilità tra la normativa italiana in materia di esportazione di beni culturali in Paesi appartenenti all'Unione europea e la corrispondente normativa comunitaria trova origine proprio dal contenuto dell'art. 36 Trattato UE presente nella versione ufficiale italiana del Trattato UE, da cui emerge che l'Italia ha violato le prerogative che il Trattato ha lasciato agli Stati membri in materia di tutela dei propri beni culturali.

Una volta poste a confronto le varie versioni linguistiche dell'art. 36 Trattato UE, si può osservare che le versioni italiana, spagnola e portoghese dell'art. 36 Trattato UE si riferiscono al concetto di "*patrimonio*" ("*patrimonio artìstico, històrico o arquelogico nacional*", per quanto riguarda la versione spagnola, "*patrimònio nacional de valor artìstico ou arqueològico*", con riferimento al testo portoghese); invece, la versione inglese, francese, greca e danese fanno riferimento al diverso concetto di "*tesori nazionali*" (si veda, in particolare la versione inglese e quella francese, "*national treasures*" e "*trésors nationaux ayant une valeur artistique, historique ou archéologique*").

Il testo italiano dell'art. 36 Trattato UE – accanto a quello spagnolo e portoghese – consente agli organi deputati a valutare l'opportunità di esportare definitivamente un bene culturale in uno Stato membro (*i.e.* gli uffici esportazione) una ampia discrezionalità, e permette loro di mantenere quelle restrizioni quantitative agli scambi che siano giustificate, per quanto qui rileva, dall'esigenza di tutelare un generico "*patrimonio artistico, storico o archeologico nazionale*".

Invece, in altre versioni linguistiche – segnatamente quella francese e inglese – le prerogative statali sono decisamente più limitate, in quanto volte a tutelare i "*tesori nazionali di valore artistico, storico o archeologico*"[83].

---

[83] - A tal fine, l'esponente rileva che per stabilire i beni che possano costituire "tesoro nazionale", la Commissione europea ha proposto di adottare i c.d. "*Waverly Criteria*" che prevedono come guida le seguenti domande: «il bene presenta un collegamento così

È indubbio che "patrimonio nazionale" e "tesoro nazionale" siano concetti che evocano due nozioni diverse, delle quali la prima consente alle autorità statali di includere tra le categorie dei beni oggetto di una disciplina di tutela anche beni che non possono certo farsi rientrare nella seconda[84] (ad esempio per la loro scarsa importanza, rarità o assenza di particolari vincoli culturali con il Paese nel quale sono collocati, come ad esempio le opere di origine straniera).

Nell'interpretare disposizioni di diritto comunitario primario aventi significato diverso nelle varie versioni linguistiche, la Corte di Giustizia dell'Unione Europea ha più volte applicato il medesimo orientamento – del tutto simile alla disciplina di cui all'art. 33 della Convenzione di Vienna del 23 maggio 1969 sul diritto dei trattati[85]: le diverse versioni linguistiche di una disposizione di diritto dell'Unione europea devono essere interpretate in modo uniforme e, in caso di divergenze, la norma deve essere interpretata alla luce dell'economia generale e dello scopo perseguito dal complesso di norme alle quali essa appartiene[86].

Orbene, se si applica all'art. 36 Trattato UE la regola interpretativa sopra menzionata, è ragionevole ritenere che i testi francese ed inglese siano da preferire rispetto al testo italiano, in quanto maggiormente coerenti con la *ratio* dell'articolo e con l'economia generale e lo scopo del complesso di norme a cui esso appartiene, il Capo III del Trattato UE inerente al "*Divieto alle restrizioni quantitative tra gli Stati membri*".

---

indissolubile con la storia culturale del Paese che la sua esportazione comporterebbe una grave perdita per il Paese? È di eccezionale importanza estetica? È di eccezionale significato per lo studio di particolari campi dell'arte o della storia?».

(84) - M. FRIGO, *Beni culturali e diritto dell'Unione Europea*, in *Atti del Convegno del CESEN "Diritto della Unione Europea e status delle confessioni religiose"*, Roma, Istituto L. Sturzo, 8-9 ottobre 2010.

(85) - L'art. 33, comma 4, della Convenzione di Vienna del 23 maggio 1969 sul diritto dei trattati prevede che, quando il raffronto dei testi autentici di un trattato fa apparire una differenza di senso, è necessario adottare "*il senso che, tenuto conto dell'oggetto e dello scopo del trattato, permette di meglio conciliare i testi in questione*".

(86) - Corte giust. 27 ottobre 1977, in causa 30/77 *Régina c. Pierre Bouchereau*, in Raccolta, p. 01999, punto 14; Corte giust. 7 dicembre 1995, in causa C-449/93 *Rockfon A/S c. Specialarbejderforbundet i Danmark*; Corte giust. 17 dicembre 1998, in causa C-236/97 *Skatteministeriet c. Codan*, in Raccolta, p. I-8679, punto 28; Corte giust. 9 gennaio 2003, in causa C-257/00 *Nani Givane c. Secretary of State for the Home Department*.

Infatti, in primo luogo, non bisogna dimenticare che l'art. 36 Trattato UE deve essere interpretato restrittivamente, in quanto contiene un numero tassativamente limitato di eccezioni alla regola generale posta dagli artt. 34 e 35 Trattato UE in tema di divieto di restrizioni quantitative agli scambi: trattandosi di una norma di deroga, una sua interpretazione (e ovviamente applicazione) estensiva è contraria al Trattato UE e incompatibile con l'equilibrio tra gli obblighi da esso derivanti e le prerogative riservate agli Stati membri in materia di tutela dei beni culturali siti dentro i loro confini nazionali.

Il fatto che l'art. 36 Trattato UE debba essere interpretato restrittivamente è stato sancito da numerose sentenze della Corte di Giustizia dell'Unione Europea: in tal senso si considerino la sentenza del 1° marzo 2012, causa C-484/10, *Ascafor*, punto 58 e la sentenza del 6 ottobre 2011, causa C-443, *Bonnard c. Agence de Services et de Paiement*, punto 32.

Sul punto, si consideri anche la risalente sentenza della Corte di Giustizia del 10 dicembre 1968 (Causa 7/68), *Commissione c. Repubblica Italiana* (unica pronuncia alla data odierna in cui la Corte ha affrontato il tema di divieti o restrizioni alla libera circolazione di merci giustificati da motivi di protezione del patrimonio artistico, storico o archeologico nazionale) in cui, si afferma esplicitamente che «le eccezioni a questo principio fondamentale vanno interpretate restrittivamente»(87).

L'esigenza di interpretare in senso restrittivo la normativa comunitaria in tema di esportazione di beni culturali è stata avvertita anche dal legislatore italiano e dalla giurisprudenza amministrativa.

Infatti, come è noto, è stato lungamente discusso se i beni culturali possano o meno essere qualificati alla stregua di "merci" (per le quali, in base alle norme comunitarie, vige il principio di libera circolazione *ex* art. 28 Trattato UE ed il corrispondente divieto per gli Stati membri di introdurre restrizioni quantitative, o misure di effetto equivalente, all'esportazione).

---

(87) - V., in dottrina, M. FRIGO, *La circolazione internazionale di beni culturali*, Milano 2007, 72. V. in giurisprudenza, T.A.R. Lazio 29 ottobre 1999 n. 490, cit.

La posizione del legislatore italiano, per quanto criticata in dottrina e criticabile in base alla giurisprudenza della Corte di Giustizia (che riconosce la possibilità che i beni culturali possano essere considerati merci)[88], è stata inequivoca: l'art. 64-*bis*, comma 3 codice beni culturali prevede che «*con riferimento al regime della circolazione internazionale, i beni costituenti il patrimonio culturale non sono assimilabili a merci*».

Ciò malgrado, la stessa Relazione Illustrativa allo schema di d.lgs. recante ulteriori disposizioni integrative e correttive al codice dei beni culturali e del paesaggio in relazione ai beni culturali, poi trasfuso nel d.lgs. 26 marzo 2008 n. 62[89], ha riconosciuto che le restrizioni previste dall'art. 30 Trattato CE (oggi art. 36 Trattato UE) devono essere idonee a garantire la realizzazione dell'obiettivo perseguito e non devono andare oltre quanto necessario per il suo raggiungimento, dovendosi interpretare restrittivamente[90].

Anche la giurisprudenza amministrativa ha dimostrato di ritenere che le norme in materia di esportazione debbano essere interpretate restrittivamente.

La nota sentenza del T.A.R. Lazio–Roma del 14 novembre 2001 n. 9366, ha evidenziato che: «il legislatore, nel disciplinare

---

(88) - La sentenza della Corte di Giustizia del 10 dicembre 1968 (Causa 7/68), *Commissione c. Repubblica Italiana* ha precisato che la natura di merci, con conseguente assoggettabilità all'allora TCE deve essere riconosciuta anche agli oggetti di interesse artistico, storico e archeologico, qualora si tratti di beni suscettibili di una valutazione economica.

(89) - http://www.camera.it/_dati/leg15/lavori/AttiDelGoverno/pdf/0217_F001.pdf, p. 7.

(90) - La Relazione illustra la norma, recepita nell'art. 64-*bis*, comma 3, per la quale, agli effetti della circolazione internazionale, i beni culturali non sono assimilabile alle merci, ma precisa che la misura derogatoria prevista dal citato art. 30 del Trattato (oggi, art. 36 Trattato UE) è da ritenersi dettata all'esclusivo fine di consentire la protezione delle sole cose, che in ragione del loro peculiare interesse, valutato alla stregua della legislazione nazionale di settore dello Stato interessato siano ascrivibili al patrimonio artistico, storico ed archeologico di detto Stato; norma che la stessa Relazione riconosce essere (lo ribadiamo) di stretta interpretazione.

La Relazione pone l'accento sul fatto che l'ultimo periodo del citato art. 30 del TCE (al pari del vigente art. 36 Trattato UE) dispone che «*tali divieti o restrizioni non devono costituire un mezzo di discriminazione arbitraria, né una restrizione dissimulata al commercio tra gli Stati*». Il che equivale a disporre che le cose d'arte che non accedano al livello di interesse stabilito dalla legge nazionale dello Stato dal quale esse provengano per essere ascritte al patrimonio di detto Stato, mantengono il loro status giuridico di merci, ancorché di particolare pregio, la cui circolazione infra-comunitaria non può subire alcun tipo di limitazione od ostacolo.

l'eccezionale possibilità di precludere l'esportabilità di beni, la cui sottrazione sia suscettibile di pregiudicare la conservazione del patrimonio artistico nazionale, abbia posto in essere una ponderazione comparativa di interessi (pur tutelati entrambi dal dettato costituzionale) destinata a risolversi con una prevalenza dell'interesse alla tutela del patrimonio storico ed artistico della Nazione)», in tal modo enfatizzando il fatto che il divieto alla esportazione di un bene culturale deve risolversi in un fatto eccezionale e può verificarsi solo per quei beni che costituiscano parte della cultura italiana.

Il riferimento al concetto di "tesoro nazionale" (come presente nella versione ufficiale inglese e francese del Trattato UE) in luogo di "patrimonio nazionale" è conforme sia al fatto che la norma contenuta nell'art. 36 Trattato UE è di stretta interpretazione, sia allo scopo dell'articolo in esame.

Infatti, non bisogna dimenticare che l'art. 36 Trattato UE prevede che i divieti o restrizioni all'importazione o alla esportazione «*non devono costituire un mezzo di discriminazione arbitraria, né una restrizione dissimulata al commercio tra gli Stati membri*» e che la Corte di Giustizia, con la nota sentenza del 10 dicembre 1968 (Causa 7/68), *Commissione c. Repubblica Italiana* ha precisato, con particolare riferimento alla esportazione di beni culturali, che gli Stati membri possono invocare divieti o restrizioni «solo se rispettano i limiti stabiliti da detta disposizione per quanto riguarda sia lo scopo perseguito, sia la natura dei mezzi».

Si consideri inoltre che una restrizione o un divieto agli scambi comunitari sono legittimi solo in presenza di un forte nesso di causalità tra queste misure e l'obiettivo stabilito dall'art. 36 Trattato UE[91], vale a dire, nella materia di cui trattasi, la protezione dei "tesori nazionali" di uno Stato membro.

Coerentemente con lo scopo della norma in esame, una sua interpretazione restrittiva impedisce che uno Stato membro attui una restrizione dissimulata al commercio tra gli Stati membri, mediante indiscriminati divieti alla esportazione intracomunitaria di beni culturali.

(91) - Sentenza Corte di Giustizia, 23 maggio 1990, causa 169/89, *Gourmetterie Van den Berg*.

Alla luce delle summenzionate considerazioni, si possono trarre le seguenti conclusioni:

- gli artt. 34 e 35 Trattato UE vietano tra gli Stati membri restrizioni quantitative (nonché qualsiasi misura di effetto equivalente) all'importazione ovvero esportazione;

- l'art. 36 Trattato UE costituisce una deroga agli artt. 34 e 35 Trattato UE, in quanto concede agli Stati membri di introdurre o di mantenere quei limiti all'importazione, all'esportazione e al transito che trovino una giustificazione, tra le altre cose, nella protezione "*del patrimonio artistico, storico o archeologico nazionale*" (secondo il testo dell'articolo contenuto nella versione ufficiale italiana del trattato) ovvero, dei "*tesori nazionali*" (secondo la dicitura presente nelle versioni ufficiali inglesi e francesi);

- il concetto di "patrimonio nazionale" è più ampio di "tesoro nazionale" e, pertanto, permette alle autorità statali di trattenere forzatamente sul suolo nazionale anche beni culturali che non potrebbero certo farsi rientrare nella portata di "tesoro nazionale", il cui concetto, al contrario, evidenzia maggiormente l'appartenenza del bene all'ambito culturale dello Stato membro in cui è sito e la sua importanza storico-artistico per quest'ultimo;

- in presenza di differenze testuali tra le versioni ufficiali di un articolo contenuto in un Trattato idonee a modificarne il senso, come ha sottolineato più volte la Corte di Giustizia, bisogna avere riguardo all'economia generale della normativa in cui essa è inserita;

- posto che l'art. 36 Trattato UE indica un numero tassativamente limitato di eccezioni alla regola generale posta dagli artt. 34 e 35 Trattato UE in tema di divieto di restrizioni quantitative agli scambi; trattandosi di una norma speciale, deve essere interpretato restrittivamente;

- l'esigenza di interpretare restrittivamente le norme in materia di esportazione di beni culturali è avvertita sia dal legislatore italiano (v. Relazione illustrativa allo schema di d.lgs. recante ulteriori disposizioni integrative e correttive al Codice dei beni culturali e del paesaggio in relazione ai beni culturali, poi trasfuso nel d.lgs. 26 marzo 2008 n. 62), sia dalla giurisprudenza amministrativa (sentenza T.A.R. Lazio–Roma del 14 novembre 2001 n. 9366);

- una interpretazione restrittiva dell'art. 36 Trattato UE è conforme con lo scopo della norma, che è quello di permettere agli Stati membri di impedire l'esportazione (solo) dei beni parte del proprio "tesoro nazionale", evitando che siano forzosamente trattenuti dentro i confini nazionali beni non aventi uno stretto legame con l'ambito culturale dello Stato membro in cui si trovano (come le opere di origine straniera) o che, comunque, sono privi di una particolare importanza.

Ciò posto, una volta che si raffronta la normativa italiana con quella comunitaria, è del tutto evidente che il nostro legislatore e la prassi amministrativa codificata nella circolare del 1974 hanno male interpretato la facoltà attribuita dall'art. 36 Trattato UE agli Stati membri di introdurre divieti o restrizioni alla esportazione di beni culturali.

In primo luogo, il legislatore italiano, sin dalla redazione della versione ufficiale dell'art. 30 Trattato CE (prima) e dell'art. 36 Trattato UE (dopo) ha introdotto nel nostro ordinamento un concetto di "patrimonio artistico, storico o archeologico" (presente anche nell'art. 68 del codice beni culturali, con riferimento all'interesse che deve avere il bene per legittimare l'ufficio esportazione a negare l'attestato di libera circolazione) che non riflette lo scopo della norma e l'economia generale del *corpus* normativo in cui è inserita (il Capo III del Trattato UE in materia di divieto delle restrizioni quantitative tra gli Stati membri).

Il nostro legislatore non ha tenuto conto che la *ratio* sottesa all'art. 36 Trattato UE introduce delle limitazioni al generale principio di libera importazione ed esportazione di cui agli artt. 34 e 35 Trattato UE, e che pertanto, in considerazione della sua natura di norma speciale, è di stretta interpretazione, dovendo condurre al divieto di esportazione solo per particolari beni: quelli che presentano un così forte legame con lo Stato in cui si trovano da farli ritenere "tesori nazionali".

La circostanza ha profondamente influenzato la normativa nazionale in materiale di esportazione di beni culturali, in quanto il generico concetto di "*patrimonio artistico, storico o archeologico nazionale*" presente nella versione ufficiale dell'art. 36 Trattato UE è presente nella norma cardine del sistema normativo italiano in materia, l'art. 68 codice beni culturali, il quale permettere agli uffici esportazione di negare l'attestato di libera circolazione qualora il bene in questione presenti un interesse artistico, storico ovvero archeologico (formulazione ripresa anche da quei Principi che dovrebbero coadiuvare gli uffici esportazione nella loro valutazione) senza che si abbia riguardo se il bene costituisca effettivamente un "tesoro nazionale".

In conclusione, nella normativa italiana non vi è alcun un nesso di causalità tra la restrizione alla esportazione di beni culturali e lo scopo dell'art. 36 Trattato UE, che è quello di permettere agli Stati membri (in via del tutto *eccezionale* rispetto al generale divieto di restrizioni quantitative all'esportazione) di impedire l'esportazione di beni culturali considerati propri "tesori nazionali"[92].

Infatti, come accade nella prassi, gli uffici esportazione, "sostenuti" da una normativa che non ha compiutamente specificato quali beni possano costituire "tesoro nazionale", frequentemente impediscono l'esportazione di beni che non hanno alcun rapporto con il patrimonio culturale italiano (come le opere di origine straniera) ovvero la cui esportazione non costituisce un inammissibile depauperamento del patrimonio cultuale italiano, ponendo in essere una restrizione dissimulata al commercio tra gli Stati membri, molto spesso sulla base di valutazioni e comportamenti ondivaghi e preconcetti (cfr. sentenza del Consiglio di Stato del 10 dicembre 2014 n. 6046, cit.).

3.7. Uscita temporanea

Mentre i beni di proprietà privata che siano stati dichiarati di interesse culturale ai sensi dell'art. 13 codice beni culturali non possono uscire definitivamente dal territorio della Repubblica, tali beni possono uscire temporaneamente dal territorio della Repubblica, previo rilascio da parte dell'ufficio esportazione di un attestato di circolazione temporaneo, «*per manifestazioni, mostre o esposizioni*

(92) - Ogni Stato è titolare di beni mobili ed immobili, ma non tutti possono essere riconosciuti come "tesoro nazionale". Con particolare riferimento all'Italia, il nostro Paese possiede un patrimonio di beni culturali che, per numero e qualità, non ha eguali al mondo, ma ciò non significa che ogni opera presente sul suolo nazionale debba riconoscersi come "tesoro nazionale", posto che questa caratteristica deve essere attribuita solo a beni che possiedono un particolare vincolo con l'ambito culturale italiano e la cui esportazione ne causa un inammissibile depauperamento.

d'arte di alto interesse culturale, sempre che ne siano garantite l'integrità e la sicurezza» (art. 66, comma 1 codice beni culturali).

Con note circolari prot. n. 0003875 del 31 gennaio 2020 e n. 0004170 del 3 febbraio 2020 della Direzione generale archeologia, belle arti e paesaggio, Servizio IV, è stato chiarito che la partecipazione a fiere di antiquariato (ad esempio, la TEFAF di Maastricht) non rientra nella casistica e tra le tipologie di manifestazioni sopra indicate e quindi «le richieste di uscita temporanea dal territorio nazionale di opere sottoposte a tutela non sono assentibili», a meno che non presentino carattere di esposizioni temporanee con profilo di scientificità, paragonabili a mostre.

Non possono comunque uscire dal territorio nazionale: a) i beni suscettibili di subire danni nel trasporto o nella permanenza in condizioni ambientali sfavorevoli; b) i beni che costituiscono il fondo principale di una determinata ed organica sezione di un museo, pinacoteca, galleria, archivio o biblioteca o di una collezione artistica o bibliografica.

Gli uffici esportazione possono anche autorizzare l'uscita temporanea «per manifestazioni, mostre o esposizioni d'arte di alto interesse culturale, sempre che ne siano garantite l'integrità e la sicurezza» delle cose, a chiunque appartenenti (quindi anche di proprietà di persone fisiche o altri soggetti privati, incluse fondazioni o altri enti privati senza fine di lucro) che non siano state oggetto di dichiarazione di interesse culturale e,

i. presentino interesse culturale;

ii. siano opera di autore non più vivente;

iii. la cui esecuzione risalga ad oltre 70 anni e,

iv. il cui valore sia superiore ad euro 13.500.

Per le stesse ragioni può essere autorizzata l'uscita temporanea di archivi e dei singoli documenti, appartenenti a privati, che presentino interesse culturale e dei beni rientranti nelle categorie di cui all'art. 11, comma 1, lettere f), g) ed h) codice beni culturali, a chiunque appartengano[93].

---

[93] - I beni previsti dall'art. 11, comma 1, lettere f), g) e h) codice beni culturali sono, rispettivamente: «*f) le fotografie, con relativi negativi e matrici, gli esemplari di opere*

L'art. 67, comma 1 codice beni culturali prevede che le stesse cose e beni culturali sopra indicati possano essere autorizzati ad uscire temporaneamente anche quando:

a. costituiscano mobilio privato dei cittadini italiani che ricoprono, presso sedi diplomatiche o consolari, istituzioni comunitarie o organizzazioni internazionali, cariche che comportano il trasferimento all'estero degli interessati, per un periodo non superiore alla durata del loro mandato;

b. costituiscano l'arredamento delle sedi diplomatiche e consolari all'estero;

c. debbano essere sottoposti ad analisi, indagini o interventi di conservazione da eseguire necessariamente all'estero;

d. la loro uscita sia richiesta in attuazione di accordi culturali con istituzioni museali straniere, in regime di reciprocità e per la durata stabilita negli accordi medesimi, che non può essere, comunque, superiore a quattro anni.

Non è invece soggetta ad autorizzazione l'uscita temporanea dal territorio della Repubblica dei mezzi di trasporto aventi più di settantacinque anni per la partecipazione a mostre e raduni internazionali, salvo che sia per essi intervenuta la dichiarazione di interesse culturale prevista dall'art. 13 codice beni culturali

La procedura per l'ottenimento dell'attestato di circolazione temporanea è disciplinata dall'art. 71 codice beni culturali che prevede che il termine per il rientro delle cose e dei beni autorizzati non possa essere superiore a 18 mesi dalla data della loro uscita dal territorio nazionale, fatti salvi i casi previsti dall'art. 67, comma 1 codice beni culturali, sopraindicati.

L'uscita temporanea deve essere garantita da una cauzione, costituita anche da polizza fideiussoria emessa da un istituto bancario o

cinematografiche, audiovisive o di sequenze di immagini in movimento, le documentazioni di manifestazioni, sonore o verbali, comunque realizzate, la cui produzione risalga ad oltre venticinque anni;

g) i mezzi di trasporto aventi più di settantacinque anni;

h) i beni e gli strumenti di interesse per la storia della scienza e della tecnica aventi più di cinquanta anni».

da una compagnia assicurativa, per un importo superiore del 10% rispetto al valore della cosa o del bene, come accertati al momento del rilascio dell'autorizzazione.

3.8. *Ingresso nel territorio italiano*

3.8.1. *L'ingresso "certificato" di beni culturali (CAS e CAI)*

La normativa di tutela dei beni culturali in Italia è sempre stata storicamente focalizzata sul controllo all'uscita dal territorio italiano di cose di interesse artistico, disinteressandosi dei beni in entrata.

L'unico interesse a controllare l'ingresso di beni di interesse culturale è stato quello di natura fiscale che oggi è limitato al pagamento dell'IVA (in misura del 10%) sulle importazioni di opere d'arte, d'antiquariato e da collezione, introdotta dall'art. 39 del decreto-legge 23 febbraio 1995, n. 41, convertito, con modificazioni, dalla legge 22 marzo 1995, n. 85.

Tuttavia, oltre al controllo in uscita (obbligatorio) la legge italiana ha anche storicamente previsto un controllo all'ingresso.

L'art. 72 codice beni culturali prevede che la spedizione in Italia da uno Stato membro dell'Unione Europea o l'importazione da un Paese terzo delle cose la cui esportazione sia soggetta ad autorizzazione, siano "certificati" a domanda dall'ufficio di esportazione.

I certificati di avvenuta spedizione (c.d. CAS) e di avvenuta importazione (c.d. CAI) sono rilasciati sulla base di documentazione idonea ad identificare la cosa o il bene e a comprovarne la provenienza dal territorio dello Stato membro o del Paese terzo dai quali la cosa o il bene medesimi sono stati, rispettivamente, spediti o importati.

Come previsto dall'art. 72, comma 4 codice beni culturali, il decreto ministeriale 17 maggio 2018, n. 246 ha stabilito condizioni, modalità e procedure per il rilascio e la proroga dei certificati, con particolare riguardo all'accertamento della provenienza della cosa o del bene spediti o importati.

Ai fini del rilascio dei detti certificati non è ammessa la produzione, da parte degli interessati, di atti di notorietà o di dichiarazioni sostitutive dei medesimi, rese ai sensi delle vigenti disposizioni legislative e regolamentari in materia di documentazione amministrativa.

La circolare n. 13/2019 ha precisato che «[*d*]eve trattarsi di una certificazione oggettiva (quale fattura, certificazione d'acquisto presso casa d'aste, etc.) attestante la provenienza estera degli oggetti».

Il decreto n. 246/2018 ha previsto che la domanda per il rilascio di un CAI o di un CAS sia presentata conformemente ai modelli A1 ed A2 (CAI), a seconda che si tratti di un oggetto d'arte ed ai modelli B1 e B2 (CAS) in caso di materiale librario.

Descrizione delle cose – I modelli prevedono che delle cose sia data un'accurata descrizione, che ne specifichi la quantità, l'oggetto, l'autore o l'ambito culturale, il titolo, la descrizione, le misure, la materia e la tecnica, il valore dichiarato espresso in euro, la datazione/cronologia/periodo di esecuzione, le firme/timbri/numeri di inventario, lo stato di conservazione[94].

La circolare n. 13/2019, ha precisato, richiamando l'art. 170 del r.d. 363/1913, che l'ufficio esportazione potrà aggiungere alla richiesta «tutte quelle particolarità descrittive che l'importatore avesse tralasciate o che fossero necessarie per identificare quando che sia le cose importate».

Importazione da Paesi terzi – La documentazione da allegare varia a seconda che il Paese terzo sottoponga o meno a controllo l'esportazione della cosa. Nel primo caso "*per non consentire che entrino nel territorio nazionale beni illecitamente usciti dal Paese terzo*"[95], la domanda potrà essere corredata dalla licenza di esportazione; nel secondo caso basterà un documento doganale che attesti il passaggio della frontiera.

Spedizione da uno Stato membro – Se lo Stato membro prevede un'autorizzazione all'uscita, sarà sufficiente allegare quel documento;

[94] - Nel caso di materiale librario, la tipologia del materiale (libro a stampa, manoscritto, incisioni e disegni raccolti a volume, carte geografiche, spartito musicale); quantità; descrizione bibliografica o codicologica (autore, titolo, tipografo/editore, città, anno di stampa, consistenza, presenza di tavole o miniature); descrizione della legatura; presenza di timbri, note manoscritte, di possesso o di provenienza su frontespizio; carte di guardia o margini; valore dichiarato in euro; stato di conservazione.

[95] - Relazione illustrativa, 2.

altrimenti, non attraversano la cosa una frontiera doganale, sono richiesti (non è precisato se cumulativamente o alternativamente):

In caso di acquisto effettuato all'estero presso un mercante o una casa d'aste, in alternativa:

1. una fattura di vendita corredata da fotografie;

2. verbale di aggiudicazione all'asta corredato da fotografie;

3. documento redatto da notaio o altro pubblico ufficiale che attesti di aver visionato e identificato la cosa nel Paese di spedizione, corredato da fotografie;

oltre a un documento di trasporto che attesti la spedizione del bene culturale dallo Stato europeo in questione, corredato da fotografie appositamente autenticate;

In caso di cessione tra privati, in alternativa:

1. un contratto firmato da entrambe le parti corredato da fotografie;

2. dichiarazione congiunta delle parti contraenti resa davanti ad un pubblico ufficiale abilitato a riceverla corredata da fotografie;

oltre a un documento di trasporto che attesti la spedizione del bene culturale dallo Stato europeo in questione corredato da fotografie appositamente autenticate o, in alternativa,

la lettura di vettura internazionale CMR dotata di fattura di pagamento del trasporto.

In caso di acquisto *mortis causa*, una copia conforme dell'atto testamentario che ha disposto della cosa, corredata da fotografie, oltre a un documento di trasporto che attesti la spedizione del bene culturale dallo Stato europeo in questione corredato da fotografie appositamente autenticate o, in alternativa, la lettura di vettura internazionale CMR dotata di fattura di pagamento del trasporto.

In caso di ingresso temporaneo per partecipazione a mostre o manifestazioni culturali, la richiesta di prestito corredata da fotografie, del progetto scientifico e/o del programma della manifestazione comprensiva della durata dell'evento e dei tempi previsti per il rientro nello Stato membro e dell'atto che autorizza la movimentazione temporanea, se previsto, oltre un documento di trasporto che attesti la spedizione del bene culturale dallo Stato europeo in questione, corredato da fotografie appositamente autenticate o, in alternativa, lettura di vettura internazionale CMR dotata di fattura di pagamento del trasporto.

Per le cose provenienti a mezzo di pacco postale, il CAI o il CAS è concesso dell'ufficio esportazione anche quando l'invio sia stato fatto direttamente in dogana, purché:

- il pacco abbia ancora integri i suggelli;
- dai timbri o da altri documenti postali o doganali risulti che non è stato ricevuto dal destinatario da oltre 40 giorni;
- sono stati pagati i dazi doganali di confine;
- il pacco postale corrisponda per peso, dimensioni e volume alle indicazioni risultanti dai postali e doganali.

L'ufficio esportazione, compiuti i necessari controlli, rilascia i CAS ed i CAI entro 40 giorni dalla presentazione della domanda. In caso di dubbi sull'attendibilità della documentazione presentata, la provenienza e/o l'identità del bene, l'ufficio esportazione il soggetto che ha presentato la domanda ed il termine è sospeso per il tempo necessario per compiere i necessari accertamenti, comunque non superiore a trenta giorni.

La circolare n. 13/2019, ha precisato che l'ufficio esportazione potrà aggiungere alla richiesta «tutte quelle particolarità descrittive che l'importatore avesse tralasciate o che fossero necessarie per identificare quando che sia le cose importate».

Come ha sottolineato la circolare n. 13/2019, la richiesta di CAS/CAI è facoltativa, in quanto la certificazione di ingresso temporaneo comporta: «la deroga al generale principio della territorialità della legge sottraendo la cosa che ne forma l'oggetto per un determinato periodo di tempo alla possibilità di applicazione della normativa nazionale di tutela, indipendentemente dall'interesse rivestito dalla cosa medesima e pur restando la cosa nel territorio dello Stato. Durante il periodo di validità del certificato, la cosa può uscire dai confini del Paese a prescindere da qualsivoglia valutazione d'interesse culturale, fatti ovviamente salvi gli obbligatori controlli intesi ad accertare che l'oggetto d'arte per il quale viene richiesta la riesportazione sia perfettamente corrispondente, tanto nel *corpus mechanicum*, quanto nel corpus mysticum, all'oggetto d'arte di cui è stata a suo tempo certificata l'avvenuta spedizione o l'avvenuta importazione»[96].

In altre parole, «la cosa di cui è certificato l'ingresso temporaneo in Italia non può essere assoggettata alle disposizioni vigenti in Italia per la tutela del patrimonio culturale».

I CAS ed i CAI durano 5 anni, prorogabili su richiesta, entro sessanta giorni prima della rispettiva scadenza.

L'ufficio esportazione, compiuti i necessari accertamenti, trasmette la domanda entro 40 giorni alla direzione generale competente che nei successivi 20 giorni autorizza o nega la proroga.

È incomprensibile il motivo per cui il rilascio di un CAS/CAI sia di competenza dell'ufficio esportazione, mentre la decisione sulla richiesta di proroga sia stata attribuita alla direzione generale competente (la Direzione generale archeologia, belle arti e paesaggio per le cose artistiche, la Direzione generale biblioteche e diritto d'autore per i beni librari, la Direzione generale archivi per i beni di rilevanza archivistica).

La legge non prevede un limite al numero delle proroghe: un bene la cui provenienza estera sia stata certificata e la cui certificazione sia stata prorogata di quinquennio in quinquennio, potrà restare per sempre in Italia in una situazione di totale esenzione dell'applicazione delle norme di tutela.

In caso di scadenza di un CAS/CAI, la cosa a cui lo stesso si riferisce è *ope legis* "nazionalizzata", ossia soggetta a tutte le disposizioni di tutela prevista dalla legge italiana, incluse quelle sul controllo dell'esportazione.

Una cosa per la quale sia stato rilasciato un CAS o un CAI in corso di validità può essere riesportata o spedita verso uno Stato membro dell'Unione presentando la stessa cosa al medesimo ufficio esportazione che ha rilasciato il certificato.

L'ufficio esportazione rilascia, rispettivamente, l'attestato di libera circolazione a scarico se la cosa è spedita verso uno Stato

(96) - Circolare n. 13/2019, 48.

membro o la licenza di esportazione a scarico, se la cosa è esportata verso un Paese terzo, ai sensi degli artt. 68 e 74 codice beni culturali

L'attestato a scarico è un "atto dovuto" dall'ufficio esportazione che ha rilasciato il CAS/CAI, che deve unicamente verificare che il CAS/CAI sia ancora in corso di durata, e previa riconsegna del certificato e presentazione della cosa "*eseguire i più accurati riscontri per accertare l'identità della cosa*" (art. 173 del r.d. n. 363/1913) in uscita con quella il cui ingresso sia stato certificato.

L'attestato "a scarico", tuttavia, «non è un lasciapassare che può essere usato a piacimento per tutto il periodo di validità, bensì l'attestazione conclusiva di un procedimento avviato con la richiesta e l'ottenimento della certificazione d'ingresso temporaneo. Come tale è utilizzabile una sola volta»(97).

Successivamente al rilascio dell'attestato/licenza "a scarico", se la stessa cosa dovesse rientrare in Italia, rispettivamente da uno Stato membro o da un Paese terzo, l'interessato che intenda riportare la cosa in Italia dovrà richiedere un nuovo CAS o CAI.

La circolare n. 13/2019 ha altresì precisato che se una cosa per la quale sia stato rilasciato un attestato di libera circolazione/licenza di esportazione sia stata trasferita all'estero, potrà tornare in Italia in una condizione di "esenzione" della normativa di tutela, senza che sia necessari a tal fine chiedere il rilascio di un CAS/CAI. Una richiesta in tal senso sarebbe inammissibile e «qualora accolta darebbe luogo ad un atto illegittimo in quanto viziato da eccesso di potere, non essendo compito di questa Amministrazione certificare assetti proprietari, valori economici e quant'altro riguardi opere esentate dalla sottoposizione alla legislazione nazionale di tutela»(98).

Il rilascio di un attestato di libera circolazione significa - per la durata dello stesso - che la cosa «è stata valutata nel merito come non caratterizzata da un grado di rilevanza culturale tale da costituire presupposto per la sua ascrizione al patrimonio nazionale e pertanto, per tutto il tempo durante il quale il detto attestato è valido, non è assoggettabile alle disposizioni codice beni culturali».

(97) - Ivi, 50.

(98) - Ivi, 49.

Per ottenere un CAS/CAI, l'importatore dovrà attendere la scadenza dell'attestato e nella richiesta dovrà riconsegnare, oltre all'attestato scaduto, i documenti che comprovino l'eventuale cambio di proprietà (contratto o scheda testamentaria).

La circolare n. 13/2019 precisa che in caso di richiesta di CAS/CAI, così come in caso di scarico, gli uffici esportazione «sono tenuti a effettuare gli stessi controlli ... con riguardo alla procedibilità dell'istanza per l'uscita definitiva».

In particolare, occorrerà verificare che la cosa non sia censita nella banca dati dei beni culturali illecitamente sottratti di cui all'art. 85 codice beni culturali; la legittimità della provenienza e della proprietà o della detenzione dichiarate; l'autenticità; il legittimo possesso, qualora si tratti di beni archeologici.

La disciplina regolatrice dell'ingresso in Italia dei beni artistici di provenienza estera e del loro "scarico" in caso di uscita è alquanto farraginosa.

L'art. 1, comma 176, lett. b) della Legge Concorrenza prevede che il Ministro, con decreto (da adottare entro 60 giorni dalla data di entrata in vigore della stessa legge), «*istituisce un apposito "passaporto" per le opere, di durata quinquennale per agevolare l'uscita e il rientro delle stesse dal e nel territorio nazionale*».

L'istituzione di questo "passaporto", la cui ispirazione si trova nel diritto francese[99], è attualmente ancora inattuata.

La sua funzione, in linea con quella della finalità della riforma introdotta dalla Legge Concorrenza di «*semplificazione delle procedure relative al controllo della circolazione internazionale delle cose antiche che interessano il mercato dell'antiquariato*» è commendevole: il "passaporto" dovrebbe essere relativo alla cosa e non al suo proprietario e dovrebbe permettere alla stessa di uscire dal e di rientrare nel territorio italiano senza ulteriori controlli.

Il decreto n. 246/2018 aveva previsto che entro il 31 dicembre 2019 (anche questo termine è trascorso invano!) il Ministero attivasse sul S.U.E. l'anagrafe della circolazione internazionale che consentirebbe la gestione e il controllo in tempo reale di tutti i

---

(99) - Cfr. artt. L111-2 e ss. del *Code du patrimoine*.

dati relativi alle cose in transito sul territorio nazionale. L'anagrafe assolve anche agli obblighi di denuncia dell'attività commerciale e di tenuta del registro di cui all'art. 63, commi 1, 2 e 3 codice beni culturali. Sarà l'anagrafe a rilasciare, a richiesta, il "passaporto" di durata quinquennale.

Il passaporto potrebbe essere uno strumento sostitutivo rispetto al CAS/CAI e superare gli ostacoli burocratici del rilascio degli stessi e degli attestati "a scarico".

Una volta rilasciato il "passaporto" (in ingresso o in uscita) la cosa a cui lo stesso si riferisce dovrebbe poter liberamente circolare all'uscita ed al reingresso nel territorio dello Stato.

3.8.2. Regolamento (UE) 880/2019 del Parlamento Europeo e del Consiglio del 17 aprile 2019 relativo all'introduzione e all'importazione di beni culturali

Dopo il Regolamento (CE) 116/2009, contenente una disciplina uniforme relativa all'esportazione di beni culturali dal territorio dell'Unione e la Direttiva 2014/60 che disciplina in modo omogeneo l'azione di restituzione di beni culturali illecitamente usciti dal territorio di uno Stato membro (v. paragrafo successivo), il Regolamento (UE) 880/2019 è il terzo importante intervento legislativo comunitario in tema di circolazione internazionale di beni culturali.

Normalmente gli Stati dotati di una normativa di tutela si preoccupano di presidiare l'uscita (permanente o definitiva) di un bene dal loro territorio. In Italia, l'ingresso di una cosa che presenti interesse culturale è certificata su richiesta al momento della spedizione da un altro Stato membro o dell'importazione da un Paese terzo.

Lo scopo del Regolamento è di introdurre norme comuni sul commercio con i paesi terzi per garantire la protezione efficace dal commercio illecito di beni culturali e contro la loro perdita o distruzione, la preservazione del patrimonio culturale dell'umanità e la prevenzione del finanziamento del terrorismo e del riciclaggio mediante la vendita ad acquirenti dell'Unione di beni culturali saccheggiati.

Il Regolamento, quindi, definisce le «*condizioni per l'introduzione di beni culturali e le condizioni e procedure per la loro importazione al fine di salvaguardare il patrimonio culturale dell'umanità e di impedire il commercio illecito di beni culturali (Bene culturale è "qualsiasi articolo di importanza archeologica, preistorica, storica, letteraria, artistica o scientifica elencato nell'allegato), in particolare qualora tale commercio illecito possa contribuire al finanziamento del terrorismo*» (art. 1) .

Le norme del Regolamento non si applicano ai beni culturali creati o scoperti nel territorio doganale dell'Unione.

Il Regolamento vieta l'introduzione dei beni culturali di cui alla parte A dell'allegato, rimossi dal territorio del Paese in cui sono stati creati o scoperti in violazione delle disposizioni legislative o regolamentari vigenti in tale Paese.

L'importazione dei beni culturali elencati nelle parti B e C dell'allegato è consentita solo previa presentazione (a) di una licenza di importazione rilasciata in conformità dell'art. 4 o (b) di una dichiarazione di importazione presentata in conformità dell'art. 5.

Entrambe sono fornite alle autorità doganali competenti in base al Regolamento (UE) n. 952/2013. Tra le eccezioni all'obbligo di presentazione della licenza ovvero della dichiarazione vi è quella dell'ammissione temporanea di beni culturali nel territorio doganale dell'Unione a «*a fini formativi, scientifici, di conservazione, di restauro, di esposizione, di digitalizzazione, di spettacolo, di ricerca condotta da istituzioni accademiche o di collaborazione tra musei o enti analoghi*».

La licenza di importazione è richiesta per i beni culturali elencati nella parte B dell'Allegato (prodotti di scavi archeologici, regolari o clandestini, o di scoperte archeologiche terrestri o subacquee; elementi provenienti dallo smembramento di monumenti artistici, storici o di siti archeologici). In tali casi la licenza è richiesta con una soglia di età minima pari a 250 anni, ma senza soglia di valore economico.

La licenza rilasciata da uno Stato membro vale in tutta l'Unione, ma non costituisce prova di legittima provenienza o proprietà dei beni in questione.

La domanda di licenza è presentata tramite il sistema elettronico centralizzato previsto dall'art. 8, istituito e gestito dalla Commissione ed il titolare del bene deve provare che il bene è stato esportato dal Paese in cui è stato creato o scoperto in conformità alle leggi e regolamenti vigenti in tale Paese (tramite licenze o certificati di esportazione, se previsti) ovvero l'assenza di leggi e regolamenti al momento dell'uscita dal territorio del Paese.

In deroga alla citata previsione, il titolare può presentare la documentazione atta a provare che il bene è stato esportato conformemente alle previsioni legali/regolamentare del Paese in cui si è trovato per un periodo superiore a cinque anni e per scopi diversi dall'utilizzo temporaneo, dal transito, dalla riesportazione o dal trasbordo nei casi in cui (a) il Paese in cui il bene è stato creato o scoperto non possa essere determinato in modo attendibile; o (b) nel caso in cui il bene sia stato rimosso dal Paese in cui è stato creato o scoperto prima del 24 aprile 1972.

In caso di rigetto della domanda di licenza è previsto che di tale rigetto sia data comunicazione agli altri Stati membri e alla Commissione tramite il sistema elettronico di cui all'art. 8.

L'importazione di beni culturali elencati nella parte C dell'allegato richiede una semplice dichiarazione dell'importatore presentata dal titolare del bene, tramite il sistema elettronico di cui all'art. 8. I beni per i quali è richiesta la dichiarazione di importazione prevedono una soglia temporale di 200 anni ed una soglia di valore di euro 18.000[100].

La dichiarazione include: (a) la dichiarazione del titolare che il bene è stato esportato dal Paese in cui è stato creato o scoperto in conformità alle leggi e regolamenti vigenti in tale Paese nel momento in cui il bene è stato portato fuori dal suo territorio e (b) un documento standardizzato che descriva in modo sufficientemente dettagliato il bene in modo da consentirne l'identificazione da parte dell'autorità.

Analogamente ai casi in cui è prevista una licenza di importazione, in deroga alla citata previsione, il titolare può presentare la

(100) - https://eur-lex.europa.eu/legal-content/IT/Txt/?uri=Celex:32019R0880.

documentazione atta a provare che il bene è stato esportato conformemente alle previsioni legali/regolamentare del Paese in cui si è trovato per un periodo superiore a cinque anni e per scopi diversi dall'utilizzo temporaneo, dal transito, dalla riesportazione o dal trasbordo nei casi in cui (a) il Paese in cui il bene è stato creato o scoperto non possa essere determinato in modo attendibile; o (b) nel caso in cui il bene sia stato rimosso dal Paese in cui è stato creato o scoperto prima del 24 aprile 1972.

Gli Stati membri introdurranno le sanzioni applicabili alle violazioni del Regolamento, che dovranno essere effettive, proporzionali e dissuasive, ed adotteranno tutte le misure necessarie a garantire l'applicazione di tali norme ed, in particolare, comunicheranno alla Commissione le sanzioni all'introduzione di beni culturali in violazione del divieto di cui all'art. 3, paragrafo 1, entro il 28 dicembre 2020[101], mentre le sanzioni applicabili alle altre violazioni del Regolamento ed, in particolare, alla resa di false dichiarazioni ed alla presentazioni di informazioni false, dovranno essere comunicate alla Commissione entro il 25 giugno 2025.

L'entrata in vigore di gran parte delle norme previste dal Regolamento, ai sensi dell'art. 16 dello stesso, è fissata alla data in cui il sistema elettronico di cui all'art. 8 diverrà operativo o al più tardi al 28 giugno 2025. Pertanto, ad oggi, numerosi risvolti pratici legati all'applicazione del Regolamento restano sospesi.

3.9. *Rimedi in caso di uscita illecita di un bene culturale dal territorio dello Stato*

3.9.1. *Azione di restituzione ex direttiva 2014/60/UE*

Il secondo pilastro della disciplina europea in materia di beni culturali è rappresentato dalla direttiva 2014/60/UE.

La direttiva 2014/60/UE (attuata con d.lgs. 7 gennaio 2016, n. 2) prevede, nell'ambito dell'Unione europea, la restituzione dei

---

(101) - La direttiva 2014/60/UE ha abrogato la precedente direttiva 93/7/CEE, già oggetto di modifiche ad opera delle successive direttive 96/100/CE e 2001/38/CE.

beni culturali usciti illecitamente dal territorio di uno Stato membro dopo il 31 dicembre 1992 mediante la predisposizione di un rimedio *ad hoc* per contrastare il traffico illecito di beni culturali all'interno dell'Unione europea.

Lo scopo della direttiva è quello di rafforzare la cooperazione tra Stati membri per favorire la restituzione di beni illecitamente usciti dal territorio di uno di essi.

L'azione di restituzione comunitaria ha una connotazione strettamente pubblicistica in quanto legittimato attivo ad esercitare tale azione è solo lo Stato, a prescindere dalla circostanza che il bene in relazione al quale l'azione sia esercitata sia di proprietà privata.

Un bene culturale si intende "uscito illecitamente" dal territorio di uno Stato membro sia quando sia stato rubato ovvero provenga da scavi clandestini sia quando sia stato illecitamente esportato.

L'azione è esercitata dallo Stato richiedente, indipendentemente dalla circostanza che lo stesso sia proprietario o titolare di altri diritti reali in relazione al bene illecitamente esportato. Quindi, l'azione può riguardare beni di proprietà di privati (persone fisiche o giuridiche) che siano stati illecitamente esportati.

Ai fini della direttiva UE, si intende per bene culturale un bene che è stato classificato o definito da uno Stato membro, prima o dopo essere illecitamente uscito dal territorio di tale Stato membro, tra i beni del patrimonio culturale dello Stato medesimo, ai sensi dell'art. 36 del Trattato UE (principio di mutuo riconoscimento)[102].

È illecita l'uscita dei beni avvenuta dal territorio di uno Stato membro in violazione della legislazione di detto Stato in materia di protezione del patrimonio culturale nazionale o del regolamento CE, ovvero determinata dal mancato rientro dei beni medesimi alla scadenza del termine fissato nel provvedimento di autorizzazione alla spedizione temporanea (comma 4).

---

(102) - Il principio del mutuo riconoscimento «conduce a riconoscere efficacia extraterritoriale alle norme di diritto pubblico dello Stato di origine che qualificano una certa cosa come bene culturale» (A. MIGLIO, *La restituzione dei beni culturali nell'Unione Europea: dalla Direttiva 93/7 alla Direttiva 2014/60, tra mercato interno e competenza esterna dell'Unione*, DCI, 2016, 866).

Si considerano illecitamente usciti anche i beni dei quali sia stata autorizzata la spedizione temporanea qualora siano violate le prescrizioni stabilite con il provvedimento di autorizzazione (comma 5).

La restituzione è ammessa se le condizioni indicate nei commi 4 e 5 sussistono al momento della proposizione della domanda.

Il Ministero per i beni e le attività culturali e per il turismo è l'autorità centrale designata per i vari compiti indicati nella direttiva, il quale si avvale dei suoi organi centrali e periferici, nonché della cooperazione degli altri Ministeri, degli altri organi dello Stato, delle regioni e degli altri enti pubblici territoriali[103].

Per il ritrovamento e la restituzione dei beni culturali appartenenti al patrimonio di altro Stato membro dell'Unione europea, il Ministero:

a) assicura la propria collaborazione alle autorità competenti degli altri Stati membri;

b) fa eseguire sul territorio nazionale ricerche volte alla localizzazione del bene e alla identificazione di chi lo possieda o comunque lo detenga. Le ricerche sono disposte su domanda dello Stato richiedente, corredata di ogni notizia e documento utili per agevolare le indagini, con particolare riguardo alla localizzazione del bene;

c) notifica agli Stati membri interessati il ritrovamento nel territorio nazionale di un bene la cui illecita uscita da uno Stato membro possa presumersi per indizi precisi e concordanti;

d) agevola le operazioni che lo Stato membro interessato esegue per verificare, in ordine al bene oggetto della notifica di cui alla lettera c), la sussistenza dei presupposti e delle condizioni indicati per la restituzione, purché tali operazioni vengano effettuate entro sei mesi dalla notifica stessa. Qualora la verifica non sia eseguita entro il prescritto termine, non sono applicabili le disposizioni contenute nella lettera e);

---

[103] - Più precisamente, in base all'art. 13, comma 2, lettera t) del Regolamento di organizzazione del Ministero per i beni e le attività culturali e per il turismo, degli uffici di diretta collaborazione del Ministro e dell'Organismo indipendente di valutazione della performance 12 dicembre 2019, n. 246, la funzione di "autorità centrale" è stata assegnata al Segretariato generale del Ministero.

e) dispone, ove necessario, la rimozione del bene e la sua temporanea custodia presso istituti pubblici nonché ogni altra misura necessaria per assicurarne la conservazione ed impedirne la sottrazione alla procedura di restituzione;

f) favorisce l'amichevole composizione, tra Stato richiedente e possessore o detentore a qualsiasi titolo del bene, di ogni controversia concernente la restituzione. A tal fine, tenuto conto della qualità dei soggetti e della natura del bene, il Ministero può proporre allo Stato richiedente e ai soggetti possessori o detentori la definizione della controversia mediante arbitrato, da svolgersi secondo la legislazione italiana, e raccogliere, per l'effetto, il formale accordo di entrambe le parti.

L'azione di restituzione spetta unicamente agli Stati membri. Un privato al quale un bene culturale sia stato rubato e quindi illecitamente esportato potrà soltanto sollecitare l'esercizio dell'azione da parte dello Stato ovvero esperire altre azioni nei confronti dell'attuale possessore, ad esempio l'azione di rivendicazione(104).

Gli Stati membri possono esercitare l'azione di restituzione di beni culturali usciti illecitamente dal loro territorio e rinvenuti in Italia davanti all'autorità giudiziaria ordinaria italiana.

L'azione è proposta davanti al tribunale del luogo in cui il bene si trova (*forum rei sitae*) nei confronti dell'attuale detentore o possessore del bene, a prescindere dalla circostanza che tale luogo coincida con il domicilio, la residenza o la dimora (se persona fisica) o la sede (se società, associazione, fondazione o persona giuridica). Qualora il bene dopo che il giudizio sia stato instaurato sia stato trasferito in un altro Stato, permarrebbe la giurisdizione dello Stato italiano.

Oltre ai requisiti previsti in generale dalle norme che disciplinano il giudizio di cognizione ordinario (art. 163 c.p.c.), l'atto di citazione deve contenere:

a) un documento descrittivo del bene richiesto che ne certifichi la qualità di bene culturale;

(104) - L'art. 16 della direttiva 2014/60/UE prevede che la stessa lasci «*impregiudicate le azioni civili o penali spettanti, in base al diritto nazionale degli Stati membri, allo Stato membro richiedente e/o a proprietario a cui è stato sottratto il bene*».

b) la dichiarazione delle autorità competenti dello Stato richiedente relativa all'uscita illecita del bene dal territorio nazionale.

L'atto di citazione è notificato, oltre che al possessore o al detentore a qualsiasi titolo del bene, anche al Ministero per essere annotato nello speciale registro di trascrizione delle domande giudiziali di restituzione.

Il Ministero notifica immediatamente l'avvenuta trascrizione alle autorità centrali degli altri Stati membri, utilizzando un modulo del sistema IMI (Informazione del Mercato Interno) stabilito dal regolamento (UE) n. 1024/2012, specificamente adattato per i beni culturali.

La dottrina ritiene prevalentemente che il potere istruttorio del giudice debba limitarsi a verificare la regolarità dei documenti allegati alla citazione e la pronuncia sarebbe "vincolata" a tale accertamento, con un intreccio tra funzione giurisdizionale ed amministrativa che la renderebbe un istituto caratterizzato da un forte elemento di originalità.

L'azione di restituzione è sottoposta a termini di decadenza e di prescrizione.

L'azione di restituzione è promossa nel termine perentorio di 3 anni a decorrere dal giorno in cui l'Autorità centrale richiedente ha avuto conoscenza che il bene uscito illecitamente si trova in un determinato luogo e ne ha identificato il possessore o detentore a qualsiasi titolo (art. 78, comma 1).

L'azione di restituzione si prescrive in ogni caso entro il termine di 30 anni dal giorno dell'uscita illecita del bene dal territorio dello Stato richiedente (art. 78, comma 2).

Le norme di diritto interno relative all'interruzione e sospensione dei termini di prescrizione (artt. 2941 e 2943 c.c.) si applicheranno al termine di prescrizione, ma non a quello di decadenza.

L'Italia ha esercitato la facoltà attribuitale dall'art. 8 della direttiva, prevedendo che l'azione di restituzione non si prescriva per i beni appartenenti a collezioni pubbliche museali, archivi, fondi di conservazione di biblioteche e istituzioni ecclesiastiche o altre istituzioni religiose[105].

---

(105) - Per questi beni la regola posta dalla direttiva è che il termine di prescrizione sia di 75 anni, salva la facoltà degli Stati membri (tra cui l'Italia) di prevedere che l'azione sia imprescrittibile.

Nel giudizio di restituzione, il tribunale, nel disporre la restituzione del bene, può, su domanda della parte interessata, liquidare un indennizzo determinato in base a criteri equitativi.

Per ottenere tale indennizzo, il soggetto interessato è tenuto a dimostrare di aver usato, all'atto dell'acquisizione, la diligenza necessaria a seconda delle circostanze.

Per determinare l'esercizio della diligenza richiesta da parte del possessore si tiene conto di tutte le circostanze dell'acquisizione, in particolare della documentazione sulla provenienza del bene, delle autorizzazioni di uscita prescritte dal diritto dello Stato membro richiedente, della qualità delle parti, del prezzo pagato, del fatto che il possessore abbia consultato o meno i registri accessibili dei beni culturali rubati e ogni informazione pertinente che avrebbe potuto ragionevolmente ottenere o di qualsiasi altra pratica cui una persona ragionevole avrebbe fatto ricorso in circostanze analoghe.

Invertendo il principio generale di diritto processuale che impone all'attore di dimostrare i fatti costitutivi della propria domanda, la norma pone in capo al soggetto convenuto l'onere di provare che il proprio acquisto (o quello del proprio dante causa in caso di testamento o legato) sia stato preceduto da una accurata *due diligence* che non gli abbia tuttavia consentito di accertare la provenienza illecita.

Il soggetto che abbia acquisito il possesso del bene per donazione, eredità o legato non può beneficiare di una posizione più favorevole di quella del proprio dante causa (donazione, eredità o legato).

La previsione dell'indennizzo – qualora ne sussistano i presupposti – è giustificata dal fatto che «il possessore non è responsabile dell'illecito commesso e dunque la sottrazione forzosa del bene che egli ha ricevuto (anche acquistato pagando un prezzo) costituisce una deroga al principio posto dall'art. 1147 c.c. secondo cui il possesso in buona fede vale titolo»[(106)].

Si pone la domanda se l'indennizzo possa essere equivalente al valore o (in caso di acquisto a titolo oneroso) al prezzo pagato dal possessore.

---

(106) - F. TIGANO, *Commento all'art. 51*, in Sandulli, *op. cit.*, 803.

Alcuni autori hanno criticato paragonato il possibile paragone tra la fattispecie in esame e la procedura espropriativa, precisando che «l'indennizzo è cosa diversa dal prezzo (o dal valore) del bene [... *e*] sarà di un importo prevedibilmente inferiore. L'equo indennizzo, infatti, per tradizione, non giunge mai a rapportarsi al tantundem, ovvero al reale valore del bene che viene sottratto»[107].

Il parallelismo tra procedura espropriativa e azione di restituzione non è condivisibile, se non altro perché la prima si regge su un atto amministrativo legittimo, mentre il secondo ha come presupposto una esportazione illecita: pertanto non è pensabile che l'indennizzo corrisponda ad una "ricompensa piena" al possessore del bene culturale illecitamente sottratto che ecceda «un equo e ragionevole indennizzo per il pregiudizio comunque subito, anche perché a ragionare diversamente "il "recupero" del bene sottratto si rivelerebbe in concreto talmente costoso da renderlo inutile, azzerando, di fatto, i vantaggi del recupero stesso»[108].

Lo Stato richiedente che sia obbligato al pagamento dell'indennizzo può rivalersi nei confronti del soggetto responsabile dell'illecita circolazione, anche se residente in un altro Stato membro.

In base all'art. 80 codice beni culturali, l'indennizzo è corrisposto da parte dello Stato richiedente contestualmente alla restituzione del bene.

Del pagamento e della consegna del bene è redatto processo verbale a cura di un notaio, di un ufficiale giudiziario o di funzionari all'uopo designati dal Ministero, al quale è rimessa copia del processo verbale medesimo.

Il processo verbale costituisce titolo idoneo per la cancellazione della trascrizione della domanda giudiziale.

È stata criticata in dottrina la norma che impone allo Stato richiedente l'obbligo di pagare l'indennizzo, anche se non sia proprietario del bene di cui è richiesta la restituzione. In questo modo il privato proprietario del bene a cui lo Stato richiedente dovrà restituirlo, ne trarrà beneficio senza alcun onere, salvo quello di rifondere allo

(107) - *Ibidem*.

(108) - F. TIGANO, *op. cit*.

Stato richiedente le spese di custodia precedenti la consegna (art. 83, comma 1 codice beni culturali).

L'avere posto in capo allo Stato richiedente l'obbligo di pagare l'eventuale indennizzo è motivato dal fatto che sul piano processuale il giudizio si svolge esclusivamente tra lo Stato richiedente ed il possessore e, quindi, il giudice non potrebbe condannare al pagamento dell'indennizzo un soggetto estraneo al processo, anche se beneficiario del suo esito positivo.

L'onere in capo allo Stato richiedente è tuttavia alleviato dal fatto che lo stesso potrà rivalersi nei confronti del soggetto responsabile dell'illecita circolazione.

Sono a carico dello Stato richiedente le spese relative alla ricerca, rimozione o custodia temporanea del bene da restituire, le altre comunque conseguenti alle attività di assistenza e collaborazione tra Stati membri previste dall'art. 76, nonché quelle inerenti all'esecuzione della sentenza che dispone la restituzione.

L'azione di restituzione dei beni culturali usciti illecitamente dal territorio italiano è esercitata dal Ministero per i beni e le attività culturali e per il turismo (tramite la direzione generale competente), d'intesa con il Ministero degli affari esteri, davanti al giudice dello Stato membro dell'Unione europea in cui si trova il bene culturale.

Il Ministero si avvale dell'assistenza dell'Avvocatura generale dello Stato.

L'art. 83 codice beni culturali disciplina la destinazione del bene restituito a seguito dell'esercizio vittorioso dell'azione di restituzione da parte dello Stato richiedente.

Qualora il bene culturale restituito non appartenga allo Stato, il Ministero provvede alla sua custodia fino alla consegna all'avente diritto.

Al riguardo occorre segnalare che l'art. 13 della direttiva 2014/16/UE prevede che «*la proprietà del bene culturale dopo la restituzione è disciplinata dalla legge dello Sato membro richiedente*».

La consegna del bene è subordinata alla condizione sospensiva del rimborso allo Stato delle spese sostenute per il procedimento di restituzione e per la custodia del bene.

Quando non sia conosciuto chi abbia diritto alla consegna del bene, il Ministero dà notizia del provvedimento di restituzione mediante avviso pubblicato nella Gazzetta Ufficiale della Repubblica italiana e con altra forma di pubblicità.

Qualora l'avente diritto non ne richieda la consegna entro cinque anni dalla data di pubblicazione nella Gazzetta Ufficiale dell'avviso, il bene è acquisito al demanio dello Stato. Il Ministero, sentiti il competente organo consultivo (Consiglio Superiore per i beni culturali e paesaggistici e comitati tecnico-scientifici istituiti presso il Ministero) e le regioni interessate, dispone che il bene sia assegnato ad un museo, biblioteca o archivio dello Stato, di una regione o di altro ente pubblico territoriale, al fine di assicurarne la migliore tutela e la pubblica fruizione nel contesto culturale più opportuno.

L'art. 85 codice beni culturali prevede che presso il Ministero è istituita la banca dati dei beni culturali illecitamente sottratti, secondo modalità stabilite con decreto ministeriale.

In assenza dell'emanazione del decreto ministeriale, attualmente si può identificare la banca dati prevista dalla citata norma con quella istituita e gestita per le proprie finalità istituzionali dal Comando dei Carabinieri Tutela del Patrimonio Culturale (TPC) nel 1980.

Il Comando dei Carabinieri TPC, istituito dal decreto 5 marzo 1992 dal Ministro per i beni culturali e ambientali, risponde al Ministro. L'istituzione del Comando è attuativa dell'art. 5, lett. g) della Convenzione UNESCO del 14 novembre 1970 (e quindi dell'obbligo internazionale derivante dall'art. 117, comma 1 della Costituzione) sulla proibizione e prevenzione della importazione, esportazione e trasferimento di proprietà illeciti di beni culturali, il quale prevede un impegno degli Stati aderenti a «*vigilare affinché un'appropriata pubblicità venga data ad ogni caso di sparizione di un bene culturale*».

La citata banca dati uno strumento operativo per le forze di polizia[109] e, conseguentemente, le informazioni inserite nella banca dati rientrano nell'ambito di applicazione del titolo II del d.lgs. 1996/2003 (Codice in materia di protezione dei dati personali), con conseguente esonero dal requisito del consenso per il trattamento dei dati personali.

---

(109) - In questi termini, S. VANNINI, *Commento all'art. 85*, in Sandulli, *op. cit.*, 827.

La banca dati ha attualmente registrati oltre un milione di oggetti, ma è accessibile al pubblico per una porzione assai limitata pari a circa 16.000 beni, tra quelli più rilevanti[(110)].

La banca dati non registra solo gli oggetti rubati, ma anche quelli provenienti da scavi clandestini o smembrato, quelli illecitamente esportati e quelli di cui sia stata accertata la falsificazione.

L'accesso al *database* completo è consentito ad alcuni operatori istituzionali (associazioni di categoria), previa sottoscrizione di apposita convenzione con il Ministeri. È anche possibile effettuare specifiche richieste di accesso riguardanti un determinato bene per sapere se esso sia o meno stato censito, con esclusione dei dati personali ovvero di informazioni relative ad indagini in corso, che rimangono accessibili solo agli organi di polizia.

La consultazione della banca dati è uno strumento molto utile per la verifica della legittima provenienza di un'opera nella fase di *due diligence* precedente l'acquisto (v. Capitolo 1) ovvero per valutare lo stato di buona fede da parte del possessore di un bene rubato e quindi la legittimità del suo titolo di acquisto. Tuttavia, se la mancata consultazione della banca dati non può condurre automaticamente all'esclusione della buona fede, la consultazione della banca dati costituisce un forte indizio di acquisto in buona fede, anche se non tutti i beni rubati o coinvolti in un traffico illecito sono censiti nella stessa.

3.9.2. Azione in base alla Convenzione UNIDROIT

Con la legge 7 giugno 1999, n. 213, l'Italia ha ratificato la c.d. Convenzione UNIDROIT sul ritorno internazionale dei beni culturali rubati o illecitamente esportati, adottata a Roma il 24 giugno 1995 ed entrata in vigore il 1° luglio 1998.

Alla Convenzione hanno aderito 44 Stati (inclusa l'Italia), tra i quali non vi sono gli Stati Uniti, il Regno Unito, la Svizzera ed i Paesi Bassi.

---

(110) - http://tpcweb.carabinieri.it/SitoPubblico/search.

La Convenzione UNIDROIT «*rappresenta oggi il maggior sforzo a livello internazionale di assicurare protezione al patrimonio culturale*»[111].

A differenza della Convenzione UNESCO sulla illecita importazione, esportazione e trasferimento dei beni culturali adottata a Parigi il 14 novembre 1970, che prevede unicamente procedure amministrative da parte degli Stati aderenti per combattere il traffico illecito di beni culturali, la Convenzione UNIDROIT incide su temi di carattere internazionalprivatistico nello sforzo di regolare in modo uniforme questioni disciplinate in modo molto diverso nei singoli Stati, con differenze marcate soprattutto tra Stati con ordinamenti di *common law* rispetti a Stati con sistemi giuridici di *civil law* in materia di acquisto *a non domino*.

Scopo della Convenzione è quindi quello di «*contribuire con efficacia alla lotta contro il traffico illecito dei beni culturali, stabilendo un corpus minimo di regole giuridiche comuni ai fini della restituzione e del ritorno dei beni culturali tra gli Stati contraenti, al fine di favorire la preservazione e la protezione del patrimonio culturale nell'interesse di tutti*».

La Convenzione individua i beni culturali a cui si applica facendo ricorso ad una definizione di carattere generale («*i beni che, a titolo religioso o profano, sono importanti per l'archeologia, la preistoria, la storia, la letteratura, l'arte o la scienza*") unitamente all'appartenenza una delle categorie elencate nel suo allegato.

La Convenzione UNIDROIT ha un carattere *self-executing*: non è richiesto alcun intervento di designazione da parte degli Stati aderenti su cosa debba intendersi per bene culturale, ma solo la riconducibilità di un determinato oggetto alla definizione generale ed ad una o più categorie elencate nell'allegato.

La Convenzione si applica alle richieste di carattere internazionale:

a) di restituzione di beni culturali rubati;

b) di ritorno di beni culturali esportati dal territorio di uno Stato contraente in violazione della sua legge che regolamenta

---

(111) - S. VANNINI, *Commento all'art. 87*, in Sandulli, *op. cit.*, 834.

l'esportazione di beni culturali, al fine di proteggere il suo patrimonio culturale (in seguito indicati come "beni culturali illecitamente esportati").

Si ritiene che il "carattere internazionale" della richiesta sia dato dalla circostanza che la fattispecie oggetto della richiesta non si esaurisca all'interno dello stesso Stato contraente.

Mentre la richiesta di ritorno di beni illecitamente esportati ha un carattere intrinsecamente "internazionale", per le richieste di restituzione di beni la questione può essere più sottile: si pensi al caso di un bene rubato, trasferito nel territorio di uno Stato contraente e successivamente riportato nello Stato contraente di origine: in tal caso a seconda che si applichino o meno le norme pattizie ovvero quelle domestiche le conclusioni possono essere diametralmente opposte.

Infatti, in particolare nei paesi di *civil law* l'acquisto in buona fede di un bene rubato esclude un obbligo di restituzione, che invece è previsto nella Convenzione UNIDROIT: l'art. 3 della Convenzione prevede perentoriamente che il possessore di un bene culturale rubato debba restituirlo, senza che assuma rilievo i criteri previsti dalle norme di diritto internazionale privato che in materia di proprietà di beni mobili fanno normalmente riferimento alla *lex rei sitae*.

Come previsto dall'art. 10 della Direttiva 2014/60/UE, il possessore di buona fede del bene rubato potrà avere diritto ad un equo e ragionevole indennizzo, fatto salvo il suo diritto alla ritenzione del bene fino a quando l'indennizzo non gli sia stato pagato (art. 4, comma 3 della legge n. 213/1999).

Un bene illecitamente scavato o scavato lecitamente ma illecitamente trattenuto è considerato come rubato, compatibilmente con la legislazione dello Stato nel quale tali scavi sono stati effettuati.

Si ritiene che questa norma consenta di ritenere che la definizione di "bene rubato" debba essere interpretata in base alla *lex rei sitae originis*.

Questa interpretazione è assai favorevole per gli Stati (come l'Italia) che attribuiscono allo Stato la proprietà di beni archeologici trovati nel sottosuolo o nelle acque territoriali.

L'azione di restituzione è sottoposta ad un termine di decadenza di 3 anni a decorrere dal momento in cui il richiedente ha conosciuto il luogo dove si trovava il bene culturale e l'identità del suo possessore e, in tutti i casi, entro un termine di 50 anni dalla data del furto.

Tuttavia, un'azione per la restituzione di un bene culturale che faccia parte integrante di un monumento o di un sito archeologico identificati, o che faccia parte di una collezione pubblica, non è sottoposta ad alcun termine di prescrizione salvo che ad un termine di 3 anni dal momento in cui il richiedente sia venuto a conoscenza del luogo dove si trovava il bene culturale e dell'identità del possessore.

Mentre l'azione di restituzione, in quanto azione a tutela del diritto di proprietà, può essere promossa non solo dallo Stato, ma anche dal privato proprietario, quella di ritorno relativa a beni illecitamente esportati, essendo prevista a tutela degli interessi pubblicistici relativi alla protezione del patrimonio culturale, legittimato attivo è unicamente lo Stato, sia esso o meno proprietario del bene illecitamente esportato. Nel caso in cui lo Stato sia proprietario del bene illecitamente esportato potrà scegliere tra l'una e l'altra azione.

Per vedere accolta l'azione di ritorno, lo Stato richiedente deve dimostrare (art. 5, comma 3 della Convenzione) che l'esportazione del bene comporta un significativo pregiudizio all'uno o all'altro dei seguenti interessi:

a) la conservazione fisica del bene o del suo contesto;

b) l'integrità di un bene complesso;

c) la conservazione dell'informazione, in particolare di natura scientifica o storica, relativa al bene;

d) l'uso tradizionale o rituale del bene da parte di una comunità autoctona o tribale;

oppure dimostri che il bene ha per detto Stato un'importanza culturale significativa.

Le richieste di ritorno devono essere promosse entro un termine di 3 anni dal momento in cui lo Stato richiedente ha conosciuto il luogo dove si trovava il bene culturale e l'identità del suo possessore e, in tutti i casi, entro un termine di 50 anni dalla data di esportazione o dalla data alla quale il bene avrebbe dovuto essere riconsegnato in base ad un'autorizzazione all'esportazione temporanea.

Il possessore di un bene culturale che ha acquistato detto bene dopo la sua illecita esportazione ha diritto, al momento del ritorno, al pagamento da parte dello Stato richiedente di un equo indennizzo, con riserva che il possessore non sapeva né avrebbe dovuto ragionevolmente sapere, al momento dell'acquisizione, che il bene era stato illecitamente esportato.

Per determinare se il possessore sapeva o avrebbe dovuto ragionevolmente sapere che il bene culturale era stato illecitamente esportato, si terrà conto delle circostanze dell'acquisizione, in particolare della mancanza del certificato di esportazione richiesto in virtù della legge dello Stato richiedente.

Invece dell'indennizzo e d'accordo con lo Stato richiedente il possessore che deve riconsegnare il bene culturale sul territorio di questo Stato, può decidere:

a) di rimanere proprietario del bene; oppure

b) di trasferirne la proprietà, a titolo oneroso o gratuito, ad una persona di sua scelta residente nello Stato richiedente e che offre le necessarie garanzie.

L'esercizio dell'azione di ritorno non è consentito se l'esportazione del bene culturale non è più illecita nel momento in cui se ne chiede il ritorno, oppure se il bene è stato esportato quando era in vita il suo autore, o entro un periodo di cinquant'anni dopo il suo decesso.

Per quanto riguarda i criteri temporali per l'applicazione della Convenzione, le norme sull'azione di restituzione si applicano ad un bene culturale che è stato rubato dopo l'entrata in vigore della presente Convenzione nei confronti dello Stato dove la richiesta è presentata, con riserva che:

a) il bene sia stato rubato sul territorio di uno Stato contraente dopo l'entrata in vigore della Convenzione nei confronti di questo Stato; oppure

b) il bene si trovi in uno Stato contraente dopo l'entrata in vigore della presente Convenzione nei confronti di questo Stato.

Per quanto riguarda l'azione di ritorno, la stessa è esperibile solo in relazione a beni culturali illecitamente esportati dopo l'entrata in vigore della Convenzione, nei confronti dello Stato richiedente così come dello Stato dove la richiesta è presentata.

Da ultimo, la Convenzione precisa che la stessa non legittima in alcun modo un'operazione illecita di qualunque natura che abbia avuto luogo prima della sua entrata in vigore o un'operazione per la quale la sua applicazione sia esclusa nelle ipotesi sopra indicate, né limita il diritto di uno Stato o di ogni altra persona di intentare, al di là della Convenzione, un'azione per la restituzione o il ritorno di un bene culturale rubato o illecitamente esportato prima dell'entrata in vigore della Convenzione.

CAPITOLO 4

LA GESTIONE DI UNA COLLEZIONE

di *Giuseppe Calabi*

1. PREMESSA

Gestire una collezione d'arte significa dedicarsi ad aspetti non soltanto storico-artistici, ma anche e soprattutto logistici, finanziari, assicurativi, di restauro, tutti riconducibili a discipline molto eterogenee.

In tal senso, il "curatore" assume centralità come figura di raccordo fra i vari attori del mercato dell'arte: grazie alle proprie solide conoscenze ambito artistico e alle proprie doti e connessioni nell'ambito delle relazioni pubbliche, il curatore è il perno saldo di una collezione d'arte e ne assicura la corretta amministrazione e valorizzazione.

Entrambe le appena citate operazioni dipendono in gran parte da operazioni di pegno, prestito, trasporto, assicurazione, *et caetera* in cui le figure del giurista e dell'avvocato si trovano spesso e volentieri interpellate. Grazie al loro intervento, il curatore è ben informato di tutti i rischi connessi a tali pratiche ed è così in grado di prevenirli ovvero di affrontarli all'occorrenza.

2. IL CONTRATTO DI PEGNO DI OPERA D'ARTE: ACCENNI

Il pegno può avere come oggetto, ai sensi dell'art. 2784 c.c., beni mobili, universalità di mobili, crediti e altri diritti aventi per oggetto beni mobili. Possono essere oggetto di pegno, dunque, sia le singole opere d'arte (beni mobili) sia le collezioni (universalità di mobili).

Il pegno è costituito a garanzia della obbligazione dallo stesso debitore o da un terzo con un contratto che si perfeziona solo con la consegna materiale della cosa al creditore o a un terzo designato dalle parti.

Lo spossessamento deve essere effettivo e non figurato o simbolico, dovendo avere come effetto quello di privare il costituente della materiale disponibilità del bene. Esso svolge una funzione di pubblicità in senso lato. Nei rapporti interni tra debitore e creditore, il creditore è garantito contro eventuali atti con cui il debitore potrebbe disporre del bene senza dichiarare l'esistenza della garanzia nei suoi confronti; nei rapporti esterni, i terzi (possibili acquirenti e altri creditori) sono avvertiti circa il fatto che il bene è a disposizione del creditore a garanzia di un suo credito.

Mancando lo spossessamento, il pegno non è costituito, con la conseguenza che, se un terzo dovesse acquistare la proprietà o altri diritti reali sul bene, acquisterebbe tali diritti come se la cosa non fosse gravata dal pegno, anche se fosse a conoscenza della esistenza dello stesso.

Affinché si costituisca il pegno sull'opera d'arte, dunque, è necessario che il costituente si spogli del possesso dell'opera consegnandola alla banca ovvero ad un terzo designato dalle parti. L'opera può, quindi, essere custodita sia presso la banca sia presso un terzo, purché tale terzo sia individuato di comune accordo tra la banca creditrice e il costituente. Considerata la natura dell'opera, è preferibile che il terzo sia un soggetto che svolge professionalmente l'attività di custodia di opere d'arte.

È possibile che l'opera sia posta nella custodia della banca e dello stesso debitore, a condizione, però, che della situazione sia data ai terzi visibilità e, soprattutto, che il costituente non possa disporre dell'opera senza la collaborazione della banca. Se, per esempio, l'opera fosse custodita presso locali di proprietà del costituente, sarebbe necessario che fossero chiusi da porta, munita di doppia chiave, apribile soltanto con l'intervento anche della banca. Una siffatta modalità della custodia, tuttavia, può far sorgere qualche dubbio sulla effettività dello spossessamento, per cui sarebbe preferibile che l'opera oggetto del pegno non resti presso il debitore, ma sia consegnata alla banca o al terzo designato dalle parti.

Nell'ambito della disciplina generale del pegno, la consegna a un terzo del bene oggetto della garanzia è considerata una forma particolare di spossessamento del costituente a cui il debitore fa ricorso quando non ha fiducia nel creditore e vuole premunirsi contro gli eventuali abusi dello stesso. Per tale motivo si ritiene che il creditore pignoratizio non possa conseguire a suo piacimento e in qualunque tempo il possesso della cosa dal terzo, assumendo il terzo l'obbligo di conservare il bene finché il debito non sia scaduto e di restituirlo al costituente o consegnarlo al creditore, dopo tale scadenza, a seconda che vi sia stato o non l'adempimento.

In tal caso, quindi, il terzo potrebbe consegnare l'opera alla banca solo scaduto il debito e previa dimostrazione da parte della banca del mancato pagamento dello stesso.

Nell'ipotesi in cui, tuttavia, il terzo riceva la cosa data in pegno come *adiectus solutionis causa*, essa - come deciso dalla Corte di cassazione con sentenza n. 5353 del 1987 – può essere conservata presso il terzo senza che il creditore pignoratizio incorra nelle restrizioni sopra descritte, intervenendo il terzo in sostituzione del creditore pignoratizio e con gli stessi effetti che sarebbero derivati dalla consegna della cosa oggetto di pegno direttamente al creditore pignoratizio. Affinché si produca tale effetto è necessario che il costituente, il creditore pignoratizio e il terzo concludano un contratto trilatero accedente al contratto di pegno.

Tramite tale accordo, è, dunque, possibile, nel caso di pegno su opera d'arte - in cui la necessità di consegna della cosa ad un terzo deriva non tanto dalla sfiducia del costituente nei confronti della banca creditrice, ma dalla esigenza di assicurare al bene oggetto della garanzia una maggiore tutela in termini di conservazione e valorizzazione, affidandolo a soggetti che svolgano professionalmente l'attività di custodia di opere d'arte – che l'opera possa essere consegnata a un terzo e, tuttavia, la banca possa mantenere il controllo sull'opera stessa, richiedendone al terzo depositario la consegna in ogni tempo e a suo piacimento.

L'atto di pegno deve necessariamente rinviare ad una *expertise*, ad esso allegata, redatta da un esperto che rilasci una dichiarazione e garanzia specifica in merito, *inter alia*, alle caratteristiche (fra cui autenticità e provenienza e stato di conservazione) dell'opera. Una separata *expertise*, redatta normalmente da un esponente del mercato dell'arte, deve invece attestare il valore dell'opera.

Una importante variabile del valore del bene d'arte oggetto del pegno è relativa alla sua possibilità di circolare liberamente, in Italia ed all'estero. Solo se l'opera è munita di un idoneo titolo di esportazione (attestato di libera circolazione, la cui validità permanga per tutta la durata del pegno) l'esperto può ragionevolmente indicare un valore corrispondente al possibile prezzo a cui essa potrebbe essere venduta sul mercato internazionale.

3. Contratto di prestito e comodato d'uso

Il contratto di prestito di opere d'arte (c.d. *loan agreement*) è una fattispecie assai frequente, specialmente nel contesto dell'organizzazione di mostre ed eventi. Viene quindi spesso concluso fra una istituzione e il proprietario (o l'ente proprietario) di un'opera.

Il contratto dovrà indicare la data di inizio e di termine di prestito dell'opera che ne è oggetto. Nel caso in cui si tratti di un bene culturale, inoltre, valgono le disposizioni del codice dei beni culturali relative alla denuncia di spostamento ovvero all'autorizzazione all'uscita temporanea dal territorio dello Stato di cui si è già discusso al Capitolo 3, a cui è d'uopo fare riferimento nello stesso contratto di prestito.

Alcune istituzioni prevedono la possibilità di inoltrare una richiesta di prestito (c.d. *loan form*) di un'opera in occasione di una mostra, prassi che si sta consolidando sempre maggiormente.

Il contratto di prestito contiene di norma:

- il titolo, la sede e la durata del prestito, con la possibilità di prevedere proroghe;

- il nome e tutti i dettagli delle opere richieste in prestito, con allegato il *condition report* di ciascuna (già trattato estensivamente ai Capitoli 1 e 2);

- il *facility report* degli spazi espositivi ospitanti, contenente delle informazioni specifiche sul luogo in cui la mostra ha luogo (umidità, temperatura, luce, condizioni di sicurezza)(1);

- indicazione della ditta incaricata di effettuare il trasporto e degli estremi della polizza assicurativa sottoscritta/di futura sottoscrizione;

- indicazione della possibilità e/o delle condizioni di riproduzione delle opere in prestito nel catalogo della mostra, nonché nel materiale illustrativo e didattico; più in generale, la ripartizione dei diritti di utilizzazione economica sull'opera o più opere oggetto del prestito, che includono anche il diritto di riproduzione e di esposizione dell'opera(2) (che, come già sottolineato, appartengono in via esclusiva all'autore dell'opera in forza degli artt. 12 e 13 l.d.a.); si noti che il trasferimento di tali diritti, ai sensi dell'art. 110 l.d.a., deve avvenire per iscritto;

- indicazione del foro competente e della legge applicabile in caso di controversie;

- si noti che il collezionista residente fiscalmente in Italia che concede in prestito opere d'arte ad una istituzione estera è soggetto agli obblighi di monitoraggio fiscale di cui al D.L. 28 giugno 1990, n. 167.

Il prestito prende poi forma in diverse fasi operative:

- eventuale restauro dell'opera;

- imballo dell'opera al prelievo presso sede prestatore o altra sede;

- trasferimento dalla sede di prelievo alla sede espositiva;

- disimballo e allestimento in sede espositiva;

- disallestimento e imballo a termine mostra;

- trasporto presso il prestatore.

---

(1) - In tal senso, possono adottarsi misure di c.d. "conservazione preventiva", ossia tutte quelle azioni volte alla sicurezza e manutenzione dello spazio espositivo che mirano a preservare l'integrità delle opere. Sul tema, v. AXA art, Apice, LCA studio legale, *In & Out: Guida pratica al prestito di opere d'arte*, 2018.

(2) - Questi diritti, soprattutto nel caso di opere d'arte contemporanea, possono essere ceduti dall'artista all'acquirente all'interno del contratto di compravendita. Resta ferma per l'artista la facoltà di far valere il proprio diritto morale d'autore, opponendosi a qualsiasi forma di riproduzione od esposizione che sia lesiva della sua reputazione.

Nel contesto degli eventi espositivi, i prestiti offrono l'occasione di valorizzare il patrimonio culturale, approfondendo gli studi e le conoscenze sulle collezioni oggetto della mostra. L'esposizione temporanea garantisce la fruibilità delle opere ad un più ampio pubblico e permette la pubblicazione su cataloghi d'arte o monografie, scritti appositamente per la mostra[3].

Il contratto di prestito di opere d'arte è strettamente connesso e prevede il più delle volte delle clausole che richiamano quello di trasporto, a quello di deposito e a quello di copertura dei rischi ed assicurazione, di cui si andrà ad effettuare l'analisi in questa sede.

Vale la pena rammentare che, in termini di diritto d'autore, l'art. 18-*bis* l.d.a., al proprio comma 3, prevede che l'autore abbia potere esclusivo di autorizzare il prestito della propria opera da parte di terzi. Pertanto, laddove intenzionato a contribuire all'organizzazione di una mostra, il collezionista dovrà ottenere il preventivo consenso dell'artista per poter procedere al prestito di una sua opera.

Deve distinguersi il contratto di prestito di opere d'arte da quello di comodato d'uso, anch'esso di ampio utilizzo nell'organizzazione di mostre. L'art. 1803 c.c. prevede: «*Il comodato è il contratto col quale una parte consegna all'altra una cosa mobile o immobile, affinché se ne serva per un tempo o per un uso determinato, con l'obbligo di restituire la stessa cosa ricevuta. Il comodato è essenzialmente gratuito*».

È proprio quest'ultima caratteristica a marcare la differenza tra il contratto di prestito e quello di comodato, ossia il fatto che il comodatario possa servirsi del bene in regime di gratuità. Il comodato, dunque, configura una concessione basata su un rapporto di cortesia.

Ai sensi del successivo art. 1804 c.c., il comodatario è tenuto a custodire e a conservare la cosa diligentemente, potendosene servire unicamente per l'uso determinato all'interno del contratto (è facile intuire, quindi, che nel caso di opere d'arte prestate in occasione di una mostra l'uso si limiterà all'esposizione al pubblico).

---

(3) - C. CATULLO, in *In & Out*, op. cit., 17.

Trattandosi di un contratto reale, esso si perfeziona con la consegna della cosa; pertanto, è possibile dedurre l'esistenza di un contratto di comodato anche quando le circostanze lo lascino intendere. Nel già citato caso della controversia sorta fra il Comune di Milano ed il Comune (museo) di Ixelles quanto all'incidente che ha interessato una scultura di Umberto Boccioni "prestata" dal primo al secondo[4], il tribunale di Milano ha ritenuto che la responsabilità dell'istituzione belga fosse di natura contrattuale e fondata sulla fattispecie del comodato, malgrado il passaggio del possesso dell'opera non fosse stato formalizzato in un preciso contratto[5].

Pertanto, l'incidente provocato dal dipendente del museo mentre la scultura era conservata presso il museo di Ixelles è stato interpretato dai giudici come una forma di negligenza tale da costituire un inadempimento all'obbligazione contrattuale del comodatario alla diligente custodia di essa.

Infatti, a norma dell'art. 1805 c.c.[6], il comodatario risponde anche del caso fortuito se utilizza il bene per scopo diverso da quello concordato e quindi anche con un grado di attenzione e cautela diversa da quella pattuita. «Nel declinare quale dovesse essere l'impegno volto alla custodia del bene", sottolinea il tribunale, "debbono essere tenuti presenti sia le caratteristiche del bene consegnato sia il dettaglio … delle condizioni di prestito". Nel caso di specie, "tali parametri consentono di affermare che l'attenzione sulla custodia dell'opera in questione doveva essere massima, tenuto conto dell'importanza della stessa e della sua indubbia rilevanza all'interno della Mostra».

Dall'analisi finora intrapresa risulta chiaro che il contratto di comodato d'uso può perfezionarsi anche in situazioni in cui, all'apparenza, due parti agiscono mosse da spirito di "cortesia" e senza la volontà di formalizzare un accordo. Di qui, il rischio di

---

(4) - Trib. Milano, 20 marzo 2017, n. 3190, op. cit.

(5) - Tale circostanza ha, peraltro, sollevato le perplessità della corte, «sia in relazione alle parti in causa, soggetti di diritto pubblico, sia in relazione al particolare valore e pregio dell'opera concessa in prestito», a riprova di quanto il settore dell'arte sia caratterizzato dall'assenza di formalità e dei rischi a ciò connessi.

(6) - La disposizione è applicabile anche nel caso di deterioramento della cosa, come confermato da Cass. civ., 6 novembre 2001, n. 13691.

vedere configurata in sede giudiziale una fattispecie contrattuale e, di conseguenza, vedersi imputata una responsabilità non aquiliana anche laddove manchi un fondamento scritto sotteso all'operazione di comodato.

Pertanto, rientra fra le accortezze del collezionista quella di assicurarsi di effettuare un prestito, un comodato o, più in generale, di alienare anche temporaneamente una propria opera soltanto previa definizione, per iscritto, delle condizioni di detta alienazione.

Ciò consentirà non soltanto di definire chiaramente i termini dell'eventuale prestito, ma anche e soprattutto di precisare alcuni punti fondamentali, quali la legge applicabile all'accordo od il foro competente a conoscere di un'eventuale disputa in sede giudiziale, onde evitare di dover dibattere sul punto una volta adito un tribunale.

Le due fattispecie di contratto di prestito e comodato d'uso non devono confondersi con il contratto di deposito, contratto reale attraverso il quale il c.d. depositante affida un'opera al c.d. depositario affinché la custodisca. Tale tipologia contrattuale è di più ampio utilizzo nel caso di *storage* di opere d'arte all'interno di magazzini o hangar rispetto alle occasioni di mostre od esposizioni.

4. Contratto di trasporto

Altrettanto importante, nel contesto dello spostamento di un'opera d'arte, è il contratto di trasporto. La fattispecie è richiamata dall'art. 1678 c.c., il quale prevede che, attraverso tale accordo, il c.d. "vettore", ossia il trasportatore, si obbliga, avverso un corrispettivo di denaro, a trasferire un bene da un luogo ad un altro.

Tale tipologia contrattuale trova un uso praticamente quotidiano nel contesto del mercato dell'arte, dove il vettore presenta, nella stragrande maggioranza dei casi, una struttura di tipo imprenditoriale e, talvolta, affida addirittura l'incarico ad altri.

È quindi necessario esplorare con attenzione la ripartizione delle responsabilità in merito ad eventuali danni causati ai beni trasportati o alla loro perdita.

La disciplina in materia di trasporto si articola su tre assi:

- i trasporti via strada, di cui agli artt. 1678-1702 c.c. e, per quanto riguarda la disciplina internazionale, alla Convenzione sul contratto di trasporto internazionale e stradale di merci (CMR) del 19 maggio 1956;

- i trasporti marittimi, di cui agli artt. 419 e ss. del codice della navigazione (r.d. 30 marzo 1942, n. 327) e alla Convenzione internazionale per l'unificazione di alcune regole in materia di polizza di carico di Bruxelles del 1924, modificata dai protocolli del 1968 e 1979 dell'Aja-Visby;

- i trasporti aerei, di cui agli artt. 950 e ss. del codice della navigazione.

In linea generale, sussiste una presunzione di responsabilità *ex recepto* a carico del vettore in relazione ai beni che trasporta ai sensi dell'art. 1693 c.c.; pertanto, incombe al vettore l'onere di dimostrare di non essere responsabile della perdita o avaria delle opere trasportate.

Si noti che la responsabilità del vettore può essere esclusa nelle ipotesi di caso fortuito o forza maggiore; di natura o vizi (non apparenti) delle opere o del loro imballaggio; di fatto commesso dal mittente ovvero dal destinatario.

Quanto al risarcimento eventualmente dovuto dal vettore, le modalità di calcolo sono fissate *ex lege*, tranne nel caso di colpa grave, per cui è previsto un risarcimento integrale in favore dell'acquirente delle opere. Sarà comunque possibile, per le parti, prevedere contrattualmente un interesse speciale alla riconsegna che escluda o superi i limiti risarcitori.

Per quanto riguarda il termine di prescrizione per far valere i diritti derivanti dal contratto di spedizione, l'art. 2951 c.c. prevede che essi si prescrivano in un anno, salvo il caso in cui il trasporto abbia origine o termine al di fuori dell'Europa, per cui la prescrizione si compie con il decorso di diciotto mesi. Inoltre, il termine decorre dal giorno in cui è avvenuta o sarebbe dovuta avvenire la riconsegna dell'opera al luogo di destinazione.

La prescrizione può essere interrotta mediante comunicazione inviata al trasportatore che lo responsabilizzi di eventuali danni. Nel trasporto aereo e marittimo, invece, il termine di decadenza (rispettivamente 2 anni e 1 anno) non può essere interrotto. Per non perdere il diritto a reclamare il risarcimento occorre agire in giudizio.

La titolarità dei diritti resta in capo al mittente durante il trasporto sino al momento della riconsegna della merce al destinatario e passa in capo al destinatario alla richiesta della riconsegna al vettore.

In luce di quanto esposto, è d'uopo che il collezionista che incarica un vettore di trasportare un'opera si premunisca di adeguata polizza assicurativa *all-risks* su di essa; in tal modo, in caso di danno, sarà l'assicurazione a coprire il costo del risarcimento dovuto, potendosi eventualmente rivalere nei confronti del vettore laddove tale possibilità non sia esclusa.

5. Contratto di restauro

Il contratto di restauro consiste, essenzialmente, nella definizione dei termini della prestazione dell'opera fornita da un restauratore in favore del committente, che il più delle volte è proprietario dell'opera da restaurare. Il proprietario di un'opera d'arte è libero di sottoporre a restauro il bene acquistato nei limiti di cui alla già citata l.d.a., che impongono il rispetto della integrità dell'opera d'arte a tutela del diritto morale d'autore dell'artista[7].

L'oggetto del contratto di restauro può interessare *inter alia*:

- la modalità di collaborazione del professionista, che si troverà ad intervenire, nella maggior parte dei casi, in qualità di lavoratore autonomo con lavoro prevalentemente proprio e senza vincolo di subordinazione nei confronti del committente;
- l'eventuale presenza e/o l'attività di supervisione del committente alle operazioni di restauro;
- la distribuzione dei diritti di proprietà intellettuale relativi ai risultati del restauro, inclusa l'eventuale relazione finale ed ogni documentazione ad esso relativa.

---

(7) - S. Morabito, *L'opera d'arte contemporanea e la fase di restauro: riflessi giuridici*, 3 BusinessJus 20, 2011, 4.

Oltre alla definizione dell'oggetto della prestazione, il contratto di restauro prevede la definizione sia del corrispettivo da versarsi al professionista che degli obblighi delle parti. Questi ultimi riguardano di norma l'impegno alla sottoscrizione di una copertura assicurativa, l'impegno alla realizzazione di documentazione fotografica delle operazioni di restauro, la definizione di eventuali impegni di riservatezza.

Nel quadro del contratto di restauro, si pone la questione di determinare se l'artista possa opporsi al restauro ovvero dolersi di un mancato restauro e richiedere che il proprietario dell'opera non la esibisca, almeno fino a quando essa non ne venga sottoposta.

La risposta di dottrina e giurisprudenza è tendenzialmente positiva: tali possibilità vengono infatti ricondotte all'art. 20 l.d.a. relativo alla possibilità, per l'artista, di opporsi a qualsiasi deformazione o mutilazione che interessi la propria opera. Vale l'eccezione per le opere di architettura, per cui l'autore non può opporsi alle modifiche che si rendano necessarie in corso di realizzazione ovvero ad opera compiuta.

Il proprietario che proceda comunque a far restaurare un'opera contro il volere dell'artista corre il rischio che quest'ultimo agisca per ottenere il risarcimento dei danni derivanti dalla deformazione della propria opera, nonché dalla lesione del proprio onore e della propria reputazione, con il rischio che il valore dell'opera diminuisca.

Inoltre, la giurisprudenza ritiene che, dal restauro di un'opera, possano scaturire degli autonomi diritti morali d'autore in capo al restauratore stesso. Il tribunale di Bologna, in una rara pronuncia sulla questione, ha stabilito che «[*a*]l restauratore di un'opera d'arte deve riconoscersi il diritto di autore quando la sua opera si estrinsechi in una attività particolarmente complessa ed implicante conoscenze tecniche, artistiche e culturali di carattere innovativo e creativo. E, inoltre, quando abbia come risultato finale quello di rendere nuovamente visibile e riconoscibile un'opera d'arte consistendo tale riconoscibilità nel quid novi, rispetto allo stato in cui si trovava prima del restauro, richiesto dall'art. 4 legge dir. autore, che riconosce protezione alle elaborazioni creative»[8].

---

(8) - Trib. Bologna, 23 dicembre 1992, in *Diritto d'autore,* 1993, 489.

A tal fine, sarebbe d'uopo prevedere una forma di tutela nei confronti dell'opera del restauratore già in occasione della conclusione di un contratto di restauro.

Con specifico riguardo alle cose definite come "beni culturali", l'art. 31 codice beni culturali sancisce che il restauro e gli altri interventi conservativi su di essi sono soggetti al procedimento autorizzativo di cui all'art. 21 codice beni culturali.

In sede di autorizzazione, il soprintendente si pronuncia, a richiesta dell'interessato, sull'ammissibilità dell'intervento ai contributi statali e certifica eventualmente il carattere necessario dell'intervento stesso ai fini della concessione delle agevolazioni tributarie previste dalla legge.

In determinate situazioni, il Ministero dei beni culturali può addirittura imporre al proprietario, possessore o detentore a qualsiasi titolo gli interventi necessari per assicurare la conservazione dei beni culturali ovvero provvedervi direttamente. A tal fine, il soprintendente redige una relazione tecnica e dichiara la necessità degli interventi da eseguire.

La relazione tecnica è inviata, insieme alla comunicazione di avvio del procedimento, al proprietario, possessore o detentore del bene, che può far pervenire le sue osservazioni entro trenta giorni dal ricevimento degli atti. Il soprintendente, se non ritiene necessaria l'esecuzione diretta degli interventi, assegna al proprietario, possessore o detentore un termine per la presentazione del progetto esecutivo delle opere da effettuarsi, conformemente alla relazione tecnica.

Il progetto presentato è approvato dal soprintendente con le eventuali prescrizioni e con la fissazione del temine per l'inizio dei lavori. Gli oneri per gli interventi su beni culturali, imposti o eseguiti direttamente dal Ministero sono a carico del proprietario, possessore o detentore. Tuttavia, se gli interventi sono di particolare rilevanza ovvero sono eseguiti su beni in uso o godimento pubblico, il Ministero può concorrere in tutto o in parte alla relativa spesa, determinando l'ammontare dell'onere che intende sostenere e dandone comunicazione all'interessato.

6. Copertura dei rischi ed assicurazione: accenni

Il contratto di assicurazione rientra fra gli accordi più frequenti conclusi dai collezionisti nel quadro di compravendite, prestiti, restauri e trasporti di opere d'arte.

La copertura assicurativa si rivela infatti essenziale per il proprietario di un'opera in caso di perdita, furto o danneggiamento, tenuto conto in particolare del fatto che, nel mercato dell'arte, circolano beni che sono al contempo molto delicati (talvolta anche molto antichi) e di notevolissimo valore.

Le compagnie assicurative propongono, di prassi, delle polizze *all-risks* specificamente adattate alla peculiarità delle opere d'arte, beni unici ed infungibili che ad oggi vengono sottoposti ad una intensa circolazione internazionale, in particolare in occasione dei prestiti per mostre ed esibizioni.

La policy più diffusa di assicurazioni d'arte è detta "da chiodo a chiodo" (c.d. "*nail to nail*") e consiste nella copertura, contro tutti i rischi, di un'opera a partire dal momento della rimozione dal luogo in cui è esposta, passando per il transito al luogo di esposizione temporanea, sino al *condition check* al rientro presso il prestatore, indipendentemente dal fatto che venga o meno ricollocata nello specifico punto da cui è stata rimossa[9].

Tale polizza si distingue dalla più antiquata e ormai caduta in disuso "a rischi nominati", in cui si elencano i singoli rischi assunti da parte dell'assicuratore, lasciando invece gli eventi non nominati a carico dell'assicurato[10].

Alla conclusione del contratto di assicurazione, il prestatore ottiene un certificato assicurativo, attestante l'avvenuta sottoscrizione della polizza per una o più determinate opere d'arte.

In caso di incidente, di norma il contratto prevede l'erogazione, da parte della compagnia assicurativa in favore del prestatore, di

---

(9) - N. Palmer, *Art Loans*, Kluwer Law International, 1997, 146.

(10) - A.A.V.V., *In & Out*, op. cit., 56.

una somma pari al valore garantito a titolo (i) di stima, ossia il valore commerciale attribuito all'opera di comune accordo dalle parti; (ii) ovvero di valore dichiarato dall'assicurato, a condizione che questi sia in condizione di fornire prova del suo reale valore commerciale.

Ai sensi dell'art. 2952 c.c., il termine di prescrizione dei diritti derivanti dal contratto di assicurazione è di due anni dal giorno in cui si è verificato il fatto su cui tale diritto si fonda e può essere interrotto dal proprietario dell'opera. La compagnia assicurativa è legittimata interrompere la prescrizione per conto del beneficiario della garanzia, laddove abbia ricevuto mandato in tal senso.

Infine, per quanto riguarda i rischi derivanti dal prestito di beni culturali, il decreto 9 febbraio 2005 del Ministero per i beni e le attività culturali definisce specifiche procedure, modalità e condizioni per l'assunzione, da parte dello Stato, della loro copertura. Quest'ultima è ottenibile su richiesta, da inoltrarsi alla direzione generale competente non meno di sei mesi prima dello svolgimento della specifica mostra od evento, ed è subordinata al parere obbligatorio e non vincolante di un comitato tecnico-scientifico, fondato *inter alia* sul rilevante interesse della mostra o manifestazione nel cui contesto si svolge il prestito; sullo stato conservativo delle opere per cui è richiesta la garanzia; sulla conformità del piano dei trasporti e dei sistemi di imballaggio rispetto agli standard più avanzati.

CAPITOLO 5

ASPETTI FISCALI

di *Angelo Busani*

1. La tassazione del trasferimento a titolo oneroso di opere d'arte e oggetti da collezione

1.1. *L'imposta di registro*

Ai sensi dell'art. 2, Tariffa Parte Prima allegata al d.P.R. 26 aprile 1986, n. 131[1], con riferimento agli atti qui di seguito elencati (se redatti in qualunque forma scritta[2] e a meno che si tratti di atti per i quali l'imposta di registro proporzionale si renda non dovuta in dipendenza dell'assoggettamento a Iva[3] della

---

(1) - Il d.P.R. 131/1986 reca il testo unico dell'imposta di registro, cui d'ora innanzi ci si riferisce con l'acronimo TUR. D'ora innanzi, inoltre, con l'acronimo TP1 ci si riferisce alla Tariffa Parte Prima annessa al TUR, con l'acronimo TP2 ci si riferisce alla Tariffa Parte Seconda annessa al TUR e con l'acronimo TAB ci si riferisce alla tabella degli atti esenti da registrazione annessa al TUR.

(2) - Non vi è obbligo di registrazione (ai sensi dell'art. 2, lett. a), TUR) se si tratta invece di contratti verbali, fatto salvo il caso della loro successiva enunciazione (ai sensi dell'art. 3, comma 2, TUR; e dell'art. 22, TUR).

(3) - Ai sensi dell'art. 127-*septiesdecies*, Tabella A – Parte III, d.P.R. 26 ottobre 1972, n. 633, è soggetta all'aliquota Iva del 10 per cento la cessione di «*oggetti d'arte, di antiquariato, da collezione, importati*» nonché degli «*oggetti d'arte di cui alla lettera a) della tabella allegata al decreto-legge 23 febbraio 1995 […] ceduti dagli autori, dai loro eredi o legatari*». A sua volta, nella predetta Tabella, si annoverano:

a) gli «*Oggetti d'arte*», vale a dire: «*quadri "collages" e quadretti simili ("tableautins"), pitture e disegni, eseguiti interamente a mano dall'artista, ad eccezione dei piani di architetti, di ingegneri e degli altri progetti e disegni industriali, commerciali, topografici e simili, degli oggetti manufatturati decorati a mano, delle tele dipinte per scenari di teatro, sfondi di studi d'arte o per usi simili*»; «*incisioni, stampe e litografie originali, precisamente gli esemplari ottenuti in numero limitato direttamente in nero o a colori da una o più matrici interamente lavorate a mano dall'artista, qualunque sia la tecnica o la materia usata, escluso qualsiasi procedimento meccanico e fotomeccanico*»; «*opere originali dell'arte statuaria o dell'arte scultoria, di qualsiasi materia, purché siano eseguite interamente dall'artista; fusioni di sculture a tiratura limitata ad otto esemplari, controllata dall'artista o dagli aventi diritto*»; «*arazzi e tappeti murali eseguiti a mano da disegni originali forniti da artisti, a condizione che non ne esistano più di otto esemplari*»; «*esemplari unici di ceramica, interamente eseguiti dall'artista e firmati dal medesimo*»; «*smalti su rame, interamente eseguiti a mano, nei limiti di otto esemplari numerati e recanti la firma dell'artista o del suo studio, ad esclusione delle minuterie e degli oggetti di oreficeria e di gioielleria*»; «*fotografie eseguite dell'artista, tirate da lui stesso o sotto il suo controllo, firmate e numerate nei limiti di trenta esemplari, di qualsiasi formato e supporto*»;

b) «*Oggetti da collezione*», vale a dire «*francobolli, marche da bollo, marche postali, buste primo giorno di emissione, interi postali e simili, obliterati o non obliterati ma non aventi corso nè destinati ad aver corso*»; «*collezioni ed esemplari per collezioni di zoologia, di botanica, di mineralogia, di anatomia, o aventi interesse storico, archeologico, paleontologico, etnografico o numismatico*»;

cessione[4] e della conseguente applicazione del principio di alternatività tra Iva e imposta di registro, di cui all'art. 40, TUR), e precisamente:

1) agli «[*a*]*tti traslativi*[5] *a titolo oneroso*[6] *della proprietà di*» «*beni diversi*» dai «*beni immobili in genere*» e dalle «*unità da diporto*» (nonché dagli automezzi)[7];

2) agli «*atti traslativi o costitutivi*» a titolo oneroso[8] «*di diritti reali* [...] *di godimento*»[9] inerenti «*beni diversi*» dai «*beni immobili in genere*» e dalle «*unità da diporto*» (nonché dagli automezzi);

---

c) «*Oggetti di antiquariato*»: «*i beni diversi dagli oggetti d'arte e da collezione, aventi più di cento anni di età*».

Secondo la Risposta a interpello n. 303 del 2 settembre 2020, le sculture sono «*Oggetti d'arte*» purché siano «*eseguite interamente dall'artista*» e, pertanto, non ricorrono le condizioni richieste per l'applicazione dell'aliquota Iva agevolata (e si deve pertanto applicare l'aliquota ordinaria) le opere d'arte non sono eseguite interamente dall'artista ma sono realizzate in tutto o in parte attraverso l'utilizzo di procedimenti meccanici, quali stampanti 3D, FDM software di modellazione 3D, nonché con l'intervento, in alcuni casi, di altri soggetti che fanno ricorso alla medesima tecnologia. Inoltre non è applicabile l'aliquota Iva agevolata laddove si realizzino molteplici pezzi della stessa "creazione" in contrasto con la "tiratura limitata" prevista dalla predetta Tabella, la quale solo in caso di fusioni di sculture ammette un numero di sculture a tiratura limitata al massimo ad otto esemplari.

(4) - Ai sensi dell'art. 1, d.P.R. 26 ottobre 1972, n. 633, «[*l'*]*imposta sul valore aggiunto si applica sulle cessioni di beni* [...] *effettuate nel territorio dello Stato nell'esercizio di imprese o nell'esercizio di arti e professioni* [...]»; ai sensi dell'art. 2, comma 1, d.P.R. 26 ottobre 1972, n. 633, «[*c*]*ostituiscono cessioni di beni gli atti a titolo oneroso che importano trasferimento della proprietà ovvero costituzione o trasferimento di diritti reali di godimento su beni di ogni genere*».

(5) - La definizione del concetto di "atto traslativo" è riportata in BUSANI, *Imposta di registro. Imposte ipotecaria e catastale. Imposta sostitutiva per i finanziamenti*, Milano, 2018, 1154.

(6) - La definizione del concetto di "atto a titolo oneroso" è riportata in BUSANI, *Imposta di registro. Imposte ipotecaria e catastale. Imposta sostitutiva per i finanziamenti*, Milano, 2018, 1151.

(7) - Gli «[*a*]*tti di natura traslativa o dichiarativa aventi ad oggetto veicoli iscritti nel pubblico registro automobilistico*» (art. 11-*bis*, TAB) sono esonerati da tassazione con imposta di registro in quanto soggetti a imposta provinciale di trascrizione ("IPT"), istituita dall'art. 56, d.lgs. 15 dicembre 1997, n. 446, il cui art. 51, comma 2, abolì (cfr. BUSANI, *E con l'Ipt scompaiono le imposte di registro*, in *Il Sole 24 Ore*, 19 gennaio 1999) l'imposta erariale di trascrizione (cosiddetta "IET"), la quale, a sua volta, venne sostituita all'imposta di registro dall'art. 1, legge 23 dicembre 1977, n. 952). In altri termini, tra IPT e imposta di registro esiste un rapporto di alternatività.

(8) - L'espressione «*a titolo oneroso*» che il legislatore utilizza con riferimento agli «*atti traslativi* [...] *della proprietà di beni immobili in genere*» deve essere evidentemente riferita anche agli «*atti traslativi o costitutivi di diritti reali immobiliari di godimento*».

(9) - La definizione del concetto di "atto traslativo" e di "atto costitutivo" di "diritti reali di godimento" è riportata in BUSANI, *Imposta di registro. Imposte ipotecaria e catastale. Imposta sostitutiva per i finanziamenti*, Milano, 2018, 1985.

3) agli atti recanti «*rinuncia pura e semplice*»[10] ai «*diritti reali* [...] *di godimento*» su «*beni diversi*» dai «*beni immobili in genere*» e dalle «*unità da diporto*» (e pure recanti rinuncia al diritto di proprietà su detti beni);

4) ai «*provvedimenti di espropriazione per pubblica utilità e i trasferimenti coattivi*» aventi a oggetto la «*proprietà di*» «*beni diversi*» dai «*beni immobili in genere*» e dalle «*unità da diporto*» e «*diritti reali* [...] *di godimento*» su «*beni immobili in genere*» e su «*unità da diporto*»;

è disposta la seguente tassazione ("in termine fisso")[11]:

a) l'aliquota del 3 per cento[12], da applicare (vertendosi qui in materia di «*contratti a titolo oneroso traslativi o costitutivi di diritti reali*») al «*valore del bene o del diritto alla data dell'atto*» (art. 43, comma 1, lett. a), TUR), il quale, è «*quello dichiarato dalle parti nell'atto e, in mancanza o se superiore, il corrispettivo pattuito per l'intera durata del contratto*» (art. 51, comma 1, TUR) (su questa dichiarazione di valore o di prezzo l'Amministrazione non ha potere di rettifica di un ritenuto maggior valore, a meno che l'atto abbia a oggetto un'azienda, la quale è valutabile dall'Ufficio ai sensi dell'art. 52, comma 1, TUR[13]; resta salvo, peraltro, il potere dell'Ufficio di accertare l'avvenuta occultazione di corrispettivo e, quindi, di pretendere l'applicazione della conseguente maggior imposta e della relativa sanzione: art. 72, comma 1, TUR);

---

[10] - La definizione del concetto di "rinuncia a diritto reale di godimento" è riportata in BUSANI, *Imposta di registro. Imposte ipotecaria e catastale. Imposta sostitutiva per i finanziamenti*, Milano, 2018, 2093.

[11] - Si fa peraltro luogo a registrazione solo "in caso d'uso" se il contratto sia «*formato mediante corrispondenza*», salvo che si tratti di contratti «*per i quali dal Codice civile è richiesta a pena di nullità la forma scritta e di quelli aventi per oggetto cessioni di aziende o costituzioni di diritti di godimento reali o personali sulle stesse*» (art. 2, comma 1, lett. a), TP2).

[12] - L'art. 2, TP2, dispone tuttavia l'applicazione dell'imposta in misura fissa nel caso di contratto formato per scrittura privata non autenticata «*quando l'ammontare dell'imposta risulti inferiore a euro 200,00*».

[13] - Cfr. in tal senso BISCUOLA, *sub Art. 2, Tariffa Parte I*, in Fedele-Mariconda-Mastroiacovo (a cura di), *Codice delle leggi tributarie*, Torino, 2014, 458.

b) l'imposta in misura fissa se aventi causa del «*trasferimento*»[14] siano:

b.1. lo «*Stato*»[15],

b.2. gli «*enti pubblici territoriali*»[16];

---

(14) - Il concetto di «*trasferimento*» utilizzato nell'art. 1, secondo periodo, TP1, va in effetti più correttamente inteso come espressione riassuntiva del concetto di «*atti traslativi a titolo oneroso della proprietà di beni immobili* [...] *e atti traslativi o costitutivi di diritti reali immobiliari di godimento*» di cui all'art. 1, primo periodo, TP1.

(15) - Sul tema della ricomprensione delle "Università" nell'ambito dello "Stato" cfr. (in fattispecie aventi a oggetto trasferimenti immobiliari): Risoluzione n. 260132 del 21 aprile 1992 e Risoluzione n. 260203 del 17 dicembre 1992; e, in giurisprudenza: Cass., 23 dicembre 2000, n. 16169, in *One FISCALE*, Wolters Kluwer; nonché Comm. Trib. Reg. Piemonte, 14 febbraio 2008, n. 2, in *One FISCALE*, Wolters Kluwer.

Nel senso invece della non estensibilità alle Università della normativa disposta a favore dello Stato, cfr. Cass., 8 aprile 2009, n. 8490, in *Ced Cassazione*, rv. 607834, secondo cui «agli acquisti onerosi di immobili da parte delle Università si applica il regime tariffario previsto dall'art. 1, comma quinto, della Tariffa I, allegata al d.P.R. 26 aprile 1986, n. 131, che prevede la registrazione a tassa fissa per i trasferimenti in favore "dello Stato e degli Enti pubblici territoriali": il confronto con l'art. 1, terzo comma, parte I, all. A, del d.P.R. 26 ottobre 1972, n. 634 consente infatti di ritenere che il regime tariffario degli acquisti onerosi dello Stato e degli organi del suo apparato non sia mutato rispetto al quadro legislativo previgente, che assimilava le Università allo Stato, in quanto istituzioni inserite nell'apparato amministrativo della istruzione pubblica, ancorché dotate di personalità giuridica, in relazione alle previsioni e nei limiti di cui all'art. 33 della Costituzione».

In quest'ultimo senso cfr. anche Cass., 21 aprile 2010, n. 9495, in *Ced Cassazione*, rv. 612470; Cass., 21 aprile 2010, n. 9496, in *Dir. Prat. Trib.*, 2010, 6, 2, 1311, con nota di BELLAVIA, *Sull'applicazione dell'imposta di registro, ipotecaria e catastale alle Università*; e in *Corr. Trib.*, 2010, 24, 1925, con nota di MULEO-MAURO, *Sindacabilità delle scelte imprenditoriali sulle modalità di pagamento*; Cass., 19 maggio 2011, n. 11075, in *One FISCALE*, Wolters Kluwer.

Cfr. però, ove applicabile, l'art. 55, comma 1, r.d. 31 agosto 1933, n. 1592, secondo il quale «*ai fini dell'esenzione da imposte e tasse dello Stato e degli Enti locali, le Università, gli Istituti di istruzione superiore, gli Osservatori astronomici, geofisici e vulcanologici, le Opere universitarie e le altre istituzioni universitarie di assistenza sono equiparati ad ogni effetto alle amministrazioni dello Stato*». Su questa norma si veda Comm. Trib. Centr., 20 marzo 1981, n. 1095, in *il fisco*, 1982, 2412, secondo cui «ai sensi del combinato disposto dell'art. 45 della legge 24 luglio 1962, n. 1073 e dell'art. 55, sesto comma del d.P.R. 26 ottobre 1972, n. 634, l'imposta di registro sui contratti in cui è parte una università è a carico dell'altro contraente, perché ai sensi dell'art. 45, legge 24 luglio 1962, n. 1075, le università sono parificate, ai fini dell'esenzione delle imposte e tasse, allo Stato».

(16) - Cfr. CONSIGLIO NAZIONALE DEL NOTARIATO, Studio n. 10/2000/T del 18 febbraio 2000, *Trasferimento di beni a favore della A.T.E.R. Imposta di registro*, in *CNN Notizie* del 4 aprile 2000, secondo il quale gli IACP (Istituti Autonomi Case Popolari) e le ATER (Aziende Territoriali per l'Edilizia Residenziale) seppur abbiano natura di "enti pubblici locali" non sono però qualificabili come enti "territoriali".

Per Cass., 7 maggio 2008, n. 11106, in *One FISCALE*, Wolters Kluwer, non è qualificabile come "ente pubblico territoriale" l'Ente Regionale per il Diritto allo Studio Universitario.

b.3. i «*consorzi costituiti esclusivamente tra*» «*enti pubblici territoriali*»[17];

b.4. le «*comunità montane*».

Se si eccettua il caso della cessione d'azienda, la norma di cui all'art. 2, comma 1, primo periodo, TP1 in tema di tassazione del trasferimento di beni mobili ha, nella prassi, una scarsa utilizzazione, per una pluralità di motivi:

a) la considerazione che, se si tratta (come spesso capita) di scritture private non autenticate soggette a Iva, la registrazione è disposta

---

Nell'ambito degli "enti pubblici territoriali" non rientrano nemmeno le Camere di Commercio: la riforma degli enti camerali del 1993 (art. 1 della legge 29 dicembre 1993, n. 580) ha qualificato le Camere di Commercio «*enti autonomi di diritto pubblico che svolgono, nell'ambito della circoscrizione territoriale di competenza, funzioni di interesse generale per il sistema delle imprese curandone lo sviluppo nell'ambito delle autonomie locali*» attribuendo alle stesse non solo poteri di autonomia, in particolare statutaria, ma anche funzioni proprie, dirette alla cura di interessi pubblici generali del sistema delle imprese. Questa nuova natura giuridica di enti autonomi non comporta però che essi possano essere ricondotti alla categoria degli enti pubblici territoriali (cfr. in tal senso CERULLI IRELLI, *Corso di diritto amministrativo*, Milano, 2000, 374; ITALIA - LANDI - POTENZA, *Manuale di diritto amministrativo*, Milano, 2000, 71; POGGI, *La prima sentenza della Corte dopo la riforma camerale del 1993: le funzioni di interesse generale per lo sviluppo delle imprese tra principio di autonomia e principio di rappresentatività*, in *Giur. It.*, 2001, 1327), in quanto, come precisato dalla Corte di Cassazione (Cass., Sez. Un., 25 ottobre 1999, n. 742, in *One FISCALE*, Wolters Kluwer), mentre per questi ultimi «il territorio assume il rilievo di elemento costitutivo», in relazione alle camere di commercio «la circoscrizione territoriale nell'ambito della quale operano (provincia o area metropolitana) costituisce soltanto il limite di competenza (art. 1 della l. n. 580 del 1993)».

Secondo la Risoluzione n. 141 dell'8 settembre 1998 gli "Enti Parco" sono da ricomprendere nella categoria degli enti ausiliari dello Stato e degli altri enti pubblici territoriali, «legati con l'ente ausiliato da un rapporto di servizio caratterizzato da subordinazione esecutiva»: si tratta pertanto di enti non sussumibili nel concetto di "enti pubblici territoriali". Cfr. però in contrario avviso Comm. Trib. Reg. Emilia Romagna, 17 marzo 2005, n. 31, inedita, secondo cui «un Ente Parco Nazionale è da assimilare agli enti pubblici territoriali in quanto la legge-quadro sulle aree protette 349/1991 indica nel territorio l'elemento caratterizzante il parco nazionale. Inoltre la legge 488/1999, nel ricomprendere gli enti parco nazionali fra gli enti beneficiari della particolare disciplina delle concessioni e delle locazioni di beni immobili, li ha indubbiamente assimilati alla categoria generale degli enti pubblici territoriali».

Secondo la Risoluzione n. 69 del 20 marzo 2009, l'azienda pubblica (ente strumentale del Comune) avente soggettività giuridica propria non è qualificabile quale organo o ufficio dell'ente pubblico territoriale.

[17] - Con riferimento a un'abrogata agevolazione disposta per i trasferimenti immobiliari a favore di consorzi costituiti esclusivamente tra» enti pubblici territoriali, la Circolare n. 37/220391 del 10 giugno 1986, affermò che detta norma agevolativa trovava applicazione solo nei confronti dei consorzi costituiti esclusivamente tra enti pubblici territoriali, trattandosi sostanzialmente «degli stessi soggetti destinatari, considerati non più singolarmente ma riuniti in una particolare organizzazione», e pertanto «deve negarsi il trattamento di favore ad analoghi organismi in cui partecipino [...] anche enti pubblici diversi da quelli sopra specificati».

(art. 5, comma 2, TUR) solo "in caso d'uso"[18] (qualora ricorra il "caso d'uso", la tassazione avviene comunque con l'imposta in misura fissa, per il principio di alternatività: art. 1, lett. b), TP2);

b) la considerazione che, se si tratta di contratti stipulati verbalmente (come spesso capita), essi (art. 2, lett. a), TUR) non rientrano tra quelli che, ai sensi dell'art. 3, TUR, sono soggetti a registrazione[19] (a meno che non ricorrano i presupposti della tassazione per enunciazione[20], ai sensi dell'art. 22, TUR);

c) la considerazione che, se si tratta di contratti conclusi mediante scambio di corrispondenza[21], essi sono soggetti a registrazione solo "in caso d'uso" (art. 1, lett. a), TP2);

d) la considerazione che, se si tratta di scritture private da cui deriverebbe un'imposta di ammontare inferiore a euro 200, la loro registrazione deve avvenire solo "in caso d'uso" (art. 2, comma 1, TP2).

Non ultima, la considerazione della notoria scarsa propensione dei contribuenti ad assoggettarsi a tassazione per questo tipo di atti.

1.2. *Le imposte sui redditi e l'Iva*

Nel campo della cessione delle opere d'arte e degli oggetti da collezione si pone il tema[22] di marcare la linea di confine tra:

a) il soggetto che, cedendo uno o più beni, non compie operazioni fiscalmente rilevanti;

---

(18) - Sul concetto di registrazione in caso d'uso, cfr. Busani, *Imposta di registro. Imposte ipotecaria e catastale. Imposta sostitutiva per i finanziamenti*, Milano, 2018, 297.

(19) - Sulla registrazione dei contratti formati verbalmente, cfr. Busani, *Imposta di registro. Imposte ipotecaria e catastale. Imposta sostitutiva per i finanziamenti*, Milano, 2018, 382.

(20) - Sul tema della tassazione per enunciazione, cfr. Busani, *Imposta di registro. Imposte ipotecaria e catastale. Imposta sostitutiva per i finanziamenti*, Milano, 2018, 434.

(21) - Sul tema della registrazione degli atti formati mediante corrispondenza, cfr. Busani, *Imposta di registro. Imposte ipotecaria e catastale. Imposta sostitutiva per i finanziamenti*, Milano, 2018, 311.

(22) - Cfr. Allena, *Arte e Fisco: le corporate collections, la deducibilità dei costi e l'art bonus*, in *Boll. Trib.*, 2018, 1423; Artuso-Bisinella, *Note sulla fiscalità diretta delle cessioni di opere d'arte, tra "collezionista", "mercante d'arte" e "speculatore occasionale"*, in *Riv. Tel. Dir. Trib.*, 2019, 2, 391; Bagarotto, *Regime tributario della cessione di opere d'arte*, in *Rass. Trib.*, 2019, 290; Maisto, *Profili fiscali relativi all'acquisto e detenzione di opere d'arte*, in Negri Clementi-Stabile (a cura di), *Il diritto dell'arte*, vol. 2, Milano, 2013, 233; Scarioni-Angelucci,

b) il soggetto che consegue un "reddito diverso" per il fatto di percepire «*redditi derivanti da attività commerciali non esercitate abitualmente*» (art. 67, comma 1, lett. i), d.P.R. 22 dicembre 1986, n. 917);

c) il soggetto che consegue un "reddito d'impresa" (e, quindi, effettua pure un'attività soggetta a Iva, ai sensi dell'art. 2, comma 1, d.P.R. 26 ottobre 1972, n. 633) per il fatto di svolgere «*per professione abituale, ancorché non esclusiva*» un'attività commerciale «*anche se non organizzat*[a] *in forma d'impresa*» (art. 55, comma 1, d.P.R. 917/1986).

Nel perimetro di cui alla lettera a) rientra, ad esempio, la persona che abbia ereditato un'opera d'arte o una collezione e che proceda alla vendita di detti cespiti (sia in blocco, sia pezzo per pezzo) al fine di ricavarne risorse finanziarie(23); oppure il cosiddetto "collezionista", il quale compra e vende non per finalità speculative ma come normale attività di "gestione della collezione", vale a dire per incrementarla e/o variarne la composizione(24).

La tassazione delle opere d'arte, Milano, 2014, *passim*; STEVANATO, *La vendita frazionata di una collezione d'arte configura una "attività commerciale occasionale"?*, in *Dial. Dir. Trib.*, 2004, 65.

(23) - Cfr. la Risoluzione n. 5/E del 23 gennaio 2001, ove si è analizzato il tema se in una «vendita all'asta» di «opere d'arte» (acquisite a titolo gratuito) «siano ravvisabili elementi che facciano assumere all'operazione occasionale una configurazione commerciale» se posta in essere da un soggetto che si trova «nella necessità di ricorrere alla vendita all'asta» per finanziarsi. L'Agenzia, dunque, afferma che «l'operazione prospettata non realizz[a] una attività commerciale in quanto non è ravvisabile nella stessa l'elemento dell'intermediazione nello scambio dei beni ma una semplice operazione di dismissione patrimoniale».

(24) - Cfr. Comm. Trib. I grado Venezia, 2 giugno 1994, n. 323, in *Rass. Trib.*, 1995, 377, secondo cui «la circostanza che un collezionista si rivolga ad una casa d'aste per vendere ed acquistare monete costituisce un avvenimento di carattere culturale, volto al godimento che un collezionista trae dalla raccolta di oggetti di pregio; di conseguenza la vendita occasionale, tramite casa d'aste, di monete da collezione provenienti dal patrimonio privato di un imprenditore non integra quell'esercizio di attività commerciale che costituisce presupposto soggettivo dell'Iva»; Comm. Trib. Reg. Toscana, 9 maggio 2016, in *il fisco*, 2016, 32-33, 3188, con nota di TRETTEL, *La compravendita (tramite internet) da parte di "collezionisti" non crea materia imponibile*; e in *Rass. Trib.*, 2017, 3, 828, con nota di GATTO, *I redditi da cessione di oggetti da collezione*, secondo cui «non crea materia imponibile ai fini dell'imposizione diretta e dell'Iva la compravendita tramite internet di beni costituenti parte di una collezione; una siffatta attività non può definirsi commerciale fintantoché non emergano prove certe riguardo alla professionalità ed abitualità della stessa (da intendersi come regolarità, sistematicità e ripetitività degli atti che la concretizzano)»; Comm. Trib. Prov. Torino, 19 aprile 2018, in il fisco, 2018, 23, 2298, secondo cui «non costituisce operazione commerciale

Nel perimetro di cui alle lettere b) e c) rientra, invece, chi assuma la qualità di (ri)venditore occasionale o di mercante d'arte e, cioè, colui che compie un'attività speculativa mediante la compravendita di opere d'arte o di oggetti da collezione (i cui indici possono essere l'acquisizione a titolo oneroso degli oggetti poi venduti, la frequenza degli atti di acquisto e di vendita, la loro tempistica ravvicinata, la rilevanza economica dei singoli atti, il valore del giro d'affari, il compimento di attività di valorizzazione degli oggetti acquisiti, come la loro pubblicizzazione, la loro riparazione o il loro abbellimento, l'esistenza di un'organizzazione composta di persone e mezzi)(25): se si tratti di un venditore occasionale, egli, dunque, consegue un "reddito diverso" (in applicazione del principio "di cassa"); se si tratti, invece, di un soggetto che pone in essere un'attività continuativa (e che, quindi, assume la qualità di "mercante d'arte"), si rientra nel campo del commercio "vero e proprio" e, quindi, nell'ambito di un'attività soggetta a Iva e produttiva di reddito d'impresa (in applicazione del principio "di competenza").

A nessuno sfugge che intuire la differenza tra il "collezionista" e il (ri)venditore occasionale è spesso assai complicato e richiede la valutazione di ogni singolo caso concreto, al fine di cogliere quelle specifiche particolarità che consentono di collocare la fattispecie in un àmbito o nell'altro.

---

la vendita, da parte di una società semplice avente come oggetto sociale la gestione del patrimonio immobiliare, di una collezione di autovetture di notevole pregio, anche storico, creata e curata per pura passione dal fondatore, in seguito al decesso del medesimo ed al fine di evitare gravi costi di manutenzione e custodia. In tal senso rileva, altresì, la vendita della collezione ad un'unica società acquirente con inevitabile contenimento dei prezzi stabiliti per ciascuna delle vetture, rispetto a quelli che potevano essere conseguiti con una vendita parcellizzata, di talché non può attribuirsi contraria rilevanza al fatto che l'operazione abbia avuto una certa rilevanza economica, avuto riguardo all'ammontare complessivo delle somme incassate»; Comm. Trib. Reg. Piemonte, 18 settembre 2018, in *il fisco*, 2018, 44, 4286, con nota di Vannini, *Non imponibile la dismissione di una collezione di opere d'arte*, secondo cui «il collezionista che acquisti e venda opere d'arte allo scopo di arricchire la propria collezione non pone in essere attività imprenditoriale ed i profitti delle vendite non costituiscono reddito d'impresa tassabile».

(25) - Cfr. Cass., 31 marzo 2008, n. 8196, in *Corr. Trib.*, 2008, 20, 1612, con nota di Beghin, *La capitalizzazione del profitto in beni non esclude l'esercizio dell'attività di impresa*; Cass., 20 ottobre 2011, n. 21776, in *One FISCALE*, Wolters Kluwer.

2. I profili dell'imposta di successione e donazione rilevanti per il trasferimento di opere d'arte e oggetti da collezione

2.1. *Il "principio di territorialità" dell'imposta di successione e donazione*

La normativa circa l'ambito territoriale di applicazione dell'imposta di successione (e di donazione) è recata dall'art. 2, d.lgs. 31 ottobre 1990, n. 346[26], secondo il quale detta imposta è dovuta[27]:

a) qualora il *de cuius* (al *de cuius* è parificato il soggetto dichiarato assente o del quale sia dichiarata la morte presunta) o il donante, al momento dell'apertura della successione (o della donazione), sia «*residente nello Stato*», «*in relazione a tutti i beni e i diritti*» oggetto di successione *mortis causa* (o di donazione), ovunque essi siano situati (è il cosiddetto principio della "imposizione mondiale");

b) qualora, invece, il *de cuius* (al *de cuius* è parificato il soggetto dichiarato assente o del quale sia dichiarata la morte presunta) o il donante, al momento dell'apertura della successione (alla data di stipula della donazione), «*non* [sia] *residente nello Stato*», in relazione ai soli beni e diritti «*esistenti*» «*nello Stato*» già di titolarità[28] del defunto (o di titolarità del donante) e, quindi, compresi nella sua massa ereditaria (o fatti oggetto di donazione); una presunzione assoluta di "esistenza nello Stato" è poi sancita dalla norma recata dall'art. 2, comma 3, TUSD.

---

[26] - Il d.lgs. 346/1990 reca il testo unico dell'imposta di successione e donazione, cui d'ora innanzi ci si riferisce con l'acronimo "TUSD".

[27] - Cfr. Crosti, *Successioni transfrontaliere e rischio di spostamento di ricchezza imponibile dall'Italia verso altri Paesi*, in *il fisco*, 2018, 36, 3461; Uricchio, *Commento all'art. 2*, in D'Amati, *Commento al Testo Unico delle imposte sulle successioni e donazioni*, Padova, 1996, 25. Cfr. anche Consiglio Nazionale Del Notariato, Studio n. 194-2009/T, *I criteri di collegamento territoriale nell'imposta sulle successioni e donazioni*, in *CNN Notizie* del 19 aprile 2010.

[28] - Al riguardo, è opportuno brevemente rammentare che, ai sensi dell'art. 51, legge 31 maggio 1995, n. 218 (intitolata "Riforma del sistema italiano di diritto internazionale privato"), «[*i*]*l possesso, la proprietà e gli altri diritti reali sui beni mobili ed immobili sono regolati dalla legge dello Stato in cui i beni si trovano*» (comma 1); e che «[*l*]*a stessa legge ne regola l'acquisto e la perdita, salvo che in materia successoria e nei casi in cui l'attribuzione di un diritto reale dipenda da un rapporto di famiglia o da un contratto*».

In quest'ultimo caso (è il cosiddetto principio della "territorialità")[29], la legge effettua, dunque, una correlazione tra imposta di successione (e di donazione) ed "esistenza" nel territorio dello Stato del bene o del diritto oggetto di trasmissione *mortis causa* (o di donazione). Pertanto, si fa differenza tra il gioiello esistente in una cassetta bancaria di sicurezza sita in Italia (il cui valore è sempre imponibile ai fini dell'imposta di successione e di donazione) da quello esistente in una cassetta di sicurezza sita in Svizzera (il cui valore si rende imponibile solamente nel caso della successione *mortis causa* di un *de cuius* che fosse residente in Italia al momento di apertura della successione o di un donante che fosse residente in Italia al momento di stipula della donazione).

Il concetto di "esistenza" in Italia può definirsi come *materiale collocazione* del bene entro i confini del territorio italiano: è, evidentemente, un concetto che si presta a essere utilizzato per i beni che hanno una concreta espressione materiale e che, in effetti, non si presta a essere utilizzato per fattispecie che siano il frutto di una operazione intellettuale. All'uopo, viene in soccorso l'art. 2, comma 3, TUSD, dettando una presunzione *iuris et de iure* di esistenza in Italia per una varietà di situazioni: ad esempio, diritti iscritti in pubblici registri, crediti, quote di partecipazione al capitale di società ed enti, eccetera.

In tema di territorialità dell'imposta, pertanto, il d.lgs. 346/1990 ha seguìto il principio, già accolto dal d.P.R. 26 ottobre 1972, n. 637, in virtù del quale, qualora il *de cuius* fosse residente nello Stato al momento del suo decesso, venivano sottoposti a imposizione successoria tutti i beni oggetto di trasmissione *mortis causa*, compresi quelli situati all'estero (a parte ogni problema inerente le difficoltà di conoscerli e valutarli)[30], limitando invece l'applicazione dell'imposta di successione ai beni esistenti in Italia nel caso in cui il defunto risiedesse all'estero[31].

---

(29) - Cfr. URICCHIO, *Commento all'art. 2*, in D'Amati, *Commento al Testo Unico delle imposte sulle successioni e donazioni*, Padova, 1996, 25.

(30) - Al riguardo, è opportuno rammentare che, per l'ordinamento italiano (ai sensi dell'art. 51, legge 31 maggio 1995, n. 218), l'appartenenza dei beni mobili e immobili è regolata in base alla legge del luogo in cui tali beni si trovano, a meno che il loro acquisto dipenda da una successione a causa di morte, da «*un rapporto di famiglia o da un contratto*».

(31) - Si veda il caso del trasferimento *mortis causa* di oggetti di gioielleria di un defunto cittadino britannico, residente in Inghilterra, che furono devoluti per testamento a beneficiari italiani, trasferimento dichiarato insuscettibile di imposizione tributaria successoria in Italia: cfr. la Risoluzione n. 312476 del 27 settembre 1973.

In precedenza e, cioè, nel sistema ancora previgente rispetto al d.P.R. 637/1972, la normativa fiscale era, invece, informata al principio della *lex rei sitae*, il che comportava la soggezione al tributo dei soli beni situati in territorio italiano, ovunque fosse la residenza dell'autore della successione. Successivamente, il legislatore ha, dunque, cambiato direzione, in base all'idea che il criterio della *lex rei sitae* potesse favorire condotte evasive, permettendo che una persona residente in Italia potesse limitarsi a spostare all'estero i suoi beni (mobili) di maggior valore per sottrarli all'imposta di successione.

La scelta del legislatore italiano di correlare l'imposizione alla residenza (e non alla nazionalità) del defunto (o del donante) è in linea con quella adottata in altri Stati[32].

Inoltre, occorre notare che si tratta di una scelta che, poi, è stata fatta propria pure dal legislatore civilistico, il quale ha anch'esso adottato il criterio secondo cui la successione per causa di morte caratterizzata da profili di internazionalità è, di regola[33], disciplinata dalla legge del luogo ove il *de cuius* aveva la propria «*residenza abituale*» (art. 21, comma 1, Regolamento UE 650/2012[34]) e non

Con riguardo alla trasmissione *mortis causa* (a favore di un residente in Italia) di un credito a una indennità risarcitoria inerente beni espropriati (nel corso della seconda guerra mondiale e negli anni successivi ad essa), dovuta in conseguenza di provvedimenti legislativi di denazionalizzazione adottati dalla Repubblica di Slovenia, cfr. la Risoluzione n. 412/E del 31 ottobre 2008, nella quale l'Amministrazione finanziaria ha affermato che - nel caso oggetto dell'interpello - «ai fini dell'imposta di successione, trattandosi di indennità risarcitorie ad aventi diritto cittadini sloveni, per beni nazionalizzati ubicati in Slovenia ed ereditati dall'istante, cittadino italiano, parente in linea diretta, la somma ereditata e trasferita in Italia non risulta assoggettabile ad imposta in Italia, in quanto [...] manca il presupposto della territorialità, di cui all'art. 2 del D.lgs. 31.10.1990, n. 346».

(32) - Cfr. GAFFURI F., *L'imposta sulle successioni e donazioni*, Torino, 1976, 221; e GAFFURI G., *L'imposta sulle successioni e donazioni. Trust e patti di famiglia*, Padova, 2008, 214, ove sono riportati spunti di diritto tedesco, inglese e francese. Cfr. anche ALTANA-SILVESTRI, *L'imposta sulle successioni e donazioni nel Testo Unico*, Milano, 1991, 19.

(33) - L'art. 21, comma 2, Regolamento UE 650/2012, dispone, infatti, che «[*s*]*e, in via eccezionale, dal complesso delle circostanze del caso concreto risulta chiaramente che, al momento della morte, il defunto aveva collegamenti manifestamente più stretti con uno Stato diverso da quello la cui legge sarebbe applicabile ai sensi del paragrafo 1, la legge applicabile alla successione è la legge di tale altro Stato*».

(34) - Si tratta del Regolamento (UE) 650/2012 del Parlamento Europeo e del Consiglio del 4 luglio 2012 relativo alla competenza, alla legge applicabile, al riconoscimento e all'esecuzione delle decisioni e all'accettazione e all'esecuzione degli atti pubblici in materia di successioni e alla creazione di un certificato successorio europeo.

Cfr. al riguardo, DORIGO, *Effetti per l'imposta di successione del regime UE sulle successioni transfrontaliere*, in *Corr. Trib.*, 2019, 12, 1059; FORTUNATO, *Aspetti internazionali dell'imposta sulle successioni e donazioni*, in *Fisc. Comm. Int.*, 2019, 12, 5.

più dalla legge nazionale (come, invece, era previsto dall'art. 46, legge 31 maggio 1995, n. 218[35]). La donazione resta, invece, disciplinata dalla legge nazionale del donante al momento della donazione (art. 56, comma 1, legge 218/1995), a meno che il donante «*con dichiarazione espressa contestuale alla donazione, sottopo*[nga] *la donazione stessa alla legge dello Stato in cui egli risiede*» (art. 56, comma 2, legge 218/1995).

Ciò che importa, quindi, per l'applicazione dell'imposta di successione (e di donazione) è solo la residenza del *de cuius* (o del donante), sicché: il *de cuius* straniero (o il donante) residente in Italia è trattato oggi come il cittadino italiano residente in Italia, mentre il cittadino italiano residente all'estero è trattato al pari di qualsiasi straniero, non residente in Italia[36].

Invero, nella giurisprudenza teorica sono state sollevate severe critiche verso la normativa in commento, ritenendosi irragionevole che l'imposta di successione sia applicata in base alle caratteristiche personali del *de cuius* e non, invece, in base alle caratteristiche personali dell'erede (o legatario), in base al ragionamento che, se il presupposto dell'imposizione fiscale è l'arricchimento di cui il beneficiario della successione profitta, il criterio di tassazione dovrebbe fondarsi sulle caratteristiche personali dell'erede (o del legatario), giacché è nel patrimonio di questi che entra ricchezza: identificandosi il presupposto del tributo con l'arricchimento del beneficiario, «nell'adottare un criterio "soggettivo" di territorialità si dovrebbe avere riguardo alla residenza di quest'ultimo, non a quella del *de cuius*

---

[35] - Intitolata "Riforma del sistema italiano di diritto internazionale privato".

[36] - Cfr. anche PISCHETOLA, *Successione aperta all'estero e territorialità dell'imposta*, in *Notariato* 2016, 3, 313, secondo cui: «Da tenere presente che quanto veniamo qui osservando - così come le successive riflessioni - prescindono del tutto dalla "cittadinanza" del defunto. I principi impositivi di cui all'art. 2 T.U. [...] sono infatti fondati solo sulla "allocazione" territoriale dei beni e diritti caduti nella successione di un "qualunque" cittadino. Ciò che rileva è solo il rapporto tra bene/diritto e residenza del defunto, ed è solo con riferimento a quest'ultima che la tassazione sarà "globale" (perché appunto riferita a tutti i beni e diritti devoluti, anche se posti all'estero) o, in mancanza, riferita solo a quelli 'esistenti' nel territorio dello Stato».

Parzialmente difforme - si ribadisce - è la disciplina dell'imposta di donazione, stante il disposto dell'art. 55, comma 1-*bis*, TUSD, (al cui commento si rinvia), secondo il quale «[*s*] *ono soggetti a registrazione in termine fisso anche gli atti aventi ad oggetto donazioni, dirette o indirette, formati all'estero nei confronti di beneficiari residenti nello Stato. Dall'imposta sulle donazioni determinata a norma del presente titolo si detraggono le imposte pagate all'estero in dipendenza della stessa donazione ed in relazione ai beni ivi esistenti, salva l'applicazione delle convenzioni contro le doppie imposizioni*».

o del donante»[37]. Altra critica è quella secondo cui il legislatore italiano avrebbe perpetrato un abuso della propria sovranità andando a incidere su rapporti giuridici (le conseguenze del decesso di una persona fisica) riservati alla potestà legislativa dello Stato nel quale la successione si apre[38].

2.1.1. *Il concetto di* de cuius *(o donante) "residente" in Italia*

Mentre la legge civilistica riferisce la vicenda successoria al «*domicilio*» del defunto (ai sensi dell'art. 456, c.c. «[*l*]*a successione si apre* [...] *nel luogo dell'ultimo domicilio del defunto*»), per l'applicazione dell'imposta di successione (e donazione), il d.lgs. 346/1990 fa, quindi, riferimento al concetto di «*residen*[za]» del defunto (o del donante).

---

(37) - Fedele, *Commento all'art. 2, d.lgs. 346/1990*, in Fedele-Mariconda-Mastroiacovo (a cura di), *Codice delle leggi tributarie*, Torino, 2014, 617. In argomento, cfr. anche Fedele, *Le innovazioni nella legge n. 342 del 2000, le definizioni della ratio del tributo. I rapporti con l'imposta di registro*, in AA.VV., *L'imposta sulle successioni e donazioni tra crisi e riforme*, Milano, 2001, 77; e Pistone, *Profili di diritto comparato, internazionale e comunitario in materia di imposte sulle successioni*, in AA.VV. *L'imposta sulle successioni tra crisi e riforme*, Milano, 2001, 360.

Cfr. anche Gaffuri G., *L'imposta sulle successioni e donazioni. Trust e patti di famiglia*, Padova, 2008, 218-219, ove si osserva che, sia in Germania che in Francia, il legislatore fiscale ha previsto l'applicazione dell'imposta di successione anche se il solo beneficiario era ivi residente al momento dell'apertura della successione, in considerazione del suo arricchimento.

(38) - Cfr. Cernigliaro Dini, *Commento all'art. 2, d.lgs. 346/1990*, in Marongiu (a cura di), *Imposta sul valore aggiunto e Imposte sui trasferimenti*, in Falsitta-Fantozzi-Marongiu-Moschetti (a cura di), *Commentario breve alle leggi tributarie*, Tomo IV, Padova, 2011, 1157, secondo cui la norma in esame «estende l'imposta a tutti i beni e diritti trasferiti, ancorché esistenti all'estero, facendo riferimento alle conseguenze patrimoniali della morte o della liberalità, che accadano nell'ambito di un qualsiasi ordinamento giuridico. Il decesso costituisce una fattispecie traslativa solo perché in un determinato sistema normativo è considerato come tale; ne deriva che il legislatore italiano, volendo contemplare tutti i possibili effetti patrimoniali della morte (o anche della liberalità), in qualsiasi punto dello spazio essi avvengano, in realtà finisce per colpire anche un fatto giuridico proprio di un altro ordinamento, benché riferito allo stesso episodio. La morte non è causa di trasferimento patrimoniale all'estero in virtù della norma nazionale che determina questo effetto, ma in forza della norma straniera, qualora questa faccia derivare dalla morte un'identica conseguenza, cioè un effetto traslativo; quindi, allorché il legislatore nostrano si riferisce ai beni siti all'estero trasferiti per causa di morte, cioè alla successione ereditaria in altro paese, esorbita dalle sue prerogative di ente territoriale sovrano. L'universalità oggettiva del prelievo [...] urta contro i principi di diritto internazionale. La potestà tributaria deve essere correlata alla presenza di concreti elementi di collegamento con l'ordinamento giuridico o con il territorio dello Stato stesso. [...] Nel caso specifico del tributo sulle successioni e sulle donazioni, l'abuso nell'esercizio della sovranità statale è evidente [...]».

Dato che non si può pensare che il legislatore utilizzi in modo improprio una terminologia giuridicamente rilevante e che non conosca il significato dei termini tecnico-giuridici, quando, dunque, l'art. 2, comma 1, TUSD, si riferisce al *de cuius* (o al donante) «*residente nello Stato*», per definire tale concetto altro non si può fare che ricorrere(39) alla definizione di "residenza" contenuta nell'art. 43, comma 2, codice civile, ove si definisce come «*residenza*» il «*luogo in cui la persona ha la dimora abituale*», per "dimora" intendendosi la casa di abitazione(40) (mentre il «*domicilio*», ai sensi dell'art. 43, comma 1, codice civile, è il luogo ove una persona «*ha la sede principale dei suoi affari e interessi*»).

Il medesimo ragionamento può essere ripetuto in relazione al disposto dell'art. 6, comma 1, TUSD, per il quale la successione deve essere dichiarata all'ufficio dell'Agenzia delle Entrate «*nella cui circoscrizione era l'ultima residenza del defunto*», ove essa fosse nello Stato; se il defunto fosse, invece, residente all'estero, la dichiarazione della successione deve essere registrata all'ufficio dell'Agenzia delle Entrate «*nella cui circoscrizione era stata fissata l'ultima residenza italiana*» o, qualora il defunto non abbia mai avuto residenza in Italia oppure, pur avendola avuta, essa «*non è conosciuta, l'ufficio competente è quello di Roma*» (e più precisamente l'Ufficio Territoriale di Roma 6 - Eur - Torrino, della Direzione provinciale II di Roma). È bene rammentare, inoltre, che, ai sensi dell'art. 31, comma 4, TUSD, la presentazione della dichiarazione di successione a un ufficio dell'Agenzia delle Entrate diverso da quello competente, si considera come non avvenuta.

---

(39) - Cfr. BAGGIO, *Il principio di territorialità ed i limiti alla potestà tributaria*, Milano, 2009, 270.

(40) - Secondo Cass., 14 marzo 1986, n. 1738, in *Rep. Foro It.*, 1986, voce *Domicilio*, n. 1, la residenza è determinata non solo dall'elemento soggettivo della volontà di rimanere in un dato luogo, ma anche dal fatto oggettivo della stabile permanenza in quest'ultimo. Inoltre, "l'abitualità della dimora" non impone la continuità o la definitività, ma richiede la conservazione dell'abitazione in quel dato luogo ove il soggetto ritorna quando possibile, mostrando l'intenzione di mantenervi il centro delle proprie relazioni familiari e sociali.

Cfr. pure Cass., 1° dicembre 2011, n. 25726, in *Ced Cassazione*, rv. 620499, secondo cui «la residenza di una persona, secondo la previsione dell'art. 43 cod. civ., è determinata dall'abituale e volontaria dimora in un determinato luogo, che si caratterizza per l'elemento oggettivo della permanenza e per l'elemento soggettivo dell'intenzione di abitarvi stabilmente, rivelata dalle consuetudini di vita e dallo svolgimento delle normali relazioni sociali (in applicazione di questo principio, la Cassazione ha confermato l'insussistenza degli elementi oggettivo e soggettivo per qualificare stabile ed abituale la permanenza nella dimora, desunti dal giudice di merito dalla mancanza di somministrazione dell'energia elettrica e dalla ripetuta assenza del ricorrente in occasione degli accessi dei vigili urbani).

Occorre, però, considerare che, nel luogo in cui, sotto il profilo civilistico, una persona è considerata essere residente (la cosiddetta "residenza sostanziale" o "effettiva"), essa deve stabilire la sua residenza anagrafica (la cosiddetta "residenza formale") e, cioè, il luogo nel quale essa risulta risiedere secondo l'apposito Registro della popolazione residente all'uopo tenuto dall'Ufficio Anagrafe di ogni Comune italiano: l'art. 3, comma 1, d.P.R. 30 maggio 1989, n. 223[41], sancisce, infatti, che per «*persone residenti nel comune s'intendono quelle aventi la propria dimora abituale nel comune*».

Circa il concetto di "residenza", occorre, quindi, prendere atto che, sebbene il nostro ordinamento disponga la regola secondo cui ciascuno deve comunicare all'Anagrafe comunale quale sia la propria «*dimora abituale*»[42], di modo che la sua residenza effettiva

---

[41] - Intitolato "Regolamento anagrafico della popolazione residente".

[42] - Se il luogo di dimora abituale sia spostato altrove, occorre effettuare l'operazione di trasferimento della residenza. Al riguardo, ai sensi dell'art. 13, comma 1, lett. a), d.P.R. 223/1989, l'interessato da un cambiamento di residenza deve rendere una apposita dichiarazione all'ufficio anagrafe del Comune in cui egli stabilisce la propria residenza.

Tale dichiarazione deve essere resa «*nel termine di venti giorni dalla data in cui si sono verificati i fatti*» (art. 13, comma 2, d.P.R. 223/1989); ai sensi del successivo art. 18, comma 1, d.P.R. 223/1989, «[*e*]*ntro due giorni lavorativi successivi alla presentazione delle dichiarazioni*» di cambiamento di residenza «*l'ufficiale d'anagrafe effettua le iscrizioni o le registrazioni delle variazioni anagrafiche dichiarate, con decorrenza dalla data della presentazione delle dichiarazioni*», fermo restando che (art. 19, comma 2, d.P.R. 223/1989) l'ufficiale stesso «*è tenuto a verificare la sussistenza del requisito della dimora abituale di chi richiede l'iscrizione anagrafica. Gli accertamenti devono essere svolti a mezzo degli appartenenti ai corpi di polizia municipale o di altro personale comunale che sia stato formalmente autorizzato* [...]».

Inoltre, ai sensi dell'art. 18, comma 2, d.P.R. 223/1989, «[*n*]*el procedimento d'iscrizione anagrafica per trasferimento di residenza da altro comune* [...] *l'ufficiale d'anagrafe, effettuata l'iscrizione, provvede alla immediata comunicazione, con modalità telematica, al comune di provenienza* [...], *dei dati relativi alle dichiarazioni rese dagli interessati, ai fini della corrispondente cancellazione anagrafica, da effettuarsi, con la medesima decorrenza di cui al comma 1, entro due giorni lavorativi*».

Occorre infine considerare che gli italiani residenti all'estero dovrebbero cancellarsi dall'anagrafe della popolazione residente nello Stato e iscriversi all'A.I.R.E. (l'Anagrafe degli Italiani Residenti all'Estero), conformemente quanto disposto dalla legge 27 ottobre 1988, n. 470 (intitolata "Anagrafe e censimento degli italiani all'estero") e dal regolamento attuativo approvato con d.P.R. 6 settembre 1989, n. 323 (intitolato "Approvazione del regolamento per l'esecuzione della legge 27 ottobre 1988, n. 470, sull'anagrafe ed il censimento degli italiani all'estero"). Cfr. anche la Circolare del Ministero dell'Interno n. 9/2003 del 17 aprile 2003 in tema di trasferimento dell'iscrizione A.I.R.E. dall'ultimo Comune di residenza al Comune di nascita in conseguenza dell'iscrizione del residente all'estero nelle liste elettorali di quest'ultimo.

coincida con le risultanze anagrafiche, potrebbe, però, di fatto, accadere che queste ultime non siano aggiornate, in quanto la persona obbligata a notificare il cambiamento della sua residenza abbia trascurato di conformarsi a tale obbligo: per questa ragione, pare di potersi ritenere che, quando la legge fa riferimento alla "residenza", il riferimento si intenda fatto alla "residenza sostanziale" (a meno che si tratti di tutelare l'affidamento che nei terzi sia ingenerato da quanto risulta dai Registri anagrafici) e che le risultanze anagrafiche siano dotate di un valore solamente presuntivo(43); e che, quindi, ogniqualvolta venga in rilievo il criterio della residenza, possa essere provata (e/o accertata da un giudice) l'effettiva «*dimora abituale*» del soggetto interessato (a prescindere dalla diversa risultanza anagrafiche), impiegando, al riguardo, qualsiasi mezzo di prova.

In altre parole, per stabilire, ai fini dell'art. 2, comma 2, TUSD, se il *de cuius* fosse (o il donante sia) residente nello Stato, si deve aver riguardo, anzitutto, alle risultanze anagrafiche(44), salvo che(45) il contribuente (interessato a non assolvere l'imposta di successione per beni non esistenti in Italia) o l'Amministrazione Finanziaria (interessata ad applicare l'imposta di successione anche a beni esistenti all'estero) non forniscano la prova(46) che la "residenza effettiva" è diversa da ciò che risulta o non risulta dai registri anagrafici. In mancanza di prova circa il fatto che la "residenza effettiva" è diversa da

(43) - Cfr. TORRENTE-SCHLESINGER, *Manuale di diritto privato*, Milano, 1981, 91, ove si afferma che, rappresentando la residenza una situazione di fatto, essa può provarsi con qualunque mezzo e non soltanto, quindi, con i certificati anagrafici.

(44) - Nel senso che, nella norma di cui all'art. 2, comma 2, TUSD, il legislatore abbia inteso far riferimento al concetto di "residenza anagrafica", cfr. GALLO ORSI G., *L'imposta sulle successioni (Commento al decreto 26 ottobre 1972, n. 637 e successive modificazioni)*, Torino, 1976, 261; nonché PISCHETOLA, *Successione aperta all'estero e territorialità dell'imposta*, in *Notariato* 2016, 3, 313.

(45) - Cfr. Comm. Trib. I grado Sulmona, 28 giugno 1980, n. 74, in *il fisco*, 1981, 739; e in *Vita Not.*, 1981, 350, secondo cui «il legislatore, nello stabilire che l'ufficio del registro competente a ricevere la dichiarazione di successione è quello nella cui circoscrizione era l'ultima residenza del defunto, ha inteso far riferimento al concetto di residenza stabilito dal codice civile; conseguentemente, è regolare la presentazione della dichiarazione all'ufficio del luogo in cui il *de cuius* aveva da tempo stabile dimora, pur se il medesimo risultava ancora, agli effetti anagrafici, residente in altro Comune».

(46) - Cfr. GALLO ORSI G. - GALLO ORSI F., *L'imposta di successione. Commento aggiornato alla L. 30-12-1991, n. 413*, Torino, 1993, 51; PISCHETOLA, *Successione aperta all'estero e territorialità dell'imposta*, in *Notariato* 2016, 3, 313.

quella "formale", devono ritenersi valevoli - per le ragioni di certezza[47] alle quali è preordinata la tenuta dei Registri anagrafici - le risultanze emergenti dai Registri anagrafici.

Un (flebile) argomento a favore del fatto che (almeno in prima battuta) debba esser dato credito alle risultanze dei Registri anagrafici, può essere tratto anche dal disposto dell'art. 48, comma 1, TUSD, per il quale «[*g*]*li ufficiali dello stato civile devono trasmettere all'ufficio del registro competente, nei primi quindici giorni di ogni trimestre, l'elenco delle persone*» che sulla base delle risultanze anagrafiche risultavano «*residenti nel comune della cui morte hanno avuto notizia nel trimestre precedente, con l'indicazione dell'indirizzo e con lo stato di famiglia di ciascuna*»: obbligo (in teoria) evidentemente diretto a consentire all'Ufficio locale dell'Agenzia delle Entrate di controllare la presentazione delle dichiarazioni di successione relative ai defunti che fossero anagraficamente residenti nel territorio della propria giurisdizione.

2.1.2. La successione mortis causa *della (e la donazione posta in essere dalla) persona residente in Italia*

La norma di cui all'art. 2, comma 1, TUSD, dispone che l'imposta di successione si applica al valore dell'intero patrimonio del *de cuius*, a prescindere dalla collocazione che abbiano le singole sue componenti (e, quindi, anche se esse si trovino, all'atto dell'apertura della successione, al di fuori dei confini nazionali: con riferimento ai beni mobili, la norma intende, dunque, evitare che il loro valore sia sottratto a tassazione mediante un semplice loro spostamento al di fuori del territorio italiano)[48].

Il momento nel quale verificare la titolarità, in capo al defunto, dei beni e dei diritti che fanno parte della sua successione *mortis causa* e che, quindi, devono essere sottoposti a imposizione successoria è indicato dalla legge nella

---

(47) - Cfr. l'art. 44, comma 1, codice civile, per il quale «[*i*]*l trasferimento della residenza non può essere opposto ai terzi di buona fede, se non è stato denunciato nei modi prescritti dalla legge*».

(48) - Cfr. Busani, *Ambito territoriale di applicazione dell'imposta di successione*, in *Corr. Trib.*, 2007, 617; Fedele, *Le innovazioni nella legge n. 342 del 2000. Le definizioni della ratio del tributo. I rapporti con l'imposta di registro*, in AA.VV., *L'imposta sulle successioni e donazioni tra crisi e riforme*, Milano, 2001, 77; Gaffuri G., *L'imposta sulle successioni e donazioni. Trust e patti di famiglia*, Padova, 2008, 216; Pistone, *Profili di diritto comparato, internazionale e comunitario in materia di imposta sulle successioni*, in AA.VV. *L'imposta sulle successioni e donazioni tra crisi e riforme*, Milano, 2001, 348.

«*data dell'apertura della successione*» (art. 2, comma 2, TUSD), la quale coincide (art. 456, codice civile) con il giorno nel quale il *de cuius* è deceduto (pertanto, non rileva il successivo momento in cui l'eredità venga accettata).

Questo criterio di "imposizione mondiale" determina il rischio di una duplice tassazione: da parte dello Stato italiano, ai sensi della normativa in esame, e da parte dello Stato nel quale i beni del *de cuius* siano allocati, il quale pretenda di applicare una imposizione sulla loro trasmissione *mortis causa*. Al fine di scongiurare questo problema[49],

---

[49] - La questione non ha soluzione sul piano del diritto comunitario, trattandosi di materia riservata all'autonomia dispositiva di ogni singolo Paese (ai sensi dell'art. 65, comma 1, Trattato Funzionamento dell'Unione Europea, infatti, «[*l*]*e disposizioni dell'art. 63 non pregiudicano il diritto degli Stati membri: a) di applicare le pertinenti disposizioni della loro legislazione tributaria in cui si opera una distinzione tra i contribuenti che non si trovano nella medesima situazione per quanto riguarda il loro luogo di residenza o il luogo di collocamento del loro capitale*»).

Cfr., in materia, PISCHETOLA, *Successione aperta all'estero e territorialità dell'imposta*, in *Notariato* 2016, e, 313, ove si ricorda l'emblematico «caso esaminato dai giudici della Corte di Giustizia CE in una sentenza di qualche tempo fa (Sez. III, 12 febbraio 2009, n. 67/08). La ricorrente, residente in Germania ed erede di un soggetto la cui successione si era ivi aperta, reclamava la detrazione dell'imposta pagata in Spagna in relazione a disponibilità finanziarie di titolarità del defunto, in essere presso un istituto di credito spagnolo. Al contrario gli uffici tributari tedeschi riconoscevano solo la imputazione degli importi pagati a mere passività ereditarie, senza alcun credito d'imposta e senza detrazione diretta. Ebbene nella sentenza i giudici hanno ribadito proprio il principio dell'autonomia impositiva in ambito tributario dei Paesi della Unione. "Allo stato attuale dello sviluppo del diritto comunitario - ha affermato la Corte -, gli Stati membri godono, fatto salvo il rispetto del diritto comunitario, di una certa autonomia in materia e che, pertanto, non hanno l'obbligo di adattare il proprio sistema fiscale ai vari sistemi di tassazione degli altri Stati membri, al fine, in particolare, di eliminare la doppia imposizione che risulta dal parallelo esercizio da parte dei detti Stati membri della loro competenza fiscale e, conseguentemente, al fine di consentire la detrazione... dell'imposta di successione assolta in uno Stato membro diverso da quello nel quale l'erede risiede"».

Cfr., altresì, il comunicato stampa n. IP/11/1551 del 15 dicembre 2011 (lo si può leggere integralmente all'indirizzo *http://ec.europa.eu/taxation_customs/taxation/personal_tax/inheritance/index_en.htm*), con il quale la Commissione europea ha proposto l'adozione misure per far fronte ai problemi inerenti all'imposta di successione transfrontaliera: «I cittadini dell'Unione che ereditano beni situati all'estero sono spesso tassati da più Stati membri. In casi estremi può addirittura accadere che il valore complessivo di un bene ereditato oltre confine debba essere pagato in tasse in quanto diversi Stati membri possono rivendicare diritti di imposizione sulla stessa successione o tassare le successioni estere più pesantemente di quelle interne. [...] Per far fronte a questi problemi la Commissione ha oggi adottato un pacchetto esaustivo di misure sull'imposta di successione. [...] Piccole modifiche alle norme degli Stati membri per renderle più coerenti fra loro [...] potrebbero comportare vantaggi reali per centinaia di migliaia di persone in tutta Europa. Questo è l'obiettivo che ci siamo prefissati». In data 9 gennaio 2012 è poi entrata in vigore la Raccomandazione n. 2011/856/UE del 15 dicembre 2011, recante "misure intese ad evitare la la legge italiana compie un "passo all'indietro": fatta salva l'esistenza di una eventuale specifica normativa derivante da Convenzioni contro le doppie imposizioni(50), l'art. 26, lett. b), TUSD, dispone che sono detraibili dall'imposta di successione dovuta in Italia «*le imposte pagate ad uno Stato estero, in dipendenza della stessa successione ed in relazione a beni esistenti in tale Stato, fino a concorrenza della parte dell'imposta di successione proporzionale al valore dei beni stessi, salva l'applicazione di trattati o accordi internazionali*»(51).

Il medesimo concetto deve essere ripetuto per la donazione che sia tassata (con riguardo a beni esistenti all'estero) in uno Stato estero, oltre che in Italia: «[*d*]*all'imposta sulle donazioni* [...] *si detraggono le imposte pagate all'estero in dipendenza della stessa donazione ed in relazione ai beni ivi esistenti, salva l'applicazione delle convenzioni contro le doppie imposizioni*» (art. 55, comma 1-*bis*, secondo periodo, TUSD).

---

doppia imposizione in materia di successioni", la quale «*stabilisce le modalità con cui gli Stati membri possono porre in atto misure, o migliorare le misure vigenti, al fine di evitare l'imposizione doppia o multipla derivante dall'applicazione di imposte di successione da parte di due o più Stati membri (di seguito: doppia imposizione)*», precisando altresì che «[*p*]*er analogia, la presente raccomandazione si applica anche alle imposte sulle donazioni qualora queste ultime siano tassate sulla base di norme identiche o simili a quelle relative alle successioni*».

Dallo stesso comunicato stampa si desume, però, come si sia ben lungi dal trovare una reale soluzione, demandandosi ancora una volta la materia ai legislatori nazionali e rimettendosi alla "buona volontà" degli stessi l'adozione di una soluzione efficace per il perseguimento dello scopo indicato: «Gli Stati membri sono liberi di applicare le norme di successione nazionali che ritengono opportune purché siano conformi alla normativa dell'Unione in materia di non discriminazione e di libera circolazione. La Commissione non propone un'armonizzazione della normativa degli Stati membri sull'imposta di successione. Essa raccomanda invece un'applicazione più ampia e flessibile delle misure nazionali di sgravio della doppia imposizione in modo da offrire una soluzione pragmatica, rapida ed economicamente efficace ai considerevoli oneri fiscali cui molti cittadini si trovano a dover far fronte».

(50) - L'Italia ne ha stipulate con: U.S.A. (legge 19 luglio 1956, n. 943), Svezia (legge 13 marzo 1958, n. 280), Regno Unito di Gran Bretagna e Irlanda del Nord (legge 9 agosto 1967, n. 793), Danimarca (legge 18 marzo 1968, n. 649), Grecia (legge 18 marzo 1968, n. 524), Israele (legge 12 aprile 1973, n. 201), Svizzera (legge 23 dicembre 1978 n. 943), Jugoslavia (legge 18 dicembre 1984, n. 974) e Francia (legge 14 dicembre 1994, n. 708).

Queste convenzioni sono oggetto di analisi in BUSANI, *Imposta di successione e donazione*, Milano, 2020, 721.

In materia, cfr. MAISTO, *Convenzioni internazionali per evitare le doppie imposizioni*, Milano, 2008, *passim*.

(51) - Questo argomento riceve compiuta trattazione in BUSANI, *Imposta di successione e donazione*, Milano, 2020, 717.

2.1.3. *La successione* mortis causa *della (e la donazione posta in essere dalla) persona non residente in Italia*

Come già osservato, mentre l'imposizione della successione del defunto residente in Italia concerne tutti i beni e diritti che gli appartenevano «*alla data dell'apertura della successione*», ovunque essi si trovino (art. 2, comma 1, TUSD), l'impostazione della fiscalità della successione *mortis causa* della persona non residente in Italia è, invece, fondata (sempre fermo restando che si deve trattare, ai sensi dell'art. 9, comma 1, TUSD, di «*beni e i diritti che formano oggetto della successione*» e, quindi, di beni e diritti "appartenuti" al *de cuius*) sul principio per il quale l'imposta di successione è dovuta limitatamente ai beni e ai diritti «*esistenti*» nello Stato «*alla data dell'apertura della successione*» (art. 2, comma 2, TUSD)[52].

Lo stesso ragionamento deve essere ripetuto per l'imposta di donazione: essa è imponibile in Italia per l'intero suo oggetto, se il donante è persona residente in Italia; tassata solo per «*beni*» e «*diritti*» «*esistenti*» in Italia, se il donante è persona non residente in Italia.

Con riguardo al concetto di "esistenza" nello Stato:

a) essa può definirsi come la "materiale collocazione"[53] di un dato bene entro i confini del territorio italiano: è, evidentemente, un concetto che si presta a essere utilizzato per i beni che hanno una concreta espressione materiale e che, in effetti, non si presta a essere utilizzato per fattispecie prive di materialità (come un diritto di credito o un diritto di proprietà intellettuale);

b) la legge parla di "esistenza" *sic et simpliciter*, senza qualificarla; e, quindi, è da ritenere che, nel concetto di "esistenza", siano da ricomprendere tanto una situazione di esistenza "stabile" quanto una situazione di esistenza "temporanea" o "provvisoria" o

---

(52) - Cfr. Consiglio Nazionale Del Notariato, Quesito n. 268-2007/T, *In tema di "Successione di cittadino straniero residente all'estero con beni in Italia e imposta di successione italiana"*, in *CNN Notizie* del 21 marzo 2008.

(53) - Il *locus rei sitae*, infatti, è il criterio di collegamento per stabilire qual è la legge disciplinatrice del «*possesso,* [del]*la proprietà e* [de]*gli altri diritti reali sui beni mobili ed immobili*»: art. 51, comma 1, legge 31 maggio 1995, n. 218 (intitolata "Riforma del sistema italiano di diritto internazionale privato").

"momentanea" (e ciò, anche in quanto, se diversamente si argomentasse, vi sarebbe, poi, da affrontare il problema - che appare inestricabile - di stabilire quale sarebbe la linea di confine tra una irrilevante esistenza "momentanea" e una rilevante esistenza "permanente");

c) la legge (art. 3, comma 2, TUSD) enuncia, comunque, una presunzione assoluta, secondo la quale determinati beni e diritti «*si considerano in ogni caso esistenti nello Stato*». La legge, quindi, non ammette, sul punto, alcuna prova contraria.

Il momento nel quale verificare la titolarità, in capo al defunto (o al donante), dei beni e dei diritti che fanno parte della sua successione *mortis causa* (o della donazione) e che, quindi, devono essere sottoposti a imposizione con l'imposta di successione (o donazione) è indicato dalla legge nella «*data dell'apertura della successione*» (o «*alla data* [...] *della donazione*») (art. 2, comma 2, TUSD), la quale coincide (art. 456, c.c.) con il giorno nel quale il *de cuius* è deceduto. Pertanto, non rileva il successivo momento in cui l'eredità venga accettata; né è rilevante che un dato bene venga collocato altrove una volta che la successione si sia aperta o che la donazione sia stata stipulata (quindi, non è in alcun modo rilevante che un bene, esistente in Svizzera al momento del decesso del *de cuius* o della donazione, sia poi immediatamente stato portato in Italia; e che, viceversa, un bene sia portato dall'Italia alla Svizzera); né è rilevante che un bene esistente all'estero e appartenente a una defunto o a un donante residente in Italia venga a essere di titolarità, per successione *mortis causa*, di un erede o di un legatario o di un donatario italiano).

2.2. *La valutazione dei beni mobili oggetto di successione* mortis causa *e donazione*

L'art. 19, TUSD (norma da utilizzare anche per l'applicazione dell'imposta di donazione, ai sensi dell'art. 56, comma 4, TUSD)[54], chiude, dettando una regola residuale, la Sezione II («*Valori dei beni*

[54] - Pertanto, quanto è riferito nel presente Capitolo 5 alla trasmissione *mortis causa* e all'apertura della successione *mortis causa* deve essere inteso come riferito anche al trasferimento per donazione (o altro atto a titolo gratuito) e al momento di stipula della donazione (o altro atto a titolo gratuito).

e dei diritti») del Capo II («*Base imponibile*») del Titolo II («*Applicazione dell'imposta alle successioni*») del d.lgs. 346/1990.

In detta regola residuale[55] si sancisce, dunque, con elencazione "in negativo", che «[*l*]*a base imponibile, relativamente ai beni e ai diritti compresi nell'attivo ereditario diversi da quelli contemplati nell'art. 9, comma 2, e negli articoli da 14 a 18, è determinata assumendo il valore venale in comune commercio alla data di apertura della successione*» (art. 19, comma 1, TUSD; peraltro, precisandosi che, ai sensi dell'art. 34, comma 8, TUSD, «[*a*]*i fini della rettifica e della liquidazione della maggiore imposta non si tiene conto delle differenze di valore relative ai beni indicati* [...] *nell'art. 19, dei quali sia evidente la scarsa rilevanza*»).

In altre parole, con il criterio del loro «*valore venale in comune commercio*»[56] «*alla data di apertura della successione*», si valutano i beni «*diversi da quelli*» per i quali il d.lgs. 346/1990 appresta una specifica disciplina per la loro valutazione, e cioè «*diversi da quelli*» di cui:

- all'art. 9, comma 2, TUSD, e cioè diversi da «*denaro, gioielli e mobilia*» «*destinat*[a] *all'uso o all'ornamento* [di] *abitazioni*»;

- all'art. 14, TUSD, e cioè diversi da «[*b*]*eni immobili e diritti reali immobiliari*»;

- all'art. 15, TUSD, e cioè diversi da «[*a*]*ziende, navi e aeromobili*»;

---

(55) - Cfr. Cramarossa, *Commento all'art. 19*, in D'Amati, *Commento al Testo Unico delle imposte sulle successioni e donazioni*, Padova, 1996, 172; Lipari, *Commento all'art. 19, d.lgs. 346/1990*, in Marongiu (a cura di), *Imposta sul valore aggiunto e Imposte sui trasferimenti*, in Falsitta-Fantozzi-Marongiu-Moschetti (a cura di), *Commentario breve alle leggi tributarie*, Tomo IV, Padova, 2011, 1201; Mondini, *Commento all'art. 19, d.lgs. 346/1990*, in Fedele-Mariconda-Mastroiacovo (a cura di), *Codice delle leggi tributarie*, Torino, 2014, 671.

(56) - Nel diritto previgente, l'art. 25, d.P.R. 637/1972, sanciva che «*si assume*[va] *come valore venale quello indicato nella dichiarazione presentata*». Su tale valore dichiarato l'Amministrazione non aveva potere di rettifica (art. 26, comma 1, d.P.R. 637/1972). Con il d.lgs. 346/1990 è stato quindi dato ingresso a un potere di rettifica anche in questo ambito: cfr. la Circolare n. 17/350134 del 15 marzo 1991, secondo la quale «la formulazione della disposizione [...] muove chiaramente dall'opportunità di allineare e armonizzare i criteri di valutazione e di controllo nella soggetta materia. Va da sé che gli uffici valuteranno, caso per caso, l'utilità della rettifica tenendo conto, al riguardo, delle caratteristiche del bene, ovverosia quando, indipendentemente dalla sua natura di cosa mobile, essa rappresenti una entità patrimoniale, di rilevante interesse economico».

- all'art. 16, TUSD, e cioè diversi da [*a*]*zioni e obbligazioni, altri titoli, quote sociali*»;

- all'art. 17, TUSD, e cioè diversi da «[*r*]*endite e pensioni*»;

- all'art. 18, TUSD, e cioè diversi dai «[*c*]*rediti*.

La norma di cui all'art. 19, TUSD, è, quindi, da intendere come riferibile:

a) ai beni mobili, che non rientrino nel concetto di «*mobilia*» (di cui all'art. 9, comma 3, TUSD) e che nemmeno rientrino tra le componenti di un'azienda (si pensi, ad esempio, a opere d'arte tenute costantemente in un *caveau*(57), a cavalli da corsa, a lingotti d'oro, a manoscritti e altri documenti di valore, eccetera)(58);

b) alle universalità di mobili diverse dall'azienda (si pensi, ad esempio, a una collezione di francobolli o di monete o di orologi, a una biblioteca di libri antichi, a un allevamento di animali che non siano la componente di un'azienda, a merci e macchinari già facenti parte di un'azienda che sia stata cessata, eccetera);

c) alle opere dell'ingegno umano(59) e, se non rientrino tra le componenti di un'azienda, i marchi e i brevetti.

A quest'ultimo riguardo, è opportuno precisare che, qualora lo sfruttamento economico dell'opera dell'ingegno:

- avvenga già in vita dell'autore o inventore, i relativi proventi (già incassati o il relativo credito), all'apertura della sua successione, concorrono a formare l'attivo ereditario cui è applicabile l'imposta di successione;

---

(57) - Le opere d'arte tenute presso l'abitazione del *de cuius* rientrano, invece, nella nozione di «*mobilia*» di cui all'art. 9, comma 2, TUSD.

(58) - Cfr., sul punto, la Circolare n. 17/350134 del 15 marzo 1991.

(59) - Sulla rilevanza delle opere dell'ingegno umano ai fini della determinazione del valore imponibile cui applicare l'imposta di successione, cfr., in giurisprudenza, Trib. Milano, 20 dicembre 1971, in *Boll. Trib.*, 1973, 661; nella prassi amministrativa, la Risoluzione n. 251025 del 22 maggio 1987 («ciò che esiste nel patrimonio del defunto all'atto dell'apertura della successione, è solo un rapporto giuridico capace di creare, direttamente in capo all'erede, una ricchezza nuova la quale, non essendo suscettibile di valutazione economica in quanto relativa ad un diritto non determinato né determinabile in termini di produttività, non può costituire materia tassabile ai fini dell'imposta sulle successioni»), la Risoluzione n. 240995 del 13 novembre 1985, e la Circolare n. 14/17000 del 15 marzo 1985; e, in dottrina, GAFFURI G., *L'imposta sulle successioni e donazioni*, Padova, 2008, 270, e TABET, *Il diritto d'autore nella normativa tributaria*, in *Rass. Trib.*, 1988, I, 71.

- avvenga, invece, successivamente al decesso dell'autore o inventore, i relativi proventi appartengono *iure proprio* ai suoi successori *mortis causa*[60].

2.2.1. Il concetto di "valore venale in comune commercio"

Nella norma di cui all'art. 19, TUSD, si ricorre al concetto di «*valore venale in comune commercio*».

Il «*valore venale*» è il valore che un bene ha in un determinato momento storico (vale a dire il «valore normale di scambio derivante dall'interazione della domanda e dell'offerta in una libera contrattazione di mercato»)[61], tenendo conto delle sue specifiche caratteristiche[62], materiali[63] e giuridiche[64] (ad esempio, il fatto che si tratti di un bene oggetto di un rapporto di locazione o di

---

(60) - La materia della spettanza *iure proprio* dei diritti d'autore agli eredi dell'autore, è oggetto di trattazione in Busani, *Imposta di successione e donazione*, Milano, 2020, 10.

(61) - Cass., 15 settembre 1972, n. 1457, in *Giur. Agr. It.*, 1971, II, 343; in *Rass. Avv. Stato*, 1972, I, 5, 697; in *Dir. Prat. Trib.*, 1973, II, 854, con nota di Falzone, *Sul concetto di valore venale in comune commercio*; in *Riv. Leg. Fisc.*, 1973, III, 347.

Secondo Fiorentino, *Commento all'art. 51, d.P.R. 131/1986*, in Marongiu (a cura di), *Imposta sul valore aggiunto e Imposte sui trasferimenti*, in Falsitta-Fantozzi-Marongiu-Moschetti (a cura di), *Commentario breve alle leggi tributarie*, Tomo IV, Padova, 2011, 910, «il criterio del valore venale si può esprimere anche quale intervallo di valori numerici potenzialmente idonei ad esprimere il valore normale del bene in quel momento e in quello stato. In tal senso ciascun corrispettivo, che si colloca in concreto all'interno dell'indicato intervallo di riferimento (di «normalità»), è idoneo ad esprimere il valore venale [...]; diversamente, se il prezzo indicato non si colloca all'interno della citata area di normalità, non esprimendo il descritto valore venale, non è idoneo a rappresentare la base imponibile [...]».

(62) - Cfr. Comm. Trib. Reg. Emilia-Romagna, 31 marzo 2011, n. 23, in *Notariato*, 2012, 2, 226, secondo cui «il criterio del valore venale in comune commercio [...] indica un valore medio di mercato che i beni dovrebbero avere attraverso il gioco della domanda e dell'offerta, in una contrattazione tra i privati, senza alcun riferimento al fatto che i beni siano o meno liberi da vincoli ed oneri, giacché delle limitazioni di godimento e di disponibilità, che ne derivano ai beni stessi, si tiene conto in sede di determinazione del loro valore nelle contrattazioni private [...]».

(63) - Per una fattispecie relativa alla valutazione dei beni immobili, cfr. Comm. Trib. Reg. Lazio, 6 ottobre 2014, n. 5900, in *One FISCALE*, Wolters Kluwer, ove sono state ritenute prevalenti le argomentazioni contenute in una perizia di parte (nella quale era stato considerato l'effettivo stato di fatto dell'immobile trasferito) rispetto a quelle contenute nella stima presentata dall'Amministrazione Finanziaria, redatta in base ad astratti criteri di valutazione.

(64) - Per una fattispecie relativa alla valutazione dei beni immobili, cfr. Cass., 13 maggio 2003, n. 7311, in *Rep. Foro It.*, 2003, voce *Registro (imposta)*, n. 74, inerente al caso della

affitto)[65], e tenendo conto del prezzo effettivamente pattuito in contrattazioni[66] che, nel recente passato, abbiano avuto a oggetto un bene simile o identico a quello oggetto di valutazione e che non siano state caratterizzate da elementi di straordinarietà con riferimento alle condizioni dei contraenti e del mercato (nel cui ambito la contrattazione è avvenuta), e cioè non alterate da elementi (oggettivi o soggettivi) di eccezionalità (quali, per il venditore, la necessità di vendere al più presto, senza attendere migliori occasioni, a fronte di impellenti esigenze finanziarie; e, per l'acquirente, l'estremo interesse all'acquisto, come può essere - prendendo un classico esempio della contrattazione immobiliare - quello del proprietario confinante con il bene oggetto di trasferimento, il quale, per ragioni di "posizione", sia disposto a sborsare un prezzo maggiore di quello normalmente accettabile da un compratore non condizionato da ragioni di ampliamento della sua proprietà limitrofa).

La dichiarazione di valore effettuata dal contribuente è ovviamente soggetta al potere di rettifica da parte dell'Amministrazione (art. 34, TUSD)[67].

---

valutazione di un'area edificabile, privata in parte della propria capacità edificatoria per intervenuta cessione della sua cubatura a fondo limitrofo.

(65) - Per una fattispecie relativa alla valutazione dei beni immobili, cfr. la Risoluzione n. 11250/25 dell'11 luglio 1979 e la Risoluzione n. 281324 dell'8 gennaio 1985 inerenti al caso della valutazione di un appartamento trasferito mentre era corrente un contratto di locazione ad "equo canone".

(66) - Secondo Penco, *Manuale dell'imposta di registro*, Milano, 1986, 283, «l'accezione valore venale non costituisce un criterio di estimazione ma configura, piuttosto, un risultato da conseguire attraverso regole tecnico-scientifiche: un termine di raffronto. Esprime il valore medio di mercato da individuarsi nel prezzo che si dovrebbe realizzare in un determinato momento, in un determinato luogo, sulla base di obiettive circostanze, senza l'influenza di fattori eccezionali che lo possano in qualche modo influenzare in senso positivo o negativo».

Cfr. anche Cass., 23 luglio 1968, n. 2654, in *Boll. Trib.*, 1969, 173, secondo cui il valore venale in comune commercio è «quello che i beni hanno, attraverso il libero gioco della domanda e dell'offerta, in una contrattazione tra privati, senza alcun riferimento al fatto che i beni siano liberi o meno da vincoli ed oneri, giacché delle limitazioni di godimento e di disponibilità, che ne derivano ai beni stessi, si tiene conto in sede di determinazione del valore di essi nelle contrattazioni private».

(67) - Cfr. Consiglio Nazionale Del Notariato, Studio n. 168-2006/T del 15 dicembre 2006, *Prime note a commento della nuova imposta sulle successioni e donazioni*, in *CNN Notizie* del 9 gennaio 2007.

Occorre, infine, rammentare che, ove si tratti di stimare i beni in esame non per il valore del diritto di piena proprietà, ma in quanto al valore dell'usufrutto che su di essi sia impresso (e del complementare valore del diritto di nuda proprietà), si deve ricorrere (art. 15, comma 3, TUSD) al medesimo criterio con il quale si stabilisce il valore di usufrutto sui beni immobili, di cui all'art. 14, lett. b) e c), TUSD(68).

2.3. *La presunzione di esistenza di denaro, gioielli e mobilia nell'asse ereditario*

Ai sensi dell'art. 9, comma 2, TUSD, «[*s*]*i considerano compresi nell'attivo ereditario* [*recte*: in ogni attribuzione derivante da una data successione *mortis causa*, essendo stata abrogata l'imposta sul valore globale ed essendo vigente un'imposta sulle singole attribuzioni](69) *denaro, gioielli e mobilia per un importo pari al dieci per cento del valore globale netto imponibile dell'asse ereditario anche se non dichiarati o dichiarati per un importo minore, salvo che da inventario analitico redatto a norma degli articoli 769 e seguenti del codice di procedura civile non ne risulti l'esistenza per un importo diverso*».

Nel concetto di «*denaro*» deve intendersi rientrare il "denaro liquido", vale a dire quello "in corso legale" incorporato in titoli cartacei e in pezzi di metallo non prezioso; non paiono, dunque, ricomprendibili, in tale perimetro (e nemmeno in quello di «*gioielli e mobilia*»), le monete "fuori corso" e le monete (come le monete auree) che, seppur "in corso", non siano adoperate come comune metodo di pagamento del prezzo dovuto(70). Quindi, il valore di dette

(68) - La materia del valore dell'usufrutto (vitalizio o a tempo determinato) impresso su beni immobili è oggetto di compiuta trattazione in Busani, *Imposta di successione e donazione*, Milano, 2020, 431.

(69) - Questo argomento riceve compiuta trattazione in Busani, *Imposta di successione e donazione*, Milano, 2020, 167.

(70) - Cfr. Comm. Trib. Centr., 16 ottobre 1990, n. 6684, in *Comm. Trib. Centr.*, 1990, I, 754; in *Corr. Trib.*, 1991, 743; in *Rass. Imp.*, 1991, 986; e in *Vita Not.*, 1991, 275, secondo cui, «ai fini della determinazione dell'attivo ereditario, le monete auree relitte dal *de cuius* esulano dal concetto di denaro cui fa riferimento l'art. 8 2° comma d.p.r. 26 ottobre 1972 n. 637 (dovendosi intendere con tale locuzione i mezzi pecuniari di uso corrente) e vanno pertanto considerati beni e, come tali, sono da imputare tra quelli indicati al 1° comma dello stesso art. 8 del d. p. r. n. 637 del 1972».

monete di interesse numismatico (e non utilizzato comunemente come mezzo di pagamento) indicato nella dichiarazione di successione concorre a formare la base di calcolo sulla quale si applica la percentuale del dieci per cento, al fine di ricavare il valore di «*denaro, gioielli e mobilia*» presuntivamente esistenti nell'asse ereditario.

Il concetto di «*gioielli*» non ricomprende «le monete preziose, i lingotti e anche i gioielli oggetto di commercio»[71]: quindi, il valore di monete preziose, lingotti e di gioielli oggetto di commercio concorre a formare la base di calcolo su cui calcolare la percentuale del dieci per cento.

Per «*mobilia*» si intende, ai sensi dell'art. 9, comma 3, TUSD, «*l'insieme dei beni mobili destinati all'uso o all'ornamento delle abitazioni*»[72] (e, quindi, i complementi d'arredamento, i soprammobili, i tappeti, le porcellane, i cristalli, l'argenteria, i quadri, le stampe, le sculture, eccetera) «*compresi i beni culturali non sottoposti al vincolo di cui all'art. 13*», TUSD (il vincolo rileva, invero, al fine di "escludere" i beni che ne sono gravati dall'attivo ereditario).

La norma reca, pertanto, una presunzione *iuris tantum*[73] di esistenza nell'asse ereditario di «*denaro, gioielli e mobilia*»,

(71) - MASTROIACOVO, *Commento all'art. 7, d.lgs. 346/1990*, in Fedele-Mariconda-Mastroiacovo (a cura di), *Codice delle leggi tributarie*, Torino, 2014, 654.

(72) - Sarebbero esclusi, pertanto, da questa definizione quei mobili che non siano funzionalmente destinati all'utilizzo abitativo, come i mobili e le attrezzature d'ufficio che si trovino nell'abitazione di proprietà del *de cuius*; e pure, viceversa, quei mobili tipicamente funzionali a un utilizzo abitativo (come l'arredamento di cucina) che si trovino nell'ufficio del *de cuius*. Cfr., in materia, GALLO ORSI G. - GALLO ORSI M., *L'imposta di successione. Commento aggiornato alla L. 30-12-1991, n. 413*, Torino, 1993, 81.

Inoltre, «non sempre un oggetto d'antiquariato può essere considerato mobilia, non sempre mobili e arredi sacri possono essere considerati mobilia, specialmente se destinati all'uso o all'ornamento non di un'abitazione, ma, ad esempio, di una chiesa privata; non sempre un quadro può essere considerato mobilia se facente parte, per esempio, di una collezione di tele non notificate e conservate in appositi locali» (GALLO ORSI G. - GALLO ORSI M., *L'imposta di successione (Commento aggiornato alla L. 30-10-1991, n. 413)*, Torino, 1993, 156).

(73) - Si trattava di una presunzione relativa anche nella vigenza del r.d. 30 dicembre 1923, n. 3270; mentre nel d.P.R. 637/1972 era stata introdotta una presunzione assoluta, poi modificata in presunzione relativa dall'art. 5, legge 17 dicembre 1986, n. 880.

Cfr., in materia, ALTANA, *Denaro, gioielli e mobilia nell'imposta sulle successioni*, in *Boll. Trib.*, 1989, 14, 1147; ARNAO, *La presunzione di esistenza di denaro, gioielli e mobilia: le nuove modalità applicative*, in *Corr. Trib.*, 1987, 7, 476; CERNIGLIARO DINI, *La prova contraria alla presunzione di denaro, gioielli e mobilia nell'imposta di successione*, in *Dir.*

presupponendo che, trattandosi di beni non registrati, i quali sono usualmente presenti nel patrimonio di chiunque e che, quindi, si trovano nella materiale disponibilità dei chiamati all'eredità (e degli eredi), costoro non abbiano alcun stimolo a evidenziarli nella dichiarazione di successione, ma siano viceversa propensi a impossessarsene senza farne dichiarazione al fisco[74].

La norma in esame dispone, dunque, che il valore netto imponibile di ogni singola attribuzione ereditaria (e, cioè, la somma algebrica - per ogni singola attribuzione ereditaria - del valore di attività[75], passività[76], oneri, legati[77]

Prat. Trib., 1976, II, 255; Cernigliaro Dini, *La presunzione di denaro, gioielli e mobilia nell'imposizione sulle successioni, Le modificazioni apportate dalla legge 17 dicembre 1986, n. 880*, in *il fisco*, 1987, 7, 569; Crisafulli, *In tema di capacità contributiva*, in *Giur. Cost.*, 1965, 857; De Mita, *Presunzioni fiscali e capacità contributiva*, in *Corr. Trib.*, 1983, 6, 239; Falsitta, *Appunti in tema di legittimità costituzionale delle presunzioni fiscali*, in *Riv. Fin.*, 1968, II, 1; Gaffuri F., *L'imposta sulle successioni e donazioni*, Torino, 1976, 237; Gaffuri G., *Le presunzioni nella disciplina dell'imposta sulle successioni e donazioni*, in *Riv. Dir. Fin. Sc. Fin.*, 1985, 4, I, 572; Gallo Orsi G., *L'imposta sulle successioni (Commento al decreto 26 ottobre 1972, n. 637 e successive modificazioni)*, Torino, 1976, 73; Gallo Orsi G., *La presunzione di esistenza di denaro, gioielli e mobilia nell'imposta di successione*, in *Vita Not.*, 1975, 218; Marini, *Le collezioni di oggetti d'arte, la loro trasmissione mortis causa e la nuova imposta sulle successioni*, in *Dir. Prat. Trib.*, 1980, 1, I, 53; Micheli, *Uguaglianza di trattamento, capacità contributiva e presunzioni di legge*, in *Giur. Cost.*, 1965, 454; Micheli, *Capacità contributiva reale e presunta*, in *Giur. Cost.*, 1967, 1027; Pezzinga, *Successioni e donazioni: la nuova disciplina. Non più assoluta la presunzione di esistenza di denaro, gioielli e mobilia nell'asse ereditario*, in *il fisco*, 1987, 6, 289; Pezzinga, *Successioni e donazioni: la nuova disciplina. Non più assoluta la presunzione di esistenza di denaro, gioielli e mobilia nell'asse ereditario*, in *il fisco*, 1987, 6, 289.

[74] - Cfr. Corte Cost., 12 luglio 1967, n. 109, in *Ced Cassazione*, ove si legge che la presunzione in commento è «fondata sulla comune esperienza e risponde a principi di logica tanto rilevanti da legittimar la certezza giuridica della esistenza de beni; e che, altresì, data la natura di essi facilmente occultabili, sfuggenti a qualsiasi accertamento fiscale e di valore difficilmente valutabile, sussisteva per il legislatore la necessità di rendere precisa la pretesa tributaria, sollecita la riscossione del tributo e vano ogni tentativo di evasione».

[75] - Si tratta del valore lordo della singola attribuzione specificamente ricevuta da un dato beneficiario (ad esempio, mediante un legato, una divisione fatta dal testatore o una *institutio ex re certa*) oppure ricevuta da un dato beneficiario come quota-parte della comunione ereditaria.

[76] - Si tratta delle passività gravanti sulla massa ereditaria, ripartite pro-quota tra ogni partecipante alla comunione ereditaria.

[77] - Cfr. Comm. Trib. Prov. Bologna, 23 marzo 2011, n. 47, in *One FISCALE*, Wolters Kluwer, secondo cui «se al fine del calcolo della percentuale del 10 per cento relativa alla presunzione dell'appartenenza all'attivo dell'asse ereditario di gioielli e mobilia ex art. 9 comma 2 d.lgs. 346/90, occorre far riferimento al valore globale netto dell'asse ereditario, si deve assumere il valore dei beni ereditati al netto dei legati».

e franchigia[78])[79] sia aumentato del dieci per cento, a titolo di presunta presenza di «*denaro, gioielli e mobilia*» nell'attribuzione ereditaria; e ciò, sia che nella dichiarazione di successione non sia indicata alcuna presenza nell'eredità di «*denaro, gioielli e mobilia*» sia che nella dichiarazione di successione siano indicati «*denaro, gioielli e mobilia*» (ovviamente, diversi da quelli che facciano parte di un

---

(78) - Evidentemente errata è la sentenza di Comm. Trib. Prov. Milano, 26 agosto 2019, n. 3489, in *One FISCALE*, Wolters Kluwer, ove, dopo essersi correttamente affermato che «La base imponibile su cui calcolare il 10% è data dal valore globale dell'attivo, escluso il passivo e le franchigie spettanti a ciascun erede», si respinge il ricorso del contribuente che contestava la liquidazione dell'Ufficio nella quale la percentuale del 10 per cento era stata calcolata senza sottrarre la franchigia esente da imposizione.

(79) - Cfr., seppur nel diritto previgente, Cass., 11 aprile 2011, n. 8191, in *Ced Cassazione*, rv. 617602, secondo cui «si considerano parte dell'attivo, ai sensi dell'art. 8, comma 2, del d.P.R. 26 ottobre 1972, n. 637 (come sostituito dall'art. 5 della legge 17 dicembre 1986, n. 880 [...]), denaro, gioielli e mobilia per un importo pari al dieci per cento del valore complessivo netto dell'asse ereditario, detratto un ammontare pari a quello degli scaglioni non assoggettabili a imposta, anche se dichiarati per un importo minore, salvo che siano dichiarati e analiticamente indicati in inventario per il minore importo idoneamente dimostrato, ed il valore dell'asse ereditario netto, su cui calcolare la predetta percentuale, è quello che risulta all'esito della previa sottrazione della quota esente, secondo una nozione di valore tassabile che trova altresì conferma nell'omologo art. 9 del d.lgs. 31 ottobre 1990, n. 346, che ha riguardo al valore globale netto imponibile dell'asse ereditario e, dunque, esclude in detto calcolo la quota esente».

Cfr. anche Consiglio Nazionale Del Notariato, Studio n. 168-2006/T, *Prime note a commento della nuova imposta sulle successioni e donazioni (D.l. n. 262/2006 convertito dalla legge n. 286/2006 e successive modifiche introdotte dalla legge finanziaria 2007)*, in *CNN Notizie* del 9 gennaio 2007, secondo il quale: «Occorre verificare se la presunzione di esistenza di mobili e gioielli, ancora in vigore, vada oggi applicata all'intero attivo ereditario ovvero alla singola quota tassabile, al netto della franchigia. Quest'ultima soluzione appare preferibile, in aderenza all'orientamento ministeriale il quale da tempo è nel senso che la franchigia non vada computata nella determinazione dell'attivo su cui calcolare la presunzione».

Ne deriva che, qualora il *de cuius* abbia lasciato a succedergli, per testamento, in eguali quote, il figlio e la compagna *more uxorio* (la quale non beneficia di alcuna franchigia) e il valore della massa ereditaria, al netto delle passività, ammonti a 3 milioni di euro:

a) al figlio viene attribuito un valore di 1 milione 500 mila euro, con una franchigia di 1 milione di euro e, quindi, il valore netto imponibile è di 500 mila euro, il quale viene aumentato di 50 mila euro (il dieci per cento di detto valore netto imponibile) per effetto della presunzione qui in esame, sicché l'imposta di successione è dovuta sull'importo complessivo di 550 mila euro; mentre:

b) l'attribuzione a favore della compagna, non potendosi applicare in suo favore alcuna franchigia, è da considerare imponibile per l'intero ammontare di 1 milione 500 mila euro e, quindi, la presunzione di cui all'art. 9, comma 2, TUSD, comporta nei suoi confronti un aumento della base imponibile per 150 mila euro (il dieci per cento del valore netto imponibile) e l'imposta di successione è dovuta sull'importo complessivo di 1 milione 650 mila euro.

compendio aziendale, i quali ricevono considerazione nell'art. 15, TUSD) per un valore inferiore al dieci per cento del valore netto imponibile dell'attribuzione ereditaria.

E così, ad esempio, se il *de cuius*, vedovo, deceda *ab intestato* lasciando ai due figli un patrimonio (privo di passività) del valore di euro 5 milioni, a ciascun figlio spetta una quota di eredità del valore di euro 2,5 milioni. Per calcolare il valore imponibile di ciascuna di dette due attribuzioni occorre sottrarre, dapprima, il valore della franchigia di pertinenza di ciascun figlio e, poi, applicare alla differenza la percentuale del dieci per cento, con il risultato che il valore imponibile, per ciascun erede è di euro (2.500.000 – 1.000.000) + [(2.500.000 – 1.000.000) x 10%] = 1.500.000 + 150.000 = 1.650.000.

Replicando lo stesso esempio, includendovi passività per euro 500.000 e immaginando la devoluzione dell'eredità per metà a un figlio del *de cuius* e per metà al fratello del *de cuius*, si effettua il seguente procedimento di calcolo: 5.000.000 – 500.000 = 4.500.000: 2 = 2.250.000.

Cosicché:

- l'imponibile per il figlio è di euro: (2.250.000 – 1.000.000) x 10% = 1.250.000 x 10% = 125.000 + 1.250.000 = 1.375.000;

- l'imponibile per il fratello è di euro: (2.250.000 – 100.000) x 10% = 215.000 + 2.250.000 = 2.465.000.

Ovviamente, se una data attribuzione ereditaria sia gravata un legato, il «*valore globale netto imponibile*» di detta attribuzione deve essere considerata al netto del legato, in quanto, ai sensi dell'art. 8, comma 3, TUSD, «[*i*]*l valore* [...] *delle quote ereditarie è determinato al netto dei legati*»[80].

Di contro, ove un credito contestato giudizialmente (che, come tale, «*non concorr*[e] *a formare l'attivo ereditario*»: art. 12, lett. d), TUSD) sia poi «*riconosciut*[o] *con provvedimento giurisdizionale o con transazione*» e, quindi, entri a far parte dell'attivo ereditario,

(80) - Cfr. Comm. Trib. Prov. Bologna, 23 marzo 2011, n. 47, in *One FISCALE*, Wolters Kluwer, secondo cui «se al fine del calcolo della percentuale del 10% relativa alla presunzione dell'appartenenza all'attivo dell'asse ereditario di gioielli e mobilia ex art. 9 comma 2 D.lgs. 346/90, occorre far riferimento al valore globale netto dell'asse ereditario, si deve assumere il valore dei beni ereditati al netto dei legati».

esso concorre a formare la base di calcolo per l'applicazione della presunzione del dieci per cento a titolo di presunta presenza di «*denaro, gioielli e mobilia*» nell'eredità[81].

Il testo della norma sconta, evidentemente, la struttura che l'imposizione successoria aveva anteriormente alla vigente impostazione (la quale è fondata su aliquote proporzionali applicabili al valore dell'attribuzione *mortis causa* ricevuta da ciascuno degli aventi causa del *de cuius*)[82]: facendo riferimento al «*valore globale netto imponibile dell'asse ereditario*» la norma è, invero, ancora correlata al sistema impositivo fondato su aliquote progressive applicate a scaglioni di crescente valore imponibile e, quindi, dovendo essere letta in modo "compatibile" con la legislazione vigente, essa deve essere interpretata (non nel senso che la presunzione in commento sia applicata al valore netto dell'intero asse, ma) nel senso che, calcolato il valore netto imponibile dell'attribuzione ricevuta da ciascun beneficiario della trasmissione *mortis causa*, detto valore netto deve essere aumentato del dieci per cento[83].

Disponendo l'aumento del dieci per cento del «*valore* [...] *dell'asse ereditario*» la norma in esame esclude che detto aumento si applichi al valore delle attribuzioni *mortis causa* a titolo particolare (e, cioè, ai legati), essendo destinato ad applicarsi alle sole attribuzioni "a titolo universale" (e, cioè, all'attribuzione dell'eredità intera o di quote di eredità).

Dato che la norma in esame considera compresi, nell'attribuzione ereditaria, «*denaro, gioielli e mobilia*» per un importo pari al dieci per cento del valore netto di tale attribuzione (e, cioè, al netto di passività, oneri e legati), è chiaro che se in dichiarazione di

---

(81) - Cfr. Cass., 27 febbraio 1996, n. 1518, in *One FISCALE*, Wolters Kluwer, secondo cui «anche i crediti giudizialmente contestati alla data di apertura della successione, quando la loro sussistenza sia riconosciuta con provvedimento giurisdizionale o transazione, concorrono a formare l'attivo ereditario e vanno perciò computati ai fini del calcolo della maggiorazione del 10 per cento, di cui all'art. 8, comma 2, d.P.R. 26 ottobre 1972 n. 637».

(82) - Questo argomento riceve compiuta trattazione in BUSANI, *Imposta di successione e donazione*, Milano, 2020, 167.

(83) - Cfr., in tal senso, la Circolare n. 207/E del 16 novembre 2000, par. 2.2.10; e CONSIGLIO NAZIONALE DEL NOTARIATO, Studio n. 168-2006/T del 15 dicembre 2006, *Prime note a commento della nuova imposta sulle successioni e donazioni*, in *CNN Notizie* del 9 gennaio 2007.

successione siano esposti «*denaro, gioielli e mobilia*» per un valore inferiore a detta quota del dieci per cento, nel relativo calcolo si deve tener conto del valore di «*denaro, gioielli e mobilia*» che siano oggetto di dichiarazione[84]. E così, ad esempio, se l'attribuzione ereditaria abbia un valore netto imponibile (già deducendo la franchigia) di euro 2.000.000 e comprenda danaro per euro 100.000, la percentuale del dieci per cento si calcola non su euro 2.000.000, ma su euro (2.000.000 – 100.000 =) 1.900.000, ottenendosi il risultato di una presunzione del valore di euro (1.900.000 x 10% =) 190.000, con la conseguenza che il valore imponibile diventa di euro [2.000.000 + 190.000] = 2.190.000.

Se, invece, nella dichiarazione di successione siano dichiarati «*denaro, gioielli e mobilia*» per un valore pari o superiore al dieci per cento del valore netto imponibile dell'attribuzione ereditaria, non si fa luogo ad alcun aumento della base imponibile, essendo soddisfatto lo scopo del legislatore di tassare, a titolo di

---

(84) - Cfr. Comm. Trib. Centr., 11 giugno 1979, n. 1835, in *One FISCALE*, Wolters Kluwer, secondo cui «la presunzione posta dalla legge di esistenza di valori mobiliari in denaro e gioielli deve essere applicata ai beni mobili o immobili diversi dal denaro, non già allo stesso denaro compreso nella successione»; Cass., 25 febbraio 2008, n. 4751, in *Corr. Trib.*, 2008, 13, 1059, secondo cui «l'art. 9, comma 2, del d. lgs 31 ottobre 1990, n. 346 - che prevede che il denaro, i gioielli e la mobilia si presumono compresi nell'attivo ereditario per un importo pari al dieci per cento del valore globale netto imponibile dell'asse ereditario anche se non dichiarati o dichiarati per un importo minore - deve essere interpretato nel senso che il valore presunto di tali beni comprenda anche quanto eventualmente dichiarato dal contribuente, con la conseguenza che è illegittima la pretesa del fisco di calcolare la percentuale presuntiva del dieci per cento sull'attivo ereditario, dopo avere aggiunto il valore dichiarato dall'erede per denaro, gioielli e mobilia»; Comm. Trib. Reg. Puglia, 3 marzo 2015, in *Notariato*, 2016, 2, 187, secondo cui «il denaro proveniente da conto corrente bancario intestato al *de cuius* regolarmente indicato nella denuncia di successione da parte dell'erede, non è assoggettato alla presunzione di cui all'art. 9 del d.lgs. n. 346/1990 (applicabile solo in caso di omessa o imprecisa dichiarazione), pena la violazione del divieto di doppia imposizione e una inammissibile disparità di trattamento rispetto al soggetto che omette di dichiarare il detto denaro».

Nella prassi amministrativa, cfr. la Risoluzione n. 270453 del 28 marzo 1981, secondo la quale «nell'ipotesi in cui l'erede non abbia dichiarato alcunché per gioielli, danaro e mobilia, [gli Uffici] applicheranno la presunzione nella misura del dieci per cento sul valore netto dell'asse ereditario indicato. Se, al contrario, nella dichiarazione sia indicata dal contribuente una somma inferiore al dieci per cento, sarà cura degli Uffici procedere al calcolo presuntivo della differenza della somma necessaria a raggiungere l'ammontare stabilito dalla presunzione in argomento. Se, poi, dalla dichiarazione di parte o da inventario risulti indicata una somma superiore al dieci per cento, l'imposta sarà applicata sull'anzidetto ammontare, essendo, in tale ipotesi, la presunzione assorbita nel maggior importo dichiarato».

presenza nell'eredità di «*denaro, gioielli e mobilia*», un valore pari al dieci per cento del valore netto imponibile dell'attribuzione ereditaria[85]. E così, se l'attribuzione ereditaria abbia un valore netto imponibile (già deducendo la franchigia) di euro 2.000.000 e comprenda danaro per euro 300.000, la percentuale del dieci per cento non si applica, in quanto già sono dichiarati, come presenti nell'asse ereditario, «*denaro, gioielli e mobilia*» per un valore (pari o) superiore al dieci per cento valore netto imponibile dell'attribuzione ereditaria.

Si pone, peraltro, il tema se, nel concetto di «*denaro*» «*dichiarat*[o] *per un importo minore*» (e, cioè, della cui esistenza nell'asse ereditario occorra tener conto per determinare la base di calcolo della percentuale del dieci per cento), rientri anche quello che il *de cuius* abbia depositato o accreditato in un conto bancario: se è chiaro che la norma si riferisce al "denaro contante" (che il *de cuius* tenesse presso la sua abitazione o in una cassetta di sicurezza), non è chiaro se essa si riferisca anche al denaro depositato o accreditato in banca. Invero, tecnicamente, del denaro esistente in banca a suo nome il *de cuius* non ne è il proprietario, essendo, invero, titolare di un credito di corrispondente importo[86]. Tuttavia, dato che la legge stabilisce una presunzione di esistenza di denaro nel patrimonio del *de cuius*,

---

(85) - Cfr. Cass., 5 dicembre 2019, n. 31806, in *One FISCALE*, Wolters Kluwer (sulla quale cfr. BUSANI, *Imposta di successione sui beni venduti per gli eredi*, in *Il Sole 24 Ore*, 8 novembre 2019), secondo cui la norma di cui all'art. 9, comma 2, TUSD, «deve essere interpretata nel senso che il valore presunto di tale bene comprende anche quanto eventualmente dichiarato dal contribuente, con la conseguenza che è illegittima la pretesa del fisco di calcolare la percentuale presuntiva del 10% sull'attivo ereditario, dopo aver aggiunto il valore dichiarato dall'erede per denaro, gioielli e mobilia; in presenza pertanto di un valore dichiarato inferiore a quello presunto, l'imposta principale di successione deve essere sempre calcolata, per quanto riguarda i beni mobili, sul valore presunto, mentre l'imposta complementare deve essere liquidata sulla differenza fra il valore presunto e quello dichiarato (Cass. 25 febbraio 2008 nr 4751) Si deve dunque ritenere illegittima la pretesa del fisco di calcolare la percentuale presuntiva del dieci per cento sull'attivo ereditario alla luce di importi dichiarati superiori alla suddetta percentuale. Diversamente opinando si verrebbe a determinare una doppia tassazione, in quanto il 10% verrebbe conteggiato su somme di denaro già dichiarate».

(86) - Ai sensi dell'art. 1834, comma 1, codice civile, infatti, «[*n*]*ei depositi di una somma di danaro presso una banca, questa ne acquista la proprietà ed è obbligata a restituirla nella stessa specie monetaria, alla scadenza del termine convenuto ovvero a richiesta del depositante, con l'osservanza del periodo di preavviso stabilito dalle parti o dagli usi*».

appare ingiustificato[87] non tenere conto del denaro depositato in banca (anche se tecnicamente il *de cuius* non ne sia proprietario, ma sia "solo" creditore di un corrispondente importo) nel momento in cui si calcola il predetto ammontare presuntivo.

2.3.1. Il superamento della presunzione mediante l'inventario

La legge consente di svincolarsi dalla presunzione di esistenza, nell'attribuzione ereditaria, di «*denaro, gioielli e mobilia*» per un importo pari al dieci per cento del valore netto imponibile dell'attribuzione stessa, sottoponendo a imposizione il minor valore di «*denaro, gioielli e mobilia*» quale risultante da un «*inventario analitico redatto a norma degli articoli 769 e seguenti del codice di procedura civile*» (art. 9, comma 2, TUSD). La presunzione non si può applicare anche nel caso in cui dall'inventario risulti la completa assenza dall'asse ereditario di «*denaro, gioielli e mobilia*»[88].

Le norme di cui agli articoli 769, e seguenti, codice di procedura civile (d'ora innanzi, c.p.c.), disciplinano la formazione dell'inventario nei casi in cui esso è prescritto dalla legge (ad esempio:

---

(87) - Cfr. Comm. Trib. Reg. Puglia, 3 marzo 2015, in *Notariato*, 2016, 2, 187, secondo cui «il denaro proveniente da conto corrente bancario intestato al *de cuius* regolarmente indicato nella denuncia di successione da parte dell'erede, non è assoggettato alla presunzione di cui all'art. 9 del d.lgs. n. 346/1990 (applicabile solo in caso di omessa o imprecisa dichiarazione), pena la violazione del divieto di doppia imposizione e una inammissibile disparità di trattamento rispetto al soggetto che omette di dichiarare il detto denaro».

In senso contrario, cfr., però, Cass., 15 dicembre 2003, n. 19160, in *Arch. Civ.*, 2004, 1239; in *Gius*, 2004, 2279; e in *Notariato*, 2004, 117, secondo cui «l'art. 9, comma 2, d.lgs. 31 ottobre 1990, n. 346 – secondo il quale "si considerano compresi nell'attivo ereditario denaro, gioielli e mobilia per un importo pari al dieci per cento del valore globale netto imponibile dell'asse ereditario anche se non dichiarati o dichiarati per un importo minore" –, fa riferimento a denaro, gioielli e mobilia di diretta pertinenza del defunto. Pertanto, con riguardo – in particolare – al denaro, rientra nell'ambito di applicazione della norma soltanto quello sul quale il defunto esercitasse un diritto di proprietà e non il denaro che avesse formato oggetto di un deposito in conto corrente bancario, atteso che in tal caso la proprietà del danaro appartiene alla banca ed il cliente è titolare di un semplice diritto di credito».

In dottrina, cfr., sul punto, Arquilla, *Valorizzazione delle attività finanziarie nell'imposta sulle successioni*, in *Corr. Trib.*, 2007, 1275.

(88) - Cfr. in tal senso Consiglio Nazionale Del Notariato, Quesito n. 99-2012/T, *Art. 9 d.lgs. 346/1990 - inventario - assenza di mobilia*, in *CNN Notizie* del 18 ottobre 2012.

dall'art. 484, codice civile, nel caso di accettazione dell'eredità con il beneficio di inventario; dall'art. 529, codice civile, per l'inventario da erigersi a cura del curatore dell'eredità giacente; eccetera):

- l'art. 769, c.p.c., disciplina l'istanza per l'erezione dell'inventario[89];

- l'art. 770, c.p.c., disciplina l'inventario da eseguirsi da un notaio;

- l'art. 771, c.p.c., disciplina le persone che hanno diritto di assistere all'inventario;

- l'art. 772, c.p.c., disciplina l'avviso dell'inizio dell'inventario;

- l'art. 773, c.p.c., disciplina la nomina dello stimatore;

- l'art. 774, c.p.c., disciplina il rinvio delle operazioni di inventario;

- l'art. 775, c.p.c., disciplina il processo verbale di inventario;

- l'art. 776, c.p.c., disciplina la consegna delle cose mobili inventariate;

- l'art. 777, c.p.c., disciplina l'applicabilità della normativa predetta ad altri casi di inventario;

- l'art. 192, disp. att. c.p.c., disciplina l'interpello dell'ufficiale verbalizzante circa l'esistenza di ulteriori beni da inventariare.

La norma in esame altro non richiede che l'inventario in questione sia «*analitico*» (e, quindi, comprensivo - unitamente alla relativa stima[90] - di ogni attività e passività che compongano la massa

---

[89] - Ai sensi dell'art. 769, c.p.c., «[*l'*]*inventario può essere chiesto al tribunale dalle persone che hanno diritto di ottenere la rimozione dei sigilli ed è eseguito dal cancelliere del tribunale o da un notaio designato dal defunto con testamento o nominato dal tribunale*» (comma 1); «[*q*]*uando non sono stati apposti i sigilli, l'inventario può essere chiesto dalla parte che ne assume l'iniziativa direttamente al notaio designato dal defunto nel testamento ovvero, in assenza di designazione, al notaio scelto dalla stessa parte*» (comma 4).

Non è, quindi, idoneo a vincere la presunzione in esame un inventario redatto da un soggetto "privato": cfr., in tal senso, la Risoluzione n. 401000 del 28 febbraio 1990; e la Circolare n. 27/300012 del 26 marzo 1987.

[90] - Cfr. la Risoluzione n. 212/E/IV-9-238 del 15 luglio 1995, ove si afferma che «si ritiene, infine, che sia indispensabile, nella redazione dell'inventario, oltre alla semplice descrizione dei beni mobili anche la stima degli stessi; senza questa, infatti, l'inventario difetterebbe di un dato essenziale per i calcoli richiesti dalla norma tributaria».

oggetto di trasmissione *mortis causa*)[91] e che esso sia «*redatto a norma degli articoli 769 e seguenti del codice di procedura civile*»[92]. Se ne desume, pertanto, che la redazione di questo inventario prescinde dal fatto che:

---

(91) - Circa la necessità che l'inventario sia completo, cfr. Comm. Trib. Centr., 26 settembre 1987, n. 6368, in *Comm. Trib. Centr.*, 1987, I, 454, secondo cui «la mancata indicazione nell'inventario di eredità beneficiata dei mobili e dell'arredamento dell'abitazione del *de cuius* caduta in successione, anche se in accoglimento della affermazione del coniuge dello stesso che ne aveva rivendicata la proprietà, si appalesa in contrasto con le disposizioni degli artt. 768 e 775 cod. proc. civ., in quanto l'inventario deve fotografare lo stato in cui si trovano i beni pur facendone salve le ragioni di chi ha interesse a farle valere nelle competenti sedi, e rende l'inventario stesso non idoneo a superare la presunzione di gioielli, denaro e mobilia di cui all'art. 31 r.d. 30 dicembre 1923 n. 3270»; Cass. 7 luglio 2006, n. 15532, in *Notariato*, 2007, 1, 11, secondo cui «l'inventario, per poter vincere la presunzione di esistenza di denaro, gioielli e mobilia nell'attivo ereditario, dev'essere quindi valido sostanzialmente e formalmente, e cioè dev'essere completo (ossia comprendere realmente tutti i beni facenti parte dell'attivo relitto), nonché redatto secondo il regime formale dettato in via generale per tutti gli inventari»; Cass. 23 marzo 2011, n. 6612, in *Notariato*, 2011, 4, 475, secondo cui «per vincere la presunzione di esistenza nell'attivo ereditario di denaro, gioielli e mobilia per un importo pari al dieci per cento del valore globale dell'asse cui all'art. 9, comma 2, d.lgs. n. 346/1990 l'inventario deve essere strumentale all'accettazione beneficiata dell'eredità e valido sia sostanzialmente che formalmente: deve quindi essere completo, e cioè comprendere tutti i beni facenti parte dell'attivo ereditario, e redatto secondo il regime formale previsto in via generale dall'art. 769 c.p.c. e art. 192 disp. att. c.p.c.».

(92) - Cfr. Cass., 14 marzo 2007, n. 5974, in *Ced Cassazione*, rv. 596940 (confermata da Cass., 24 aprile 2009, n. 9767, in *Ced Cassazione*, rv. 607533), secondo cui «la presunzione posta dall'art. 9, comma 2, del d.lgs. 31 ottobre 1990, n. 346, secondo il quale "si considerano compresi nell'attivo ereditario denaro, gioielli e mobilia per un importo pari al dieci per cento del valore globale netto imponibile dell'asse ereditario anche se non dichiarati o dichiarati per un importo minore, salvo che da inventario analitico ... non ne risulti l'esistenza per un importo diverso", può essere vinta solo se l'inventario ivi previsto sia redatto in conformità agli artt. 769 e seguenti cod. proc. civ., e cioè se esso risponda ai requisiti di validità formale e sostanziale fissati dal codice. Ciò in quanto, atteso che per l'applicazione dell'imposta presupposto indefettibile resta sempre l'appartenenza dei beni al patrimonio del defunto, la norma dell'art. 9, comma 2, del d.lgs. n. 346 del 1990, con la presunzione da essa istituita, va correlata a denaro, gioielli e mobilia che risultino di diretta pertinenza del defunto».

Pertanto, e ovviamente, non può trattarsi di un inventario redatto anteriormente al decesso del *de cuius*: cfr. Cass., 24 maggio 2013, n. 12935, in *Ced Cassazione*, rv. 626825, secondo cui «la presunzione posta dall'art. 9, comma 2, del d.lgs. 31 ottobre 1990, n. 346, secondo il quale "si considerano compresi nell'attivo ereditario denaro, gioielli e mobilia per un importo pari al dieci per cento del valore globale netto imponibile dell'asse ereditario anche se non dichiarati o dichiarati per un importo minore, salvo che da inventario analitico ... non ne risulti l'esistenza per un importo diverso", può essere vinta solo se l'inventario ivi previsto sia redatto "post mortem" in conformità agli artt. 769 e seguenti cod. proc. civ., e cioè se esso risponda ai requisiti di validità formale e sostanziale fissati dal codice, essendo lo scopo della norma evitare il facile occultamento di detti beni; tale presunzione, pertanto, non può ritenersi superata nel caso in cui l'inventario sia eretto, come nella specie, in sede di procedimento d'interdizione prima del decesso del "*de cuius*".

a) l'eredità sia (o meno) accettata con il beneficio di inventario[93];

b) nella redazione di questo inventario si rispettino (o meno) i tempi prescritti dalla legge per la redazione dell'inventario valevole ai fini dell'accettazione dell'eredità con il beneficio di inventario (pertanto, per la redazione dell'inventario occorre tener conto solo del fatto che esso deve essere predisposto in tempo utile per valere a determinare la base imponibile da sottoporre a tassazione)[94];

---

[93] - Cfr. Comm. Trib. Centr., 13 ottobre 1995, n. 3272, in *GT - Riv. Giur. Trib.*, 1996, 622; in *Corr. Trib.*, 1996, 1655; in *Corr. Trib.*, 1996, 2642, con nota di MILITERNO, *Successioni e donazioni: superamento della presunzione di denaro, gioielli e mobilia*; in il *fisco*, 1996, 5200, con nota di LAMBERT, *L'imposta di successione e la presunzione di possesso di denaro, gioielli, mobilia*, secondo cui «per superare la presunzione di esistenza, nel patrimonio relitto del "de cuius", di denaro, gioielli e mobilia per un importo pari al dieci per cento dell'asse ereditario (ai sensi dell'art. 8 d.P.R. n. 637/1972) non è necessario che l'inventario, previsto dal citato art. 78, venga redatto per le finalità previste dal codice civile (successione con beneficio di inventario), essendo sufficiente che la sua stesura avvenga con le formalità previste dall'art. 769 c.p.c., anche al solo fine di vincere la presunzione dettata dalla normativa fiscale».

[94] - Cfr. Cass., 5 maggio 2006, n. 10358, in *Ced Cassazione*, rv. 590031, secondo cui «il termine di sei [ora: dodici] mesi dall'apertura della successione, stabilito dall'art. 31 del d.lgs. 31 ottobre 1990, n. 346 per la presentazione della denuncia di successione, non ha carattere perentorio, non essendo espressamente qualificato come tale dalla legge, la quale non sanziona specificamente la sua inosservanza, ma solo l'omissione della dichiarazione, prevedendo anzi espressamente che essa possa essere presentata anche dopo la scadenza del termine, purché prima della notifica dell'accertamento d'ufficio, e disponendo che in tal caso l'Ufficio tenga conto delle dichiarazioni integrative o modificative tardivamente presentate»; Cass., 26 febbraio 2009, n. 4626, in *Ced Cassazione*, rv. 606984, secondo cui «la presentazione dell'inventario prescritto dall'art. 9, secondo comma, del d.lgs. 31 ottobre 1990, n. 346, oltre il termine fissato dall'art. 31 del medesimo d.lgs., non inficia la sua valenza probatoria; infatti, il termine di sei [ora: dodici] mesi dalla data di apertura della successione per presentare la dichiarazione di successione e gli allegati, non è previsto espressamente dalla legge come perentorio, né può ritenersi tale, non essendo sanzionata specificamente la sua inosservanza, ma solo l'omissione della dichiarazione, ed essendo, anzi, previsto dall'art. 33 del d.lgs. citato che essa possa essere presentata anche dopo la scadenza del termine, purché prima della notifica dell'accertamento d'ufficio; è, quindi, consentita la regolarizzazione della dichiarazione, se questa sia stata presentata prima dell'accertamento, anche se la documentazione non sia stata interamente prodotta, ma sia stata richiesta, entro la stessa data»; Cass., 25 novembre 2015, n. 24098, in *Ced Cassazione*, rv. 637579, secondo cui «l'inventario, redatto in conformità all'art. 769 c.p.c. e segg., è idoneo a vincere la presunzione posta dall'art. 9, comma 2, del d.lgs. n. 346 del 1990 anche se non sia stato chiesto entro il termine di sei [ora: dodici] mesi per la presentazione della dichiarazione di successione, o non sia stato allegato alla dichiarazione di successione, purché venga richiesto prima che sia stato notificato l'accertamento d'ufficio».

Cfr. anche CONSIGLIO NAZIONALE DEL NOTARIATO, Quesito n. 128-2015/T, *Dichiarazione di successione - successiva accettazione con beneficio d'inventario - dichiarazione integrativa - disapplicazione presunzione art. 9 d.lgs. 346/1990 - termine per l'inventario*, in *CNN Notizie* del 2 febbraio 2016.

c) l'inventario sia preceduto (o meno) dall'apposizione dei sigilli[95].

Ai sensi dell'art. 485, codice civile, il chiamato alla eredità che sia nel possesso di beni ereditari «*deve fare l'inventario entro tre mesi dal giorno dell'apertura della successione o della notizia della devoluta eredità*», salvo che il tribunale conceda una proroga che, di regola, non deve eccedere i tre mesi (comma 1). Trascorso detto termine senza che l'inventario sia stato compiuto, «*il chiamato all'eredità è considerato erede puro e semplice*» (comma 2). Compiuto l'inventario, il chiamato che non abbia ancora fatto la dichiarazione di accettazione con il beneficio d'inventario «*ha un termine di quaranta giorni da quello del compimento dell'inventario medesimo,*

---

(95) - Cfr. la Risoluzione n. 212/E/IV-9-238 del 15 luglio 1995, ove si afferma che «la Scrivente ritiene che per vincere la presunzione *ex* art. 9 citato sia necessario soltanto che l'inventario abbia tutti i requisiti sostanziali e formali richiesti dal Codice civile e dal Codice di procedura civile e che, pertanto, non occorre che la redazione dello stesso sia preceduta dall'apposizione di sigilli. è necessario, cioè, che l'inventario in questione sia compilato con l'osservanza delle norme prescritte dall'art. 775 del codice di procedura civile e che contenga la esatta descrizione di tutti i mobili di appartenenza del *de cuius* (si ribadisce, pertanto, ciò che già è stato affermato dall'Amministrazione con le circolari n. 27/300012, del 26-3-1987 e n. 17/350134, del 15-3-1991). Pertanto, per la validità ai fini fiscali dell'inventario non si richiede che, immediatamente dopo l'apertura della successione, si sia fatto luogo alla apposizione dei sigilli al fine di evitare qualsiasi omissione di cespiti, giacché, a norma dell'art. 494 Codice civile, l'omissione di cespiti importa decadenza dal beneficio di inventario solo ove sia imputabile a malafede o colpa dell'erede beneficiario (v. citata decisione n. 1007, dell'11-3-1969 della Commissione Centrale e decisione n. 6209 del 21-11-1980, della Corte di Cassazione)».

In giurisprudenza, cfr. Cass., 22 maggio 2006, n. 11993, in *Notariato*, 2006, 6, 670, secondo cui «l'apposizione dei sigilli, costituendo una fase indispensabile della procedura di formazione dell'inventario ed un requisito di validità del documento che lo incorpora soltanto nelle ipotesi tassativamente previste dalla legge (art. 705 cod. civ., art. 754 cod. proc. civ.), non rappresenta, al di fuori delle predette ipotesi, un adempimento necessario ai fini della correttezza dell'inventario, e quindi del superamento della presunzione di cui all'art. 9, secondo comma, del d.lgs. 31 ottobre 1990, n. 346, essendo normalmente sufficiente, affinché l'inventario risulti idoneo a vincere la predetta presunzione, che esso sia stato redatto in conformità degli artt. 769 e ss. cod. proc. civ.»; Cass., 7 luglio 2006, n. 15532, in *Notariato*, 2007, 1, 11, secondo cui «l'osservanza delle forme e dei termini per la redazione dell'inventario prescritto dall'art. 9, comma secondo, del d.lgs. 31 ottobre 1990, n. 346, non risponde alla finalità di limitare la responsabilità patrimoniale degli eredi per i debiti del "de cuius", ma a quella di fissare un sistema probatorio per la ricostruzione della consistenza dell'eredità devoluta: avuto riguardo a tale esigenza, nonché all'espresso richiamo degli artt. 769 e ss. cod. proc. civ. da parte della norma in esame, l'inventario, per poter vincere la presunzione di esistenza di denaro, gioielli e mobilia nell'attivo ereditario, dev'essere quindi valido sostanzialmente e formalmente, e cioè dev'essere completo (ossia comprendere realmente tutti i beni facenti parte dell'attivo relitto), nonché redatto secondo il regime formale dettato in via generale per tutti gli inventari, ed in particolare per quelli del corrispondente tipo, onde quello afferente all'accettazione beneficiata dell'eredità dev'essere stato preceduto dall'adempimento della preventiva sigillazione, quando questa sia prescritta a pena d'invalidità dell'inventario».

per deliberare se accetta o rinunzia all'eredità». Trascorso questo termine senza che abbia deliberato, egli «*è considerato erede puro e semplice*» (comma 3).

Ai sensi dell'art. 487, codice civile, il chiamato all'eredità che non è nel possesso di beni ereditari, può fare la dichiarazione di accettare col beneficio di inventario «*fino a che il diritto di accettare non è prescritto*» (comma 1). Quando ha fatto la dichiarazione di accettazione dell'eredità con il beneficio d'inventario, «*deve compiere l'inventario nel termine di tre mesi dalla dichiarazione*», salva la predetta proroga, di regola trimestrale; «*in mancanza, è considerato erede puro e semplice*» (comma 2). Quando ha fatto l'inventario non preceduto da dichiarazione d'accettazione con il beneficio d'inventario, questa «*deve essere fatta nei quaranta giorni successivi al compimento dell'inventario*»; in mancanza, il chiamato perde il diritto di accettare l'eredità (comma 3).

La possibilità di vincere la presunzione circa l'esistenza nella massa ereditaria di «*denaro, gioielli e mobilia*» è, peraltro, disposta dalla legge a vantaggio del contribuente che se ne voglia avvalere; ma, di certo, non fa venir meno l'obbligo del contribuente di dichiarare (e il potere dell'Amministrazione di accertare) l'esistenza nell'asse di «*denaro, gioielli e mobilia*» per un valore eccedente il dieci per cento del valore netto imponibile dell'attribuzione ereditaria. Ben potrebbe, infatti, accadere che (anche a seguito della redazione di un inventario) il patrimonio ereditario si componga prevalentemente di «*denaro, gioielli e mobilia*» per un valore superiore al dieci per cento del valore netto imponibile dell'attribuzione ereditaria e, in tal caso, il contribuente non può sottrarre tale maggior valore alla tassazione con l'imposta di successione.

Si apre, a questo punto, il tema se l'Amministrazione abbia il potere di rettifica del valore dichiarato per «*denaro, gioielli e mobilia*» nella dichiarazione di successione. La risposta dovrebbe essere negativa, per ragioni sia testuali che sistematiche:

a) sotto il profilo testuale, da un lato, l'art. 32, comma 3, TUSD sancisce che la «*dichiarazione è infedele*» «*se i beni e diritti compresi nell'attivo ereditario vi sono indicati per valori inferiori a quelli determinati secondo le disposizioni degli articoli da 14 a 19*»; d'altro, lato, l'art. 19, comma 1, TUSD, sancisce che «[*l*]*a base imponibile, relativamente ai beni e ai diritti compresi nell'attivo ereditario diversi da quelli contemplati nell'art. 9, comma 2, e negli articoli da 14 a 18, è determinata assumendo il valore venale in comune commercio alla data di apertura della successione*»; in altre parole, la considerazione dell'attivo ereditario sotto il profilo del suo «*valore venale*» non concerne i beni «*contemplati nell'art. 9, comma 2*», vale a dire, appunto, «*denaro, gioielli e mobilia*», il cui valore dichiarato dal contribuente non è, quindi, contestabile dall'Amministrazione, la quale può, appunto, sindacare solo i valori che siano dichiarati, ai sensi «*degli articoli da 14 a 19*», per un valore inferiore al loro «*valore venale*»;

b) sotto il profilo sistematico, la legge vuole che (fatto salvo il caso della redazione di un inventario che ne dimostri il minor valore) concorra a formare la base imponibile dell'imposta di successione un valore pari almeno al dieci per cento del valore netto imponibile di ogni attribuzione ereditaria (in sostanza, come nel caso del valore degli immobili, stimato su base catastale, e del valore delle aziende e delle quote di partecipazione al capitale di società, stimato sulla base del patrimonio netto contabile, anche con riguardo a «*denaro, gioielli e mobilia*» si procederebbe con un metodo di calcolo "forfettario"): di modo che, se a detta soglia del dieci per cento si giunga mediante presunzione, non si pone un tema di valutazione di «*denaro, gioielli e mobilia*» dichiarati per un valore inferiore a detta soglia; se, invece, «*denaro, gioielli e mobilia*» siano dichiarati per un valore pari o superiore a detta soglia, alla legge tanto basta e l'Amministrazione non può esplicare alcun potere di rettifica[96].

È però ovvio che si tratta di una paralisi del potere di rettifica di valori che siano indicati nella dichiarazione di successione: se si tratti di valori che non siano per nulla dichiarati (si pensi a una somma di denaro contante che il *de cuius* avesse riposto in una

---

(96) - Cfr. in tal senso CONSIGLIO NAZIONALE DEL NOTARIATO, Quesito n. 99-2016/T, *Obbligo di indicazione di opere d'arte nella denunzia di successione e problematiche relative*, in *CNN Notizie* del 23 febbraio 2018.

Ma cfr., in senso contrario, Cass., 8 maggio 2000, n. 5773, in *Giur. It.*, 2001, 412, secondo cui «l'Amministrazione finanziaria, ai fini della determinazione del valore imponibile per l'imposta di successione, può fornire la prova contraria atta a vincere la presunzione legale relativa, stabilita nel comma 2 dell'art. 8 d.P.R. 26 ottobre 1972 n. 637, come sostituito dall'art. 5 l. 17 dicembre 198 n. 880, di esistenza nell'attivo ereditario di gioielli, denaro e mobilio per un importo pari al 10% del valore complessivo netto dell'asse ereditario, e dimostrare che il valore di tali beni è superiore a quello presunto». Si deve però osservare (ove mai sia rilevante) che la sentenza è emanata con riguardo a una fattispecie verificatasi nel vigore dell'art. 8, d.P.R. 26 ottobre 1972, n. 637, il quale disponeva una presunzione assoluta (non vincibile, come oggi, mediante inventario) di esistenza di «*denaro, gioielli e mobilia*» per un valore pari al dieci per cento del valore netto imponibile dell'asse ereditario.

cassaforte nella sua abitazione e che non sia indicata nella dichiarazione di successione ma di cui l'Ufficio venga a conoscenza) o che siano dichiarati in modo palesemente parziale (ricorrendo all'esempio precedente, si pensi al caso in cui la somma in questione sia stata dichiarata per metà e non per l'intero) appare inevitabile (l'art. 51, comma 1, TUSD, parifica la fattispecie della dichiarazione «*infedele*» al caso di «[*c*]*hi omette l'indicazione di dati o elementi rilevanti per la liquidazione* [...] *dell'imposta*») ritenere che l'Ufficio possa pretendere la sottoposizione a tassazione del loro valore (ad esempio, richiedendo - quale creditore dell'eredità - l'erezione di un inventario ai sensi degli artt. 769 e 763, codice di procedura civile e appuntando la tassazione sulla valutazione che dei beni inventariati sia fatta dallo stimatore di cui all'art. 773, c.p.c.). Invero, ai sensi dell'art. 29, comma 1, lett. c), TUSD, la dichiarazione di successione deve riportare «*la descrizione analitica dei beni e dei diritti compresi nell'attivo ereditario con l'indicazione dei rispettivi valori*» e, ai sensi dell'art. 32, comma 2, TUSD, «[*l*]*a dichiarazione è incompleta se non vi sono indicati tutti i beni e i diritti compresi nell'attivo ereditario*».

2.4. L'ESCLUSIONE DEI "BENI CULTURALI" DALL'ATTIVO EREDITARIO

L'art. 13, comma 1, TUSD, dichiara che sono «*esclusi*[97] *dall'attivo ereditario*» (e, pertanto, non concorrono a formare l'imponibile cui si applica l'imposta di successione)[98] i «*beni culturali di cui agli*

(97) - Se si trattasse di una esenzione (cfr. in tal senso GAFFURI G., *L'imposta sulle successioni e donazioni. Trust e patti di famiglia*, Padova, 2008, 202) i beni in esame farebbero parte dell'attivo ereditario, ma si sottrarrebbero all'imponibilità. Se si trattasse di una "esclusione", come la norma afferma, si tratterebbe di beni "al di fuori del campo" di applicazione dell'imposta di successione, in quanto a essa estranei. La questione potrebbe essere rilevante in sede di una operazione divisionale posteriore alla vicenda successoria, in quanto l'art. 34, comma 1, secondo periodo, d.P.R. 26 aprile 1986, n. 131, prevede che «[*l*]*a massa comune è costituita nelle comunioni ereditarie dal valore riferito alla data della divisione, dell'asse ereditario netto determinato a norma dell'imposta di successione*».

(98) - Si applicano, invece, in modo ordinario (su un imponibile pari al valore venale, essendo peraltro inibita la potestà di rettifica del valore dichiarato, da parte dell'Ufficio, ove detto valore sia almeno pari al "valore catastale" che si ricava applicando le medesime metodologie di calcolo da utilizzare per qualsiasi altro bene immobile di identica tipologia: cfr. Nota del Ministero delle Finanze n. 130880 del 9 agosto 1999; Circolare n. 34/E del 12 febbraio 1999; Risoluzione n. 18579/E del 14 giugno 2001), le imposte ipotecaria e

articoli 1, 2 e 5 della legge 1° giugno 1939, n. 1089[99]*, e all'art. 36», d.P.R. 30 settembre 1963, n. 1409*[100]», a condizione che:

a) «*anteriormente all'apertura della successione*» siano «*stati sottoposti al vincolo*[101] [...] *previsto*» dalla normativa predetta;

---

catastale (e, quindi, gli immobili in questione devono essere indicati nella dichiarazione di successione, nonostante si tratti di beni «*esclusi*» dall'attivo ereditario): cfr. Cass., 16 aprile 2007, n. 8977, in *Notariato*, 2007, 4, 376 (sulla quale cfr. MASTROIACOVO, *L'esenzione dei beni culturali dal tributo successorio non riguarda le imposte ipocatastali*, in *Corr. Trib.*, 2007, 26, 2122), secondo cui «l'esenzione dei beni culturali dall'imposta sulle successioni, prevista dagli artt. 12 e 13 del d.lgs. 31 ottobre 1990, n. 346, non si comunica anche alle imposte ipotecaria e catastale, diversi essendo il fondamento dei tributi in questione e le ragioni dell'esenzione. Sebbene, infatti, gli artt. 2 e 10 del d.lgs. 31 ottobre 1990, n. 347 individuino la base imponibile dell'imposta ipotecaria e catastale mediante rinvio alla disciplina dell'imposta di registro o dell'imposta sulle successioni, il comma secondo dell'art. 2 cit. mostra di voler assoggettare comunque a tassazione il trasferimento ("*inter vivos*" o "*mortis causa*") dei beni, facendo alternativo ricorso, in ipotesi di esenzione da una delle imposte parametro (o di sua determinazione in misura fissa), al valore virtuale che i beni vengono ad assumere nell'ambito dell'imposta parametro, indipendentemente dall'esenzione o dalla sua determinazione in maniera fissa».

Nel medesimo senso, cfr. Cass., 16 maggio 2007, n. 11212, in *Ced Cassazione*, rv. 599464; Cass., 10 marzo 2010, n. 5765, in *Ced Cassazione, rv. 611618*; Cass., 10 marzo 2010, n. 5766, in *One FISCALE*, Wolters Kluwer, Cass., 15 dicembre 2010, n. 25366, in *One FISCALE*, Wolters Kluwer, Cass., 14 marzo 2012, n. 4026, in *Fam. Pers. Succ.*, 2012, 6, 470; Cass., 3 febbraio 2016, n. 2098, in *Ced Cassazione*, rv. 638738; Cass., 19 dicembre 2019, n. 33900, in *Ced Cassazione*, rv. 656412-01. Cfr. anche la Circolare n. 61/E/2000/73044 del 30 marzo 2000 secondo cui gli immobili sottoposti al vincolo storico-artistico «scontano in ogni caso le imposte ipotecaria e catastale, non essendo prevista per tali tributi alcuna esenzione, come già chiarito con la circolare n. 32 del 28 marzo 1983 dalla soppressa Direzione generale delle tasse e II.II. sugli affari».

Per un contrario avviso, cfr. Comm. Trib. Prov. Belluno, 17 aprile 2000, n. 13, in *il fisco*, 2001, 4733, secondo cui «con riferimento agli artt. 2 e 10 d.lg. 31 ottobre 1990 n. 347, come coordinati con gli artt. 8, 9, 12 e 13 d.lg. 31 ottobre 1990 n. 346, nel caso di successione di immobili di rilevante interesse storico o artistico vincolati ai sensi della l. 1° giugno 1939 n. 1089 non sono dovute le imposte ipotecaria e catastale».

(99) - Intitolata "Tutela delle cose d'interesse artistico e storico".

(100) - Intitolato "Norme relative all'ordinamento ed al personale degli Archivi di Stato".

(101) - Il cosiddetto "vincolo" è, in effetti, la «*dichiarazione*» di «*interesse culturale*» di cui all'art. 13, comma 1, d.lgs. 42/2004. Tale «*dichiarazione accerta la sussistenza*»:

a) dell'«*interesse artistico, storico, archeologico o etnoantropologico particolarmente importante*» di «*cose immobili e mobili*» in genere;

b) dell'«*interesse storico particolarmente importante*» di «*archivi e*» di «*singoli documenti*»;

c) dell'«*eccezionale interesse culturale*» inerente «*raccolte librarie*»:

d) dell'«*interesse, particolarmente importante a causa del loro riferimento con la storia politica, militare, della letteratura, dell'arte, della scienza, della tecnica, dell'industria e della cultura in genere, ovvero quali testimonianze dell'identità e della storia delle istituzioni pubbliche, collettive o religiose*» di «*cose immobili e mobili*» in genere;

b) siano «*stati assolti*» gli «*obblighi di conservazione*[102] *e protezione*[103]» che concernano detti beni.

La *ratio*[104]di questa normativa è quella di bilanciare l'interesse individuale dell'erede o del legatario con l'interesse generale alla conservazione dei beni che abbiano un valore storico-artistico: se, dunque, da un lato, la proprietà privata subisce una serie di limitazioni per garantire la migliore conservazione di questi beni, dall'altro lato si concede al contribuente di beneficiare di un'agevolazione intesa come una sorta di "equa compensazione" per il complesso di vincoli e di obblighi, previsto dalla legislazione sui beni culturali, gravante sui proprietari di detti beni; coerentemente, l'agevolazione non è riconosciuta qualora venga riscontrato l'inadempimento degli obblighi di conservazione e protezione.

Occorre rammentare che l'art. 13, TUSD, deve essere correlato alla normativa di cui all'art. 25, comma 2, TUSD, ove è disposta una riduzione d'imposta in caso di presenza «*nell'attivo ereditario*» di «*beni immobili culturali*» «*non sottoposti anteriormente all'apertura della successione al vincolo previsto nell'art. 2 della legge 1° giugno 1939, n. 1089*».

---

d-*bis*) dell'«*interesse artistico, storico, archeologico o etnoantropologico eccezionale per l'integrità e la completezza del patrimonio culturale della Nazione*» di «*cose*» in genere;

e) dell'«*eccezionale interesse*» «*per tradizione, fama e particolari caratteristiche ambientali, ovvero per rilevanza artistica, storica, archeologica, numismatica o etnoantropologica*» di «*collezioni o serie di oggetti*».

(102) - Cfr. gli artt. 29, e seguenti, d.lgs. 42/2004.

(103) - Cfr. gli artt. 45, e seguenti, d.lgs. 42/2004.

(104) - Cfr. BAGAROTTO, *Note in materia di tassazione dei trasferimenti degli immobili di interesse storico artistico*, in *Dir. Prat. Trib.*, 2018, 1, 39; GIUSTI, *La fiscalità dei beni culturali nel passaggio generazionale*, in *Riv. Dir. Trib.*, 2018, I, 487; LIPARI, *Commento all'art. 1, d.lgs. 346/1990*, in Marongiu (a cura di), *Imposta sul valore aggiunto e Imposte sui trasferimenti*, in Falsitta-Fantozzi-Marongiu-Moschetti (a cura di), *Commentario breve alle leggi tributarie*, Tomo IV, Padova, 2011, 1185; MASTROIACOVO, *Commento all'art. 1, d.lgs. 346/1990*, in Fedele-Mariconda-Mastroiacovo (a cura di), *Codice delle leggi tributarie*, Torino, 2014, 661; PASOLINI DALL'ONDA, *Commento all'art. 13*, in D'Amati, *Commento al Testo Unico delle imposte sulle successioni e donazioni*, Padova, 1996, 131.

In giurisprudenza, cfr. Comm. Trib. Centr. 12 luglio 2001, n. 5477, in *il fisco*, 2001, 12206, secondo cui «la disposizione che detta l'esclusione dell'attivo ereditario dei beni vincolati ai sensi della legge n. 1089 del 1939 è finalizzata ad evitare la dispersione di beni di interesse storico - artistico caduti in successione»; tale esclusione si applica peraltro unicamente allorché i beni culturali vengano conservati in proprietà dall'erede per un quinquennio dall'apertura della successione».

2.4.1. LA NOZIONE DI "BENE CULTURALE"

Il riferimento normativo, contenuto nell'art. 13, comma 1, TUSD, utile a individuare i «*beni culturali*» in questione non è più attuale, in quanto la legge 1089/1939 e il d.P.R. 1409/1963 sono stati abrogati dall'art. 166, d.lgs. 29 ottobre 1999, n. 490.

Occorre, quindi, oggigiorno, far riferimento alle norme che hanno sostituito quelle abrogate, vale a dire al d.lgs. 22 gennaio 2004, n. 42(105), il quale definisce come «*beni culturali*» «*le cose immobili e mobili che, ai sensi degli articoli 10 e 11, presentano interesse artistico, storico, archeologico, etnoantropologico, archivistico e bibliografico e le altre cose individuate dalla legge o in base alla legge quali testimonianze aventi valore di civiltà*» (art. 2, comma 2, d.lgs. 42/2004).

Più precisamente, limitando qui l'attenzione a quei «*beni culturali*» che sono suscettibili di successione ereditaria, poiché di (possibile) proprietà di una persona fisica, essi sono quelli di cui alla seguente elencazione (contenuta nell'art. 10, comma 2, d.lgs. 42/2004)(106) per i quali sia stato emanato il cosiddetto "vincolo" e, cioè, la «*dichiarazione*» di «*interesse culturale*» di cui all'art. 13, comma 1, d.lgs. 42/2004:

«*a) le cose immobili e mobili che presentano interesse artistico, storico, archeologico o etnoantropologico particolarmente importante*» (fatta eccezione per quelle che «*siano opera di autore vivente o la cui esecuzione non risalga ad oltre settanta anni*»: art. 10, comma 5, d.lgs. 42/2004);

---

(105) - Intitolato "Codice dei beni culturali e del paesaggio, ai sensi dell'art. 10 della legge 6 luglio 2002, n. 137".

(106) - Il corrispondente art. 1, legge 1089/1939, richiamato dall'art. 13, comma 1, TUSD, concerneva «*le cose, immobili e mobili, che presentano interesse artistico, storico, archeologico o etnografico, compresi: a) le cose che interessano la paleontologia, la preistoria e le primitive civiltà; b) le cose d'interesse numismatico; c) i manoscritti, gli autografi, i carteggi, i documenti notevoli, gli incunaboli, nonché i libri, le stampe e le incisioni aventi carattere di rarità e di pregio*» (comma 1). Altresì sanciva che: «[*v*]*i sono pure compresi le ville, i parchi e i giardini che abbiano interesse artistico o storico*» (comma 2); e che «[*n*]*on sono soggette alla disciplina della presente legge le opere di autori viventi o la cui esecuzione non risalga ad oltre cinquanta anni*» (comma 3).

in questo ambito «*sono comprese*», ai sensi dell'art. 10, comma 4, d.lgs. 42/2004:

«*a) le cose che interessano la paleontologia, la preistoria e le primitive civiltà*»;

«*b) le cose di interesse numismatico che, in rapporto all'epoca, alle tecniche e ai materiali di produzione, nonché al contesto di riferimento, abbiano carattere di rarità o di pregio*»;

«*c) i manoscritti, gli autografi, i carteggi, gli incunaboli, nonché i libri, le stampe e le incisioni, con relative matrici, aventi carattere di rarità e di pregio*»;

«*d) le carte geografiche e gli spartiti musicali aventi carattere di rarità e di pregio*»;

«*e) le fotografie, con relativi negativi e matrici, le pellicole cinematografiche ed i supporti audiovisivi in genere, aventi carattere di rarità e di pregio*»;

«*f) le ville, i parchi e i giardini che abbiano interesse artistico o storico*»;

«*g) le pubbliche piazze, vie, strade e altri spazi aperti urbani di interesse artistico o storico*»;

«*h) i siti minerari di interesse storico od etnoantropologico*»;

«*i) le navi e i galleggianti aventi interesse artistico, storico od etnoantropologico*»;

«*l) le architetture rurali aventi interesse storico od etnoantropologico quali testimonianze dell'economia rurale tradizionale*»;

«*b) gli archivi e i singoli documenti*» «*che rivestono interesse storico particolarmente importante*»[107];

«*c) le raccolte librarie*» «*di eccezionale interesse culturale*»;

«*d) le cose immobili e mobili*» «*che rivestono un interesse, particolarmente importante a causa del loro riferimento con la storia politica, militare, della letteratura, dell'arte, della scienza, della tecnica, dell'industria e della cultura in genere, ovvero quali testimonianze dell'identità e della storia delle istituzioni pubbliche, collettive o religiose*»[108];

«*d-bis) le cose*» «*che presentano un interesse artistico, storico, archeologico o etnoantropologico eccezionale per l'integrità e la completezza del patrimonio culturale della Nazione*» (fatta eccezione

---

[107] - Il corrispondente art. 36, comma 1, d.P.R. 1409/1963, richiamato dall'art. 13, comma 1, TUSD, sanciva che «[*è*] *compito dei sovrintendenti archivistici dichiarare, con provvedimento motivato da notificare in forma amministrativa, il notevole interesse storico di archivi o di singoli documenti di cui siano proprietari, possessori o detentori, a qualsiasi titolo, i privati*».

[108] - Il corrispondente art. 2, comma 1, legge 1089/1939, richiamato dall'art. 13, comma 1, TUSD, concerneva «*le cose immobili che, a causa del loro riferimento con la storia politica, militare, della letteratura, dell'arte e della cultura in genere, siano state riconosciute di interesse particolarmente importante e come tali abbiano formato oggetto di notificazione, in forma amministrativa, del Ministero per la educazione nazionale*».

per quelle che «*siano opera di autore vivente o la cui esecuzione non risalga ad oltre cinquanta anni*»: art. 10, comma 5, d.lgs. 42/2004);

«*e) le collezioni o serie di oggetti*» «*che non siano ricomprese fra quelle indicate al comma 2*[(109)]» dell'art. 10, d.lgs. 42/2004 «*e che, per tradizione, fama e particolari caratteristiche ambientali, ovvero per rilevanza artistica, storica, archeologica, numismatica o etnoantropologica, rivestano come complesso un eccezionale interesse*»[(110)] (fatta eccezione per quelle che «*siano opera di autore vivente o la cui esecuzione non risalga ad oltre settanta anni*»: art. 10, comma 5, d.lgs. 42/2004).

2.4.2. *L'esistenza del bene culturale nel patrimonio del* de cuius *nel momento di apertura della successione*

La norma di cui all'art. 13, comma 1, TUSD, disponendo l'esclusione dei «*beni culturali*» dall'attivo ereditario imponibile ai fini dell'applicazione dell'imposta di successione, evidentemente presuppone la presenza di detti beni nell'ambito della massa trasmessa *mortis causa*.

Pertanto, la norma di cui all'art. 13, comma 1, TUSD, non si applica, ad esempio, se il bene culturale sia stato oggetto di esproprio anteriormente all'apertura della successione e nel patrimonio del *de cuius* sia presente il credito al percepimento dell'indennità di espropriazione[(111)].

---

(109) - Detto comma 2 concerne: «*a) le raccolte di musei, pinacoteche, gallerie e altri luoghi espositivi dello Stato, delle regioni, degli altri enti pubblici territoriali, nonché di ogni altro ente ed istituto pubblico; b) gli archivi e i singoli documenti dello Stato, delle regioni, degli altri enti pubblici territoriali, nonché di ogni altro ente ed istituto pubblico; c) le raccolte librarie delle biblioteche dello Stato, delle regioni, degli altri enti pubblici territoriali, nonché di ogni altro ente e istituto pubblico, ad eccezione delle raccolte che assolvono alle funzioni delle biblioteche indicate all'art. 47, comma 2, del decreto del Presidente della Repubblica 24 luglio 1977, n. 616*».

(110) - Il corrispondente art. 5, comma 1, legge 1089/1939, richiamato dall'art. 13, comma 1, TUSD, sanciva che «[*i*]*l Ministro per l'educazione nazionale, sentito il Consiglio nazionale della educazione, delle scienze e delle arti può procedere alla notifica delle collezioni o serie di oggetti, che, per tradizione, fama e particolari caratteristiche ambientali, rivestono come complesso un eccezionale interesse artistico o storico*».

(111) - Cfr. Cass., 25 febbraio 2008, n. 4753, in *Ced Cassazione*, rv. 602053, secondo cui «l'art. 13 del d.lgs. 31 ottobre 1990, n. 346, che prevede l'esenzione dall'imposta di

2.4.3. *Il "vincolo" imposto anteriormente all'apertura della successione*

Come già osservato, l'art. 13, comma 1, TUSD, dichiara i «*beni culturali*» «*esclusi dall'attivo ereditario*» a condizione che «*anteriormente all'apertura della successione*» essi siano «*stati sottoposti al vincolo* [...] *previsto*» dalla normativa in materia(112) (e, cioè, alla «*dichiarazione*» di «*interesse culturale*» di cui all'art. 13, comma 1, d.lgs. 42/2004).

Il testo della norma (correlato alla previsione di cui all'art. 25, comma 2, TUSD, nel quale si dispone una riduzione d'imposta in caso di presenza «*nell'attivo ereditario*» di «*beni immobili culturali*» «*non sottoposti anteriormente all'apertura della successione al vincolo previsto nell'art. 2 della legge 1° giugno 1939, n. 1089*») non lascia spazio per pretendere l'applicazione della disciplina di cui all'art. 13, comma 1, TUSD, al caso della presenza, nella massa trasmessa *mortis causa*, di un bene per il quale sia in corso il procedimento finalizzato alla emanazione del provvedimento recante la «*dichiarazione*» di «*interesse culturale*» di cui all'art. 13, comma 1, d.lgs. 42/2004.

Ciò non toglie, comunque, che la normativa di cui all'art. 13, comma 1, TUSD, non possa non essere fortemente sospettata(113) di illegittimità costituzionale per disparità di trattamento tra situazioni eguali, in quanto il "bene culturale" è sempre tale, a prescindere

---

successione dei beni culturali, ha carattere eccezionale, in quanto contrasta con il principio costituzionale di cui all'art. 53, secondo cui tutti sono tenuti a concorrere alle spese pubbliche in ragione della loro capacità contributiva. Dovendosi la disposizione in parola, ai sensi dell'art. 14 delle preleggi, interpretare rigorosamente, vanno esclusi dall'attivo ereditario soltanto i beni classificati culturali, a condizione che essi siano sottoposti al vincolo in epoca anteriore all'apertura della successione, risultino assolti gli obblighi di conservazione e protezione e facciano parte fisicamente del "*relictum*". Ne deriva, quindi, che non spetta l'esenzione in esame nel caso in cui il bene culturale sia stato espropriato prima dell'apertura della successione, e nell'attivo ereditario sia presente soltanto l'indennità dovuta per l'espropriazione».

(112) - Cfr., sul punto, la Circolare n. 85/270945 del 22 settembre 1983.

(113) - Cfr., sul punto, Alibrandi-Ferri, *I beni culturali ed ambientali*, Milano, 1985, 727; Altana-Silvestri, *L'imposta sulle successioni e donazioni nel Testo Unico*, Milano, 1991, 51; Solarino, *Regime fiscale dei beni di rilevante interesse culturale. Imposta di successione. Brevi considerazioni sul sistema sanzionatorio nell'ipotesi di decadenza dai benefici*, in *Boll. Trib.*, 1990, 981.

dalla emanazione del provvedimento recante la «*dichiarazione*» del suo «*interesse culturale*».

2.4.4. I BENI CULTURALI SOGGETTI A "TUTELA INDIRETTA"

Riferendosi, nell'epoca della loro vigenza, «*agli articoli 1, 2 e 5 della legge 1° giugno 1939, n. 1089*[114]*, e all'art. 36, d.P.R. 30 settembre 1963, n. 1409*» e, oggi, all'art. 10, comma 2, d.lgs. 42/2004, la norma che dispone l'esclusione dei «*beni culturali*» dall'attivo ereditario soggetto a imposta di successione non concerne[115], dunque, i beni soggetti alla «*tutela indiretta*» di cui agli articoli 45[116], e seguenti, d.lgs. 42/2004.

---

(114) - Intitolata "Tutela delle cose d'interesse artistico e storico".

(115) - Cfr. Cass., 10 marzo 2008, n. 6328, in *Ced Cassazione*, rv. 602613, secondo cui «il rilevato univoco riferimento al vincolo gravante sui beni indicati nella L. del 1939, artt. 1, 2 e 5 e la necessità di una stretta interpretazione della norma fiscale del 1990, imposta dalla sua natura di eccezione alla regola generale (di inclusione nell'attivo ereditario di tutti i beni relitti dal defunto), impediscono qualsiasi equiparazione giuridica (a fini dell'imposta di successione) del trattamento fiscale dei beni soggetti al solo vincolo indiretto di cui alla L. n. 1089 del 1939, art. 21 ai beni specificati agli artt. 1, 2 e 5, stessa legge, oggetto di vincolo diretto, unici esclusi dall'"attivo ereditario" dal D.lgs. n. 346 del 1990, art. 13. La necessità di una stretta interpretazione delle conferenti norme fiscali, peraltro, è stata già affermata da questa sezione (sentenza 17 gennaio 2001 n. 635, citata), sia pure con riferimento alla "riduzione dell'Invim al 25% per gli incrementi di valore degli immobili di interesse artistico, storico o archeologico soggetti alla L. 1 giugno 1939, n. 1089" prevista dal "D.P.R. n. 643 del 1972, art. 25, comma 4": in tale decisione, invero, si è affermato che "la riduzione d'imposta è prevista ... con riferimento agli incrementi di valore non di tutti gli immobili soggetti alla L. n. 1089 del 1939, ma a solo a quelli di interesse artistico, storico o archeologico" e che "gli immobili soggetti ai vincoli di cui alla L. n. 1089 del 1939, art. 21 non sono ex se di interesse artistico, storico o archeologico (e anzi possono non avere interesse di alcun genere); le prescrizioni dettate in base a tale articolo sono dirette alla salvaguardia non loro ma degli immobili (generalmente contigui o vicini) aventi l'interesse suindicato"». Identica la decisione di Cass., 14 marzo 2008, n. 6952, in *One FISCALE*, Wolters Kluwer.

(116) - Ai sensi dell'art. 45, comma 1, d.lgs. 42/2004, «[*i*]*l Ministero ha facoltà di prescrivere le distanze, le misure e le altre norme dirette ad evitare che sia messa in pericolo l'integrità dei beni culturali immobili, ne sia danneggiata la prospettiva o la luce o ne siano alterate le condizioni di ambiente e di decoro*».

Detta norma trova il suo precedente nell'art. 21, legge 1089/1939, il cui comma 1 sanciva che «[*i*]*l Ministro per l'educazione nazionale ha facoltà di prescrivere le distanze, le misure e le altre norme dirette ad evitare che sia messa in pericolo la integrità delle cose immobili soggette alle disposizioni della presente legge, ne sia danneggiata la prospettiva o la luce o ne siano alterate le condizioni di ambiente e di decoro*».

2.4.5. La trascrizione della dichiarazione di interesse culturale in Pubblici Registri

Come già osservato, la norma in commento identifica i «*beni culturali*» «*esclusi dall'attivo ereditario*» riferendosi ai «*beni culturali di cui agli articoli 1, 2 e 5 della legge 1° giugno 1939, n. 1089*(117)*, e all'art. 36, d.P.R. 30 settembre 1963, n. 1409*(118)».

Questo riferimento normativo va oggi inteso fatto, in conseguenza della legislazione sopravvenuta in materia, ai «*beni culturali*» intesi come «*le cose immobili e mobili che, ai sensi degli articoli 10 e 11, presentano interesse artistico, storico, archeologico, etnoantropologico, archivistico e bibliografico e le altre cose individuate dalla legge o in base alla legge quali testimonianze aventi valore di civiltà*» (art. 2, comma 2, d.lgs. 22 gennaio 2004, n. 42).

Più precisamente, limitando qui l'attenzione a quei «*beni culturali*» che sono suscettibili di successione ereditaria, poiché di (possibile) proprietà di una persona fisica, essi sono quelli di cui alla elencazione, contenuta nell'art. 10, comma 2, d.lgs. 42/2004(119) per i quali sia stato emanato il cosiddetto "vincolo", vale a dire la «*dichiarazione*» di «*interesse culturale*» di cui all'art. 13, comma 1, d.lgs. 42/2004.

Detta «*dichiarazione*» di «*interesse culturale*» deve essere «*notificata al proprietario, possessore o detentore a qualsiasi titolo della cosa che ne forma oggetto, tramite messo comunale o a mezzo posta raccomandata con avviso di ricevimento*» (art. 15, comma 1, d.lgs. 342/2004) e, ove si tratti di beni, mobili o immobili, iscritti in Pubblici Registri, il «*provvedimento*» che reca detta «*dichiarazione*» deve

(117) - Intitolata "Tutela delle cose d'interesse artistico e storico".

(118) - Intitolato "Norme relative all'ordinamento ed al personale degli Archivi di Stato".

(119) - Il corrispondente art. 1, legge 1089/1939, richiamato dall'art. 13, comma 1, TUSD, concerneva «*le cose, immobili e mobili, che presentano interesse artistico, storico, archeologico o etnografico, compresi: a) le cose che interessano la paleontologia, la preistoria e le primitive civiltà; b) le cose d'interesse numismatico; c) i manoscritti, gli autografi, i carteggi, i documenti notevoli, gli incunaboli, nonché i libri, le stampe e le incisioni aventi carattere di rarità e di pregio*» (comma 1). Altresì sanciva che: «[*v*]*i sono pure compresi le ville, i parchi e i giardini che abbiano interesse artistico o storico*» (comma 2); e che «[*n*]*on sono soggette alla disciplina della presente legge le opere di autori viventi o la cui esecuzione non risalga ad oltre cinquanta anni*» (comma 3).

essere «*trascritto, su richiesta del soprintendente, nei relativi registri*»; con ciò, detto «*provvedimento*» ha «*efficacia nei confronti di ogni successivo proprietario, possessore o detentore a qualsiasi titolo*».

Dal testo della predetta normativa pare desumersi che la trascrizione non abbia efficacia costituiva del vincolo, ma solo efficacia dichiarativa nei confronti di ogni soggetto diverso da quello che ha ricevuto la notifica[120].

Pertanto, ai fini dell'esclusione dall'attivo ereditario, è sufficiente l'intervenuta notifica e non anche la trascrizione del vincolo. Ciò comporta che:

a) se la notifica non sia intervenuta, non si rende applicabile la norma di cui all'art. 13, comma 1, TUSD, che detta l'esclusione dall'attivo ereditario (si può peraltro ricorrere alla procedura che consente la riduzione dell'imposta di cui all'art. 25, comma 2, TUSD);

b) se la notifica è stata effettuata, ma non ne è stata effettuata la trascrizione, si rende applicabile la norma sull'esclusione dall'attivo ereditario di cui all'art. 13, comma 1, TUSD;

c) se la trascrizione non sia stata effettuata in quanto il "vincolo culturale" venne impresso nella vigenza della normativa (anteriore

---

(120) - Cfr. CASU, *Statuto e circolazione dei beni culturali dei privati, persone fisiche e giuridiche* (Atti del Convegno di Studio intitolato "*La disciplina dei beni culturali alla luce del nuovo Codice*" svoltosi a Verona il 13 novembre 2004), il quale ha evidenziato come alla «trascrizione del vincolo sul bene culturale non possa attribuirsi valore di effetto costitutivo. Se infatti alla norma che il vincolo non trascritto non può avere effetto nei confronti del terzo, volesse attribuirsi portata effettiva, occorrerebbe affermare che il terzo acquista validamente un bene culturale non trascritto, impedendo allo Stato la prelazione artistica». L'Autore muove la propria ricostruzione menzionando Cass., 9 dicembre 1985, n. 6180 (in *Giust. Civ.*, 1986, I, 1044), così riassumendo il percorso logico seguito dalla Corte: «il vincolo sorge in capo al proprietario ancorché non trascritto. Qui non vi sono dubbi. Da quel momento se il proprietario negozia il bene senza denuncia, cioè violando la normativa sui beni culturali, l'atto è nullo. Se l'atto è nullo, afferma la Cassazione, la nullità vale sia nei confronti del dante causa sia nei confronti dell'avente causa: l'atto nullo non produce effetti per nessuno. Ma allora che senso ha dire che la mancata trascrizione non ha effetto per i terzi? Può insomma la pubblicità immobiliare attribuire al negozio invalido un valore che il negozio per se stesso non può avere? Per sostenerlo bisognerebbe affermare che la pubblicità immobiliare incida sugli effetti negoziali sua sponte, il che non è».

Sul punto, seppur con riferimento all'imposta di registro e non all'imposta sulle successioni, cfr. anche CONSIGLIO NAZIONALE DEL NOTARIATO, Studio n. 11/2005/T del 24 giugno 2005, *La circolazione dei beni culturali: attualità e criticità. Imposta di registro - acquisto di beni culturali*, in *CNN Notizie* del 28 settembre 2005.

a quella recata dalla legge 1° giugno 1939, n. 1089[121]) recata dalla legge 20 giugno 1909, n. 364[122], la quale bensì prescriveva la notifica del vincolo, ma non la sua trascrizione nei Pubblici Registri, si rende applicabile la norma sull'esclusione dall'attivo ereditario di cui all'art. 13, comma 1, TUSD[123].

2.4.6. Il procedimento da espletare per conseguire l'agevolazione

Ai sensi dell'art. 13, comma 2, TUSD, il contribuente («*erede o legatario*»: si intende "qualsiasi" erede, stante il vincolo di solidarietà loro imposto dall'art. 36, comma 1, TUR; nonché colui che sia legatario del bene culturale) che intenda avvalersi della normativa che esclude i «*beni culturali*» dall'attivo ereditario imponibile con l'imposta di successione deve presentare «*al competente organo periferico del Ministero per i beni culturali e ambientali*»[124] (vale a dire alla Sovrintendenza competente per territorio[125] - non in ragione del luogo ove i beni in questione sono ubicati, ma - in ragione del luogo di apertura della successione[126]) un «*inventario*»

[121] - Intitolata "Tutela delle cose d'interesse artistico e storico".

[122] - Intitolata "Norme per l'inalienabilità delle antichità e delle belle arti".

[123] - Cfr. la Risoluzione n. 240624 del 2 agosto 1985 e la Risoluzione n. 250739 del 16 luglio 1986.

[124] - Oggi, ai sensi della legge 24 giugno 2013, n. 71, "Ministero dei beni e delle attività culturali e del turismo".

[125] - L'elenco delle Sovrintendenze territorialmente competenti è consultabile al seguente indirizzo: *http://www.beniculturali.it/mibac/export/MIBAC/sito-MIBAC/MenuPrincipale/Ministero/La-struttura-organizzativa/index.html.*

[126] - Cfr. la Circolare n. 5131 del 30 novembre 1982: «L'art. 4 prevede che l'erede debba presentare all'amministrazione per i beni culturali l'inventario dei beni (che la norma elenca al primo comma) che ritenga non debbano essere compresi nell'asse ereditario. L'inventario, che deve contenere la descrizione particolareggiata dei beni con ogni notizia intorno alla loro identificazione, deve essere presentato alla soprintendenza nel cui territorio si è aperta la successione. Può avvenire che nella successione cadano beni che rientrano nella competenza di soprintendenze diverse e poiché l'organo periferico del Ministero dovrà attestare, per ogni singolo bene compreso nell'inventario, la esistenza delle caratteristiche previste dalla legge 1 giugno 1939, n. 1089, e dalla legge 30 settembre 1963, n. 1409, dovrà essere cura dell'erede presentare l'inventario alla soprintendenza ritenuta competente, la quale qualora nell'inventario siano compresi beni di competenza di altra soprintendenza, inviterà l'erede a stralciare tali beni dall'inventario ed a presentare lo stralcio (o gli stralci) alla soprintendenza (o alle soprintendenze) competente per materia. [...] Le attestazioni così

dei beni che il contribuente stesso «*ritiene non debbano essere compresi nell'attivo ereditario*».

L'espressione «*inventario*» non certo va interpretata come un riferimento all'inventario da redigersi ai sensi degli articoli 769, e seguenti, codice di procedura civile, in quanto si tratta di un documento che, con libertà di forma (e, quindi, non necessitante di verbalizzazione notarile o di un cancelliere operante presso un'Autorità giudiziaria)(127), deve contenere semplicemente (art. 13, comma 2, TUSD):

- la «*descrizione particolareggiata*» dei «*beni culturali*» che il contribuente «*ritiene non debbano essere compresi nell'attivo ereditario*»;
- «*ogni notizia idonea alla* [...] *identificazione*» di detti beni.

Ricevuto l'inventario, la Sovrintendenza deve «*attesta*[re] *per ogni singolo bene l'esistenza del vincolo e l'assolvimento degli obblighi di conservazione*(128) *e protezione*(129)» (art. 13, comma 2, TUSD).

Alfine, tale «*attestazione*» «*deve essere presentata*» dal contribuente «*all'ufficio del registro in allegato alla dichiarazione della successione*», il quale ne deve semplicemente prendere atto(130) e, quindi, nel liquidare l'imposta di successione dovuta, non deve considerare, nel calcolo del valore imponibile, quello afferente ai «*beni culturali*» per i quali sia stata fornita l'«*attestazione*» in parola(131).

---

ottenute dovranno, a cura dell'erede, essere presentate al competente ufficio del registro all'atto della presentazione della dichiarazione di successione».

(127) - Cfr. Gallo Orsi G. - Gallo Orsi M., *L'imposta di successione. Commento aggiornato alla L. 30-12-1991, n. 413*, Torino, 1993, 126.

(128) - Cfr. gli artt. 29, e seguenti, d.lgs. 42/2004.

(129) - Cfr. gli artt. 45, e seguenti, d.lgs. 42/2004.

(130) - Cfr. la Risoluzione n. 400038 del 27 gennaio 1989, secondo cui «l'art. 4 della legge 2-8-1982, n. 512 prevede, ai fini della concessione del beneficio dell'esclusione dall'attivo ereditario, che l'erede presenti al competente Ufficio del registro una certificazione del Ministero per i beni culturali ambientali in cui si attesti, per ogni singolo bene, l'esistenza delle caratteristiche previste dalla legge 1-6-1939, n. 1089 e successive modificazioni o dal d.P.R. 30-9-1963, n. 1409. [...] posta la sussistenza dei presupposti di fatto riportati nell'istanza in oggetto, atteso che gli interessati hanno prodotto l'apposita dichiarazione da cui risulta la sottoposizione del bene al vincolo, la richiesta, da parte dell'Ufficio, di una ulteriore certificazione, non troverebbe rispondenza nella previsione legislativa».

(131) - Cfr. Cass. 19 maggio 2008, n. 12611, in *Ced Cassazione*, rv. 603157, secondo cui «i beni culturali sono esclusi dall'attivo ereditario, purché sia certificato che gli obblighi di conservazione e protezione derivanti da tale vincolo siano stati assolti; ne deriva la corretta

Qualora non vi sia l'obbligo di presentare la dichiarazione di successione (si pensi, ad esempio, al caso in cui l'eredità comprenda solo «*beni culturali*» non immobili), l'«*attestazione*» «*deve essere presentata*» «*nel termine*» che sarebbe da rispettare se vi fosse l'obbligo di presentare la dichiarazione di successione (art. 13, comma 2, TUSD).

Il rispetto del predetto termine (e l'allegazione dell'«*attestazione*» alla dichiarazione di successione) sono adempimenti prescritti al fine di impedire la liquidazione dell'imposta da parte dell'Ufficio con riferimento al valore rappresentato dai «*beni culturali*» per i quali è stata ottenuta l'«*attestazione*» stessa; ma, non trattandosi di adempimenti prescritti a pena di decadenza, l'«*attestazione*» ben può essere presentata dopo la registrazione della dichiarazione di successione e prima che l'Ufficio liquidi l'imposta e anche posteriormente alla avvenuta liquidazione dell'imposta, ma non oltre il termine concesso al contribuente per la richiesta di rimborso dell'imposta che egli ritenga non dovuta[132].

---

inclusione dell'immobile vincolato nella dichiarazione di successione, nel caso in cui questo non potesse godere dell'esenzione d'imposta, essendo stato negato dalla Sovrintendenza l'attestato di assolvimento degli obblighi indicati». Nel medesimo senso, cfr. Cass., 14 gennaio 2009, n. 673, in *Ced Cassazione*, rv. 606045; nonché Cass., 8 marzo 2013, n. 5882, in *One FISCALE*, Wolters Kluwer, secondo cui «i beni culturali sono esclusi dall'attivo ereditario a condizione che venga presentata all'ufficio impositore l'attestazione, in allegato alla dichiarazione di successione, da cui risulti che sono stati assolti gli obblighi di conservazione e protezione derivanti da tale vincolo».

(132) - Cfr. la Circolare n. 32/270009 del 26 marzo 1983, secondo cui, «ove l'erede, per motivi indipendenti dalla propria volontà, non possa ottenere l'attestazione da parte del competente organo periferico del Ministero per i beni culturali e ambientali - a condizione, s'intende, che l'inventario sia stato presentato entro i termini prescritti - dovrà corrispondere, per l'intero, l'imposta, salvo ad ottenere successivamente il rimborso del maggiore tributo non dovuto. Se, comunque, l'attestazione perviene prima che l'Ufficio abbia notificato l'avviso di liquidazione, ugualmente potrà essere concesso il beneficio, senza che l'erede debba corrispondere la normale imposta ed ottenere successivamente il rimborso»; la Risoluzione n. 241139 del 21 giugno 1986, secondo la quale «non sembra infatti che, posta la spettanza del beneficio sotto il profilo sostanziale, alla concessione dell'agevolazione possa ostare la mancata richiesta della stessa e la mancata contestuale produzione della prescritta documentazione all'atto della presentazione della dichiarazione di successione, in quanto, come esattamente rilevato dall'Ispettorato, l'inosservanza, nei termini, di tale adempimento formale non è compresa tra le ipotesi di decadenza dal beneficio espressamente previste al tredicesimo comma dell'art. 4 della legge 2-8-1982, n. 512. [...] Pertanto, posto che la spettanza del beneficio sotto il profilo sostanziale risulta comprovata dalla documentazione in seguito prodotta dall'interessato e che la parte ha comunque provveduto ad esercitare il diritto al rimborso entro il termine triennale di decadenza decorrente dalla data del

Occorre, altresì, tener presente che se l'«*attestazione*» sia rilasciata con ritardo, vale il disposto dell'art. 30, comma 6, TUSD, il quale dispone una proroga dei termini di sei mesi nel caso di «*documenti provenienti da pubbliche amministrazioni*» (ivi «*compres*[a] *l'attestazione di cui all'art. 13, comma 2*», TUSD) «*che non siano stati rilasciati entro il termine stabilito per la presentazione della dichiarazione*» di successione, a condizione che «*alla dichiarazione* [di successione] *sia allegata copia della domanda di rilascio*» del provvedimento richiesto dal contribuente.

---

pagamento del tributo, si ritiene che si possa procedere al rimborso dell'imposta di successione già versata e all'annullamento delle rate non ancora assolte, scaturenti dall'applicazione del suddetto beneficio»; la Circolare n. 61/E/2000/73044 del 30 marzo 2000, secondo cui «nell'ipotesi in cui l'attestazione del Ministero per i beni e le attività culturali, di cui al comma 2 dell'art. 13 del d.lgs. n. 346 del 1990, non venga rilasciata entro il termine stabilito per la presentazione della dichiarazione, la stessa potrà essere prodotta dal contribuente successivamente a detto termine, ma in ogni caso non oltre i tre anni dalla data di apertura della successione, purché alla dichiarazione sia allegata copia della domanda di rilascio. Ciò si evince dal combinato disposto degli artt. 30, comma 6 e 23, comma 4, del citato d.lgs. n. 346 del 1990».

In giurisprudenza, cfr. Comm. Trib. Reg. Toscana, 17 marzo 2008, n. 17, in *One FISCALE*, Wolters Kluwer: «La rilevanza tributaria ai fini delle imposte di successione degli immobili sottoposti a vincolo storico-artistico-culturale non è suscettibile di mutare in dipendenza della tardiva produzione dei necessari documenti da parte della Soprintendenza ai Beni Culturali in quanto tale adempimento è di natura puramente formale. Conseguentemente il beneficio fiscale non può essere disatteso»; Cass., 21 luglio 2009, n. 16873, in *Ced Cassazione*, rv. 609124, secondo cui «i beni culturali sono esclusi dall'attivo ereditario a condizione che venga presentata all'Ufficio l'attestazione, in allegato alla dichiarazione di successione, da cui risulti che sono stati assolti gli obblighi di conservazione e protezione derivanti da tale vincolo; tuttavia l'eventuale mancanza di tale attestazione può essere "sanata", una volta in possesso dell'attestato, anche oltre il termine fissato per la presentazione della denuncia integrativa, non essendo prevista alcuna comminatoria di decadenza e tenuto conto che la emendabilità e la retrattabilità della dichiarazione sono sottratte al termine fissato per la presentazione della denuncia medesima; ne discende il potere-dovere del giudice tributario di statuire in ordine alla esclusione o meno dall'attivo ereditario del bene effettivamente "culturale" per accertata osservanza delle condizioni all'uopo richieste dalla legge, atteso il diritto del contribuente, *ex* art. 53 Cost., a non essere assoggettato ad un prelievo fiscale maggiore di quello voluto dal legislatore»; Cass., 4 novembre 2009, n. 26449, in *One FISCALE*, Wolters Kluwer, secondo cui «il beneficio dell'esenzione per i beni di valore artistico e culturale deve essere concesso nel caso in cui il contribuente alleghi alla dichiarazione di successione il certificato di cui all'art. 13 del d.lgs. 31 ottobre 1990, n. 346, ovvero, in mancanza, produca tale certificato entro il termine di tre anni, perché alla dichiarazione di successione alleghi la relativa istanza di rilascio; detto termine, non essendo espressamente previsto per legge come termine di decadenza, non può essere ritenuto tale»; Cass., 8 marzo 2013, n. 5882, in *One FISCALE*, Wolters Kluwer, secondo cui «deve ritenersi emendabile la dichiarazione di successione per la quale gli obblighi di documentazione non sono suscettibili, in assenza di specifica disposizione, di realizzare ipotesi di decadenza non espressamente contemplate».

Qualora, poi, la Sovrintendenza rifiuti l'attestazione, «*è ammesso ricorso gerarchico al Ministro, il quale decide sentito il Consiglio nazionale per i beni culturali ed ambientali*[133]» (art. 13, comma 3, TUSD).

Se il ricorso sia accolto, «*la decisione di accoglimento del ricorso deve essere presentata in copia, entro trenta giorni dalla sua comunicazione, all'ufficio del registro competente, che provvede al rimborso dell'eventuale maggiore imposta pagata*» (art. 13, comma 2, TUSD). Non essendo prescritto a pena di decadenza, il predetto termine non appare essere di carattere perentorio, ma solo ordinatorio[134].

Ove il ricorso non sia accolto, il contribuente può impugnare il provvedimento di rigetto presso il giudice amministrativo. Il passaggio in giudicato della sentenza che accolga tale ricorso legittima l'istanza di rimborso del contribuente.

2.4.7. *La decadenza dal beneficio dell'esclusione dei beni culturali dall'attivo ereditario*

Ai sensi dell'art. 13, comma 4, TUSD, i seguenti accadimenti provocano[135] «*l'inclusione dei beni* [culturali] *nell'attivo ereditario*» (nonché l'applicazione della sanzione[136] di cui all'art. 53, comma 1, TUSD, secondo il quale «[*l'*]*erede o il legatario, al quale sono stati devoluti beni culturali, è punito, nei casi previsti nell'art. 13, comma 4, con la sanzione amministrativa dal cento al duecento per cento*

(133) - Oggi "Consiglio Superiore per i Beni Culturali e Paesaggistici".

(134) - Cfr., sul punto, Gaffuri G., *L'imposta sulle successioni e donazioni. Trust e patti di famiglia*, Padova, 2008, 203.

(135) - Cfr. Corte Cost., 15 marzo 1993, n. 95, in *il fisco*, 1993, 3835; in *Giur. Cost.*, 1993, 794; e in *Dir. Prat. Trib.*, 1993, II, 576, secondo cui «è manifestamente infondata la questione di legittimità costituzionale dell'art. 4, 5° comma, l. 2 agosto 1982 n. 512 (regime fiscale dei beni di rilevante interesse culturale), con riferimento agli art. 3 e 53 Cost., per la sproporzione del regime sanzionatorio in esso previsto in caso di alienazione da parte dell'erede entro il quinquennio dall'apertura della successione di beni culturali esenti da imposta, in quanto la disciplina impugnata trova fondamento nella particolare rilevanza che i beni considerati e la loro adeguata conservazione hanno per il patrimonio culturale del paese, nonché nello speciale regime consistente, in primo luogo, nell'esenzione dall'imposta di successione e, per converso, nel rigore della sanzione in caso di violazione degli obblighi incombenti sull'erede».

(136) - La materia inerente a questa sanzione è oggetto di compiuta trattazione in Busani, *Imposta di successione e donazione*, Milano, 2020, 1073.

dell'imposta o della maggiore imposta dovuta ai sensi dell'art. 32 o dell'art. 35, in dipendenza della inclusione dei beni nell'attivo ereditario o della esclusione della riduzione d'imposta di cui all'art. 25, comma 2») dal quale siano stati esclusi ai sensi dell'art. 13, comma 1, TUSD:

a) [*l'*]*alienazione*[137] *in tutto o in parte dei beni*» culturali, mobili e immobili, il cui valore sia stato escluso dall'attivo ereditario, ai sensi dell'art. 13, comma 1, TUSD, «*prima che sia decorso un quinquennio dall'apertura della successione*»; per «*alienazione*» intendendosi qualsiasi atto volontario (e, quindi, non coattivo), a titolo sia oneroso che gratuito[138]-[139], effettivamente posto in essere e non solamente programmato (una mera "programmazione" si avrebbe, ad esempio, con la stipula di un contratto preliminare) dal quale

---

(137) - Questa previsione legislativa secondo cui il beneficio fiscale viene revocato per effetto dell'alienazione dei beni in esame è stata giudicata ingiustificata: cfr. NAPOLITANO, *Manuale dell'imposta sulle successioni e donazioni*, Assago, 1995, 157, secondo cui «colpisce il fatto che il vincolo temporaneo di inalienabilità sia stato imposto come divieto assoluto e non relativo [...]. Infatti [...] se lo scopo ultimo del suddetto divieto è quello di garantire la corretta utilizzazione, la conservazione del bene e la sua soggezione al controllo pubblico ai fini della prelazione, sarebbe stato più coerente ammettere la possibilità di un'alienazione nel quinquennio autorizzata dal Ministero competente, il che avrebbe consentito di orientare gli eredi (o i legatari), propensi ad una sollecita realizzazione del valore del bene, verso categorie di acquirenti [...] tali da garantire la diligente conservazione del bene ed un impiego dello stesso conforme all'interesse pubblico».

(138) - Cfr. la Circolare n. 7/E-IV-9-381 del 16 marzo 1994, secondo cui «il menzionato comma 4 dell'art. 13 del decreto legislativo 31-10-1990, n. 346 prevede [...] che "l'alienazione", in tutto o in parte, dei beni di cui al comma 1 (ossia i beni culturali indicati agli artt. 1, 2 e 5 della legge 1-6-1939, n. 1089 e all'art. 36 del d.P.R. 30-9-1963, n. 1409, i quali sono esclusi dall'attivo ereditario se sono stati sottoposti al vincolo ivi previsto anteriormente alla data di apertura della successione e sono stati assolti gli obblighi di conservazione e protezione) prima che sia decorso un quinquennio dall'apertura della successione, determina l'inclusione dei beni nell'attivo ereditario. [...] Il concetto giuridico di alienazione, tenuto conto della radice etimologica del termine (*alienatio* deriva, com'è noto, dal verbo "alienare" che esprime l'idea di separare) è quello di un trasferimento di un diritto da un titolare all'altro, attuato o dal titolare stesso, oppure, indipendentemente dalla volontà del titolare, per una ragione obiettiva. [...] nel concetto di alienazione vanno inclusi non solo i trasferimenti a titolo oneroso, bensì anche i trasferimenti a titolo gratuito per atto tra vivi, ossia le donazioni. [...] Pertanto, [...] nel caso di alienazione, mediante atto di donazione, dei beni culturali "vincolati" pervenuti al donante per successione, si determina la perdita del beneficio dell'esclusione dall'attivo ereditario e l'applicazione delle relative sanzioni, in base al combinato disposto dell'art. 13, comma 4 e dell'art. 53, comma 1, del decreto legislativo 31-10-1990, n. 346».

(139) - In caso di alienazione mediante donazione, si avrebbe una fattispecie di donazione conseguente a una successione apertasi da meno di un quinquennio, con conseguente applicabilità della riduzione d'imposta di cui all'art. 25, comma 1, TUSD.

derivi la trasmissione ad altro o ad altri soggetti (in via interpretativa, si ritiene che debba trattarsi di soggetti diversi dallo Stato)[140] della titolarità dei beni in questione (in tutto, in parte, per intero, pro quota), producendosi la decadenza, ove i beni il cui valore sia stato escluso dall'attivo ereditario non siano oggetto di alienazione nella loro interezza, solo per la parte di beneficio proporzionale a quanto sia oggetto di alienazione[141];

b) la «*tentata esportazione*» «*non autorizzata*» dei beni mobili il cui valore sia stato escluso dall'attivo ereditario, ai sensi dell'art. 13, comma 1, TUSD;

c) «*il mutamento di destinazione*»[142] «*non autorizzato*» dei beni immobili il cui valore sia stato escluso dall'attivo ereditario, ai sensi dell'art. 13, comma 1, TUSD;

---

(140) - Cfr. la Risoluzione n. 401220 dell'8 giugno 1989, secondo cui «sia ai fini dell'esclusione dall'attivo ereditario, sia ai fini della riduzione d'imposta del 50 per cento, l'art. 4 anzidetto prevede, testualmente, la decadenza dell'erede dal beneficio "qualora i beni vengano alienati in tutto o in parte prima che sia decorso un quinquennio dall'apertura della successione". Tuttavia, è evidente che la norma anzicitata non può trovare applicazione nel caso in cui l'alienazione intervenga a favore dello Stato, in quanto le disposizioni agevolative contenute nella cennata legge 2-8-1982, n. 512, mirano essenzialmente alla conservazione dei beni di rilevante interesse culturale e, possibilmente all'acquisizione degli stessi da parte dello Stato. Tanto si può desumere, sia dallo spirito informatore della legge nel suo complesso, sia da alcune norme particolari, quale, per esempio, quella che dispone la decadenza dai benefici per il mancato assolvimento, da parte degli eredi, degli obblighi previsti per consentire allo Stato il diritto di prelazione sui beni immobili e mobili vincolati».

(141) - Cfr. Cass. 31 marzo 2011, n. 7362, in *il fisco*, 2011, 16, 2560; e in *Notariato*, 2011, 4, 475, secondo cui «l'art. 13 del d.lgs. 31 ottobre 1990, n. 346, nella parte in cui, dopo aver escluso dall'attivo ereditario i beni culturali sottoposti al vincolo anteriormente all'apertura della successione, qualora siano stati assolti i conseguenti obblighi di conservazione e protezione (comma 1), dispone che "l'alienazione in tutto o in parte dei beni di cui al comma 1 prima che sia decorso un quinquennio dall'apertura della successione (...) determina l'inclusione dei beni nell'attivo ereditario", va interpretato nel senso che tale inclusione è limitata al solo bene alienato e non si estende agli altri beni culturali vincolati presenti nell'asse ereditario che non siano stati alienati, in quanto l'espressione "in tutto o in parte" va riferita all'alienazione di una quota indivisa di un bene, o di una parte separata di un bene materialmente divisibile, o di una cosa facente originariamente parte di una cosa composta, o di un bene appartenente ad una universalità di mobili, ipotesi, queste, in cui rientra nell'attivo ereditario tutta (e soltanto) l'universalità di mobili di cui sia stato venduto un elemento, o tutto (e soltanto) il bene di cui sia stata venduta una quota indivisa, o una parte separata, o una cosa che lo componeva».

Invece, secondo la Circolare n. 32/270009 del 26 marzo 1983, «la alienazione anche di un solo bene comporta la perdita del beneficio, con conseguenti pene pecuniarie su tutta l'imposta dovuta».

(142) - Cfr. la Circolare n. 32/270009 del 26 marzo 1983, secondo cui «per mutamento di destinazione deve intendersi» anche «un mutamento compreso nell'ambito di una

d) «*il mancato assolvimento degli obblighi prescritti per consentire l'esercizio del diritto di prelazione dello Stato*».

La *ratio* di questa normativa è da ravvisare in una finalità sanzionatoria negli ultimi tre casi («*tentata esportazione*» «*non autorizzata*»; «*mutamento di destinazione*» «*non autorizzato*»; «*mancato assolvimento degli obblighi prescritti per consentire l'esercizio del diritto di prelazione dello Stato*») e in una finalità di conservazione dei beni in questione nel primo caso (nel senso che il contribuente ottiene il beneficio fiscale "in contraccambio" del fatto che egli mantenga per un certo tempo la proprietà di un bene dal quale gli derivano obblighi di conservazione e di protezione.

Al verificarsi di taluno di detti presupposti di perdita del beneficio fiscale, la legge (non prescrive alcun obbligo dichiarativo in capo al contribuente, ma) prescrive che l'Amministrazione dei beni culturali e ambientali «*ne* [dia] *immediata comunicazione all'ufficio del registro competente*»; e dalla data di ricevimento di tale comunicazione decorre il termine di due anni (nel caso in cui il contribuente abbia presentato la dichiarazione di successione) oppure il termine di cinque anni (nel caso in cui il contribuente non abbia presentato alcuna dichiarazione di successione) affinché l'Ufficio eserciti il suo potere di liquidazione dell'imposta di successione (nonché di irrogazione della sanzione di cui all'art. 53, comma 1, TUSD) comprendendo nell'imponibile anche il valore dei beni in questione (art. 13, comma 4, TUSD).

2.4.8. La rinuncia volontaria al beneficio dell'esclusione dei beni culturali dall'attivo ereditario

L'Amministrazione[143] ha ritenuto che il beneficio di cui all'art. 13, comma 1, TUSD, non sia rinunciabile volontariamente

---

destinazione culturale del bene», non occorrendo che venga data al bene una destinazione illegittima perché il contribuente decada dal beneficio di cui aveva usufruito.

(143) - Cfr. la Risoluzione n. 400246 del 1° settembre 1988, ove si legge che «in data 10-8-1983 decedeva in Roma la signora M.B., lasciando in eredità ai figli - tra l'altro - un appartamento sito in Roma, soggetto al vincolo di cui alla legge 1-6-1939, n. 1089. Tale immobile veniva regolarmente denunciato nella dichiarazione di successione presentata dagli eredi

(alla rinuncia volontaria potrebbe ricorrere, invero, ad esempio, chi intendesse alienare i beni in questione prima del quinquennio), stante il fatto che la legge nulla dispone al riguardo.

2.5. La riduzione dell'imposta di successione e donazione relativa ai "beni culturali" non ancora "vincolati"

Come già osservato(144), ai sensi dell'art. 13, comma 1, TUSD, i «*beni culturali*» (mobili e immobili)(145) «*sono esclusi dall'attivo ereditario se sono stati sottoposti al vincolo* [...] *anteriormente all'apertura della successione* [o alla stipula della donazione, n.d.A.] *e sono stati assolti i conseguenti obblighi di conservazione e protezione*».

Detto «*vincolo*» è ciò che oggi è definito come «*dichiarazione*» di «*interesse culturale*» di cui all'art. 13, comma 1, d.lgs. 42/2004, riferita ai «*beni culturali*» (intesi come «*le cose immobili e mobili che, ai sensi degli articoli 10 e 11, presentano interesse artistico, storico, archeologico, etnoantropologico, archivistico e bibliografico e le altre cose individuate dalla legge o in base alla legge quali testimonianze aventi valore di civiltà*»: art. 2, comma 2, d.lgs. 22 gennaio 2004, n. 42) quali elencati nell'art. 10, comma 2, d.lgs. 42/2004.

Ora, se la massa ereditaria (o la donazione) comprenda «*beni immobili*» (pertanto, la normativa in esame - a differenza di quella

---

in data 10-2-1984 (den. n. 50 vol. 10314) e, ai fini della liquidazione dell'imposta principale di successione, il relativo valore veniva escluso dalla base imponibile, ai sensi dell'art. 4 della legge 2-8-1982, n. 512. Successivamente, gli eredi, in vista di un'eventuale alienazione dell'appartamento in questione, comunicavano al competente Ufficio del registro, con istanza del 23-5-1986, di voler rinunciare al beneficio previsto dal cennato art. 4 e chiedevano, quindi, la liquidazione della normale imposta. Con altra domanda del 16-1-1987, peraltro, gli stessi eredi chiedevano all'Ufficio di voler considerare nulla la richiesta di rinuncia al beneficio, precedentemente avanzata. [...] Esaminata la questione la scrivente osserva che il più volte citato art. 4 della legge n. 512/1982 prevede espressamente che "l'erede decade dal beneficio fiscale della esclusione di imposta qualora i beni vengano in tutto o in parte alienati prima che sia decorso un quinquennio dalla apertura della successione". Altre ipotesi di decadenza non sono contemplate dalla norma. Pertanto, [...] l'istanza del 23-5-1986 (peraltro prontamente ritrattata) non può, da sola, costituire motivo di perdita del beneficio, considerato che, nella fattispecie, l'alienazione dell'immobile non risulta essere stata poi effettuata entro il suddetto quinquennio».

(144) - Si veda il paragrafo 2.4. del Capitolo 5 del presente volume, cui, pertanto, si fa rinvio.

(145) - Cfr., in tal senso, la Circolare n. 32/270009 del 26 marzo 1983.

di cui all'art. 13, TUSD, in tema di beni già sottoposti a vincolo - non si applica ai beni mobili) suscettibili di essere dichiarati come «*beni culturali*» ma la «*dichiarazione*» di «*interesse culturale*» di cui all'art. 13, comma 1, d.lgs. 42/2004, non sia ancora intervenuta al momento di apertura della successione o della donazione (comprendendo, in tale ambito, anche il caso in cui il procedimento per l'emanazione della predetta «*dichiarazione*» sia in corso)[146], il contribuente può pretendere la riduzione alla metà[147] dell'imposta di successione o di donazione[148] a essi riferibile (più precisamente, l'imposta a essi afferente «*è ridotta dell'importo proporzionalmente corrispondente al cinquanta per cento del loro valore*») ove:

a) sia presentato (da parte di uno qualsiasi degli obbligati alla presentazione della dichiarazione di successione o di una qualsiasi delle parti contraenti della donazione), alla competente Sovrintendenza, «*l'inventario dei beni per i quali*» si «*ritiene spettante la riduzione, con la descrizione particolareggiata degli stessi e con ogni notizia idonea alla loro identificazione*» (si tratta, beninteso, non dell'inventario dell'intera massa ereditaria, ma di un elenco concernente i soli beni di cui si chiede alla Sovrintendenza di valutare l'esistenza di caratteristiche tali da renderli considerabili come «*beni culturali*»), facendo istanza alla Sovrintendenza di attestare «*l'esistenza delle caratteristiche*» in base alle quali i beni in questione siano qualificabili come «*beni culturali*»;

b) la Sovrintendenza adìta «*attest*[i][149] *per ogni singolo bene l'esistenza delle caratteristiche*» in base alle quali i beni presi in considerazione siano qualificabili come «*beni culturali*»;

---

(146) - Cfr., in tal senso, la Circolare n. 32/270009 del 26 marzo 1983.

(147) - Si tratterebbe di una disparità di trattamento (ancor più accentuata se, per un dato bene, sia già in corso il procedimento finalizzato all'emanazione della «*dichiarazione*» di «*interesse culturale*») censurabile sotto il profilo della sua illegittimità costituzionale, per disparità di trattamento di situazioni identiche, in quanto il bene culturale è sempre identico, a prescindere dal fatto che sia formalmente qualificato come tale: cfr. sul punto ALTANA - SILVESTRI, *L'imposta sulle successioni e donazioni*, Milano, 1993, 39; GALLO ORSI G. - GALLO ORSI M., *L'imposta di successione. Commento aggiornato alla L. 30-12-1991, n. 413*, Torino, 1993, 190-191.

(148) - La riduzione concerne la sola imposta di successione e non si applica, nel caso di trasmissione di beni immobili, anche alle imposte ipotecaria e catastale.

(149) - Ai sensi dell'art. 13, comma 3, TUSD (richiamato dall'art. 25, comma 2, ultimo periodo, TUSD), «[*c*]*ontro il rifiuto dell'attestazione è ammesso ricorso gerarchico al Ministro,*

c) detta «*attestazione* [sia] *allegata alla dichiarazione della successione* [o all'atto recante la donazione, n.d.A.]»[150] (se la «*attestazione*» non sia ancora stata rilasciata, può essere allegata una «*copia della domanda di rilascio*» della «*attestazione*»: art. 30, comma 6, TUSD; conseguendone che - *ex* art. 23, comma 4, TUSD - il «*provvedimento* [...] *amministrativo*» può essere presentato «*entro il termine di tre anni dalla data di apertura della successione* [o dalla data di stipula della donazione, n.d.A.], *prorogato* [...] *fino a sei mesi dalla data in cui il* [...] *provvedimento* [...] *amministrativo è*» *stato rilasciato*»)[151].

Ai sensi dell'art. 25, comma 2, TUSD, «[*l'*] *accertamento positivo delle caratteristiche*» in base alle quali i beni esaminati sono qualificabili come «*beni culturali*» «*comporta la sottoposizione dell'immobile al* [relativo] *vincolo*» (detto con linguaggio adeguato alla legislazione vigente, detti beni si intendono oggetto della «*dichiarazione*» di «*interesse culturale*» di cui all'art. 13, comma 1, d.lgs. 42/2004).

Inoltre, ai sensi dell'art. 13, comma 4, TUSD (richiamato dall'art. 25, comma 2, ultimo periodo TUSD), è prescritto che

---

il quale decide sentito il Consiglio nazionale per i beni culturali ed ambientali; la decisione di accoglimento del ricorso deve essere presentata in copia, entro trenta giorni dalla sua comunicazione, all'ufficio del registro competente, che provvede al rimborso dell'eventuale maggiore imposta pagata».

(150) - Cfr. la Circolare n. 61/E/2000/73044 del 30 marzo 2000, secondo cui «anche al fine di usufruire della riduzione dell'imposta di successione prevista dal comma 2 dell'art. 25 del più volte citato D.lgs. n. 346 del 1990, il contribuente deve necessariamente indicare nella dichiarazione di successione i beni immobili culturali non vincolati compresi nell'attivo ereditario, allegando l'attestazione rilasciata dal Dicastero per i beni e le attività culturali in ordine all'esistenza delle caratteristiche di cui alla citata legge n. 1089 del 1939».

Nel senso che - poiché l'obbligo di allegazione dell'attestazione alla dichiarazione della successione non è previsto a pena di decadenza - è sempre possibile presentarla all'Agenzia delle Entrate anche successivamente, cfr. la Risoluzione n. 241139 del 21 giugno 1986. In tal caso, se l'imposta non è ancora stata liquidata, l'Ufficio ne deve tener conto ai fini della liquidazione; se l'imposta è stata liquidata, ma non è stata ancora pagata, il contribuente può presentare istanza di ri-liquidazione; se l'imposta è stata pagata, se ne può chiedere il rimborso («*a seguito di accertamento, successivamente alla liquidazione,* [...] *della spettanza di riduzioni e detrazioni*»: art. 42, comma 1, lett. f), TUSD) «*entro tre anni dal giorno del pagamento*» (art. 42, comma 2, TUSD).

(151) - Cfr. la Circolare n. 61 del 3 marzo 2000.

«*determinano*» la perdita della riduzione d'imposta (nonché l'irrogazione della sanzione[152] di cui all'art. 53, comma 1, TUSD):

a) «[l'] *alienazione in tutto o in parte dei beni*»[153] in esame «*prima che sia decorso un quinquennio*[154] *dall'apertura della successione*» [o dalla stipula della donazione];

b) «*la loro tentata esportazione non autorizzata*»;

c) «*il mutamento di destinazione degli immobili non autorizzato*»; e:

d) «*il mancato assolvimento degli obblighi prescritti per consentire l'esercizio del diritto di prelazione dello Stato*»[155].

---

(152) - La materia inerente a questa sanzione è oggetto di compiuta trattazione in BUSANI, *Imposta di successione e donazione*, Milano, 2020, 1073.

(153) - Se i beni in questione siano più di uno e l'alienazione riguardi uno solo di essi (o taluno di essi), ovviamente la perdita della riduzione si applica solamente con riferimento ai beni alienati e non agli (a tutti gli) altri.

In questo senso, cfr. Cass. 31 marzo 2011, n. 7362, in *il fisco*, 2011, 16, 2560; e in *Notariato*, 2011, 4, 475, secondo cui «l'art. 13 del d.lgs. 31 ottobre 1990, n. 346, nella parte in cui, dopo aver escluso dall'attivo ereditario i beni culturali sottoposti al vincolo anteriormente all'apertura della successione, qualora siano stati assolti i conseguenti obblighi di conservazione e protezione (comma 1), dispone che "l'alienazione in tutto o in parte dei beni di cui al comma 1 prima che sia decorso un quinquennio dall'apertura della successione (...) determina l'inclusione dei beni nell'attivo ereditario", va interpretato nel senso che tale inclusione è limitata al solo bene alienato e non si estende agli altri beni culturali vincolati presenti nell'asse ereditario che non siano stati alienati, in quanto l'espressione "in tutto o in parte" va riferita all'alienazione di una quota indivisa di un bene, o di una parte separata di un bene materialmente divisibile, o di una cosa facente originariamente parte di una cosa composta, o di un bene appartenente ad una universalità di mobili, ipotesi, queste, in cui rientra nell'attivo ereditario tutta (e soltanto) l'universalità di mobili di cui sia stato venduto un elemento, o tutto (e soltanto) il bene di cui sia stata venduta una quota indivisa, o una parte separata, o una cosa che lo componeva».

In dottrina, cfr. DE MARINIS, *Commento all'art. 25, d.lgs. 346/1990*, in Fedele-Mariconda-Mastroiacovo (a cura di), *Codice delle leggi tributarie*, Milano, 2014, 690.

In senso contrario, cfr., invece la Circolare n. 32/270009 del 26 marzo 1983, ove si legge che «la alienazione anche di un solo bene comporta la perdita del beneficio, con conseguenti pene pecuniarie su tutta l'imposta dovuta».

(154) - In caso di alienazione mediante donazione, si avrebbe una fattispecie di donazione conseguente a una successione apertasi da meno di un quinquennio, con conseguente applicabilità della riduzione d'imposta di cui all'art. 25, comma 1, TUSD.

(155) - La materia della decadenza dal beneficio di cui all'art. 13, TUSD, è trattata nell'apposito paragrafo 2.4.7. del Capitolo 5 del presente volume, cui, pertanto, si fa rinvio.

In tal caso, «[*l'*] *amministrazione dei beni culturali e ambientali ne dà immediata comunicazione all'ufficio del registro competente; dalla data di ricevimento della comunicazione inizia a decorrere il termine*» di due anni concesso all'Ufficio per notificare il relativo avviso (o di cinque anni, se si tratta di una fattispecie di omissione della dichiarazione di successione) (art. 27, commi 3 e 4, TUSD).

Occorre, poi, riflettere sul punto se, anche nel caso della riduzione d'imposta, di cui all'art. 25, comma 2, TUSD, occorra che, per i beni in questione, siano «*stati assolti* [... gli] *obblighi di conservazione e protezione*» inerenti alla loro natura di «*beni culturali*» (invero, detta prescrizione è una "condizione" che la legge detta, all'art. 13, comma 1, TUSD, per concedere l'esclusione dall'attivo ereditario - o dal valore imponibile della donazione - dei "beni culturali" già vincolati al momento di apertura della successione o di stipula della donazione).

La risposta a questa domanda sembra poter essere negativa[156]: invero, nell'art. 25, comma 2, TUSD, non vi è alcuna espressione sul punto (in quanto la *relatio* all'art. 13, TUSD, in esso contenuta, pare essere interpretabile solamente come un metodo sintetico per individuare i beni interessati dalla norma in questione e non anche al fine di ripetere, nella fattispecie di cui all'art. 25, comma 2, TUSD, la questione dell'assolvimento degli obblighi di conservazione e protezione); inoltre, se ha senso porsi il tema della conservazione e protezione dei beni che già siano vincolati, non ha senso porselo in assenza del vincolo (e, quindi, di un obbligo in tal senso gravante sul proprietario).

(156) - Cfr., in senso contrario, la Circolare n. 5131 del 30 novembre 1982, «non conciliandosi il disinteresse e l'incuria del proprietario con la concessione da parte dello Stato di un beneficio tributario relativo allo stesso bene»; nonché la Circolare n. 32/270009 del 26 marzo 1983, ove si legge che la riduzione dell'imposta è subordinata all'«assolvimento degli obblighi previsti per la conservazione e protezione dei beni caduti in successione che deve risultare [...] da certificazione del competente organo dell'Amministrazione per i beni culturali e ambientali».

2.6. Il pagamento dell'imposta di successione mediante cessione di "beni culturali"

Con il fine[157], da una parte, di permettere allo Stato di acquisire la proprietà[158] di «*beni culturali*» o di beni che hanno le caratteristiche per essere considerati come «*beni culturali*» o di opere d'arte moderna e, dall'altra, con il fine di permettere al proprietario dei beni predetti di sgravarsi del debito di imposta di successione (e delle altre imposte connesse alla successione *mortis causa*) cedendoli allo Stato, l'art. 39, TUSD, consente che tanto gli «*eredi*»[159] quanto il «*legatario*» «*poss*[a]*no proporre la cessione allo Stato, in pagamento totale o parziale dell'imposta*[160] *sulla successione,* [*delle relative imposte ipotecaria e catastale*][161]*, degli interessi e delle sanzioni amministrative*» di (art. 39, comma 1, TUSD):

(157) - Cfr. in materia, Guidara, *Riscossione fiscale e opere d'arte*, in *Dir. Prat. Trib.*, 2019, 3, 1091. Per una fattispecie nella quale è stata proposta la cessione di un dipinto, cfr. la Risoluzione n. 48/E del 18 febbraio 2002.

(158) - È questa finalità, cui la norma tende, che induce il legislatore a consentire che eccezionalmente lo Stato rinunci alla percezione di denaro utile a sopperire al pagamento delle spese pubbliche: cfr. Pasolini Dall'Onda, *Commento all'art. 39*, in D'Amati, *Commento al Testo Unico delle imposte sulle successioni e donazioni*, Padova, 1996, 347. Cfr. anche Pepe, *Commento all'art. 39, d.lgs. 346/1990*, in Fedele-Mariconda-Mastroiacovo (a cura di), *Codice delle leggi tributarie*, Torino, 2014, 735.

(159) - La norma contempla gli «*eredi*» e il «*legatario*» e non i chiamati all'eredità, riservando, quindi, ai soggetti passivi dell'imposta di successione questa possibilità di liberarsi dal pagamento dell'imposta mediante cessione dei beni in commento. I chiamati all'eredità, invero, hanno un ruolo meramente transitorio ed eventuale nel procedimento di pagamento dell'imposta di successione e, quindi, la norma non si presta a essere estesa anche a essi.

(160) - La legge non specifica e, quindi, può trattarsi tanto dell'imposta "principale" quanto delle imposte "complementare" e "suppletiva". Valga a confermarlo il rilievo che la legge impone la presentazione della proposta di cessione «*nel termine previsto dall'art. 37 per il pagamento dell'imposta*»: ebbene, l'art. 37, TUSD, contempla, appunto, tanto dell'imposta "principale" quanto delle imposte "complementare" e "suppletiva". Il pagamento dell'imposta "complementare" mediante cessione di beni culturali è esplicitamente ammesso nella Circolare n. 32/270009 del 26 marzo 1983.

(161) - Il riferimento alle imposte ipotecaria e catastale deve essere, in pratica, inteso come implicitamente abrogato (cfr. in tal senso Gaffuri G., *L'imposta sulle successioni e donazioni. Trust e patti di famiglia*, Padova, 2008, 395; nonché, nella prassi amministrativa, la Risoluzione n. 102/E del 3 luglio 2001) per il fatto che, attualmente, esse sono autoliquidate dal soggetto obbligato a presentare la dichiarazione di successione; quando, invece, la procedura di cessione di beni culturali si instaura successivamente, e cioè una volta che l'Ufficio abbia notificato l'avviso di liquidazione dell'imposta. Un'ipotesi, più teorica che pratica, di pagamento delle imposte ipotecaria e catastale posteriore al momento di presentazione della

a) «*beni culturali vincolati*[162] *o non vincolati*[163], *di cui all'art. 13*», TUSD[164];

b) «*opere di autori viventi o eseguite da non più di cinquanta anni*».

Non è prescritto dalla legge che i predetti beni debbano appartenere alla massa ereditaria (anche se è da immaginare che, nel concreto, lo siano), potendosi, pertanto, far luogo alla cessione di beni che appartengano al soggetto passivo dell'imposta di successione per effetto di un titolo d'acquisto diverso dalla successione *mortis causa* la cui imposta è oggetto di pagamento mediante cessione dei beni predetti. Invero, l'estensione della facoltà di pagamento dei tributi successori mediante cessione anche dei "beni culturali" che, pur non facendo parte dell'asse ereditario, siano altrimenti in proprietà degli eredi o dei legatari, appare in sintonia, sul piano logico con l'obiettivo cui tende la legge (ossia quello di favorire, attraverso la suddetta modalità estintiva del debito tributario, l'acquisizione da parte dello Stato di "beni di interesse culturale"): interesse dello Stato è quello di acquisire i beni di rilevanza storico-artistica, per garantirne la migliore conservazione e il più efficiente

---

dichiarazione di successione potrebbe aversi in caso di loro insufficiente o mancato pagamento, ciò che legittimerebbe l'Ufficio a emanare un avviso di liquidazione pretendendo il versamento di una imposta maggiore di quella non liquidata o liquidata per importo inferiore al dovuto.

(162) - Il cosiddetto "vincolo" è, in effetti, la «*dichiarazione*» di «*interesse culturale*» di cui all'art. 13, comma 1, d.lgs. 42/2004.

(163) - Può quindi considerarsi "bene culturale", ai fini della normativa qui in esame, «ogni bene che [...] presenti interesse artistico, storico, archeologico o etnografico, o attenga alla paleontologia, la preistoria, le civiltà primitive, la numismatica, ed ogni cimelio, variamente costituito, avente carattere di rarità e pregio»: FERLAZZO NATOLI - SERRANÒ, *Il regime tributario dei beni culturali*, in il *fisco* 1993, 7945. Rileva che, ai fini della normativa qui in esame, è presupposta una nozione amplissima di "bene culturale", fino a comprendervi ogni bene avente carattere di rarità e di prestigio, DEL TORCHIO, *Commento all'art. 39 d.lgs. 346/1990*, in Marongiu (a cura di), *Imposta sul valore aggiunto e Imposte sui trasferimenti*, in Falsitta-Fantozzi-Marongiu-Moschetti (a cura di), *Commentario breve alle leggi tributarie*, Tomo IV, Padova, 2011, 1261.

(164) - L'esplicazione del concetto di «*beni culturali vincolati o non vincolati*» è contenuta nell'apposito paragrafo 2.4.1. del Capitolo 5 del presente volume, cui, pertanto, si fa rinvio.

sfruttamento, anche a beneficio della collettività, a nulla rilevando che si tratti di beni di provenienza successoria o di sostanze di altra provenienza[165].

2.6.1. Il procedimento

Detta proposta di cessione[166] («*contenente la descrizione dettagliata dei beni offerti con l'indicazione dei relativi valori e corredata da idonea documentazione*» e «*sottoscritta a pena di nullità da tutti gli eredi o dal legatario*») deve essere presentata all'Amministrazione dei Beni Culturali e all'Agenzia delle Entrate (ai sensi dell'art. 39, comma 2, TUSD) entro il termine di sessanta giorni dalla notifica dell'avviso di liquidazione[167] o dell'avviso di irrogazione di sanzioni; tale presentazione «*interrompe il termine*» entro il quale il pagamento andrebbe effettuato[168].

---

(165) - Cfr. in tal senso la Risoluzione n. IV-9-067 del 20 settembre 1993, la quale supera il contrario avviso che era stato espresso nella Circolare n. 32/270009 del 26 marzo 1983, ove si leggeva: «I beni mediante i quali è prevista tale modalità di pagamento devono essere comunque compresi nell' asse ereditario, ed essere liberi da qualsiasi vincolo che ne limiti la disponibilità». Questa Circolare venne probabilmente tratta in inganno dalla normativa previgente a quella attuale: l'art. 6, legge 2 agosto 1982, n. 512 (il quale introdusse l'art. 42-*bis*, d.P.R. 26 ottobre 1972, n. 637, ove venne originariamente collocata la disciplina del pagamento dell'imposta di successione mediante cessione di beni culturali, pressoché identica a quella attualmente vigente) era infatti rubricato: «*Pagamento dell'imposta di successione mediante cessione di beni ereditari*».

Nel senso che la *ratio* di questo istituto è quella di favorire l'acquisizione (atta a garantire la migliore conservazione e valorizzazione) dei beni culturali da parte dello Stato, a prescindere dalla circostanza che si tratti di beni caduti in successione, cfr. Del Torchio, *Commento all'art. 39 d.lgs. 346/1990*, in Marongiu (a cura di), *Imposta sul valore aggiunto e Imposte sui trasferimenti*, in Falsitta-Fantozzi-Marongiu-Moschetti (a cura di), *Commentario breve alle leggi tributarie*, Tomo IV, Padova, 2011, 1260-1261; Gallo Orsi G. - Gallo Orsi M., *L'imposta di successione. Commento aggiornato alla L. 30-12-1991, n. 413*, Torino, 1993, 292; Pasolini Dall'onda, *Commento all'art. 39*, in D'Amati, *Commento al Testo Unico delle imposte sulle successioni e donazioni*, Padova, 1996, 347.

(166) - Più che di una "proposta di cessione" si dovrebbe parlare di un "invito a proporre" in quanto il valore indicato dal contribuente è meramente indicativo poiché, se la proposta di cessione è accettata, essa viene effettuata per il valore stabilito dall'Amministrazione dei Beni Culturali.

(167) - Cfr. Cass., 8 marzo 2013, n. 5879, in *Ced Cassazione*, rv. 626076, sul punto che la dilazione dell'imposta presuppone l'avvenuta sua liquidazione.

(168) - Cfr. Comm. Trib. Reg. Lombardia, 26 luglio 2013, n. 214, in *One FISCALE*, Wolters Kluwer, secondo cui «la proposta di cessione allo Stato di beni culturali in pagamento

La proposta di cessione può anche essere notificata (e, pure in questo caso, si «*interrompe il termine*» entro il quale il pagamento andrebbe effettuato) in qualsiasi momento del periodo di rateazione di cui all'art. 38, TUSD, e ciò con riguardo all'intero importo ancora dovuto, comprensivo[169] degli interessi compensativi[170].

Ricevuta la proposta di cessione, l'Amministrazione dei Beni Culturali, entro sei mesi (art. 39, commi 3-6, TUSD):

a) constata che i beni offerti in cessione abbiano (o meno) le caratteristiche di cui all'art. 39, comma 1, TUSD;

b) emana un decreto (di concerto con l'Amministrazione dell'Economia e delle Finanze e sentita un'apposita Commissione[171], dalla quale il proponente può chiedere di essere audìto) in cui:

---

dell'imposta di successione blocca la riscossione del debito erariale sino al momento in cui non pervenga agli eredi un formale decreto di non acquisizione dei beni offerti».

(169) - Cfr., in tal senso, la Risoluzione n. 308/E del 24 settembre 2002.

(170) - Cfr., in tal senso, la Risoluzione n. 281504 dell'8 marzo 1985, ove si supera il contrario avviso che era stato espresso nella Risoluzione n. 280811 dell'8 agosto 1984.

La possibilità di proporre la cessione di "beni culturali" durante il periodo della dilazione d'imposta è stato poi ribadito nella Risoluzione n. 308/E del 24 settembre 2002.

Nella predetta Risoluzione n. 281504, ove si osserva il caso di una proposta di cessione presentata dopo il pagamento della terza rata, in vista del pagamento della quarta rata, è stato osservato che «potrebbero verificarsi le seguenti ipotesi:

a) ove il valore dei beni fosse tale da assorbire tutta, o in misura maggiore a quella già versata, l'imposta, i contribuenti avrebbero diritto al rimborso della maggiore imposta corrisposta e non sarebbero tenuti al pagamento di alcun interesse e pene pecuniarie;

b) ove il valore dei beni coprisse il valore dell'imposta principale in una misura che assorba anche la terza rata dell'imposta i contribuenti potrebbero considerare adempiuto il loro dovere tributario e, neppure in questo caso, sarebbero tenuti ad alcun pagamento di interesse o pena pecuniaria;

c) ove il valore accertato dei beni non coprisse l'intero ammontare dell'imposta principale o lo coprisse in misura inferiore a quello afferente la terza rata d'imposta o, infine, non fosse accettato dai contribuenti stessi questi ultimi sarebbero tenuti al pagamento di tutta la parte del tributo non pagata, senza diritto ad ulteriori dilazioni ed al pagamento della pena pecuniaria e degli interessi per ritardato pagamento».

(171) - Questa Commissione è nominata con decreto del Ministro per i Beni Culturali, è presieduta dal medesimo o da un suo delegato ed è composta da due rappresentanti del

b.1. dichiara (o meno) l'interesse dello Stato all'acquisto e di accettare (o meno) la proposta di cessione;

b.2. in caso positivo, «*stabili*[sce]» «[*l*]*e condizioni e il valore*[172] *della cessione*».

Il decreto dell'Amministrazione dei Beni Culturali viene notificato al proponente (art. 39, comma 6, TUSD).

In caso di decreto recante un responso "negativo", l'Amministrazione dei Beni Culturali ne dà notizia all'Agenzia delle Entrate e dalla data di notifica del decreto decorre il termine di sessanta giorni concesso al contribuente per effettuare («*senza applicazione di penalità*»)[173] il pagamento delle somme dovute all'erario maggiorate «*degli interessi nella misura legale*»[174] computati[175] dalla scadenza del dodicesimo mese posteriore all'apertura della successione (art. 39, comma 9, TUSD).

In caso di decreto recante un responso "positivo", il proponente, «*a pena di decadenza*» (pertanto, è un termine che corre inesorabile, non sospendibile né interrompibile), deve notificare (art. 39, commi 6-7, TUSD):

Ministero per i Beni Culturali e da tre rappresentanti del Ministero dell'Economia (due del Dipartimento delle Finanze e uno del Dipartimento del Tesoro).

(172) - L'Amministrazione dei Beni Culturali accetta, pertanto, la proposta cessione per il valore da essa stabilito e non per il valore proposto dal contribuente. Se, dunque, l'Amministrazione ha completa discrezionalità (sia pur dovendo svolgere un'azione amministrativa legittima e, quindi, adeguata, coerente e motivata) sul valore di cessione, non ha alcun sindacato sull'oggetto della cessione: non potrebbe, quindi, l'Amministrazione pretendere la cessione di beni diversi da quelli offerti.

(173) - Circolare n. 17/350134 del 15 marzo 1991.

(174) - Vale a dire quelli di cui all'art. 1284, codice civile.

(175) - La norma è iniqua in quanto gli interessi non dovrebbero esser fatti decorrere dal dodicesimo mese posteriore alla data di apertura della successione, bensì dal giorno di notifica del decreto dei Beni Culturali (o, se anteriore, dal giorno in cui il contribuente notifichi la revoca della propria proposta): cfr., sul punto, GAFFURI G., *L'imposta sulle successioni e donazioni. Trust e patti di famiglia*, Padova, 2008, 399-400.

- entro due mesi dalla ricevuta notifica, all'Amministrazione dei Beni Culturali «*la propria accettazione*(176)+(177) *con firma*

(176) - È pertanto il decreto dei Beni Culturali (e non quella formulata dal contribuente) a integrare, in questa procedura, la vera e propria "proposta". Invero, il decreto contiene il valore di cessione, stabilito dall'Amministrazione dei Beni Culturali e, pertanto, si tratta di un opinamento con il quale il contribuente potrebbe non essere concorde.

Per una ricostruzione della fattispecie in termini "privatistici", cfr. MOSCATELLI, *Moduli consensuali e istituti negoziali nell'attuazione della norma tributaria*, Milano, 2007, 366. Prevale, tuttavia, l'inquadramento della fattispecie in termini pubblicisti: in dottrina, cfr. GUIDARA, *Riscossione fiscale e opere d'arte*, in *Dir. Prat. Trib.*, 2019, 3, 1091; nella prassi amministrativa, cfr. la Circolare n. 32/270009 del 26 marzo 1983, ove si legge che «l'espressione "cedere", usata nell'articolo in esame, dev'essere intesa non già come sinonimo di un atto avente natura contrattuale, bensì come una modalità di soddisfacimento dell'obbligazione tributaria», cfr. la Circolare n. 32/270009 del 26 marzo 1983; in giurisprudenza, cfr. Cons. Stato, sez. VI, 10 agosto 1998, n. 1152, in *Giust. Civ.*, 1999, I, 611 (secondo cui «il decreto del Ministro per i beni culturali ed ambientali, con il quale vengono determinati il valore e le condizioni della cessione di opere d'arte proposta dagli eredi in pagamento dell'imposta sulla successione, è impugnabile dinanzi al giudice amministrativo») ove si legge quanto segue: «L'istituto del pagamento dell'imposta sulla successione, [...] mediante la cessione allo Stato di beni culturali, sia per la *sedes materiae* che per il suo oggetto, è istituto di diritto tributario che attiene, non alla fase di accertamento dell'obbligazione, ma al momento della riscossione. Quale strumento di utilizzazione del prelievo fiscale a fini di tutela ed incremento del patrimonio artistico e storico nazionale l'istituto riceve dal menzionato art. 39 del d.lgs. 31 ottobre 1990, n. 346 una disciplina particolarmente attenta al contemperamento dei due interessi pubblici in gioco, quello tributario e quello di tutela in senso lato dei beni culturali. Contemperamento che ha la sua sede nel complesso procedimento disegnato dalla disposizione, nel quale sono chiaramente distinguibili una fase dell'iniziativa, rimessa al privato; una fase istruttoria di acquisizione e valutazione degli interessi ed una fase decisionale, affidate all'azione congiunta degli apparati preposti alla cura degli interessi considerati; una fase integrativa degli effetti, traslativo dei beni ed estintivo del debito fiscale, ancora una volta riservata alla determinazione del privato. Si tratta di una sequenza ordinata di atti adottati nell'esercizio di potestà attribuite dalla legge per la cura di interessi pubblici, come tale, suscettibile in ipotesi, da un lato, di essere inficiata da tutti i vizi che possono invalidare l'azione amministrativa e, dall'altro, di essere sottoposta al sindacato del giudice amministrativo. [...] La norma consente di svolgere, per quanto qui interessa, due osservazioni. Una prima attiene alla natura ed alla funzione del decreto interministeriale impugnato. A questo, invero, sebbene inserito in uno schema quasi contrattualistico, che lascia al proponente l'ultimo atto necessario per il perfezionamento dell'accordo di cessione, non può riconoscersi natura di mera accettazione della proposta del privato. Esso, infatti, costituisce l'atto con cui, a conclusione del subprocedimento di valutazione dei beni proposti in cessione e di determinazione delle modalità secondo le quali la cessione stessa deve avvenire, le Amministrazioni interessate decidono di accettare la proposta. Si tratta, pertanto, di atto avente natura pienamente provvedimentale, in quanto adottato nell'esercizio di pubbliche potestà per il perseguimento di pubblici interessi (quello fiscale e quello di tutela dei beni culturali), a fronte del quale non è configurabile alcuna posizione privata piena e paritaria, ma solo un interesse al legittimo esercizio del potere. Sotto altro profilo, la norma di cui al citato 8° comma comporta, evidentemente; che in tutte le fasi del procedimento di cessione il debito fiscale, così come determinato attraverso l'accertamento tributario, costituisce riferimento costante sia sul piano sostanziale che su quello formale; il suo importo costituisce il presupposto ed il limite della cessione di beni».

(177) - La notifica di questa accettazione del contribuente concreta la conclusione di un *iter*, compiuto il quale il contribuente e lo Stato concordano di sostituire l'obbligazione

autenticata»[178] (qualora il proponente non esprima la sua accettazione nel termine prescritto - ciò a cui deve essere parificato il caso che, dopo aver presentato la sua proposta, il contribuente, in qualsiasi stadio del procedimento che detta proposta ha attivato, revochi[179] la proposta stessa - si torna alla medesima situazione appena sopra descritta per il caso del decreto "negativo");

- all'Agenzia delle Entrate entro sessanta giorni dalla dichiarazione di accettazione, la copia autentica di detta accettazione e del decreto dei Beni Culturali.

Il decreto dei Beni Culturali unitamente all'accettazione costituiscono il titolo per la trascrizione della cessione dei beni immobili nei Registri Immobiliari (art. 39, comma 6, secondo periodo, TUSD).

Entro trenta giorni dalla notifica dell'accettazione, il proponente deve effettuare la consegna dei beni mobili (art. 39, comma 6, terzo periodo, TUSD).

Se il valore dei beni ceduti (art. 39, comma 8, TUSD):

- è superiore all'importo dovuto, il contribuente non ha diritto ad alcun rimborso (invero, la cessione di "beni culturali" rappresenta una mera facoltà che la legge concede al contribuente e, pertanto, qualora egli accetti di cedere un bene il cui valore sia superiore

---

pecuniaria con la dazione di beni in natura: trattandosi di un'attività rientrante nel novero di quelle compiute «*per l'applicazione, riduzione, liquidazione, riscossione, rateazione e rimborso delle imposte e tasse*» (art. 5, Tabella allegata al d.P.R. 26 aprile 1986, n. 131), si è nel novero degli «*Atti per i quali non vi è obbligo di chiedere la registrazione*», materia sulla quale si rinvia a BUSANI, *Imposta di registro. Imposte ipotecaria e catastale. Imposta sostitutiva per i finanziamenti*, Milano, 2018, 3009.

(178) - Trattandosi di un atto rientrante nel perimetro degli «[*a*]*tti e documenti formati per l'applicazione, riduzione, liquidazione, riscossione, rateazione e rimborso delle imposte*» (art. 5, TAB), «*non vi è obbligo di chieder*[ne] *la registrazione*».

(179) - La normativa attualmente vigente non menziona (più) questa facoltà di revoca: essa, peraltro, si rende ammissibile non solo in base a un principio generale immanente nell'ordinamento, ma anche il base alla semplice considerazione che il contribuente potrebbe semplicemente attendere l'emanazione del decreto dei Beni Culturali e non esprimere la propria accettazione; se questo è (come è) possibile, allora, a maggior ragione, deve essere possibile che il contribuente presenti una dichiarazione di revoca della sua proposta (invece, nel senso che la revoca, in quanto non prevista dalla legge, non sarebbe ammissibile e che occorrerebbe, quindi, attendere la notifica del decreto e non accettarlo, cfr. NAPOLITANO, *Manuale dell'imposta sulle successioni e donazioni*, Assago, 1995, 344). La possibilità che sia presentata una «revoca della proposta di cessione da parte del contribuente» è espressamente contemplata nella Circolare n. 17/350134 del 15 marzo 1991.

a quello del suo debito, egli non ha poi diritto di lamentarsene e di pretendere un rimborso)[180];

- è inferiore all'importo dovuto, il contribuente deve pagare la differenza entro sessanta giorni dal giorno in cui all'Agenzia delle Entrate sono state notificate la copia autentica dell'accettazione della cessione da parte del contribuente e la copia autentica del decreto dei Beni Culturali.

2.7. La donazione di "beni culturali" vincolati

Ai sensi dell'art. 59, comma 1, lett. a), TUSD, l'imposta di donazione «*si applica nella misura fissa prevista per l'imposta di registro*» nel caso di «*donazioni di beni culturali vincolati di cui all'art. 12, lettera g)*», TUSD, «*a condizione che sia presentata all'ufficio del registro l'attestazione*[181] *prevista dall'art. 13, comma 2*», TUSD[182].

I «*beni culturali vincolati*[183] *di cui all'art. 12, lettera g)*», TUSD, sono i «*beni culturali di cui agli articoli 1, 2 e 5 della legge 1° giugno*

(180) - Cfr. però la Circolare n. 32/270009 del 26 marzo 1983 ove si legge «che nel caso in cui il contribuente abbia già corrisposto l'imposta principale in denaro, lo stesso potrà proporre la cessione dei summenzionati beni per il pagamento dell'imposta complementare. In tale ipotesi, se il valore del bene determinato dall'apposita Commissione [...] assorbe in tutto o in parte l'ammontare della imposta principale e complementare complessivamente dovute, al contribuente potrà essere rimborsata - interamente e per la differenza - la somma corrispondente alla imposta principale già versata».

(181) - Il procedimento per presentare la richiesta e ottenere il rilascio di questa attestazione è compiutamente illustrato in Busani, *Imposta di successione e donazione*, Milano, 2020, 355.

Ai sensi dell'art. 59, comma 1, lett. a), TUSD, è fatto «*salvo quanto stabilito* [nel comma] *3* [...] [dell'] *articolo*» 12, TUSD, vale a dire che «[*c*]*ontro il rifiuto dell'attestazione è ammesso ricorso gerarchico al Ministro, il quale decide sentito il Consiglio nazionale per i beni culturali ed ambientali; la decisione di accoglimento del ricorso deve essere presentata in copia, entro trenta giorni dalla sua comunicazione, all'ufficio del registro competente, che provvede al rimborso dell'eventuale maggiore imposta pagata*».

(182) - Cfr., in materia, Pappa Monteforte, *Brevi note sulla circolazione inter vivos dei beni culturali*, in *Notariato*, 2013, 1, 105.

(183) - L'esplicazione del concetto di «*beni culturali vincolati*» è contenuta nell'apposito paragrafo 2.4.1. del Capitolo 5 del presente volume, cui, pertanto, si fa rinvio.

1939, n. 1089[184]*, e all'art. 36», d.P.R. 30 settembre 1963, n. 1409*[185]», qualora ricorrano i seguenti due presupposti:

a) «*anteriormente all'apertura della successione*» siano «*stati sottoposti al vincolo*[186] [...] *previsto*» dalla normativa predetta;

b) siano «*stati assolti*» gli «*obblighi di conservazione*[187] *e protezione*[188]» che concernano detti beni.

Ai sensi dell'art. 59, comma 1, lett. a), TUSD, è fatto «*salvo quanto stabilito* [nel comma] [...] 4 [...] [dell'] *articolo*» 12, TUSD, vale a dire che si perde il beneficio dell'imposta di donazione in misura fissa e si applica l'ordinaria imposizione in misura proporzionale in caso di:

a) «*alienazione in tutto o in parte dei beni*» in questione «*prima che sia decorso un quinquennio*» dalla data di stipula della donazione;

b) «*loro tentata esportazione non autorizzata*»;

c) «*mutamento di destinazione degli immobili non autorizzato*»; e:

---

(184) - Intitolata "Tutela delle cose d'interesse artistico e storico".

(185) - Intitolato "Norme relative all'ordinamento ed al personale degli Archivi di Stato".

(186) - Il cosiddetto "vincolo" è, in effetti, la «*dichiarazione*» di «*interesse culturale*» di cui all'art. 13, comma 1, d.lgs. 42/2004. Tale «*dichiarazione accerta la sussistenza*»:

a) dell'«*interesse artistico, storico, archeologico o etnoantropologico particolarmente importante*» di «*cose immobili e mobili*» in genere;

b) dell'«*interesse storico particolarmente importante*» di «*archivi e*» di «*singoli documenti*»;

c) dell'«*eccezionale interesse culturale*» inerente «*raccolte librarie*»:

d) dell'«*interesse, particolarmente importante a causa del loro riferimento con la storia politica, militare, della letteratura, dell'arte, della scienza, della tecnica, dell'industria e della cultura in genere, ovvero quali testimonianze dell'identità e della storia delle istituzioni pubbliche, collettive o religiose*» di «*cose immobili e mobili*» in genere;

d-*bis*) dell'«*interesse artistico, storico, archeologico o etnoantropologico eccezionale per l'integrità e la completezza del patrimonio culturale della Nazione*» di «*cose*» in genere;

e) dell'«*eccezionale interesse*» «*per tradizione, fama e particolari caratteristiche ambientali, ovvero per rilevanza artistica, storica, archeologica, numismatica o etnoantropologica*» di «*collezioni o serie di oggetti*».

(187) - Cfr. gli artt. 29, e seguenti, d.lgs. 42/2004.

(188) - Cfr. gli artt. 45, e seguenti, d.lgs. 42/2004.

d) «*mancato assolvimento degli obblighi prescritti per consentire l'esercizio del diritto di prelazione dello Stato*»[189].

Verificandosi le predette fattispecie, «[*l'*]*amministrazione dei beni culturali e ambientali ne dà immediata comunicazione all'ufficio del registro competente; dalla data di ricevimento della comunicazione inizia a decorrere il termine*» per la notifica dell'avviso di rettifica e di liquidazione della maggiore imposta (di cui all'art. 27, comma 3, TUSD) o per la notifica dell'avviso di accertamento dell'omissione della dichiarazione di successione e di liquidazione della relativa imposta (di cui all'art. 27, comma 4, TUSD).

---

(189) - La materia della decadenza dal beneficio di cui all'art. 13, TUSD, è trattata nell'apposito paragrafo 2.4.7. del Capitolo 5 del presente volume, cui, pertanto, si fa rinvio.

CAPITOLO 6

TRUST, OPERE D'ARTE E COLLEZIONI D'ARTE

di *Raffaella Sarro*

1. TRUST: BREVI CENNI

Il trust è uno dei più importanti istituti del sistema giuridico inglese ed il suo utilizzo è sempre più diffuso in Italia per la risoluzione di problematiche che spaziano dalla tutela di patrimoni al passaggio generazionale di beni personali ed aziendali, fino ad arrivare all'assistenza di soggetti deboli ed alla realizzazione di scopi filantropici[1].

In Italia l'istituto trova legittimazione giuridica a seguito dell'adesione del nostro Paese alla Convenzione de L'Aja del 1° luglio 1985, resa esecutiva ed in vigore dal 1° gennaio 1992[2] e da allora sono ormai numerose le pronunce della giurisprudenza italiana che riconoscono gli effetti del trust[3].

Il nostro legislatore fiscale, a sua volta, con la legge Finanziaria del 2007 e con alcune circolari dell'Agenzia delle Entrate, prima fra tutte la n. 48/E del 6 agosto 2007, ha regolamentato con sufficiente chiarezza gli aspetti fiscali e tributari dell'istituto[4], riconoscendo così, indirettamente, la legittimità di utilizzo in Italia dei c.d. "trust interni"[5].

---

(1) - Cfr. LUPOI, *Introduzione ai trusts. Diritto inglese, convenzione dell'Aja, diritto italiano*, Milano, 1994 secondo cui, attese le diverse forme di trust possibili, è più corretto parlare di "trusts"; CASTRONOVO, *Il Trust e "sostiene Lupoi"*, in *Eur. Dir. Priv.*, 1998, 442; LUPOI, *Trusts*, Milano, 2001. Da ultimo, cfr. BUSANI, *Il Trust. Istituzione, gestione, cessazione*, Milano, 2020, 4.

(2) - Cfr. ARRIGO-CAVANNA, *Convenzione dell'Aja sulla legge applicabile ai trusts ed al loro riconoscimento*, in Alpa - Zatti (a cura di), *Commentario breve al codice civile. Leggi complementari*, Padova, 1999; LENZI, *Operatività del trust in Italia*, in *Riv. Not.*, 1995, 6, 1383; SANTORO, *Il Trust in Italia*, Milano, 2009.

(3) - Cfr. LUPOI, *Profili processuali del trust*, in *Trusts e attività fiduciarie*, n. 3/2009, 162; LUPOI, *Istituzioni del diritto dei trusts negli ordinamenti di origini e in Italia*, Milano, 2019. Da ultimo, cfr. BUSANI, *Il Trust. Istituzione, gestione, cessazione*, cit., 1 ss. Per una rassegna sulle sentenze in tema di trust cfr. SEMPRONI, *Il giudice italiano e il trust*, Milano, 2019; SCOTTON, *Il Trust nel processo italiano: fra legge regolatrice e diritto interno*, in *Trusts e attività fiduciarie*, n. 4/2020, 403; DI CIOMMO, *Ammissibilità del "trust" interno e giustificazione causale dell'effetto traslativo*, nota a Tribunale Bologna 1° ottobre 2003 n. 4545, in *Foro It.*, 2004, 1, 1295.

(4) - In tema di imposte, tra le più importanti circolari dell'Agenzia delle Entrate si annoverano, oltre a quella già citata, la Circolare 22 agosto 2008 n. 3/E; la Risoluzione 4 gennaio 2008, n. 4/E; la Risoluzione 7 marzo 2008 n. 81/E; la Risoluzione 23 ottobre 2008, n. 400/E; la Risoluzione 5 novembre 2008, n. 425/E; la Risoluzione 23 aprile 2009, n. 110/E; la Circolare 10 ottobre 2009, n. 43/E; la Circolare 13 settembre 2010, n. 45/E; la Circolare 1 agosto 2011, n. 38/E. Per un aggiornamento sui profili fiscali e tributari del trust cfr. BUSANI, *Trust. Istituzione, gestione e cessazione*, cit., 722 e ss.; CURZIO, *Tutela del patrimonio e Trust*, Ravenna, 2014; TASSANI, *Trust: trattamento tributario*, in *Quaderni della Fondazione italiana del Notariato*; STEVANATO, *La reintroduzione dell'imposta sulle successioni e donazioni: prime riflessioni critiche*, in *Corr. trib.*, 2007, 247 e ss.

(5) - Per "trust interno" si intende quel trust in relazione al quale tutti gli «elementi soggettivi e obiettivi sono legati ad un ordinamento che non qualifica lo specifico rapporto come trust, mentre esso è regolato da una legge straniera che gli attribuisce quella qualificazione», in LUPOI, *Trusts*, cit., 546.

Un contributo legislativo importante è stato, infine, fornito dalla legge n. 112 del 22 giugno 2016, c.d. legge del "Dopo di Noi", che per la prima volta ha espressamente regolato in Italia il trust, o meglio, una particolare tipologia di trust (*i.e.* il trust a vantaggio di persone con disabilità), introducendo a favore dello stesso misure fiscali agevolative di particolare rilevanza[6].

Entrando nel merito delle caratteristiche dell'istituto, la struttura tipica di un trust prevede che un soggetto, denominato disponente, trasferisca - con atto tra vivi o *mortis causa* - beni di sua proprietà ad un affidatario, denominato trustee, affinché quest'ultimo li amministri e li gestisca, in maniera autonoma e dinamica, nell'interesse di uno o più beneficiari[7] o per il raggiungimento di uno scopo[8].

Può, altresì, essere prevista una figura di indirizzo e controllo dell'operato del trustee, dotata di poteri propri, comunemente definita guardiano[9].

---

[6] - Cfr. *Trust e Dopo di Noi*, (a cura di) La Torre, in *Trusts e attività fiduciarie Quaderni*, Milano, 2016; Sarro, *La funzione solidaristica del Trust per la tutela di soggetti deboli*, in *We wealth*, n. 11/2019. Per un approfondimento sulla tipologia di trust per soggetti deboli cfr.: Bucchi – Bertolini, *Il Trust come misura di protezione dell'incapace?*, in *Trusts e attività fiduciarie*, n. 1/2010, 35; Carbone, *Trust a tutela di soggetti deboli. Problemi e alternative nell'ambito della famiglia*, in *Vita Not.*, 2009, 1089; Mazzoleni, *Il trust "dopo di noi" per il sostegno ai disabili*, in *Enti non profit*, 2012, 6, 16; Monegat, *Trust e soggetti deboli*, in Monegat-Lepore-Valas (a cura di), *Trust, Aspetti sostanziali e applicazioni nel diritto di famiglia e delle persone*, Torino, 2010; Venchiarutti, *Amministrazione di sostegno e trust per una protezione articolata del disabile*, nota a Trib. Genova, 14 marzo 2006, in *Nuova Giur. Civ. Comm.*, 2006, 12, 1209.

[7] - In particolare, secondo autorevole dottrina il diritto dei beneficiari consiste «nel potere di ottenere dal trustee che egli eserciti il proprio ufficio traendo le utilità e destinandole secondo le disposizioni dell'atto istitutivo» così Lupoi, *Trust. I profili Generali e diritto straniero*, in *Enc. Giur. Trecc.*, 1995, 8. Per approfondimenti giurisprudenziali cfr. *Cass. pen. 21 aprile 2017, n. 36801*, in *Trusts e attività fiduciarie*, n. 6/2017, 651, secondo cui «il trust si sostanzia nell'affidamento ad un terzo di determinati beni perché questi li amministri e li gestisca quale proprietario, per poi restituirli, alla fine del periodo di durata del trust, ai soggetti indicati dal disponente. Presupposto coessenziale alla stessa natura dell'istituto è che il detto disponente perda la disponibilità di quanto abbia conferito in trust, al di là di determinati poteri che possano competergli in base alle norme costitutive».

[8] - Per approfondimenti cfr. Lupoi, *Trusts*, cit.; Sarro, *Le risposte del Trust, Il Trust spiegato in parole semplici e tramite esperienze di vita*, Milano, 2010; Lupoi, *I Trust nel diritto civile*, in *Trattato di diritto civile*, (diretto da) Sacco, *I diritti reali*, vol. II. Padova, 2004; Curzio, *Tutela del patrimonio*, cit.; Lupoi, *Istituzioni del diritto dei trust*, cit.; Lupoi, *Atti istitutivi di Trust e contratti di affidamento fiduciario*, Milano, 2010; cfr. Moja, *Il Trust nel diritto civile e tributario*, Ravenna, 2009; Barberi, *Il trust: uno strumento giuridico ancora poco conosciuto nell'ordinamento italiano*, in *Riv. Dir. Comm.*, 1997, I, 491.

[9] - Cfr. Lupoi, *Trusts*, cit., 402.

Giova, però, evidenziare che:

- può verificarsi il caso in cui il disponente designi sé stesso come primo trustee; in questi casi si parla di trust "autodichiarato"(10);

- il guardiano è figura non necessaria nei trust, ad eccezione dei trust di scopo per cui la sua presenza è obbligatoria(11);

- in alcuni tipi di trust (*i.e.* i trust di scopo) i beneficiari mancano: in tali casi il trustee dovrà indirizzare la sua attività nel rispetto delle finalità individuate nell'atto istitutivo di trust(12).

Qualsiasi bene o diritto facente parte del patrimonio personale e aziendale di un soggetto può essere conferito in trust (ad esempio, titoli di credito, conti bancari e somme di denaro, azioni di aziende di famiglia, quote di società immobiliari, preziosi ed opere d'arte, quote di fondi comuni di investimento, azioni quotate in Italia o all'Estero, immobili).

La dotazione può essere effettuata sia contestualmente all'istituzione del trust che in un momento successivo, mediante atti tra vivi o testamento e può riguardare sia la piena che la nuda proprietà di un bene o di un diritto. Tale ultima soluzione, che si realizza con la ritenzione del diritto di usufrutto, uso o di abitazione del bene in capo al conferente, risulta di particolare interesse qualora il disponente o altro soggetto interessato ad apportare un bene in trust non vogliano privarsi da subito della disponibilità dello stesso o dei frutti

---

(10) - Per un approfondimento sul trust autodichiarato si veda BUSANI, *Il Trust. Istituzione, gestione, cessazione*, cit., 291, in cui, tra l'altro, si osserva: «con l'istituzione di un trust autodichiarato, infatti, il disponente, pur "autodichiarandosi" trustee, sottopone in beni e i diritti costituenti il trust fund a un vincolo (reale) di destinazione e quindi, rispetto a tali beni e diritti, egli mantiene una titolarità (non piena, ma) compressa dal vincolo stesso, potendo utilizzare detti beni (non più uti dominus ma) esclusivamente per l'esecuzione del programma destinatorio cui si è impegnato». Cfr. anche BARTOLI, *Il Trust*, Milano, 2001, 88; MANES-ERRANI, *Trust autodichiarato e vincoli di destinazione: l'effetto segregativo*, in *Trusts e attività fiduciarie*, n. 5/2018, 477; BARTOLI, *Il Trust autodichiarato nella Convenzione de l'Aja sui trust*, in *Trusts e attività fiduciarie*, n. 3/2005, 355.

(11) - Sul punto cfr.: art. 52 della Legge di San Marino del 1° marzo 2010, a norma del quale «*l'atto istitutivo di trust di scopo prevede l'ufficio del guardiano e lo legittima a agire contro il trustee in caso inadempimento*»; art. 12 della *Trusts (Jersey) Law* 1984, il quale qualifica come non invalido il trust di scopo *charitable* purché sia prevista la nomina di un guardiano. Per ulteriori approfondimenti, inoltre, cfr.: BUSANI, *Trust. Istituzione, gestione, cessazione*, cit., 24 e ss.; PANICO, *Trust di scopo*, in Zanchi (a cura di), *Il Trustee nella gestione dei patrimoni*, Torino, 2009, 473.

(12) - Sul punto cfr. PANICO, *Trust di scopo*, cit..

da esso derivanti ma, nel contempo, vogliano avere certezza che, in caso di loro decesso, tale bene confluisca nel trust e sia destinato alle finalità indicate nell'atto istitutivo.

Va, inoltre, sottolineato come anche dopo l'istituzione del trust, numerosi possano essere i vantaggi attribuibili sul *trust fund* a favore dei beneficiari e/o di altri soggetti individuati dall'atto istitutivo di trust; abitualmente, infatti, i beneficiari del reddito ricevono somme di danaro, ma nulla impedisce che essi ricevano *benefit* di altra natura come, ad esempio, la possibilità di abitare in immobili inclusi nel fondo in trust. Infine, l'atto istitutivo di trust potrà essere strutturato in modo tale da non stabilire erogazioni di reddito o capitale predeterminate a favore di un determinato soggetto ma, più in generale, un potere o dovere del trustee di soddisfare sue eventuali necessità economiche, piuttosto che di studio o lavorative.

Quando un soggetto trasferisce beni al trustee quest'ultimo ne diventa il solo e legittimo proprietario e, in quanto tale, è l'unico ad avere tutti i poteri e le facoltà di un proprietario in relazione agli stessi.

La sua è, tuttavia, una proprietà particolare (c.d. "fiduciaria" o "obbligata")(13) in quanto deve essere esercitata nell'interesse dei beneficiari e ciò significa che il trustee, nell'esercizio del suo diritto di proprietà, è vincolato ai limiti stabiliti nell'atto istitutivo di trust e alle finalità del trust medesimo; significa, inoltre, che gli obblighi del trustee sono del tutto indipendenti dal disponente ma a favore esclusivo dei beneficiari che sono gli unici a poter vantare diritti nei suoi confronti(14). In altri termini, nel trust convive un doppio regime di proprietà (*dual ownership*): la prima finalizzata all'amministrazione che è in capo al trustee, l'altra al godimento (diretto e indiretto, attuale o futuro) che è in capo ai beneficiari.

---

(13) - Sul punto cfr. VALAS, *Il trustee: funzioni, obblighi e poteri*, in Monegat-Lepore-Valas (a cura di), *Trust. Aspetti sostanziali e applicazioni nel diritto di famiglia e delle persone*, Torino, 2010, 233; BIANCA, *Trustee e figure affini nel diritto italiano*, in *Riv. Not.*, 2009, 3, 557.

(14) - Per approfondimenti, cfr. Corte d'Assise Vicenza, 6 maggio 2014, in *Trusts e attività fiduciarie*, n. 5/2014, 504, secondo cui «il potere esercitato dal trustee sui beni conferiti in trust non è quel diritto di godere e disporre dei beni stessi in modo pieno ed esclusivo in cui si sostanzia il diritto di proprietà secondo la definizione di cui all'art. 832 c.c., ma una situazione reale di proprietà finalizzata e funzionale che si esercita su un patrimonio separato ed autonomo e vincolato al programma fiduciario che il trustee ha l'obbligo di perseguire».

Con riferimento alla determinazione dei poteri del trustee essa deve essere rapportata alle particolarità di ciascun caso concreto; secondo il tipo di trust, infatti, le attività discrezionalmente affidate al trustee potranno essere inesistenti o, al contrario, vastissime(15).

Il più delle volte è sufficiente disporre che al trustee appartengono tutti i poteri del pieno titolare, magari limitandone l'esercizio in particolari circostanze, ovvero prescrivendo che per talune tipologie di attività (sia relative alla gestione del fondo in trust che agli impieghi dello stesso a favore dei beneficiari o per realizzare lo scopo del trust) intervenga il consenso/parere del guardiano e/o di altro soggetto a ciò legittimato dall'atto istitutivo di trust.

A fronte di tali poteri, il trustee ha un'ampia gamma di obbligazioni dirette verso i beneficiari o verso lo scopo del trust, cui ottemperare nell'esercizio del proprio ufficio. Le principali sono:

- osservare le disposizioni dell'atto istitutivo di trust;

- preservare il fondo in trust e, ragionevolmente e per quanto possibile, incrementarlo;

- essere leale;

- fornire informazioni e rendicontare la propria attività (il cosiddetto *duty to account*), mantenendo una contabilità accurata di ogni operazione.

Quanto ai soggetti che possono rivestire l'ufficio di trustee, in linea generale non esistono preclusioni di sorta(16) all'assunzione di tale ruolo da parte di chiunque. Solo alcune tra le leggi straniere che

(15) - Sul punto cfr. PANICO, *Il trustee e gli investimenti: poteri e doveri*, in Monegat-Lepore-Valas (a cura di), *Trust. Aspetti sostanziali e applicazioni nel diritto di famiglia e delle persone*, Torino, 2010.

(16) - Invero, si sottolinea come sia opportuno che, per ricoprire adeguatamente l'incarico e per l'assolvimento dei compiti sopraindicati, il trustee soddisfi determinati requisiti, tra i quali anzitutto la professionalità, intesa come adeguata competenza e abilità nella gestione di patrimoni, dal punto di vista legale, fiscale e amministrativo, nonché la conoscenza delle regole operanti in materia di trust.

In aggiunta al requisito cardine della professionalità il "buon" trustee dovrebbe possedere i seguenti caratteri: indipendenza, imparzialità, diligenza nonché essere dotato di adeguate procedure organizzative e coperture assicurative a copertura del suo operato.

Tali requisiti dovrebbero in linea teorica essere soddisfatti sia da un trustee persona fisica sia persona giuridica, ma come può intuirsi è meno frequente che un trustee persona fisica possa soddisfare tutte le caratteristiche sovraesposte.

disciplinano il trust richiedono, infatti, autorizzazioni ed abilitazioni specifiche o la residenza nel territorio per svolgere tale attività[17]. Storicamente la funzione di trustee è stata quasi sempre ricoperta da persone fisiche (amici di famiglia o professionisti di fiducia del disponente). La realtà attuale vede, soprattutto in Italia, preferire, invece, come trustee persone giuridiche, in particolare società costituite *ad hoc* da professionisti specializzati nel settore o di emanazione bancaria tutte convenzionalmente denominate *trust company*.

Passando infine ai vantaggi del trust, di seguito si evidenziano quelli più significativi:

- segregazione patrimoniale: il patrimonio del trust risulta separato rispetto a quello personale del disponente, del trustee e dei beneficiari. La conseguenza più importante di un simile stato di fatto è che qualunque vicenda personale e patrimoniale possa colpire queste figure non travolge mai i beni segregati in trust;

- unitarietà e continuità di gestione di un patrimonio: il trustee, essendo l'unico proprietario del fondo in trust, può assicurare una gestione unitaria e continua nel tempo dello stesso, in conformità agli scopi e nel rispetto dei limiti individuati dal disponente nell'atto istitutivo di trust;

- ultrattività: attraverso il trust il disponente può perseguire determinate finalità il cui orizzonte temporale di realizzazione è svincolato dalla sua esistenza in vita, attribuendo così certezza all'attuazione degli scopi che potrebbe, invece, essere frustrata dalla sua morte e che, quindi, non sono raggiungibili attraverso gli istituti giuridici tradizionali;

- garanzia di riservatezza: poiché il trust determina l'insorgenza di una nuova situazione proprietaria in capo ad un soggetto (il trustee) diverso dal disponente, si può ricorrere al suo utilizzo qualora si vogliano compiere determinate operazioni in piena riservatezza.

---

[17] - Cfr. sul punto, ad esempio, la legge sui trust delle Isole Vergini Britanniche (*British Virgin Islands Trustee Act*, 1961, *as amended by Law* n. 11, 2003) per il cui utilizzo si richiede un trustee residente in loco.

Nello specifico, il trust rappresenta uno strumento assai utile sia per la famiglia sia per l'impresa.

Nel caso della famiglia[18] l'utilità del trust si individua per:

- prevenire e dirimere situazioni di disaccordo familiare: è il caso di genitori che vogliono proteggere i propri discendenti, anche al fine di non disperdere il patrimonio familiare o il caso del soggetto facoltoso in procinto di sposarsi che ha analoghe preoccupazioni nei confronti della futura moglie;

- realizzare una pianificazione successoria: è il caso di nonni con un grande patrimonio, che vogliono distribuirlo ai propri eredi solo al realizzarsi di certi eventi (laurea, matrimonio, inizio di un'arte o di una professione, etc.) e non prima di un certo termine (raggiungimento di un'età particolare, etc.) o il caso di un soggetto che vuole distribuire in maniera assolutamente riservata porzioni del suo patrimonio a soggetti estranei al nucleo familiare.

Il trust rappresenta, altresì, uno strumento assai utile per l'imprenditore[19], al fine di:

- separare e proteggere il proprio patrimonio da quello dell'azienda;

- assicurare una gestione fluida e unitaria dell'azienda;

- programmare e pianificare il passaggio generazionale dell'azienda al fine di:

  • prevenire il sorgere di futuri attriti tra eredi;
  • sopperire all'eventuale mancanza di eredi idonei o interessati alla continuazione dell'impresa.

- sfruttare forme di garanzia alternative a quelle tradizionali. L'utilizzo dello strumento del trust in funzione di garanzia si presenta di estremo interesse in quanto tutela in eguale misura il creditore ed il debitore, dando certezza di esecuzione ai contratti subordinati ai loro rapporti e libertà nella scelta della tipologia del bene da porre a garanzia (non solo beni immobili e beni mobili tradizionali).

---

(18) - Sul punto cfr. MONEGAT, *Trust di famiglia*, in Zanchi (a cura di), *Il trustee nella gestione dei patrimoni*, Torino, 2009, 244.

(19) - Sul punto cfr. BUSANI, *Il trust e le imprese – Passaggio del testimone senza incertezze*, in *Guide Pratiche* n. 27, *Il Sole 24Ore*, 10 gennaio 2011.

Infine, attraverso il trust sono, altresì, perseguibili finalità non realizzabili o, comunque, realizzabili con minor elasticità tramite gli istituti giuridici italiani a causa della presenza di limiti insiti nel nostro ordinamento, quali, ad esempio:

- la tutela di coppie di fatto o di figli non riconosciuti: è il caso di conviventi *more uxorio* che intendono istituire un trust per tutelare il convivente superstite oppure il caso di un soggetto che vuole assicurare in piena riservatezza determinati benefici ad un figlio non riconosciuto;
- la protezione di patrimoni personali di professionisti (ad esempio, medici, dentisti, avvocati, commercialisti, amministratori di società, sindaci)[20];
- l'assistenza di soggetti deboli (interdetti, inabilitati, tossicodipendenti, etilisti, prodighi, etc.): è il caso di un figlio diversamente abile al quale i genitori intendono assicurare dopo la loro morte i mezzi necessari per il sostentamento e le cure;
- la realizzazione di attività di beneficenza e, più in generale, di scopi filantropici;
- la preservazione, gestione, valorizzazione e trasmissione di patrimoni artistici.

2. Tipologie di trust relativi ad opere d'arte e collezioni d'arte e strumenti giuridici alternativi

Obiettivo di questo paragrafo è offrire al lettore un breve *excursus* di respiro internazionale circa il crescente utilizzo negli ultimi anni del trust con riguardo al mondo dell'arte per perseguire finalità che spaziano dalla preservazione e valorizzazione di patrimoni artistici alla gestione e trasmissione degli stessi, fino ad arrivare a scopi filantropici, di garanzia o di investimento. Completa la trattazione una disamina:

- delle categorie di trust che possono configurarsi con riguardo a opere d'arte e collezioni d'arte, con le relative specifiche;

---

[20] - Sul tema cfr. Vicari, Il *trust di protezione patrimoniale*, in *Trusts e attività fiduciarie Quaderni*, Milano, n. 3/2005.

- dei principali istituti giuridici cui è possibile ricorrere in alternativa al trust per realizzare analoghi scopi, con dettaglio delle caratteristiche salienti di tali istituti e delle differenze che presentano rispetto al trust.

2.1. *Fattispecie ricorrenti nel mondo e categorie di trust utilizzate*

L'utilizzo del trust, delle cui caratteristiche si è ampiamente parlato nel paragrafo precedente, sta dilagando negli ultimi trenta anni nello scenario mondiale come vero e proprio "fenomeno", anche se presenta *trend* e usi diversi da Paese a Paese. Ciò in quanto, grazie alla sua poliedricità, tale istituto è in grado di fornire proposte, alternative e soluzioni modellabili ad ogni caso specifico.

Focalizzando la nostra attenzione esclusivamente sui trust relativi a patrimoni artistici, rileviamo che tradizionalmente il mondo del *common law* inglese e americano si sono spesso indirizzati ad utilizzare tale strumento per la destinazione di collezioni di opere d'arte a scopi filantropici, coinvolgendo istituzioni culturali(21), singole collezioni artistiche(22), ovvero, con minor frequenza, per effettuare lasciti da parte di artisti, come nel caso del *Dennis Hopper Art Trust*, istituito dall'artista stesso per salvaguardare il suo patrimonio fotografico.

Concentrandoci sull'approfondimento della prima categoria, rileviamo come la tipologia di trust più diffusa per realizzare tale finalità sia stata il trust di scopo (c.d. *purpose trust*): trattasi di un trust privo di beneficiari e istituito al fine di perseguire un determinato scopo(23). Una particolare forma di "trust di scopo" è rappresentata dai trust c.d. *charitable*(24). Tali trust raffigurano l'eccezione

---

(21) - Tra questi si ricordano il *National Trust inglese* e *The Paul Getty Trust* che verranno analizzati successivamente nel presente paragrafo.

(22) - Esempio di trust istituito per la preservazione di una collezione d'arte è sicuramente il *Royal Collection Trust*, istituito nel 1987 dalla Regina Elisabetta II, per contenere e gestire la *Royal Collection* della famiglia reale inglese.

(23) - Cfr. Lupoi, *Trusts*, cit., 210; Busani, *Il Trust. Istituzione, gestione, cessazione*, cit., 4; Panico, *Trust di scopo*, cit., 473; Penner, *The Law of Trusts*, Oxford, 2016, 446.

(24) - Cfr. Luxton, *The Law of Charities*, Oxford, 2001; Cairns, *Charities: Law and Practice*, London, 1997.

più significativa al *beneficiary principle*(25) e sono espressamente regolamentati dal legislatore inglese, che partendo dal *Charitable Uses Act* del 1601 è approdato al *Charities Act* del 2011, disciplinando ed elencando tutte le finalità *charitable* perseguibili da un trust di tale categoria (tra cui si ricordano anche finalità connesse al mondo dell'arte)(26). Sarà, pertanto, possibile da parte di un trust essere riconosciuto ed operare come *charitable* solo qualora e finché esso perseguirà una delle ipotesi di scopi caritatevoli riportate dalla legge, altrimenti sarà affetto da nullità. Per il diritto inglese, la *ratio* di tale nullità sta nel fatto che, mancando i beneficiari, non vi sarebbe alcun soggetto legittimato ad agire contro il trustee per l'esecuzione del trust ed è proprio per questo che la figura dell'*enforcer* è obbligatoria.

A fini di completezza della trattazione, va osservato che la rigidità del modello inglese relativa ai trust di scopo non si rileva in altre leggi, del modello internazionale e non solo, che disciplinano la materia del trust e che, pertanto, sono sempre più frequentemente utilizzate in luogo di quest'ultima, consentendo al soggetto interessato di meglio modellare il trust che vuole porre in essere sui suoi *desiderata* e a scopi privatistici, senza il rischio che questo venga dichiarato nullo(27). Tra le leggi più utilizzate occorre menzionare la Legge di Jersey sui Trust, la *Trusts (Jersey) Law* 1984, che, analogamente a quanto stabilito dall'ordinamento inglese, prevede la nullità del trust di scopo, salvo che si tratti di un trust istituito per un *charitable purpose*; tuttavia, la medesima legge sancisce che sono da considerarsi validi quei trust di scopo che, pur essendo stati istituiti per scopi *non-charitable*, prevedano la nomina di un *enforcer* (ovvero del guardiano) nonché la nomina di un nuovo *enforcer* in ogni caso in cui non ve ne sia uno, con la responsabilità di svolgere funzioni di

(25) - Cfr. PETTIT, *Equity and the Law of Trusts*, Londra, 1993, 50; UNDERHILL-HAYTON, *Law relating to Trusts and Trustees*, Londra-Dublino-Edimburgo, 1995, 91.

(26) - Cfr. LATROFA, *Dal trust charitable al trust ente del terzo settore,* in *Trusts e attività fiduciarie,* n. 1/2020.

(27) - Cfr. MATTHEWS, *From obligation to property, and back again? The future of the non-charitable purpose trust,* in *Extending the boundaries of trusts and similar ring-fenced funds* ed. By Hayton, 2002, Londra, 3.

controllo circa la realizzazione dello scopo *non-charitable*[28]. L'ordinamento di San Marino, invece, prevede, come sancito dall'art. 6, comma 2, della legge 1° marzo 2010 n. 42, che dall'atto istitutivo, "nei trust di scopo", devono risultare «*l'individuazione di uno scopo determinato, possibile e non contrario a norme imperative, all'ordine pubblico e al buon costume*» nonché «*l'individuazione del guardiano che abbia l'obbligo di far rispettare le disposizioni contenute nell'atto istitutivo o i criteri che conducono alla medesima*»[29].

Appare, dunque, evidente che nonostante alcuni ordinamenti siano maggiormente flessibili, in tutti è sentita l'esigenza di garantire

---

[28] - L'obbligatorietà del guardiano nel trust di scopo è sancita solo in relazione ai trust di scopo *non-charitable*, potendosi invece, con riguardo ai trust di scopo *charitable* – in virtù del potere di controllo già vantato *ex lege* dall'Autorità pubblica – omettere la sua nomina. In tal senso, cfr. l'art. 11(2)(a)(iv), *Trusts (Jersey) Law* 1984, il quale qualifica come *invalid* il trust che «*it is created for a purpose in relation to which there is no beneficiary, not being a charitable purpose*»; cfr. inoltre art. 12, *Trusts (Jersey) Law* 1984, il quale sottrae da invalidità ("[*a*] *trust shall not be invalid*") «*if the terms of the trust provide for the appointment of an enforcer in relation to its non-charitable purposes, and for the appointment of a new enforcer at any time when there is none*». Sul punto, cfr. anche Trib. Milano, 16 giugno 2017, in *Trusts e attività fiduciarie*, n. 2/2018, 183, secondo cui «*un trust familiare regolato dalla legge di Jersey non è invalido per via della mancata nomina del guardiano, in quanto tale nomina è prevista a pena di nullità solo se il trust è istituito per uno scopo non caritatevole*».

[29] - Cfr. art. 6 della legge, 1° marzo 2010, n. 42 (San Marino) secondo cui: «*1. Il trust è istituito per atto scritto. Qualora l'atto sia tra vivi, è prescritta la forma dell'atto pubblico o della scrittura con sottoscrizione autenticata da un notaio, il quale con l'autentica ne assevera la legalità.*

2. Gli elementi del trust che devono risultare dall'atto istitutivo sono:

a) la volontà del disponente di istituire il trust;

b) l'individuazione del trustee autorizzato o qualificato;

c) l'individuazione dei beni in trust o i criteri che conducono alla medesima;

d) nel trust di scopo, lo scopo del trust, l'individuazione del guardiano o i criteri che conducono alla medesima;

e) nel trust con beneficiari, l'individuazione del beneficiario, o i criteri che conducono alla medesima».

Art. 7 della medesima legge *(Trust di scopo)* «*1. L'atto istitutivo di un trust di scopo deve contenere:*

a) l'individuazione di uno scopo determinato, possibile e non contrario a norme imperative, all'ordine pubblico e al buon costume;

b) la nomina di un guardiano che abbia l'obbligo di far rispettare le disposizioni contenute nell'atto istitutivo, o i criteri che conducono alla medesima».

che in qualsiasi trust non manchi una forma di controllo, ovvero una figura legittimata ad agire contro il trustee per contestare eventuali comportamenti tenuti in violazione dei doveri che gravano su di lui: tale figura, nel trust "ordinario" è rappresentata dai beneficiari (e dal guardiano, qualora sia nominato); nel trust di scopo *charitable* è rappresentata dall'Autorità pubblica; nel trust di scopo *non-charitable* è rappresentata dall'*enforcer* (la cui, nomina, per l'appunto, è condizione di validità del medesimo *purpose trust*). Inoltre, le due ultime leggi citate (Jersey e San Marino) consentono, imponendo, però, regole precise da seguire per regolamentare tale tipologia di trust, anche di istituire "trust misti", ovvero insieme "di scopo" e "con beneficiari". Tipologia che, soprattutto con riguardo alle esigenze e ai bisogni che ruotano intorno al mondo dell'arte, può essere molto gradita poiché consente attraverso un unico strumento di conciliare interessi pubblici e privati, modulandoli nel tempo e adattandoli alle molteplici eventualità che la vita offre. Si pensi, ad esempio, al caso di un collezionista senza eredi che intende istituire un trust per affidare al trustee innanzitutto la finalità di tutelare la sua posizione e, al contempo, e soprattutto per il tempo in cui egli non ci sarà più, perseguire scopi filantropici, così da rendere fruibile alla collettività il suo patrimonio artistico, preservandone l'integrità e la gestione. Volendo, infine, riportare alcuni esempi di trust di rilevanza internazionale con connotazione filantropica, di seguito elenchiamo quattro trust, tutti rientranti, tra l'altro, nella categoria dei c.d. *charitable trust*[30] e caratterizzati dalla volontà di mantenere una collezione o un patrimonio artistico a beneficio della collettività e dal fatto di trovare il loro sostegno prevalentemente in donazioni e lasciti di privati:

- il *National Trust for Places of Historic Interest* o *Natural Beauty*[31]: più comunemente conosciuto come *National Trust*, questo

[30] - Come noto, la tipologia dei c.d. *charitable trust* rappresenta un fenomeno noto soprattutto nei paesi anglosassoni. Tra questi si ricordano anche il *National Trust for Historic Preservation* negli Stati Uniti, il *National Trust for Jersey* a Jersey, il *National Trust for Scotland* per la Scozia, il *Queen Elizabeth II National Trust*, *l'Australian Council of National Trusts* in Australia, Il *National Trust for the Cayman Islands*, Il *National Trust of Fiji*, il *National Trust of Guernsey* (isola del Canale della Manica).

[31] - Per maggiori informazioni sul *National Trust for Places of Historic Interest* si consulti il sito: https://www.nationaltrust.org.uk/, ultimo accesso: 7 agosto 2020.

trust è stato istituito a Londra nel 1895 dalla volontà di tre persone, Octavia Hill, Robert Hunter e Hardwicke Rawnsley, per scopi di pubblica utilità e con l'obiettivo di salvaguardare i beni paesaggistici e di interesse artistico di Inghilterra, Galles e Irlanda del Nord dai danni ambientali provocati dal forte incremento dell'industrializzazione e da tutte le conseguenze negative da esso causate. Il *National Trust* è un ente benefico, nato su esigenze filantropiche e senza scopo di lucro e ad oggi rappresenta uno degli enti più autorevoli per la protezione dei paesaggi e dei beni culturali. L'organizzazione del *National Trust* conta circa cinque milioni e mezzo di membri che supportano il trust attraverso elargizioni e lasciti in denaro o anche donazioni di collezioni[32];

- il *Landmark Trust*[33] : questo trust è stato istituito in Gran Bretagna nel 1965 da Sir John Smith e da Lady Smith e si occupa di salvaguardare e promuovere per lo più edifici e dimore storiche di vario tipo situate in Gran Bretagna. Le proprietà danneggiate vengono restaurate e riportate in vita per diventare luoghi da visitare o anche vere e proprie case vacanza per soggiorni a pagamento. I proventi derivanti dai soggiorni sono utilizzati per la manutenzione, il sostentamento e il restauro degli edifici;

- il *Guggenheim UK Charitable Trust*[34]: questo trust è stato istituito in Gran Bretagna nel 2001 da Solomon Guggenheim. L'affascinante storia di Solomon Guggenheim, industriale americano, ha inizio negli anni '30 dello scorso secolo quando il signor Guggenheim iniziò a collezionare arte moderna nella sua abitazione di New York e ad organizzarvi mostre aperte al pubblico. Il *Guggeinheim UK Charitable Trust* è oggi un ente benefico che sostiene le attività della *Guggenheim Foundation* promuovendo donazioni e contributi sia privati che pubblici a favore dei musei che gestisce la fondazione (la *Peggy Guggenheim Collection* con sede a Venezia presso Palazzo

---

(32) - Sull'esempio del *National Trust* è stato costituito in Italia il Fondo Ambiente Italiano (FAI).

(33) - Per maggiori informazioni sul *Landmark Trust* si consulti il sito: https://www.landmarktrust.org.uk, ultimo accesso: 7 agosto 2020.

(34) - Per maggiori informazioni sul *Guggenheim UK Charitable Trust* si consulti il sito: https://www.guggenheim.org/history/foundation, ultimo accesso: 7 agosto 2020.

Venier dei Leoni, il *Solomon Guggenheim* di New York, il *Guggenheim Museum* di Bilbao e il *Deutsche Museum* di Berlino);

- il *J. Paul Getty Trust*[35]: questo trust, inizialmente denominato *J. Paul Getty Museum*[36], è stato istituito a Los Angeles nel 1953 dal ricco petroliere americano Jean Paul Getty e le sue finalità sono quelle di promuovere la conoscenza e la salvaguardia del patrimonio artistico mondiale. Il trust gestisce, tra l'altro, il *Paul Getty Museum*, che, come tanti altri musei americani, è un ente *no profit* che opera a livello internazionale. La struttura privatistica del *Paul Getty Museum* detiene il *Getty Center* a Los Angeles, uno dei più celebri esempi di filantropia americana e dei centri culturali più importanti del mondo, e la *Getty Villa* a Malibù dove sono custodite alcune delle antichità greche e romane appartenenti alla collezione di Paul Getty. Il *J. Paul Getty Trust* è attualmente gestito e amministrato da un *board of trustees*, ovvero una pluralità di trustee professionali con specializzazioni diverse che si occupano di pianificare i progetti di ricerca, le eventuali vendite o acquisti e tutte le operazioni che riguardano le istituzioni che compongono il *Getty Trust*.

Rimanendo sempre nell'ambito dei trust con connotazioni filantropiche e continuando la carrellata sulla loro diffusione nel mondo, se ci spostiamo verso Oriente, arrivando fino alla Cina, notiamo come finanche un sistema fondato sulla tradizione di *civil law* e sulla nozione di proprietà assoluta, quale è quello caratterizzante tale Paese, abbia introdotto e disciplinato l'istituto del trust. Nello specifico nel 2001 è stata emanata in Cina una legge *ad hoc* che contempla espressamente, accanto al "trust privato" e al "trust commerciale",

---

[35] - Per maggiori informazioni sul *J. Paul Getty Trust* si consulti il sito: https://www.getty.edu/, ultimo accesso: 7 agosto 2020.

[36] - Jean Paul Getty nel 1957 fondò la *Getty Oil Company* che alla sua morte nel 1976 valeva più di 2 miliardi di dollari. Getty lasciò la maggior parte del suo patrimonio, compresi quasi 660 milioni di dollari di azioni della *Getty Oil*, al *J. Paul Getty Museum Trust*. Tuttavia, ci vollero anni per risolvere i conflitti legali sul testamento, ma nel 1982 il fondo ricevette finalmente il lascito completo di Getty. Da quel momento il trust ha ampliato sue attività e nel 1983 ha presentato una petizione al tribunale per cambiare il suo nome in *J. Paul Getty Trust*.

il "trust filantropico" nelle due versioni di "trust di beni culturali" e "trust museale"(37).

Passando, infine, ai paesi di *civil law* e, più specificatamente, all'Italia, registriamo, invece, come finora lo scopo filantropico sia stato attuato prevalentemente utilizzando lo schema della fondazione che, il più delle volte, si è declinato ancora più specificamente nelle c.d. "fondazioni di famiglia"(38). Sono queste, come noto, fondazioni che, di fatto, portano il nome della famiglia da cui origina il patrimonio e che hanno come scopo la gestione del patrimonio a fini solidaristici(39).

Tuttavia, negli ultimi tempi stante, da un lato, una sofferenza generale del mondo dell'arte e dei soggetti che ne fanno parte, per via di un apparato pubblico spesso carente per sostenerli, dall'altro, l'influenza del mondo anglosassone e delle *best practices* in uso, dove vige la logica della unitarietà di una collezione e della sua messa a disposizione del pubblico, anche nel nostro Paese l'istituzione di trust non commerciali per la valorizzazione dell'arte e la tutela di patrimoni artistici inizia a raccogliere consensi(40). Testimonianza di questa evoluzione sono i due casi, di recente balzati agli onori della cronaca, del "Trust per l'arte contemporanea"(41) istituito a

(37) - Cfr. Novaretti, *Trusts "con caratteristiche cinesi" e tutela del patrimonio culturale nella Repubblica popolare cinese*, in Cenini (a cura di), *Trust, patrimoni artistici e collezioni*, Milano, 2019, 123.

(38) - Cfr. Busani, *Il patto di famiglia. L'accordo di famiglia. La fondazione di famiglia*, Milano, 2019, 685.

(39) - Tra le fondazioni d'arte più famose in Italia si ricordano: la Fondazione Prada, la *Pinault Collection*, la Fondazione Antonio Ratti, la Fondazione Nicola Trussardi, la Fondazione Giuliani.

(40) - La diffusione dell'istituzione di trust non commerciali in Italia sta raggiungendo sempre più consensi, tuttavia non si ha una cognizione di un dato numerico preciso poiché non esiste ancora in Italia un "Registro dei trust", a differenza di altri Paesi quali, ad esempio, la Repubblica di San Marino dove è prevista l'iscrizione di ogni trust che sia regolato dalla medesima legge ad un registro *ad hoc* denominato "Registro dei Trust di San Marino" (tale registro si trova presso l'Autorità di Vigilanza, la Banca Centrale di San Marino, che è anche tenutaria del Registro). L'unico modo secondo cui oggi si può venire a conoscenza dell'esistenza di trust è, pertanto, attraverso una *disclosure* da parte del disponente o, eventualmente, dei beneficiari o per contenziosi che si instaurano. Per maggiori dettagli sul Registro dei Trust di San Marino vedasi: Montanari, *Il registro dei titolari effettivi del trust nella repubblica di San Marino,* in *Trusts e attività fiduciarie*, n. 3/2020.

(41) - Sul punto cfr. il sito: https://www.fondazionecarisbo.it/istituito-il-trust-per-larte-contemporanea/, ultimo accesso 7 agosto 2020 e https://matteolepore.it/2020/01/24/il-nuovo-trust-per-larte-contemporanea-nella-citta-di-bologna/, ultimo accesso: 7 agosto 2020.

Bologna il 23 luglio scorso e della "Collezione Taurisano"[42] il cui trust è in corso di finalizzazione. In particolare:

- con riguardo al "Trust per l'arte contemporanea", esso rappresenta il primo trust italiano realizzato per il sostegno dell'arte contemporanea. La Fondazione Carisbo, la Fondazione del Monte di Bologna e Ravenna e Bologna Fiere in qualità di disponenti del trust hanno strutturato un importante progetto per migliorare il posizionamento della città di Bologna, per promuovere l'arte italiana, nonché per coinvolgere i privati che vorranno contribuire attivamente in questa iniziativa.

Attraverso l'utilizzo della dotazione iniziale di circa 300.000,00 euro effettuata dai disponenti e dei successivi incrementi del *trust fund* che potranno pervenire anche da terzi, il Trust perseguirà i seguenti obiettivi:

- organizzare mostre ed eventi di respiro internazionale che possono coinvolgere importanti personalità del mondo dell'arte e un vasto pubblico, promuovendo Bologna come un centro all'avanguardia nell'ambito dell'arte contemporanea;

- valorizzare le esperienze storico-artistiche del territorio, creando iniziative ed eventi espositivi mirati a conoscere il territorio, con il coinvolgimento di istituzioni del territorio;

- realizzare residenze per artisti, coinvolgendo e accogliendo esperienze di artisti per incrementare il dibattito tra le diversità artistiche;

- valorizzare le collezioni pubbliche bolognesi di opere di arte italiana dagli anni '50 ad oggi e valutare nuove acquisizioni di opere.

Oltre al trustee e al guardiano (entrambi individuati in persone fisiche di alto profilo professionale) il Trust avrà al suo interno due comitati scientifici, il "Comitato Arte" e il "Comitato collezioni pubbliche" composti da membri di alto profilo in campo culturale e artistico, che valuteranno accuratamente i progetti che saranno loro presentati affinché questi siano rispondenti agli scopi del Trust.

---

(42) - Sul tema si consulti: AGLIOTTONE, *La Collezione Taurisano diventa un trust*, in *Il Sole 24Ore*, 2018; MASTURZO, *Art people voices. Parola a Francesco Taurisano,* in *Artribune*, 2019, https://www.artribune.com/professioni-e-professionisti/mercato/2019/02/intervista-francesco-taurisano-collezionismo/, ultimo accesso: 6 agosto 2020.

- con riguardo alla "Collezione Taurisano", essa costituisce una raccolta privata di arte contemporanea con base a Napoli, avviata negli anni '70 da Paolo Taurisano e che oggi continua ad arricchirsi, grazie alla passione del figlio Francesco e della di lui moglie Sveva D'Antonio, con opere di *living artists* che basano la loro attività su tematiche sociali e politiche. La *mission* della collezione Taurisano, infatti, è quella di veicolare, attraverso le opere, messaggi legati alle problematiche sociali, costruendo un rapporto attivo con gli artisti coinvolti già nella fase del *making off* dell'opera d'arte.

La collezione attualmente vanta circa 400 opere, allocate tra *caveau* di operatori specializzati, dimore della famiglia Taurisano e prestigiose istituzioni culturali italiane ed estere cui sono state affidate in comodato gratuito. La collezione attualmente è gestita esclusivamente e in prima persona da Sveva D'Antonio affermata storica dell'arte, che recentemente ha annunciato la volontà della famiglia Taurisano di istituire un trust, con lo scopo di salvaguardare la collezione ma anche di valorizzarla mettendola a disposizione di musei, centri e gallerie di opere d'arte. L'obiettivo principale del Trust sarà quello di garantire l'integrità della collezione che racchiude la storia e l'identità della famiglia Taurisano, contemperando l'esigenza di consentire il godimento della stessa alla collettività con quella di fornire attraverso la collezione anche un eventuale supporto economico in caso di necessità, atteso il valore della stessa.

Solo a fini di completezza della trattazione e rimandando per approfondimenti alle analisi in materia riportate nel paragrafo 2.2. di questo Capitolo, si richiama l'altra categoria di trust utilizzabili nell'ambito dell'arte, ovvero quella dei *trust con beneficiari*. Trattasi di trust gestiti nell'interesse di determinati soggetti (beneficiari) o di categorie di soggetti, la cui posizione giuridica comporterà per essi il riconoscimento di una serie di diritti e vantaggi[43]; a differenza dei trust di scopo, in cui il trust è istituito a vantaggio di uno scopo, in

(43) - Il trust con beneficiari trae origine dal corollario del *beneficiary principle* del diritto inglese dei trust secondo cui, perché un trust sia valido, deve esserci almeno un beneficiario (persona fisica) in grado di far valere il trust. Fanno eccezione a tale principio i *charitable trust* e un numero limitato di trust a scopo di lucro (c.d. *purpose trust*). Sul tema si veda anche: PENNER, *The Law of Trusts*, cit., 248; HAYTON, MATTHEWS and MITCHELL, *Underhill and Hayton: Law of Trusts and Trustees*, London, 2006, 249.

questi casi il trust è disposto a favore di determinati soggetti per il perseguimento di una finalità (impropriamente chiamata "scopo").

A seconda della tipologia di trust utilizzata, la struttura di trust cambierà anch'essa sia con riguardo ai requisiti formali che al ruolo che i soggetti coinvolti assumeranno nella vita del trust (durata del trust, forma, ruolo del guardiano, poteri del trustee, etc.)[44]. Solo per fare un esempio, con riferimento al trust di scopo, vi è l'obbligo di nominare un guardiano, mentre, con riguardo al trust per beneficiari la nomina del guardiano è discrezionale; ciò comporterà delle differenze sostanziali nella gestione del trust[45]. Infatti, nel caso del trust di scopo qualora il trustee sia inadempiente o incorra in una *mala gestio* del *trust fund*, il guardiano avrà l'obbligo di agire contro il trustee e assicurarsi che quest'ultimo rispetti le regole fissate dall'atto istitutivo di trust, mentre nel caso di trust con beneficiari il guardiano sarà legittimato ad agire contro il trustee, ma non si configurerà in capo a quest'ultimo una responsabilità.

2.2. *Soggetti interessati, finalità da perseguire e atti istitutivi di trust progettabili*

L'Italia vanta un patrimonio culturale e artistico che non si limita ai beni pubblici ma comprende anche importanti collezioni private di opere d'arte, già presenti in epoca romana e nel Medioevo e ampliatesi in maniera esponenziale dal Rinascimento in poi.

---

[44] - Per un approfondimento sul punto cfr. in questo Capitolo, paragrafo 1.

[45] - Tra le leggi del "modello internazionale" si ricordano:

- l'art. 52, comma 1, legge 1° marzo 2010, n. 42 (San Marino) secondo cui: «*1. L'atto istitutivo di trust di scopo prevede l'ufficio del guardiano e lo legittima a agire contro il trustee in caso di inadempimento*».

- l'art. 9A(2)(e), *Trusts (Jersey) Law* 1984, consente, in via generica, che il disponente si riservi il potere di nominare o revocare «*any trustee, enforcer or beneficiary, or any other person who holds a power, discretion or right in connection with the trust or in relation to trust property*»:

- l'art. 12(1), *The Trusts (Guernsey) Law* 2007, sancisce quanto segue: «*(1) A trust for or including non-charitable purposes created by an instrument in writing and the terms of which provide for – (a) the appointment of an enforcer in relation to the trust' s non-charitable purposes, and (b) the appointment of a new enforcer at any time when there is none, is valid and enforceable in relation to its non-charitable purposes*».

Restringendo la nostra analisi al collezionismo privato, i *report* distribuiti dai maggiori osservatori del mercato riportano una crescita esponenziale del bacino dei collezionisti animato dalla passione per le attività artistiche ma attento anche ai potenziali risvolti, in termini di investimento, che potrebbero derivare dall'acquisto di un'opera.

La progressiva evoluzione del mercato, accompagnata dall'assenza di una normativa di settore che regolamenti in un *unicum* i diversi profili giuridici e fiscali di questo mondo, ha amplificato dal canto suo i bisogni sia del collezionista in senso stretto che, più in generale, dei soggetti che ruotano intorno al mondo dell'arte (artisti, mecenati, etc.[46]).

Bisogni plurimi, ma sostanzialmente riconducibili a quattro macro-aree così enucleabili:

- preservazione della collezione, intesa sia come mantenimento dell'unitarietà che come protezione della stessa;
- valorizzazione della collezione;
- passaggio generazionale[47] della collezione;
- filantropia nel campo dell'arte.

A latere, ma con crescente diffusione nell'ultimo ventennio anche in Italia, rileviamo, inoltre, finalità di garanzia e scopi più marcatamente di investimento/speculativi.

Evidente è, infine, l'esigenza di gestione della collezione che è trasversale a tutti i bisogni sovraespressi e sarà oggetto di una trattazione *ad hoc* nel paragrafo 3.3 di questo Capitolo.

(46) - Negri Clementi, *Governance dei patrimoni (anche d'arte) di famiglia*, in *We Wealth*, 2020, sottolinea come «Molteplici e diversificati sono i bisogni sottostanti alla domanda di consulenza in materia di passaggi generazionali di "estate" artistici, così come diversi sono gli strumenti di pianificazione e protezione che si possono implementare a seconda dell'obiettivo da soddisfare».

(47) - Non trascurare l'importanza di una pianificazione oculata del proprio patrimonio, nonché conoscere gli istituti del diritto successorio, può fare la differenza nell'affrontare il delicato momento del passaggio generazionale. Gestire ed organizzare per tempo tale frangente consentirà il trasferimento unitario delle opere, del progetto e dell'investimento svolti nell'arco di una vita, evitando dolorose frammentazioni della collezione. Profilo che acquista un ancora maggior rilievo laddove si consideri che l'Italia è il Paese con il più grande patrimonio artistico e culturale del mondo e al contempo un'imposizione fiscale tra le più basse in tema di successione.

Per soddisfare tali esigenze e accompagnare l'evoluzione del collezionismo e dell'arte in generale, il diritto interno ha, di volta in volta, offerto soluzioni giuridiche, da quelle più tradizionali quali fondazioni o *family chart* a quelle più innovative, mutuate per lo più da altri Paesi, come trust e società *benefit*[48].

In questo paragrafo la nostra attenzione sarà focalizzata esclusivamente sul trust in quanto lo stesso si rivela ad oggi lo strumento più completo per realizzare i *desiderata* appena enunciati.

Solo per comodità espositiva sono state analizzate separatamente le varie tipologie di trust, collegandole ai soggetti interessati e ai bisogni che soddisfano ed evidenziando, per ognuna di esse, le peculiarità che potrebbe presentare l'atto istitutivo di trust, ma resta fermo che attraverso un unico trust sono realizzabili anche plurimi obiettivi e che, pertanto, le variabili di atto istitutivo che ne conseguono sono interscambiabili e potenzialmente infinite.

2.2.1. Trust e preservazione di opere d'arte

Evitare la dispersione di un patrimonio artistico, raccogliendo in un unico centro le opere d'arte da esso collezionate, al fine di mantenerle unite e assicurarne l'integrità e la conservazione nel tempo è un primario obiettivo del collezionista.

Uno degli aspetti più frequenti che turba tanti collezionisti è, infatti, quello di garantire il valore e l'unitarietà di una collezione, in diritto definita "universalità di beni mobili" (art. 816 c.c.)[49], in quanto il suo smembramento porterebbe ad una rilevante perdita del valore economico ed artistico in essa incorporato. Turbamento che si amplifica nei casi in cui il collezionista è consapevole che i suoi eredi non hanno le sue stesse capacità, esperienza o interesse in

(48) - Per un approfondimento su questi istituti giuridici cfr. in questo Capitolo, paragrafo 2.3.

(49) - Secondo il disposto dell'art. 816 c.c. «*È considerata universalità di mobili la pluralità di cose che appartengono alla stessa persona e hanno una destinazione unitaria. Le singole cose componenti l'universalità possono formare oggetto di separati atti e rapporti giuridici*».

relazione al mondo dell'arte, ovvero sa che solo alcuni di essi hanno tali caratteristiche, ovvero non ha eredi[(50)].

Stesso bisogno del collezionista lo rinveniamo nell'artista; in tali casi l'obiettivo di tutela si estende fino ad abbracciare la protezione stessa della *legacy* dell'artista con conseguente ampliamento dei beni da preservare dalle opere d'arte all'archivio e, per quanto consentito, ai diritti d'autore[(51)].

Le strutture giuridiche prevalentemente utilizzate in Italia funzionali a realizzare i *desiderata* di cui sopra sono tre: trust, fondazione e società *benefit*.

Soffermandoci per ora sul trust, molteplici sono le configurazioni che si possono creare nel caso di specie, da quella più semplice che vede il collezionista o artista come disponente, un trustee professionale e i discendenti del disponente come beneficiari a strutture più complesse in cui sono previsti anche altri soggetti in diversi ruoli (guardiano, comitati di esperti, più categorie di beneficiari in via alternativa o successiva). In ogni caso, per tutte le fattispecie configurabili di tal genere:

- finalità del trust sarebbe la conservazione del patrimonio artistico del disponente (collezionista o artista che sia) garantendo nel tempo l'*animus*, l'identità e, soprattutto, il valore della collezione di opere d'arte/produzione artistica come *unicum*;

- la durata del trust si atteggerebbe tendenzialmente lunga, fino ad arrivare ad essere illimitata per i casi in cui, ad esempio, si pongano in essere trust di scopo di carattere filantropico, ricorrenti non solo nei casi in cui il disponente e/o l'artista non abbia eredi, ma anche in quelli, sempre più frequenti, in cui pur esistendo questi ultimi, la sua volontà è quella di non destinare loro il patrimonio artistico di sua proprietà;

---

(50) - Cfr. SANTO, *La tutela e la trasmissione dei beni d'arte: il trust*, in *Trusts e attività fiduciarie*, n. 4/2002, 549.

(51) - Con riguardo ai diritti d'autore si ricorda che sono incedibili i diritti morali, mentre sono cedibili i diritti di utilizzazione economica; si precisa, inoltre, che il diritto di seguito può essere trasferito al trust solo se il conferimento viene fatto *mortis causa* ed a titolo universale.

- le regole dettate al trustee per la gestione del *trust fund* sarebbero improntate all'adozione di tutte le cautele e all'implementazione di tutte le attività funzionali a realizzare lo scopo, con margini di autonomia più o meno stringenti a seconda della volontà del disponente e/o della complessità e dell'importanza del patrimonio artistico conferito in trust.

Ad esempio, in relazione a potenziali vendite di opere d'arte da parte del trustee nel corso della durata del trust, esse potrebbero essere consentite dall'atto istitutivo di trust solo al realizzarsi di determinate condizioni o termini (quali uno stato di bisogno o il raggiungimento di un certo traguardo di un beneficiario) o subordinate all'ottenimento di consensi/parere di terzi (*i.e.* guardiano, comitato dei tecnici, etc.).

Parimenti, lo stesso atto istitutivo di trust potrebbe creare, in relazione alle opere d'arte costituenti il *trust fund* due categorie di beni:

- la prima relativa ad un nucleo di opere incedibili (per importanza e rappresentatività);

- la seconda relativa ad opere cedibili anche a favore dei beneficiari o di terzi.

Quanto ai beneficiari del trust così strutturato si potrebbero configurare:

- ipotesi "fisiologiche" di trust liberali a favore di persone fisiche, parenti, affini o estranee al disponente, ai quali potrebbero, ad esempio, essere riconosciuti dal trust benefici di varia natura in termini economici o anche solo di "dividendo estetico", essendo loro preclusa la proprietà e la gestione diretta del bene, entrambe in capo al trustee[52];

- ipotesi di trust misti aventi come primo beneficiario una galleria d'arte, un museo o una fondazione e come beneficiario finale gli eredi del disponente. Al primo beneficiario tramite contratti *ad*

(52) - Tale struttura permetterebbe al trustee di gestire e amministrare il patrimonio artistico più efficacemente, con il supporto di esperti per garantire la valorizzazione della collezione, utilizzando la stessa per generare introiti che garantirebbero nel tempo la sostenibilità della vita del trust e dei soggetti protagonisti.

hoc il trustee consentirebbe di esporre la collezione fino al realizzarsi di un determinato evento. Il disponente (collezionista o artista) nell'atto istitutivo potrebbe prevedere, infatti, che al verificarsi di determinate condizioni, il trustee provveda a vendere tutta o parte della collezione destinando il relativo ricavo ai suoi discendenti. Così facendo il collezionista o artista sarebbe in grado di trasmettere il patrimonio artistico ai propri discendenti e, contemporaneamente, di permettere alla collettività la sua visione, senza che la collezione sia affidata alla gestione pubblica;

- ipotesi di trust di scopo per il perseguimento esclusivamente di finalità filantropiche.

Solo un cenno merita, infine, la tematica di come il trust assicuri appieno anche l'altro obiettivo del collezionista o artista accennato nell'*incipit* di questo paragrafo, ovvero la protezione delle opere d'arte intesa come difesa delle stesse da aggressioni da parte di terzi. L'utilizzo del trust realizza tale obiettivo *ipso iure* in quanto l'effetto segregativo discende dall'istituzione stessa del trust e non costituisce una finalità, ma un effetto naturale del suo utilizzo[53]. Protezione che assume ancora maggiore significato e si dispiega in tutta la sua interezza nei casi in cui il collezionista o artista si privi da subito della piena proprietà della collezione di opere d'arte, assicurandone, così, la preservazione anche nei confronti di eventi negativi che potrebbero colpire lo stesso collezionista o artista durante la sua vita.

2.2.2. Trust e valorizzazione di opere d'arte

Passando all'obiettivo della valorizzazione di collezioni artistiche, *in primis* va osservato come lo stesso sia strettamente connesso e funzionale alla realizzazione di quello della preservazione, nonché

(53) - In tal senso cfr. Lupoi, *Aspetti gestori e dominicali, segregazione: "trust" e istituti civilistici*, in *Foro it.*, 1998, I, 3394; Bartoli, *Il Trust*, cit., 356; Busani, *La Cassazione 'smonta' il trust*, in *Il Sole 24Ore*, 2015; Monegat, *Strumenti tradizionali di protezione patrimoniale e trust*, in Monegat-Lepore-Valas (a cura di), *Trust. Aspetti sostanziali e applicazioni nel diritto di famiglia e delle persone*, Torino, 2010, 343.

degli altri obiettivi che saranno oggetto di questo paragrafo e interessi di plurime categorie di soggetti ovvero:

- collezionisti (esperti o novelli che siano, con grandi patrimoni artistici o con patrimoni di modesto valore);
- artisti, famosi o in erba;
- eredi di collezionisti o artisti, esperti o profani in materia di opere d'arte;
- mecenati o investitori interessati ad operazioni di filantropia o di investimento nel mondo dell'arte.

Andando a declinare l'esigenza della valorizzazione sul fronte "caratteristiche atto istitutivo di trust", poiché ogni collezione di opere d'arte si distingue dalle altre sia per composizione, caratterizzazione nazionale, taglio, organizzazione interna delle opere che per le politiche di gestione ed acquisizione, possiamo affermare l'impossibilità di tipizzare il concetto di valorizzazione di una collezione. Ne discende che, di volta in volta, il redattore dell'atto istitutivo di trust dovrà individuare, alla luce delle peculiarità della collezione interessata e dei *desiderata* del suo proprietario, le attività funzionali al realizzare al meglio tale esigenza. Una volta individuate tali attività, le strade offerte al redattore dell'atto per implementarle saranno essenzialmente tre:

- riversarle direttamente e in maniera puntuale e dettagliata nell'atto istitutivo di trust, rendendole vincolanti per il trustee;
- indicarle solo in via esemplificativa e non esaustiva nell'atto istitutivo di trust, lasciando al trustee la piena discrezionalità su forme, tempi e modalità di attuazione delle stesse; una variante di tale soluzione è temprare la libertà decisionale del trustee, subordinandola almeno per le scelte più importanti al necessario consenso/ parere di un altro soggetto (ad es., guardiano, comitato di esperti, etc.)
- rimettere la loro estrinsecazione a *letter of wishes* da parte del disponente[54] ovvero, qualora si voglia dare maggiore vincolatività

---

[54] - Le lettere di desideri (c.d. *letters of wishes*) come noto non assumono alcun effetto vincolante nei riguardi del trustee, palesandosi come espressione dei *desiderata* del disponente a cui il trustee potrà dare attuazione o meno, usando la sua assoluta discrezionalità. Per un approfondimento sul tema vedasi: UNDERHILL-HAYTON, *Law relating to Trusts and Trustees*, Londra-Dublino-Edimburgo, 1995, 47; GHEZZI, *L'evoluzione del rapporto fra*

alle indicazioni, ad atti collegati e separati all'atto istitutivo di trust da porre in essere ad opera del disponente e/o di soggetto (singolo o comitato) da quest'ultimo indicato[55].

Quest'ultima soluzione ha il vantaggio di assicurare maggiore adattabilità del trust alle singole esigenze che possono, di volta in volta, venire in essere e rileva soprattutto nei trust di lunga durata e in quelli in cui il patrimonio artistico costituente il *trust fund* è di natura eterogenea e può essere soggetto a cambiamenti continui circa la composizione (pensiamo, ad esempio, ai trust a scopo di investimento di cui si parlerà diffusamente nel paragrafo 2.2.5. di questo Capitolo e a cui si rimanda).

Quanto alla durata di tali trust, la stessa sarà tendenzialmente lunga laddove la finalità della valorizzazione sia perseguita in via esclusiva, nonché nei casi in cui si colleghi a scopi di passaggio generazione o filantropici. Diversamente accadrà nei casi in cui l'obiettivo della valorizzazione si presti ad accompagnare trust istituiti per finalità di garanzia o scopi più marcatamente di investimento.

Un cenno meritano, infine, i soggetti che potrebbero essere previsti dall'atto istitutivo in aggiunta e a supporto del trustee al fine di consentire allo stesso di realizzare al meglio lo scopo del trust o gli interessi dei beneficiari. Oltre al guardiano, la cui presenza sarà obbligatoria laddove trattasi di trust di scopo, il riferimento è all'introduzione di organi tecnici formati da esperti in materia di arte. Questi organi avranno essenzialmente il compito di seguire, con poteri più o meno vincolanti a seconda di come sarà strutturato l'atto istitutivo di trust, la gestione strategica e tattica della collezione nel tempo, dall'inventario alla *due diligence*, ai prestiti, etc., anche al fine di ottenere una crescita sostenibile e profittevole della collezione di opere d'arte. E ciò sarà rilevante per il trustee competente, in quanto, da un lato, ne supporterà la gestione e, dall'altro, lo affiancherà nella valorizzazione delle opere, ancora di più per il

---

disponente e trustee: le lettere di desiderio, in *Trusts e attività fiduciarie*, n. 1/2020, 66; HAYTON, *Trustees' Duties to Provide Information & the Significance of Letters of Wishes*, in *Trusts e attività fiduciarie*, n. 3/2008, 353.

(55) - Cfr. LUPOI, *Trusts*, cit. 405; MARCHETTI, *Costituzione di trust a tutela del patrimonio culturale privato: problematiche e soluzioni applicative,* in Cenini (a cura di), *Trust, patrimoni artistici e collezioni*, Milano, 2019, 232.

trustee che ignora i meccanismi e i profili del mercato dell'arte, indirizzandolo nei vari passaggi. Quanto ai soggetti che potranno essere chiamati a far parte di questi organi tecnici:

- la loro scelta potrà essere rimessa al disponente e, in sua mancanza, ai beneficiari, ovvero nei trust di scopo ad un soggetto terzo individuato dallo stesso trustee (magari secondo criteri definiti già a monte nell'atto istitutivo di trust);

- potrebbero essere i soggetti che fino ad allora hanno assistito il disponente, ad esempio l'*art advisor* o l'*art strategist* di fiducia, o per i patrimoni più rilevanti l'*art collection manager*[56] ovvero, laddove, ad esempio, trattasi di una collezione o di un progetto (filantropico o di investimento) da creare *ex novo*, professionisti accreditati e specializzati per le attività richieste e la natura del progetto.

2.2.3. *Trust e passaggio generazionale di opere d'arte*

«Il passaggio generazionale di un patrimonio artistico è un momento chiave della trasformazione di una collezione da passione e volontà di un singolo compratore o collezionista a vero e proprio asset ereditario di valore da gestire, amministrare e proteggere» sostengono Fadrique de Vargas Machuca e Patrizia Miscitelli delle Ripe[57].

La trasmissione ereditaria di una collezione di opere d'arte è un tema estremamente delicato e complesso, che comporta delle intuibili difficoltà, sia dal punto di vista pratico che emotivo, e va affrontato con grande cautela nel duplice interesse degli eredi e della collezione medesima.

La collezione può essere tramandata, ma non è automatico che venga tramandato l'interesse verso la stessa, la passione con cui è stata costruita e gestita, la conoscenza delle opere, della loro storia

(56) - Per una trattazione completa delle figure richiamate vedasi: Pecori Giraldi, *Collecting Art. Guida non artistica per collezionisti e appassionati,* in Loconte (a cura di), Milano, 2019, 27 ss.

(57) - Cfr. De Vargas Machuca e Miscitelli Delle Ripe, *Family Office e patrimonio artistico: tra diversificazione, protezione e continuità*, in Negri Clementi (a cura di), *Economia dell'arte. Proteggere, gestire e valorizzare le opere d'arte*, 2017, 125.

e degli artisti. Il principale problema che affligge il collezionista o artista è proprio legato alle sorti della collezione a seguito del suo decesso. Ciò, anche alla luce del fatto che pur se lo stesso abbia la fortuna di trovare un erede disposto a proseguire l'attività del *de cuius*, la volontà del collezionista o artista può trovare, comunque, un limite nelle regole successorie le quali, soprattutto in presenza di taluni soggetti c.d. "legittimari" impongono che la divisione dell'asse ereditario avvenga secondo specifici criteri(58). Stesse esigenze possono, infine, avere gli eredi di un collezionista o di un artista qualora sia loro intenzione assicurare una continuità di gestione rispetto a quella del *de cuius*.

Da queste considerazioni discende l'estrema importanza che riveste la pianificazione del passaggio generazionale di un patrimonio artistico(59). E non siamo lontani dal vero quando affermiamo

---

(58) - Le norme sulla "successione necessaria" garantiscono la titolarità di determinate quote (c.d. quote di legittima" o "legittima") del patrimonio del *de cuius* (che si compone delle alienazioni effettuate in vita e di quanto di sua titolarità al momento dell'apertura della successione) ai soggetti cd. "legittimari" o "eredi necessari", ovvero: il coniuge, l'unito civile, i figli e, in mancanza dei figli, gli ascendenti del *de cuius*. Sicuramente il limite imposto dall'ordinamento interno sulla legittima trova anche riconoscimento nell'art. 15 della Convenzione dell'Aja del 1 luglio 1985, secondo il quale la Convenzione non ostacola «*l'applicazione delle disposizioni di legge previste dalle regole di conflitto del foro, allorché non si possa derogare a dette disposizioni mediante una manifestazione della volontà*", soprattutto, nella materia dei "*testamenti e della devoluzione dei beni successori, in particolare della legittima*». Dunque, bisogna usare le dovute cautele in tema di confezione del negozio istitutivo del trust nonché di redazione dell'atto istitutivo, soprattutto quando la porzione preponderante del fondo sia costituita da patrimoni artistici e, ad esempio, il *de cuius* sceglie di assegnare ad un erede la sua quota di legittima per il tramite del trust, si incorre in una violazione dell'art. 549 c.c. a mente del quale il "*testatore non può porre pesi o condizioni sulla quota spettante ai legittimari*". Seppur non vi siano soluzioni e rimedi univoci, la prassi e la dottrina hanno elaborato soluzioni che si rinvengono nell'inserimento di apposite clausole, che mitigano il rischio di rendere l'atto istitutivo di trust oggetto di impugnazione da parte dei legittimari. Per un approfondimento sul tema cfr: MARCHETTI, *Costituzione di trust a tutela del patrimonio culturale privato: problematiche e soluzioni applicative*, cit., 235; CONDÒ, *Trust: procedure concorsuali e diritto di famiglia – Rapporto tra istituzione di un trust e normativa in materia di successione*, convegno organizzato dall'Associazione "*Il Trust in Italia*", Ancona, Università Politecnica delle Marche, 21-22 settembre 2007; BARTOLI-MURITANO, *Le clausole dei trusts interni*, Milano, 2008, 121; MOSCATI, *Trust e vicende successorie*, in *Eur. Dir. Priv.*, 1998, 1075; ROMANO, *Gli effetti del trust oltre la morte del disponente: dal trust in funzione successoria al trust testamentario*, in *Notariato*, 2014, 6, 611; ROTA-BIASINI, *Il trust e gli istituti affini in Italia*, Milano, 2016, 70.

(59) - Per un approfondimento sull'utilizzo del trust come strumento idoneo ad attuare il passaggio generazionale si vedano: LUPOI, *Istituzioni del diritto dei trust,* cit., 369; SICLARI, *Trust e passaggio generazionale di impresa,* in *Trusts e attività fiduciarie*, n. 2/2011, 130.

essere la stessa altrettanto importante quanto quella dell'impresa di famiglia o di ogni altro bene/diritto potenzialmente rientrante nella sfera proprietaria di un soggetto: in tutte queste fattispecie, infatti, l'interessato deve avere ben chiare la sua "situazione familiare" *lato sensu*, le attitudini e la capacità dei suoi eredi, eventuali "debolezze" degli stessi, la destinazione e la protezione che intende garantire al suo patrimonio, indipendentemente dalla composizione dello stesso. Come l'imprenditore che attua un non corretto passaggio generazionale può correre il rischio di portare la sua impresa alla rovina o alla cessione non controllata a terzi, nel caso di opere d'arte il collezionista o artista corre un analogo rischio, quello della perdita di tale patrimonio artistico, sia perché può essere ceduto a terzi dai suoi eredi, sia perché può essere non adeguatamente conservato/gestito e valorizzato, con conseguente svilimento nel valore(60).

Parlare di passaggio generazionale di collezioni d'arte vuol dire avere bene inteso il valore sottostante al patrimonio in arte che il collezionista o artista possiede e che non si esprime necessariamente solo nella direzione economica, abbracciando di sovente in tali casi quella emozionale(61).

In questo ambito il trust non subisce la concorrenza della fondazione in quanto la stessa per legge può avere solo scopo solidaristico e pertanto, non può prevedere la devoluzione ad una certa data del patrimonio a favore degli eredi del fondatore. Parimenti, non sembrano sussistere altri istituti validi al di là di declinare in maniera creativa o combinare tra di loro alcuni istituti giuridici tradizionali (quali, ad esempio, il mandato fiduciario o la donazione) o di recente introduzione (quale, ad esempio, la società *benefit*)(62).

Il proprietario di una collezione di opere d'arte (collezionista o artista che sia) potrebbe identificare molteplici motivazioni per trarre dall'istituzione di un trust, in vita o tramite testamento,

(60) - Cfr. Canessa e Zorloni *Gestione, Valorizzazione e trasmissione dei patrimoni artistici di famiglia,* in *Economia e diritto del terziario*, 2017, 56.

(61) - Si parla in tal senso di *passion investment*. Per un approfondimento sul tema si veda: Jadeluca, *Quadri, vino, gioielli e auto quanto rende una passione,* in *La Repubblica (economia e finanza)*, 2016; Pirrelli, *Arte, investire su artisti ed epoche*, in *Il Sole 24Ore*, 2017.

(62) - Per un approfondimento sul tema vedasi in questo Capitolo, paragrafo 2.3.2.

innumerevoli benefici[63]. Con l'affidamento del patrimonio artistico ad un trustee, specie se trattasi di un trustee professionale, si riesce ad assicurare una gestione più efficace rispetto a quanto accade con l'assegnazione diretta dei beni agli eredi, e ciò è tanto più vero quando:

- questi ultimi non abbiano un'inclinazione o una dedizione alla cura del patrimonio artistico eguale a quella del disponente;
- non sussistano parenti prossimi e il collezionista o artista debba, pertanto, organizzare espressamente e per tempo la sua successione.

Inoltre, l'utilizzo del trust in sede di organizzazione della propria successione può anche essere utile ad agevolare i rapporti tra una pluralità di eredi o a prevenire possibili conflitti. Il trustee, acquisendo la proprietà dei beni, finisce infatti con l'essere arbitro naturale di eventuali confronti (quando non conflitti) tra eredi, ad esempio, in relazione a possibili diversità di opinioni sulla vendita del patrimonio ricevuto o in relazione alla divisione dei beni compresi nella collezione caduta in successione. In quest'ottica il ricorso al trust diviene una sorta di possibile alternativa al tradizionale strumento dell'esecutore testamentario con una serie di vantaggi aggiuntivi quali: il trust si presta ad una configurazione professionale e specializzata, non ha durata tendenzialmente annuale come accade per l'incarico dell'esecutore e consente, infine, una flessibilità organizzativa maggiore[64].

Proprio con riguardo alle collezioni artistiche va, infine, sottolineato come il trust possa rivelarsi un utile strumento anche perché, a differenza dei sistemi di *common law*, nel nostro sistema la successione *mortis causa* è, nei confronti degli eredi, a titolo universale. L'erede, infatti, a meno che non accetti l'eredità con beneficio

[63] - Tali ragioni in parte si sovrappongono a quelle già viste in precedenza in materia di trust di scopo e per la cui trattazione vedasi in questo Capitolo, paragrafo 2.

[64] - Per un confronto tra trustee ed esecutore testamentario vedasi: BUSANI, *Il Trust. Istituzione, gestione, cessazione*, cit., 184; BARTOLI, *Il Trust*, cit., 440; LUPOI, *Aspetti gestori e dominicali, segregazione: "trust" e istituti civilistici*, in *Foro it.*, 1998, 3395; LUPOI, *Riflessioni comparatistiche sui trusts*, in *Eur. Dir. Priv.*, 1998, 434; LUPOI, *Trusts*, cit., 636; PICCOLI, *I trusts e figure affini in diritto civile. Analogie e differenze*, in *Vita Not.*, 1998, 793; SANTORO, *Il trust in Italia*, cit., 263.

d'inventario, subentra immediatamente in tutte le posizioni attive e passive del *de cuius*, con complicazioni gestionali che si amplificano se gli eredi siano plurimi ed operi la comunione ereditaria[65]. La tematica diventa poi ancora più complessa e spinosa qualora si tratta della trasmissione degli *estate* degli artisti[66]; in questi casi, proprio per tentare di ovviare, almeno in parte, ai rischi legati alla dispersione del lascito morale e patrimoniale dell'artista, in Italia diversi artisti o i loro eredi hanno deciso di organizzare il lascito in "archivi d'artista". L'archivio, in quanto *universitas iuris*, circola ed è trasmissibile, sia per atto tra vivi che per testamento, con modalità diverse rispetto ai singoli beni che lo compongono e le regole codicistiche sono poste al precipuo fine di preservare la destinazione unitaria e la interrelazione tra gli elementi. Pertanto, qualora il *de cuius* sia un artista, attraverso il trust si potrà organizzare anche il lascito artistico.

Quanto alle caratteristiche che dovrebbe riportare l'atto istitutivo di un trust funzionale a realizzare lo scopo del passaggio generazionale, la grande autonomia negoziale che connota il trust consente al professionista chiamato a redigere l'atto di costruire, di volta in volta, lo strumento più adatto per soddisfare i *desiderata* del disponente nell'interesse dei beneficiari o dello scopo del trust. Le devoluzioni di natura successoria tendono a frammentare il patrimonio e, conseguentemente, a ridurne il valore. Questo è il motivo per cui attraverso il trust si potrà evitare la maggiore criticità che si riscontra in sede di passaggio generazionale dei patrimoni di famiglia: evitare che la collezione si parcellizzi in sotto-collezioni assegnate agli eredi. Ciò avverrà semplicemente individuando nel trustee l'unico proprietario dei beni artistici facenti parte della collezione e stabilendo che lo stesso mantenga questo rapporto di appartenenza in relazione

---

(65) - Al contrario, nei sistemi di *common law*, l'*estate*, al momento della morte, viene attribuito ad un esecutore testamentario il quale eseguirà la volontà del *de cuius* e poi potrà successivamente trasferire i beni ai "beneficiari" (che non a caso sono spesso chiamati beneficiari e non eredi). Prima di questo momento i beneficiari hanno poteri di disposizione sul patrimonio molto limitati. Sul punto si confronti: GAMBARO, prefazione, in Cenini (a cura di), *Trust, patrimoni artistici e collezioni*, Milano, 2019, XVIII.

(66) - Con riguardo allo specifico tema della trasmissione degli *estate* degli artisti si consulti WURTENBERGER-VON TROTT, *On Dealing with Artists' Estates* in Wurtenberger (a cura di), *The Artist's Estate*, 191.

alle opere d'arte fino al verificarsi di un certo termine (ad esempio, il raggiungimento di una certa età dei beneficiari) o al realizzarsi di una determinata condizione (ad esempio, il raggiungimento di risultati professionali o di studi e accertamento da parte di terzi che abbia necessaria *expertise* per gestire nel modo corretto un patrimonio artistico) ovvero a tempo indeterminato (come accade nei trust puri di scopo filantropico[67]).

Inoltre, nell'atto si potranno dettare regole per la gestione della collezione in maniera tale da assicurarne un'adeguata conservazione, custodia e valorizzazione anche nel caso in cui fosse previsto il trasferimento ad enti o fondazioni pubbliche, prevedendo regole e condizioni in base a cui il trasferimento deve avvenire. Il programma del disponente sul futuro della collezione potrà, inoltre, trovare la sua valida attuazione anche se sia ancora incerto il soggetto a cui si dovrà assegnare la collezione, per cui il vincolo di destinazione sulla proprietà potrebbe essere limitato per un certo periodo, così come tale individuazione potrà essere demandata dal disponente al trustee. Nello specifico, in tale ultimo caso, a seconda di come sarà strutturato l'atto istitutivo di trust, potrà accadere che il trustee sarà tenuto a scegliere il soggetto più adatto a rivestire il ruolo di beneficiario del trust:

- all'interno di una cerchia di soggetti già indicati dal disponente (nell'atto istitutivo o in atti successivi ad esso collegati, compreso un testamento) nominativamente o per categoria;
- a sua discrezione, ma con il consenso o il parere di un terzo (guardiano o altra figura cui sia demandata tale attività).

In ognuno di questi casi al fine di assicurare un'efficiente gestione delle opere d'arte conferite potrebbe essere opportuno coinvolgere nella vita del trust anche i soggetti che hanno affiancato il disponente (collezionista o artista che sia) nel corso del suo percorso, aiutandolo e consigliandolo nella costituzione della collezione ovvero nel caso di disponente-artista supportandolo nella gestione e valorizzazione delle opere d'arte di sua creazione.

(67) - In tal senso cfr. BUSANI, *Il Trust. Istituzione, gestione, cessazione*, cit., 656.

Sebbene sia opportuno che il ruolo del trustee venga svolto da un soggetto professionale a tal proposito incaricato, nulla esclude che l'*art advisor* o il *collection manager* possano ricoprire in tali trust il ruolo di guardiano, vigilando sull'attività del trustee ed apportando il loro contributo nelle scelte relative alla vita della collezione; se e a chi prestare, se ed a chi vendere, come e quando valorizzare e coordinare le eventuali attività di investimento in ulteriori opere che possano arricchire il valore della collezione(68).

Ancora, il processo di migliore definizione del trust dovrà concentrarsi sulle prerogative da attribuire ai beneficiari, specie per il tempo successivo alla morte del disponente/conferente. La libertà negoziale potrà modulare in vario modo la loro posizione, attribuendogli, ad esempio, poteri in materia di nomina e di revoca dei trustee, di diritti di informativa di vario genere, di poteri in relazione alla eventuale anticipazione della durata del trust o al conseguimento di eventuali assegnazioni anticipate di beni compresi nel trust. Inoltre, in sede di definizione delle prerogative dei beneficiari sarà importante creare regole attinenti al processo decisionale e al peso da attribuire a ciascuno di essi (ad esempio, distinguendo i beneficiari a seconda della loro stirpe, al fine di riconoscere un peso omogeneo alle diverse stirpi che discendono dal disponente a prescindere dal numero di beneficiari appartenenti a ciascuna stirpe) e l'atto istitutivo di trust potrà spingersi fino ad arrivare a riconoscere al trustee la facoltà di attribuire loro poteri gestionali su specifiche attività relative al *trust fund*(69).

---

(68) - Cfr. WURTENBERGER-TROTT, *On Dealing with Artists' Estates*, in *The Artist's Estate*, cit., 191.

(69) - Ad esempio, nell'atto istitutivo di trust si potrebbe inserire una clausola del seguente tenore:

«*Nel corso della Durata del Trust il Trustee può conferire mandati a chiunque, anche a un Beneficiario o a un Trustee, quando siano più di uno nell'ufficio, aventi quale oggetto l'esercizio di uno specifico potere gestionale purché non in contrasto con le disposizioni della legge regolatrice del Trust e per un periodo determinato:*

1. *alle condizioni che ritenga*

2. *e in forza di atto scritto,*

a. *che non consenta all'altra parte deleghe di funzioni, limitazioni di responsabilità al di là delle limitazioni applicabili al Trustee, compimento di attività in circostanze che possano dare luogo a conflitto di interessi,*

Peculiare, inoltre, a questi tipi di trust è il fatto che spesso il bene conferito venga poi reso, almeno in parte, disponibile dal trustee tramite contratti di comodato o locazione al disponente e/o ai beneficiari(70). Ciò, anche se può destare perplessità, soprattutto con riguardo a trust privati, non deve stupire né far temere per la tenuta del trust, in quanto, tale operatività, a meno che l'atto istitutivo di trust la vieti espressamente, è perfettamente *compliant* con tutta la normativa in materia di trust(71). A riguardo, basti pensare che è una consuetudine nel caso di trust pubblici stranieri, di cui un esempio lampante è il *National Trust* inglese, il quale detiene diversi immobili di grandi famiglie nobiliari e li riconcede abitualmente in *lease* ai diversi componenti della famiglia, compresi gli eredi del disponente ed i loro discendenti(72).

2.2.4. Trust e scopi filantropici nel mondo dell'arte

Sebbene il bisogno di collezionare opere d'arte scaturisca il più delle volte da esigenze di carattere "egoistico" volte a soddisfare la volontà di affermare il proprio *status* sociale e rimarcare il prestigio e il successo di un individuo, in taluni casi l'investimento in opere d'arte può essere mosso da scopi filantropici, connessi alle cause più disparate, dalla volontà di sostenere giovani artisti emergenti al desiderio di promuovere un movimento artistico fino alla creazione

---

b. e che consenta la libera revoca qualora mandatario sia un Beneficiario o un Trustee».

(70) - In alternativa il disponente conferisce in trust la nuda proprietà del bene, riservandosi il diritto di usufrutto (art. 981 c.c.). Ciò significa che l'usufruttuario ha diritto di godere del bene, rispettandone la destinazione economica e potendo trarre ogni utilità che il bene può dare (art. 981 c.c.). Tuttavia, si rileva che il diritto di usufrutto è pignorabile e, quindi, aggredibile dai creditori. Esso cessa, andandosi a ricongiungere con la nuda proprietà, in caso di morte o incapacità dell'usufruttuario.

(71) - Diverso è il discorso sotto il profilo fiscale. Tali operazioni potrebbero erroneamente configurare una interposizione nel possesso dei beni con la conseguenza che i redditi derivanti dal fondo in trust vengano imputati al disponente. Cfr. *Circolare n. 61/E del 27 dicembre 2010.*

(72) - Per un approfondimento sul tema dei trust pubblici stranieri si veda in questo Capitolo, paragrafo 2.1. e cfr., inoltre, Leonard, *History of national trust for England and Wales: from its foundation to present days*, in *Trust, patrimoni artistici e collezioni*, cit., 22-28; Philips, *Conservation* in *The National Trust: The Next Hundered Years*, 1995, 38; Jenkins, *From acorn to oak tree: The Growth of the National Trust* 1985-1994, 81.

di una collezione da donare ad un ente pubblico o da valorizzare attraverso la fondazione di un museo privato. Mentre in passato i musei comprendenti opere appartenenti a grandi collezionisti venivano per lo più istituiti dopo la morte di questi ultimi, in seguito alle donazioni effettuate per volontà degli eredi per commemorarne l'operato, oggi è sempre più consistente il numero di collezionisti, siano essi mecenati privati o imprenditori aziendali, che decidono di costituire un museo o una fondazione, anche all'interno dei locali aziendali, mentre sono ancora in vita.

Parimenti, gli stessi artisti sono sempre più sensibili a questa tematica e si approcciano al mondo della filantropia con rinnovato interesse sin dagli albori della loro carriera, intensificando tale interesse man mano che il loro successo cresce, soprattutto quando non hanno eredi a cui devolvere il loro patrimonio artistico o gli stessi non sono capaci/interessati a gestire tali beni.

Va, infine, sottolineato che:

- in taluni casi lo scopo filantropico si affianca, segue o è subordinato a scopi di carattere privatistico; basti pensare ai casi in cui un artista o un collezionista desideri destinare solo una parte della sua collezione a scopi altruistici, mentre la restante parte è devoluta ai suoi eredi, ovvero voglia posticipare ad un momento successivo alla sua morte l'attuazione del progetto filantropico, devolvendo allo stesso solo la parte dei beni artistici che residuerà alla fine della sua vita e/o di quella di altri soggetti da lui individuati;

- alcune volte il soggetto interessato a perseguire uno scopo filantropico nel campo dell'arte possa voler mettere a disposizione per soddisfare lo stesso beni diversi da opere d'arte (ad esempio, liquidità, ma anche immobili destinati ad ospitare collezioni di opere d'arte o partecipazioni societarie, i cui utili possano generare profitti per acquistare opere d'arte o sostenere progetti). In tali casi, soprattutto dopo la morte del mecenate, sarà opportuno oltre che dettagliare bene il progetto, individuare una struttura giuridica con competenze anche diverse da quelle collegate al mondo dell'arte, che sia capace di gestire *medio tempore* i beni *de quibus*, valutando di volta in volta la strategia da implementare per massimizzare il profitto da essi derivante.

In tutte queste fattispecie la creazione di un trust destinato ad accogliere patrimoni culturali privati può essere un'efficace modalità, alternativa ai tradizionali istituti della donazione e della fondazione, tramite cui porre al servizio della comunità il patrimonio culturale medesimo. Così operando, i patrimoni familiari uscirebbero da schemi gestionali di fatto personalistici per essere, invece, collocati in una struttura caratterizzata da maggiore professionalità ed organizzazione.

Il disponente in tal caso crea un trust di scopo, ovvero un trust in cui la funzionalizzazione della proprietà avviene nel senso di destinare la medesima a fini *lato sensu* filantropici[73].

Senza soffermarci nuovamente sulle caratteristiche dei trust di scopo in ambito filantropico, di cui abbiamo già diffusamente parlato nel paragrafo 2 di questo Capitolo e a cui si rimanda, giova sottolineare le peculiarità che potrebbe avere l'atto istitutivo di un trust siffatto. *In primis*, per quanto riguarda la durata si tratterà di un trust molto lungo, tendenzialmente di durata illimitata o, quantomeno, coincidente con l'esaurimento del *trust fund*; di conseguenza, dovrà essere adottata una legge in materia di trust che consenta l'istituzione di trust con tale caratteristica. Inoltre, trattandosi di un trust di scopo, bisognerà contemplare necessariamente la presenza di un guardiano, i cui compiti potranno essere più o meno ampi, potendo spaziare dal mero potere di revoca del trustee all'obbligatorietà di subordinare da parte del trustee al suo consenso/parere una serie di atti sia con riguardo alla gestione dei beni che all'attuazione dello scopo del trust. Infine, qualora si voglia far rientrare il trust di scopo così istituito nella categoria degli Enti del Terzo Settore (c.d. ETS) per consentire l'applicazione allo stesso delle norme di favore legali e fiscali previste in materia dalla legge, bisognerà che l'atto istitutivo di trust contenga specifiche clausole volte a rispettare il dettato normativo[74].

[73] - Si rileva come negli ultimi tempi anche in Italia si sta discorrendo della diffusione delle tradizionali *charities* anglosassoni, caratterizzate, tra l'altro, dalla fisiologica assenza di un termine finale. In tal senso cfr. Marchetti, *Costituzione di trust a tutela del patrimonio culturale privato: problematiche e soluzioni applicative*, cit. 228; Steidl, *Un trust familiare a tutela dell'unità di beni storici e artistici,* in *Trusts e attività fiduciarie*, n. 4/2001, 644; Bartoli, *Il Trust*, cit., 270.

[74] - Il riferimento è alla nuova normativa in materia di enti del terzo settore così come introdotta dal seguito dell'entrata in vigore del "Codice del Terzo Settore" (il cosiddetto "CTS", recato dal d.lgs. 3 luglio 2017, n. 117). Per approfondimenti in materia di trust e Terzo Settore vedasi: Busani-Corsico, *Atto costitutivo e statuti degli enti del Terzo Settore*,

Tolte queste tre limitazioni di base (connesse tendenzialmente alla durata e allo scopo del trust), libera sarà la creatività del redattore dell'atto per la disciplina del rapporto. Sicuramente centrale sarà la focalizzazione dello scopo del trust e delle obbligazioni facenti carico al trustee; quanto più dettagliato sarà il progetto, tanto più sarà aderente alle volontà del disponente e meno discrezionale sarà la gestione effettuata dal trustee. A riguardo va, però, rilevato che l'affidamento al trustee di maggiori margini di discrezionalità spesso aiuta a risolvere situazioni che al momento dell'istituzione del trust non erano prevedibili dal disponente e che una buona soluzione di compromesso in questi casi potrebbe essere riconoscere sì al trustee una certa discrezionalità, ma limitarla solo a determinate attività, ovvero subordinarla a consensi/pareri di terzi. Un'ulteriore soluzione spesso utilizzata nella prassi dei trust interni è prevedere la possibilità di integrazioni/attualizzazioni del progetto, chiaramente sempre nel rispetto dello scopo originario del trust, mediante atti successivi all'atto istitutivo di trust, *inter vivos* o anche *mortis causa*. Tale facoltà usualmente è riconosciuta al disponente finché è in vita e capace, e, successivamente, a persone fisiche o giuridiche da lui individuate (a monte nell'atto istitutivo di trust o anche in un secondo momento).

Inoltre, va rilevato che l'atto istitutivo di trust giocoforza verrà a prevedere la presenza più o meno diffusa, a seconda della complessità dello scopo da perseguire da parte del trustee e del *trust fund*, di una serie di soggetti in aggiunta al trustee e al guardiano. In particolare, nella prassi dei trust interni questa tipologia di trust è caratterizzata dalla previsione:

- in via permanente e già a monte nell'atto istitutivo di trust di comitati tecnici cui possono essere riconosciuti i compiti più

Milano 2020, 77; DI LANDRO, *Applicazioni dei trust in materie di pubblico interesse,* in *Trusts e attività fiduciarie*, n. 5/2011, 488 ss.; BONFANTI, in AA.VV., *Studi sul trust*, Milano, 2018, 141 ss.; DI LANDRO, *Trust Onlus,* in *Trusts e attività fiduciarie*, n. 5/2010, 570; LEPORE-LATROFA, *Trust ONLUS: un caso controverso*, in *Trusts e attività fiduciarie*, n. 3/2017, 277; MARRAZZO, *L'esenzione dall'imposta sulle successioni per i trust e l'iscrizione all'anagrafe Onlus,* in *Trusts e attività fiduciarie*, n .5/2019, 495; MOLINARI, *Il trust Onlus: una applicazione pratica*, in *Trusts e attività fiduciarie*, n. 5/2010, 575; MOLINARI, *Un trust Onlus per il Rotary Club,* in *Trusts e attività fiduciarie*, n. 6/2010, 688; MOLINARI, *Il Trust Onlus: vince ancora la prassi virtuosa dei trust interni,* in *Trusts e attività fiduciarie*, n. 1/2012, 21; PROPERSI-ROSSI, *Gli enti non profit*, Milano, 2018, 419; SANTUARI, *Il trust può ottenere la qualifica di Onlus,* in *Trusts e attività fiduciarie*, n. 6/2011, 616.

svariati, dalla promozione di iniziative al controllo dell'esecuzione dei progetti alla rendicontazione all'esterno di come il trust stia operando, soprattutto laddove lo stesso acquisisca la qualifica di Ente del Terzo Settore;

- di volta in volta e a seconda delle necessità del caso concreto, di organi di supporto e consulenza esterna al trustee con competenze non necessariamente ed esclusivamente artistiche (ad esempio, potrà essere utile il supporto di un consulente finanziario per la gestione della liquidità presente nel fondo in trust, di un legale per gestire l'accettazione di un lascito testamentario da parte del trustee, etc.). Va, da ultimo, precisato che qualora l'atto di trust contempli la presenza dei soggetti sovradescritti il ruolo del guardiano viene di conseguenza il più delle volte ad essere per così dire "ridimensionato", limitandosi l'atto istitutivo di trust a riconoscergli oltre al potere di revoca del trustee (spesso anche questo collegato ad una decisione presa di concerto tra lui e altri soggetti) compiti di controllo della gestione amministrativa, finanziaria e contabile del *trust fund*.

Fondamentale sarà, infine, soprattutto con riguardo a questa tipologia di trust in considerazione della durata dei medesimi (che va spesso ben oltre la vita del disponente) prevedere forme di finanziamento, ovvero sistemi che assicurino al trust una sufficiente dotazione di liquidità. Ciò in quanto anche la semplice conservazione di patrimoni artistici è costosa, come lo sarà la remunerazione di un trustee con elevate doti di professionalità e di consulenti esterni specializzati. Una pianificazione successoria adeguata consente di creare le premesse affinché il trust sia autosufficiente e possa svolgere le funzioni immaginate dal disponente, magari mediante l'immediata cessione da parte del trustee di alcuni beni diversi dalle opere d'arte o ritenuti non strategici per l'attuazione del progetto filantropico.

2.2.5. *Trust e investimenti in opere d'arte*

Le collezioni d'arte ordinariamente non nascono per ragioni speculative o, più in generale, per ritrarre un utile; questo significa che le considerazioni economiche, pur assumendo naturalmente rilevanza nel corso dell'attività del collezionista, non ne costituiscono mai la ragione giustificatrice o la finalità.

Concretamente è pensabile che un gruppo di persone si vogliano dedicare al collezionismo d'arte tramite il trust per potere acquistare opere di una certa importanza alla quale singolarmente non potrebbero ambire, magari con facoltà di esporne qualcuna in casa o in occasione di particolari eventi e perfino a certe condizioni di farle proprie, corrispondendone al fondo in trust il valore corrente[75].

Parimenti potrebbe accadere che gli eredi di un collezionista non siano economicamente in grado o non vogliano sobbarcarsi l'onere di proseguirne l'attività e cerchino a tal fine sostegno per mantenere, valorizzare ed incrementare la collezione.

In entrambi i casi esiste la possibilità di impostare l'attività al di fuori dell'attività di impresa e, quindi, di inquadrare la comproprietà delle opere d'arte come mera comunione di godimento, attuata per mezzo del trust solo per ragioni di tutela giuridica.

La tutela giuridica che normalmente offre l'istituto del trust esalta in questa prospettazione i profili gestionali, rimessi ad un trustee professionale che si avvarrà di professionisti del particolare campo oggetto dell'iniziativa, e quelli segregativi, che evitano l'ingresso delle opere nel patrimonio degli investitori e, tuttavia, consentono loro di trasferire la propria posizione giuridica quali beneficiari del trust tanto dietro corrispettivo quanto per liberalità (e in quest'ultimo caso per atto *inter vivos* o *mortis causa*). Inoltre, per mezzo di appropriate disposizioni dell'atto istitutivo di trust, gli investitori che lo desiderino potranno ottenere finanziamenti ponendo a garanzia i propri diritti quali beneficiari del trust[76]. È ovvio che nel corso del tempo il valore della collezione potrà aumentare e, di conseguenza, diventeranno possibili operazioni di smobilizzo allo scopo di monetizzare tale aumento, ma deve essere chiarissimo sia nell'atto istitutivo di trust che nella documentazione rimessa ai singoli investitori che questa rappresenta solo una possibile evenienza che, in via di principio, non deve essere neanche considerata a pena di snaturare l'intera operazione e tramutarla in

---

(75) - Sfioriamo così un tema di grande importanza applicativa, quello della periodica valutazione del fondo in trust, ossia della collezione.

(76) - Ciò sta a testimoniare come all'interno di un unico trust siano perseguibili nel corso della sua durata, anche contestualmente, plurime finalità.

un'operazione commerciale. Diverso è il caso della presentazione di un'offerta per rilevare l'intera collezione: accettare l'offerta ovviamente comporta la conclusione dell'investimento per mezzo del trust. In qualunque evento di uscita di opere d'arte verso corrispettivo occorre riconoscere il diritto di prelazione agli investitori/beneficiari rispetto alle offerte che provengono dal mondo esterno. A procedure di gradimento si potrà, invece, ricorrere, quando la base dei beneficiari sia unita da considerazioni personalistiche, con riferimento all'ingresso di nuovi investitori.

Va, inoltre, rilevata la possibilità di una terza tipologia di trust per investimenti in opere d'arte dal carattere più marcatamente speculativo che potrebbe venire a configurarsi in tutti quei casi (ad oggi, invero, ancora rari in Italia) in cui l'acquisto di opere d'arte avvenga piuttosto che per realizzare l'obiettivo della creazione o dell'incremento di una collezione di opere d'arte per conseguire un utile a seguito della loro rivendita. In tali ipotesi, essendo l'obiettivo utilitaristico posto in primo piano, potrebbe rivelarsi utile l'interposizione tra l'investitore e il trust di una società di capitali di cui il trust medesimo sia l'unico socio. La differenza tra le due configurazioni consiste essenzialmente nella interposizione della persona giuridica-società tra gli investitori e le attività del progetto di investimento, interposizione che tanto più ha un senso quanto maggiormente remoto è il nesso tra i singoli investitori ed un bene.

Dal punto di vista della redazione dell'atto istitutivo di trust queste differenze comportano scelte giuridiche di grande momento:

a) per esempio, qualora il trust si avvalga di una società occorrerà fare in modo che gli amministratori siano nominati come se gli investitori ne fossero soci o, al contrario, ignorare gli investitori e dare peso al ruolo del trustee quale socio unico (entrambe le soluzioni sono possibili, la scelta tra di esse dipenderà dall'impostazione che si vuole dare al progetto di investimento);

b) il godimento diretto delle opere avrà un senso solo qualora si operi esclusivamente con il trust in quanto i beneficiari saranno considerati nell'atto istitutivo alla stregua di comproprietari del fondo in trust e allora sarà necessario determinare come si quantifichi l'interesse di ciascuno, fra l'altro distinguendo fra i casi di apporto di somme di denaro e il caso di apporto di opere d'arte.

In relazione a quest'ultima tipologia di trust, poiché potrebbe intercorrere un certo lasso di tempo tra il versamento di somme di denaro e/o il trasferimento di opere d'arte al trust prima che parta la sua operatività ed il trustee, pertanto, inizi ad investire, potrebbe essere utile prevedere l'istituzione di un secondo trust costituito *ab hoc* e con funzioni di garanzia. Questo trust avrebbe durata limitata nel tempo, comporterebbe la segregazione anche nei confronti di qualunque terzo creditore e null'altro è che l'obbligo del trustee di non confondere i beni versati dai vari conferenti/beneficiari con altri e di restituirli qualora il progetto di investimento non abbia inizio. In sostanza, si tratterebbe di un'applicazione, inusuale in Italia ma non all'estero, della struttura del diritto dei trust comunemente denominata *Quistclose trust*(77): essa offre la massima garanzia agli investitori e, al contempo, al promotore dell'iniziativa.

Da ultimo, si sottolinea come con riferimento a tutte le varianti sovradescritte sarà necessario avere ben chiari i confini da rispettare:

- dal punto di vista tributario per rimanere al di fuori dell'area impositiva e giovarsi, pertanto, di un vantaggio assai significativo rispetto ad altri progetti di investimento, sia con riguardo alla fiscalità applicabile alle operazioni di vendita delle opere d'arte(78) che al tema del trasferimento delle posizioni beneficiarie, assumendo che le stesse appartengano ai rispettivi titolari al di fuori di imprese e professioni;

- dal punto di vista normativo e regolamentare al fine di evitare la soggezione dell'operazione alle regole relative al prospetto informativo e a quelle attinenti alla gestione collettiva del risparmio(79).

---

(77) - Sul tema del *Quistclose Trust* cfr. Berti Riboli, *Il "Quistclose trust" da Barclays Bank Ltd. v Quistclose Investments Ltd. ad oggi,* in *Trusts e attività fiduciarie*, n. 1/2007, 53; Lupoi, *Prestito di "scopo" e "Quistclose trust": dall'inadempimento (contrattuale) al "tradimento" (di un dovere fiduciario)*, in *Trusts e attività fiduciarie*, n. 4/2010, 386; Lupoi, *Il "Quistclose trust" mezzo secolo dopo,* in *Trusts e attività fiduciarie*, n. 3/2016, 221.

(78) - In via di principio, la vendita di un'opera d'arte effettuata da un collezionista non palesa materia imponibile perché non inerisce ad una attività di impresa; in certe circostanze, tuttavia, anche una singola operazione di vendita può essere considerata fonte di un "reddito diverso" (art. 67 lett. I Tuir: "attività commerciali non esercitate abitualmente"). Per un approfondimento sul tema vedasi in questo volume Capitolo 5, paragrafo 1.

(79) - Per la tematica "prospetto informativo" cfr. Regolamento 345/2013 relativo ai fondi di *venture capital.* Per non ricadere nell'ambito applicativo della norma andranno prese opportune cautele; in particolare l'investimento qualora trattasi di "clienti al dettaglio",

Passando adesso alle caratteristiche che potrebbe avere un trust funzionale a soddisfare le esigenze sopradescritte, infinite sono le possibilità che si presentano nello strutturare un trust del genere.

In primis, relativamente alla impostazione giuridica, il trust sarà propriamente configurato quale trust per uno scopo, precisamente uno fra gli scopi elencati nel paragrafo 2.1. di questo Capitolo; al tempo stesso, esso avrà beneficiari. Ne consegue che si tratterà di un trust misto - per uno scopo e per beneficiari - come consentito ormai da una pluralità di leggi che regolano il trust.

Disponente di tale trust sarà il soggetto promotore dell'iniziativa; beneficiari, nella misura di volta in volta stabilita dallo specifico atto istitutivo di trust, oltre allo stesso disponente, ciascun investitore che aderisca all'iniziativa. Quanto ai poteri/diritti dei beneficiari l'atto istitutivo di trust potrà prevedere:

- che ciascun soggetto individuato come beneficiario goda dei rendimenti prodotti dal trust nel corso della sua durata, ovvero solo al momento della monetizzazione dell'investimento, ovvero al realizzarsi di determinate condizioni (ad esempio, alienazione a terzi di opere d'arte con ritorni economici importanti);

- che le posizioni beneficiarie siano intrasferibili o, al contrario, liberamente cedibili tramite atto tra vivi o per testamento. Con riguardo alla prima ipotesi trattasi di trust nel quale rileva il dato personalistico e, quindi, sarà previsto il controllo rispetto all'ingresso di nuovi beneficiari per mezzo di opportune disposizioni dell'atto istitutivo che replicheranno sul piano beneficiario le

---

come nei casi esaminati, dovrà essere proposto ad un numero limitato di persone (e, comunque, non superare il limite di 150 persone) e dovrà avere un taglio minimo superiore a 100.000,00 euro per investitore.

Con riguardo, invece, alla tematica "gestione collettiva del risparmio" (Regolamento della Banca d'Italia 19 gennaio 2015 che tipizza la gestione collettiva per la particolare attività svolta dal gestore e per l'oggetto dell'investimento) per non ricadere in tale ipotesi il trust ideato per queste operazioni, oltre a non emettere azioni o quote dirette agli investitori dovrà essere strutturato in modo tale che il trustee non gestisca a monte ed in autonomia dagli investitori le operazioni. In particolare, il trust non dovrà avere alcun ruolo nell'offerta dell'investimento in quanto le sue funzioni saranno attivate solo una volta raccolta la somma richiesta dal progetto di investimento e si saranno verificate le altre condizioni previste dal progetto. Parimenti le clausole dell'atto di trust dovranno ben rimarcare che il ruolo del trustee è in effetti slegato dalla gestione dell'investimento sia in termini giuridici che economici e che esso ha semplicemente il ruolo di garante.

procedure comunemente collegate al patto di prelazione o al patto di gradimento. Quanto alla seconda configurazione, invece, si rileva come, con riguardo alla cessione *inter vivos* della posizione beneficiaria, si configuri l'alternativa tra cessione dietro corrispettivo (in tal caso l'atto istitutivo detterà a riguardo la procedura da seguire per rendere tale cessione efficace nei confronti del trustee e degli altri sottoscrittori) o a titolo liberale;

- che il trustee possa anticipare somme ad un beneficiario che lo richieda quale parziale smobilizzo del suo investimento laddove, ad esempio, si trovi un terzo (intermediario bancario o casa d'aste) che versi tale somma ricevendo in garanzia i diritti di beneficiario fino a concorrenza della somma versata, nonché di spese e interessi; la garanzia in tal caso potrebbe essere costituita ed operare come cessione fiduciaria dei diritti di beneficiario.

Inoltre, sempre con riguardo alle posizioni beneficiarie nell'atto istitutivo si potrà riprodurre una struttura giuridica analoga a quella usufrutto/nuda proprietà, per esempio:

- l'investitore potrà trasferire solo le spettanze patrimoniali e non quelle reddituali o viceversa;

- e, in un caso o nell'altro, riservarsi o meno la partecipazione alle assemblee dei beneficiari e l'esercizio dei connessi diritti (un esempio è la votazione per la nomina del guardiano del trust).

In queste ultime fattispecie i beneficiari non coincideranno più con gli originali investitori.

Specifiche regole saranno, poi, dettate nell'atto istitutivo in merito alla gestione del fondo da parte del trustee, che potrebbe, ad esempio, essere effettuata dallo stesso con il supporto di tre soggetti/organi:

- l'assemblea dei beneficiari: trattasi di organo innovativo, a cui l'atto istitutivo di trust potrebbe attribuire, oltre a diritti di informazione, poteri deliberativi nei confronti di talune scelte che spettano al trustee, ad esempio, quelle che comportano una variazione rispetto a come l'iniziativa è nata, perché la stessa è ritenuta non più conveniente o attuale, ovvero il trust ha ricevuto un'offerta di acquisto che ne comporta la cessazione anticipata. L'atto istitutivo detterà, a riguardo, specifiche disposizioni volte a regolare il funzionamento dell'assemblea, nonché l'esercizio del diritto di voto (normalmente in tali casi la soluzione preferita rapporta i voti spettanti a ciascun beneficiario all'investimento compiuto);

- il guardiano: trattasi, come già evidenziato nei paragrafi precedenti di questo Capitolo, di un organo tradizionalmente presente nel diritto dei trust, soprattutto con riguardo ai trust di scopo per i quali la sua presenza è obbligatoria, ma che in tale tipologia di trust assume carattere innovativo in quanto è nominato dagli investitori ed è, pertanto, loro espressione (in senso improprio si potrebbe parlare di lui come di un "rappresentante" degli stessi). Di volta in volta l'atto istitutivo di trust verrà a regolamentare se sia opportuno un ufficio composto da più persone e da quante. Relativamente, invece, alle attribuzioni del guardiano, fermo restando che occorrerà che l'atto operi un bilanciamento corretto di poteri rispetto all'assemblea dei beneficiari del trust, egli potrà certamente agire contro il trustee in caso di inadempimento, mentre i restanti poteri dipenderanno molto dalle peculiarità delle singole iniziative da porre in essere;

- il comitato tecnico: trattasi di un organo opzionale ma molto spesso assai utile e utilizzato in questa particolare tipologia di trust. I compiti del comitato tecnico saranno modulati sulle specifiche iniziative, ma fondamentalmente si tratterà di coprire due aree:

- informativa: ad esempio, rendere noto l'andamento delle varie iniziative in corso e le prospettive connesse;
- pareri/consulenze: ad esempio, sull'opportunità di vendere/acquistare opere d'arte ovvero di valorizzare il patrimonio artistico esistente.

2.2.6. Trust a supporto di operazioni di garanzia/finanziamenti con riguardo ad opere d'arte

Il ricorso al trust a fini di garanzia è un fenomeno sempre più frequente negli ultimi anni anche in Italia[80]; le ragioni di tale

(80) - Cfr. Montanari, *Il trust a scopo di garanzia: la sua nullità per contrarietà alle norme sulla provvisoria esecutività*, in *Trusts e attività fiduciarie*, n. 1./2015, 31; De Donato, *Il trust a scopo di garanzia*, Materiali sul trust, Quaderno n. 12, allegato n. 3, in *FederNotizie*, 2001, 33; Lupoi, *Trust e riflessi sul sistema delle garanzie*, in *Fall.*, 2002, 939; Rota-biasini, *Il trust e le figure affini in Italia*, cit.,134-135; Santoro, *Il trust in Italia*, cit., 299.

diffusione risiedono essenzialmente nell'esigenza di costituire garanzie del credito che non debbano sottostare ad eccessivi formalismi e, soprattutto, che consentano al creditore, in caso di inadempimento, l'escussione senza dover passare per una procedura esecutiva.

Sono, infatti, noti a tutti i limiti delle garanzie reali tipiche (pegno e ipoteca)[81]. Di qui l'opportunità del ricorso al trust quale garanzia atipica che, per la sua flessibilità, può consentire di superare la staticità dei modelli giuridici delle garanzie classiche, dando così risposte concrete ai bisogni indotti dalla dinamicità della realtà economica. Parlare di trust a scopo di garanzia significa sfruttare la segregazione patrimoniale derivante da tale strumento per garantire con il fondo in trust il soddisfacimento di determinati crediti del disponente del trust o dei soggetti da esso indicati nell'atto istitutivo. A tal fine i beni che serviranno a fornire la garanzia vengono inseriti nel fondo in trust, formando così un patrimonio separato e destinato esclusivamente alla realizzazione dello scopo di garanzia. Mediante la puntuale disciplina dell'atto istitutivo si vengono, poi, a prefigurare gli obblighi e i diritti delle parti interessate, in modo tale da conseguire la protezione sia del creditore che del debitore tramite la precisa esecuzione degli obblighi imposti al trustee, in particolare nell'ipotesi di realizzazione coattiva dei beni oggetto della garanzia.

I vantaggi derivanti dall'utilizzazione del trust in operazioni di garanzia sono molteplici. *In primis* va sottolineato come tale istituto consente di costituire una garanzia atipica "dinamica" che fuoriesce dalle garanzie su specifici beni (garanzie reali tipiche); infatti, per quanto riguarda il bene segregato in trust (e i frutti che ne derivano), il vincolo di destinazione viene conservato anche se questo bene viene successivamente trasformato, sostituito, incrementato, surrogato, e ciò indipendentemente dall'esecuzione delle specifiche

(81) - In particolare, con riguardo al pegno, si sottolinea lo spossessamento e l'impossibilità di sostituire i beni dati in garanzia: due aspetti che se da un lato comportano una maggiore sicurezza e affidabilità della garanzia per il creditore, dall'altro creano delle problematiche inerenti alla maggiore efficienza nella gestione del bene. Sotto l'aspetto economico, questa sorta di "immobilizzazione" del bene comporta che lo stesso risulti, infatti, improduttivo o, nel caso in cui si tratti di strumenti finanziari, non convenientemente gestito. Quanto, invece, all'ipoteca essa non soddisfa la necessità del creditore di disporre di un meccanismo che gli consenta una rapida e agevole realizzazione del credito garantito in quanto non è ammessa la vendita del bene ad opera dello stesso creditore.

forme di pubblicità previste per rendere opponibili le garanzie reali tipiche.

Il trust, inoltre, assicura una rapida ed agevole realizzazione del credito garantito in quanto al termine convenuto, in caso di inadempimento, sarà il trustee stesso ad alienare il bene, tentando il maggior ricavo possibile e restituendo, altresì, al debitore eventuali somme residuanti dopo aver soddisfatto le ragioni del creditore.

Va, infine, sottolineato come, anche dal punto di vista fiscale, questa tipologia di trust risulti interessante in quanto, come da ultimo affermato anche da recenti pronunce della Cassazione oltre che di giudici tributari, ad esso si applica unicamente l'imposta di registro in misura fissa di 200 euro.

L'utilizzo del trust a fini di garanzia avviene sia ad opera di privati che da parte di società. I primi se ne servono prevalentemente per gestire liti attuali o potenziali, personali o giudiziarie. Per le società rappresenta, invece, uno strumento efficiente, oltre che per gli scopi sopradetti, per affrontare la crisi dell'azienda (ad esempio, per la gestione di crediti sorti a seguito della chiusura di un fallimento o nelle procedure concorsuali per garantire i creditori del debitore insolvente).

Andando a declinare questa tipologia di trust con riguardo alle opere d'arte registriamo che possono verificarsi i seguenti casi:

- collezionista di opere d'arte che vuole fare un nuovo investimento e richiede a tal fine un finanziamento ad un terzo mettendo a garanzia una o più opere d'arte;
- soggetto che vuole acquistare un'opera d'arte ma ci sono problematiche di varia natura che impediscono un acquisto sicuro della stessa da subito.

Con riguardo al primo caso trattasi della c.d. operazione di *art lending*, fenomeno di cui si rileva una sempre maggiore presenza nello scenario internazionale (soprattutto in UK e USA)(82) come

(82) - Per un approfondimento sul tema si vedano: Deloitte, *Art & Finance Report*, 2019, 114, consultabile al sito web https://www2.deloitte.com/content/dam/Deloitte/global/Documents/Finance/gx-fsi-art-and-finance-report-2019.pdf, ultimo accesso: 7 agosto 2020; Palumbo, *Art Lending: inquadramento, scenari e prospettive*, in *Quidmagazine arte contemporanea*, 2020, https://www.quidmagazine.com/index.php/diritto-

vera e propria pratica finanziaria innovativa che si affianca a quelle tradizionali. Nello specifico, trattasi di erogazioni di finanziamenti in cui le opere d'arte svolgono il ruolo di *collateral* delle operazioni finanziarie, consentendo al collezionista di generare liquidità senza, però, privarsi della proprietà delle opere. Il prestito è commisurato al valore delle opere poste a garanzia del debito (così come accade per il pegno), nonché sulla capacità di restituzione del soggetto. In caso di mancato assolvimento degli obblighi di restituzione, l'istituto che ha erogato il finanziamento potrà procedere alla vendita dell'opera al fine di recuperare l'importo prestato e non restituito.

Benché la pratica dell'*art lending* stia trovando diffusione anche in Italia e non solo tra gli intermediari bancari ma anche tra le case d'asta(83), essa è ancora troppo poco utilizzata, in parte per le difficoltà legate al rigido quadro normativo che caratterizza il nostro Paese (anche con riferimento al Testo Unico Bancario e ai limiti posti per la concessione di finanziamenti), in parte per l'assenza di un registro delle opere d'arte sul quale iscrivere i passaggi di proprietà o la presenza di vincoli che nella pratica faciliterebbe notevolmente il lavoro degli operatori(84). Ragioni che, di fatto, si aggiungono alle problematiche che caratterizzano l'*art market*, ovvero l'illiquidità dell'opera, la complessa determinazione del valore di mercato dell'opera d'arte e la stima del rischio. Ciononostante, il mercato dell'arte è in continua evoluzione e gli spazi per un miglioramento delle dinamiche che lo caratterizzano sono molteplici e uno di questi è proprio rappresentato dall'utilizzo del trust in queste operazioni.

Finora, infatti, lo strumento giuridico con cui sono state effettuate operazioni di *art lending* è stata la combinazione tra un

dell-arte/1109-art-lending-inquadramento-scenari-e-prospettive-di-massimiliana-palumbo, ultimo accesso: 7 agosto 2020.

(83) - In tal modo le case d'asta possono fornire ai collezionisti liquidità che questi ultimi potranno impiegare per acquistare nuove opere messe in vendita dalle case d'asta stesse. Inoltre, il rischio di inadempienza del debitore è ben bilanciato dalla possibilità che le case d'asta hanno di rivendere con una certa facilità all'interno dei loro lotti l'opera messa a garanzia.

(84) - Un primo passo compiuto nel regolamentare il quadro normativo italiano è rappresentato dal d.lgs. n. 124/2017 che introduce importanti modifiche normative circa la disciplina della circolazione internazionale delle opere d'arte e degli oggetti d'antiquariato.

contratto di finanziamento e un pegno sull'opera d'arte[85]. Il valore aggiunto del trust rispetto al pegno sta nel fatto che istituendo un trust a scopo di garanzia, si aggiunge una garanzia per così dire "specifica" scaturente dal trust rispetto a quella generica rappresentata dal patrimonio del debitore.

Inoltre, il trust dovrebbe rappresentare uno strumento di garanzia maggiormente efficiente rispetto al pegno, in quanto:

- l'attività liquidatoria posta in essere dal trustee assicura un risultato più veloce e vantaggioso (con riferimento al valore realizzato con la liquidazione del patrimonio vincolato in trust) se confrontato con le lunghe tempistiche e la complessità del procedimento esecutivo che occorre esperire in caso di inadempimento del debitore;
- la situazione debitoria del disponente ben potrebbe essere affidata al trustee che la gestirebbe con esiti sicuramente migliori rispetto a quelli che riuscirebbe a conseguire, invece, il debitore agendo in prima persona;
- il trust permette la segregazione dell'opera d'arte da qualsiasi evento (ad esempio, morte o aggressione patrimoniale) che riguarda il debitore;
- con il trust si ha una pronta esigibilità del credito, con connessa diminuzione di tempi e costi nell'interesse di entrambe le parti;
- il trust assicura il coinvolgimento di un soggetto terzo e imparziale, ovvero il trustee, obbligato a rispettare le condizioni stabilite nell'atto istitutivo a garanzia di entrambe le parti.

Con riguardo, invece, alla seconda tipologia di trust, essa si pone in alternativa al contratto di *escrow agreement*, del quale si parlerà diffusamente nel paragrafo 2.3.3. del presente Capitolo a cui si rimanda per approfondimenti sull'istituto e un confronto con il trust.

Passando, infine, alla disamina delle caratteristiche che l'atto istitutivo di trust potrebbe presentare possiamo sottolineare:

(85) - Cfr. NEGRI CLEMENTI, *Art lending, accrescere il valore dell'opera d'arte* in *We Wealth*, 2020.

- con riferimento alla prima tipologia (trust a supporto di operazioni di *art lending*) che l'atto sarà strutturato in modo tale che il trustee ponga in essere la seguente operatività:

• provveda a trattenere l'opera d'arte finché non si saranno verificate le condizioni indicate nel contratto principale, usualmente coincidenti con il saldo del debito o l'accertata impossibilità da parte del trustee che ciò possa avvenire e al cui verificarsi sarà collegato il termine finale di durata del trust medesimo;

• riconsegni al debitore l'opera d'arte qualora lo stesso onori il contratto principale;

• venda l'opera d'arte qualora il debitore non adempia alle obbligazioni previste nel contratto principale e trasferisca il prezzo pattuito al creditore e, nel caso in cui abbia realizzato un importo maggiore, rimetta la differenza al debitore e/o agli altri soggetti indicati nell'atto istitutivo di trust.

Termini e modalità della vendita saranno definiti in via preventiva in apposite clausole dell'atto istitutivo di trust. Si sottolinea, inoltre, che in questi trust è usuale che l'atto istitutivo contempli la figura del guardiano, riconoscendo al creditore il potere di nominare tale soggetto e conferendogli il compito di monitorare l'attività del trustee, revocandolo se del caso, nonché supportarlo nell'implementazione di tutte le attività funzionali a realizzare al meglio lo scopo del trust.

Con riguardo alla seconda tipologia (trust a supporto di operazioni di garanzia), l'atto istitutivo di trust sarà strutturato in modo tale che il trustee provveda:

- a trattenere i beni segregati finché non si saranno verificate le condizioni indicate nell'atto istitutivo di trust, custodendoli ed amministrandoli secondo le modalità ivi previste (in particolare, il trustee avrà il compito con riguardo all'opera d'arte di detenerla e proteggerla e, con riguardo alle somme di denaro, di investirle, secondo quanto previsto nell'atto istitutivo, e, in ogni caso, in strumenti finanziari che diano sicurezza della restituzione del capitale);

- a consegnare le somme detenute al venditore e l'opera d'arte al compratore qualora si realizzino le condizioni indicate nell'atto istitutivo di trust (usualmente consistenti nella rimozione entro una certa data delle cause ivi individuate come ostative alla vendita);

- viceversa, a restituire i beni agli originari proprietari qualora non si realizzino le condizioni di cui sopra entro un certo termine e, se l'atto così dispone, qualora il trustee accerti la loro impossibilità di realizzazione in futuro.

Tale soluzione si rivela proficua per entrambe le parti in quanto il compratore con la segregazione in trust della somma è liberato da ogni obbligazione nei confronti del venditore e ha la certezza del prezzo fermo e dell'acquisto; il venditore, a sua volta è tutelato dall'intervento di un organo terzo (il trustee) che possiede le somme a lui potenzialmente spettanti e tendenzialmente le investe *medio tempore* riportando anche profitti a suo favore. Va, inoltre, anche qui sottolineato che i beni in trust, oltre a non confondersi con il patrimonio del trustee, sono protetti e avulsi da qualsiasi vicenda che possa toccare le parti e saranno prontamente trasferiti dallo stesso al momento del verificarsi delle condizioni che ne stabiliranno la spettanza.

Si precisa, infine, con riguardo ad entrambe le fattispecie che, preliminare al trasferimento dell'opera d'arte al trust, sarà l'esecuzione delle seguenti attività i cui esiti dovranno essere condivisi ed accettati dalle parti e trasmessi al trustee:

- stima delle opere d'arte;
- redazione di un *condition report*;
- stipula di una polizza assicurativa.

Parimenti l'atto istitutivo di trust dovrà stabilire per entrambe le tipologie precise regole circa la custodia delle opere d'arte, nonché il monitoraggio che il trustee per l'intera durata del trust dovrà effettuare sul *trust fund* al fine di preservare l'integrità e il valore dei beni segregati.

2.3. Strumenti alternativi al trust

Le riflessioni finora fatte testimoniano che la creazione di un trust destinato ad accogliere patrimoni artistici privati risulta essere una delle più efficaci modalità tramite cui porre al servizio della comunità il patrimonio culturale medesimo, nonché perseguire altre finalità di carattere non solidaristico relative al mondo dell'arte[86].

---

[86] - Cfr. Marchese, *Trust di una collezione di opere d'arte*, in *Trusts e attività fiduciarie*, n. 4/2001, 641.

Ciononostante, va rilevato come sussistano altri istituti, sia di lunga tradizione che di recente introduzione normativa che, pur non presentandosi di pari efficienza e competitività rispetto al trust, sono utilizzabili per perseguire analoghe finalità nel mondo dell'arte[87]. Di seguito riportiamo quelli più significativi, restringendo il campo esclusivamente a quelli di più frequente utilizzo in Italia e differenziandoli tra:

- strumenti di passaggio generazionale: donazione con riserva di disporre, mandato fiduciario senza intestazione, *family chart*, *holding* di famiglia;
- strumenti filantropici: fondazione e società *benefit*;
- strumenti di garanzia: *escrow agreement*.

2.3.1. Strumenti di passaggio generazionale

a. La donazione con riserva di disporre

Uno degli strumenti tradizionali più semplici da utilizzare per il passaggio generazionale di beni è la donazione; l'istituto trova espressa e completa regolamentazione nell'art. 769 c.c., che lo definisce come "*il contratto con il quale, a titolo di liberalità, una parte arricchisce l'altra, disponendo a favore di questa di un suo diritto o assumendo verso la stessa un'obbligazione*"[88]. Senza soffermarci sui caratteri generali dell'istituto[89], ci preme sottolineare come siano noti a tutti i limiti della donazione, soprattutto quello connesso al principio della irrevocabilità che impedisce al donante, salvo che ricorrano determinate circostanze, di cambiare le sue determinazioni circa la destinazione di un certo bene[90]. Unico *vulnus* a questo

---

(87) - Cfr. MATTHEWS, *Some alternatives to Trusts*, in *The Offshore Tax Planning Review*, 1995, 35.

(88) - Cfr. BIONDI, *Le donazioni,* in *Tratt. Vassalli*, XII, Torino, 1961.

(89) - Cfr. TORRENTE, *La Donazione*, in Cicu e Messineo (a cura di), *Trattato di Diritto Civile e Commerciale*, Milano, 1956, 465 e ss.; CARNEVALI, in Rescigno (a cura di)*, Trattato di Diritto Privato*, Torino, 1984, 475 ss.

(90) - Il donante può revocare la donazione prima di avere conoscenza dell'accettazione del donatario. Una volta perfezionatasi, può essere revocata dal donante solo per ingratitudine del donatario o per sopravvenienza di figli (del donante).

principio è offerto dalla c.d. "donazione con riserva di disporre", inquadrabile, appunto, secondo la dottrina maggioritaria, in una serie di riserve e limiti alla pienezza dell'istituto giuridico (del *genus*) della donazione. Essa, pertanto, garantisce al donante di un bene il diritto di cambiare la destinazione "di qualche oggetto compreso nella donazione o di una determinata somma sui beni donati"(91) se il disegno successorio o le sue aspettative non dovessero essere state rispettate.

Il donante può riservarsi la facoltà di disporre di "qualche oggetto" compreso nella donazione (non di tutti i beni donati)(92), con ciò garantendosi il diritto di mutare la propria volontà in merito ad alcuni beni donati. Gli effetti dell'accadimento della condizione retroagiscono al tempo in cui è stata conclusa la donazione, salvo che, per volontà delle parti o per la natura del rapporto, gli effetti debbano essere riportati a un momento diverso.

Tale diritto di riserva non si trasmette agli eredi, cessando alla morte del donante e in virtù della sua maggiore flessibilità rispetto al vincolo di donazione si potrebbe ben prestare anche a fungere da valido strumento giuridico in grado di preservare e trasmettere un patrimonio artistico.

È pur vero, però, che la donazione con riserva di disporre presenta alcuni limiti strutturali, che di base pongono non pochi dubbi agli interpreti, scoraggiando un più massiccio utilizzo dell'istituto da parte degli operatori(93). In particolare, il primo limite si rinviene nel divieto di poter porre in essere una riserva totale, ovvero di tutti i beni oggetto di donazione, pena la nullità della stessa(94). Ulteriore aspetto restrittivo si ravvisa nell'identificazione tassativa dell'oggetto

(91) - Art. 790 c.c. rubricato "Riserva di disporre di cose determinate" a norma del quale "*Quando il donante si è riservata la facoltà di disporre di qualche oggetto compreso nella donazione o di una determinata somma sui beni donati, e muore senza averne disposto, tale facoltà non può essere esercitata dagli eredi*".

(92) - Si ritiene che la riserva non possa avere ad oggetto tutti i beni inclusi nella donazione, altrimenti ciò consentirebbe al donante di revocare a propria discrezione la donazione, e ciò non è ammesso dal nostro ordinamento giuridico.

(93) - Cfr. CARNEVALI, *Le donazioni*, cit., 535; LUPOI, *Il contratto di affidamento fiduciario*, cit., 294-295.

(94) - Circa l'orientamento contrastante in dottrina che accoglie l'ammissibilità della riserva di disporre su tutti i beni donati si consulti TORRENTE, *La Donazione*, cit., 465 e ss.

che non può essere diverso da un "qualche oggetto compreso nella donazione" o da "una determinata somma sui beni donati"[95].

I limiti sovraesposti non si riscontrano nel trust, il cui utilizzo è, pertanto, da preferire qualora il soggetto che effettua la pianificazione voglia riservarsi fino alla fine della sua vita la scelta sia dei destinatari finali del suo patrimonio, che dei tempi e delle modalità di attribuzione dello stesso. Va, infine, sottolineato come ulteriore elemento a vantaggio del trust, che l'istituto della donazione con riserva di disporre non è in grado di realizzare l'effetto segregativo del patrimonio oggetto di pianificazione, con tutte le conseguenze che derivano da tale impossibilità.

b. Il mandato fiduciario senza intestazione

Un altro strumento interessante per perseguire la finalità del passaggio generazionale è rappresentato dal mandato fiduciario senza intestazione di cui all'art. 1705 del c.c. Questo istituto si differenzia dal classico mandato fiduciario, che prevede l'intestazione in capo alla società fiduciaria dei beni oggetto del mandato, in quanto nel mandato senza intestazione l'intestazione dei beni non subisce alcuna modifica ed essi restano, pertanto, in capo al fiduciante. La società fiduciaria svolgerà solo l'attività di sostituto d'imposta per conto del fisco italiano e non vi sarà alcuno schermo di protezione della identità del fiduciante né riservatezza nei confronti di terzi.

Le ragioni per cui l'affidamento in amministrazione fiduciaria per risultare un valido strumento in grado di svolgere finalità di passaggio generazionale di opere d'arte o collezioni dovrebbe avvenire sempre attraverso un mandato senza intestazione, si rinvengono, innanzitutto, nella natura personalistica dei diritti patrimoniali connessi ad un'opera d'arte[96].

Altra ragione sta nel fatto che nella maggior parte dei casi il bene artistico si identifica in un bene mobile che, essendo sottoposto per sua natura ad un regime di circolazione tracciabile, implicherebbe,

---

[95] - Cfr. BIONDI, *Le donazioni*, cit., 855; BALBI, *La donazione*, in *Tratt. di dir. civ.*, (diretto da) Grosso-Santoro-Passarelli, Milano, 1964, 56.

[96] - Come anticipato nel corso della presente trattazione si distinguono i diritti morali che sono quelli riconosciuti all'autore e sono esclusivi, inalienabili, ed irrinunciabili ed i diritti economici, che sono cedibili in quanto volti a produrre un compenso.

nel caso di mandato con intestazione, un'efficacia traslativa con importanti implicazioni fiscali. Infatti, da un lato il mandato con intestazione comporta a tutti gli effetti il trasferimento dei beni nella sfera patrimoniale della fiduciaria, attuando una confusione tra la sfera patrimoniale del fiduciante e quella della fiduciaria, dall'altro, il mandato senza intestazione lascia distinte le due sfere patrimoniali(97).

Ulteriore motivazione per cui nella prassi si predilige l'uso del mandato senza intestazione sta nel vantaggio che tale istituto propone con riguardo alla custodia del bene, potendo prevedere l'intestazione fiduciaria non del bene ma del contratto di deposito in cui il bene è custodito(98).

A prima vista l'istituto in questione sembra avere numerose similitudini con il trust, tra cui una forte affinità strutturale. Infatti, il mandatario amministra beni altrui, in nome altrui e per conto altrui, nell'interesse del mandante, ovvero nell'interesse proprio o di un terzo. Nel trust, parallelamente, il trustee amministra beni propri (in quanto escono dalla sfera giuridica del disponente) in nome proprio e per conto altrui, producendo effetti nella sfera giuridica di terzi (i beneficiari), ovvero dello stesso trustee(99).

Tuttavia, vi sono notevoli differenze, tra cui si segnalano tra le più significative:

- la revocabilità del mandato fiduciario, laddove il trust deve essere irrevocabile per evitare che lo stesso possa risultare un trust "fittizio" o meglio definito "*sham trust*"(100);

- l'estinzione naturale e obbligata del mandato fiduciario a seguito di morte del fiduciante a differenza del trust la cui durata può andare ben oltre la vita del disponente se così prevede l'atto istitutivo di trust (c.d. "ultrattività" del trust)(101).

---

(97) - Cfr. SONCINI e FASANI, *I veicoli per la trasmissione delle collezioni* in Ragazzoni e Zabanoni (a cura di), *L'arte advisory nel private banking*, Milano, 2015, 158.

(98) - *Ibid.*

(99) - Cfr. BARTOLI, *Il Trust*, cit., 348.

(100) - Sul tema cfr.: LUPOI, *La Cassazione e il trust sham,* in *Trusts e attività fiduciarie*, n. 5/2011, 469; PAGONE, *Sham trusts revisited,* in *Trusts & Trustees*, Vol. 20, No. 10, 2014, 1081-1090; PENNER, *The Law of Trusts*, Oxford, 2016, 193.

(101) - Cfr. MONEGAT, *Strumenti tradizionali di protezione patrimoniale e trust*, cit., 350.

c. L'accordo di famiglia (o family chart*)*

Un terzo strumento interessante da utilizzare per traghettare i passaggi generazionali è il c.d. "accordo di famiglia" (altresì definito "*family chart*")(102). Tipico istituto di matrice anglosassone, trattasi di una scrittura privata tra i membri della famiglia usualmente contenente regole volte a disciplinare la proprietà, la gestione, la valorizzazione e la protezione del patrimonio oggetto dell'accordo (che può essere di varia natura, da un'azienda ad un *estate* artistico). Se l'accordo ha ad oggetto una collezione d'arte è anche definito "*family art chart*". Nello specifico, in quest'ultimo caso l'accordo potrà avere ad oggetto le modalità e le regole con cui la collezione sarà gestita, inizialmente dal collezionista di prima generazione, per poi essere trasferita ai suoi successori (per atto *inter vivos* o *mortis causa*); si potranno prevedere regole operative come, ad esempio, la partecipazione a mostre in prestito o il noleggio di opere d'arte; infine, potranno essere previste clausole di protezione, nonché la pianificazione successiva di altri veicoli quali società (società semplice, società in accomandita per azioni o società *benefit*) o enti non commerciali (fondazione o trust).

Similmente al trust anche l'accordo di famiglia è dotato di una certa flessibilità, trovando la sua fonte interna esclusivamente nel principio dell'autonomia negoziale che regola i contratti di cui al 1322 e seguenti del codice civile e ben risponde ad attuare finalità di passaggio generazionale, seppur con modalità ed effetti diversi.

Innanzitutto, sul piano strutturale il trust è un negozio giuridico unilaterale, mentre l'accordo rispecchia la volontà di due o più soggetti.

Per quanto concerne, poi, gli effetti, a differenza del trust, l'accordo non implica un trasferimento del diritto di proprietà, né realizza una segregazione del patrimonio, limitandosi ad essere un patto contenente un dettagliato programma circa la gestione di un'impresa o di una collezione di famiglia.

Inoltre, trattandosi di un normale contratto, la sua esecuzione in caso di inadempimento sarà rimessa, esclusivamente, agli ordinari

(102) - Cfr. BUSANI, *Il patto di famiglia, L'accordo di famiglia. La fondazione di famiglia*, cit., 23.

rimedi civilistici previsti dal nostro ordinamento che potranno prevedere, pertanto, solo obblighi risarcitori a carico della parte inadempiente, ma non verranno ad inficiare il suo operato verso l'esterno che resterà valido. Con il trust, invece, mediante l'effettivo trasferimento della titolarità dei beni al trustee e l'individuazione del programma negoziale che lo stesso dovrà attuare con i mezzi messi a sua disposizione, si ottiene, indirettamente, la realizzazione di un'efficacia reale anche con riguardo al rispetto del programma medesimo da parte del trustee.

d. La holding *di famiglia*

Come noto, la *holding* di famiglia rappresenta uno degli strumenti più funzionali alla gestione e alla trasmissione di patrimoni e di imprese di famiglia[103]. Sebbene nell'ordinamento nazionale non esista un riferimento normativo, per "*holding* di famiglia" si intende una società (di persone o di capitali) che detiene partecipazioni in diverse società e le cui regole di *governance* sono stabilite in maniera chiara e precisa dalla famiglia stessa per garantire una efficiente gestione societaria e una proficua collaborazione tra il gruppo imprenditoriale e i soggetti facenti parte della compagine familiare.

Proprio come il trust, la *holding* si presta ad essere una vera e propria "cassaforte" di *asset* familiari, tra cui si possono ben ricomprendere anche patrimoni artistici. Infatti, l'investire in arte risulta un'interessante opportunità di diversificazione degli investimenti anche per le *holding* di famiglia, oltre a prestarsi come valido strumento per innalzare l'immagine del gruppo, incrementare l'*engagement* con il pubblico, magari anche sensibilizzandolo a rilevanti tematiche socioculturali a cui l'arte contemporanea si riferisce. Tuttavia, nella prassi, il patrimonio prevalente che le *holding* detengono non è mai costituito da beni di interesse artistico, dunque la gestione di questi beni (a differenza di quanto accadrebbe per la gestione di patrimoni artistici a carico di un trust) soggiacerà alle regole di *governance* impartite in generale e senza alcuna personalizzazione di sorta per il restante patrimonio. Non da ultimo resta determinante la scelta della forma giuridica che dovrà assumere la *holding*, sia con

---

(103) - Sul tema si consultino: NOBILI, *La holding di famiglia per il passaggio generazionale*, in *We Wealth*, 2020; LIBONATI, *Holding ed investment trust*, Milano, 1959, 567.

riguardo ad aspetti tecnici (ad esempio, il capitale sociale) che con riguardo alla *governance*(104).

Un'alternativa che combina entrambi gli istituti si ha con ciò che la prassi definisce "trust *holding*", ovvero un trust il cui fondo è rappresentato interamente o prevalentemente da partecipazioni societarie(105).

2.3.2. Strumenti filantropici

a. La fondazione

Nella tradizione giuridica italiana la fondazione rappresenta per antonomasia lo strumento di riferimento per i collezionisti e gli artisti. Le motivazioni che possono spingere questi soggetti a costituire una fondazione sono le più svariate, spesso correlate ad esigenze di tipo filantropico come divulgare la *mission* di un'artista, onorare la sua memoria, o semplicemente, condividere con la collettività le emozioni di una collezione, o anche connesse ad esigenze di tipo pratico come assicurare l'unitarietà di una collezione per preservarne il valore o reperire una collocazione appropriata per la stessa.

In generale, la fondazione è un'organizzazione costituita per destinare un patrimonio privato ad un determinato scopo di pubblica utilità e finalità di interesse generale. Tale scopo deve essere determinato, lecito e non in contrasto con le norme imperative e con l'ordine pubblico e, soprattutto, deve coincidere con un interesse meritevole di tutela (non con uno scopo individuale del fondatore). Oltre ad individuare lo scopo, con l'atto costitutivo il fondatore (sia esso persona fisica o giuridica) destina e vincola il patrimonio allo scopo determinato, nonché stabilisce le regole sull'amministrazione della fondazione stessa(106). Seppur tale strumento giuridico

(104) - A seconda della forma societaria prescelta si potranno attribuire maggiori o minori poteri gestori e di controllo ai soci e di conseguenza una maggiore tutela di alcuni soci rispetto ad altri.

(105) - Cfr. Furian, *Il trust holding quale conveniente alternativa alla holding,* in *Trusts e attività fiduciarie*, n. 4/2018, 392.

(106) - Cfr. De Giorgi, *Scopo della fondazione e fondazione di famiglia,* in *Giur. It.*, 1980, 881; Romanelli, *Il negozio di fondazione nel diritto privato e nel diritto pubblico*, I, *Natura giuridica*, Napoli, 1935, 57.

sia espressione dell'autonomia privata, in quanto atto unilaterale non ricettizio che può essere costituito per atto *inter vivos* (con atto pubblico a pena di nullità) o *mortis causa*, la sua costituzione dovrà essere riconosciuta attraverso l'adozione di un provvedimento amministrativo funzionale ad acquisire la "personalità giuridica" (art. 1, d.P.R. 10 febbraio 2000, n. 361)(107).

Fondazione e trust, anzi, più precisamente "trust di scopo", presentano numerose similitudini, risultando entrambi fortemente concentrati sullo scopo e sul programma di attività.

Sicuramente, la fondazione, al pari del trust, consente di evitare lo smembramento del patrimonio (artistico e non) nel tempo (ad esempio, in caso di successione o a causa di alienazione da parte di uno dei membri della famiglia o di suoi successori) e di proteggere, altresì, tale patrimonio da azioni da parte di terzi(108). Infatti, similmente a ciò che accade con l'istituzione di un trust, anche con la fondazione si verifica un'attività di destinazione patrimoniale per cui il fondatore distacca dal suo patrimonio generale quella parte di beni e diritti di sua titolarità che è destinata a costituire il patrimonio della fondazione per provvedere allo svolgimento delle attività necessarie a perseguire lo scopo. Dunque, un'eventuale azione esecutiva dei creditori del fondatore, dopo che la costituzione della fondazione sia avvenuta, non potrà avere ad oggetto i beni di cui la fondazione è stata dotata né, tantomeno, gli eventuali creditori della

(107) - Nell'ordinamento italiano la fondazione acquisisce la personalità giuridica solo con il riconoscimento; in mancanza non dispone di alcuna autonomia patrimoniale. Il riconoscimento avviene attraverso un provvedimento amministrativo adottato, in esito al procedimento disciplinato dal d.P.R. 10 febbraio 2000, n. 361 dal dirigente dell'ufficio competente secondo l'organizzazione interna di ciascuna regione o provincia autonoma, per le fondazioni che operano esclusivamente nelle materie rientranti nella competenza legislativa regionale, ai sensi dell'art. 117 della Costituzione, e le cui finalità statutarie si esauriscono nell'ambito di una sola regione o provincia autonoma (art. 14 del d.P.R. 24 luglio 1977, n. 616) dal prefetto della provincia in cui è stabilita la sede della fondazione.

(108) - Sul tema trust e fondazione: cfr. Bartoli, *Il Trust*, cit., 325; Busato, *La figura del trust negli ordinamenti di common law e di diritto continentale*, in *Riv. Dir. civ.*, 1992, 309; Di Ciommo, *Per una teoria negoziale del trust (ovvero perché non possiamo farne a meno)*, in *Corr. Giur.*, 1999, 779; Iudica, *Fondazioni, fedecommesserie, trusts e trasmissione della ricchezza familiare*, in *Nuova giur. Civ. Comm.*, 1994, 77; Palazzo, *Successione, trust e fiducia*, in *Vita Not.*, 1998, 774; Ragazzini, *Trust "interno" e ordinamento giuridico italiano*, in *Riv. Not.*, 1999, 286; Salvatore, *Il trust – Profili di diritto internazionale e comparato*, Padova, 1996, 41; Santoro, *Il trust in Italia*, cit., 248.

fondazione potranno aggredire i beni del fondatore, ma soltanto quelli della fondazione.

La fondazione, però, rispetto al trust, è uno strumento che presenta alcune rigidità: tra quelle più significative si segnalano, da un lato, il controllo di diritto pubblico sullo scopo e sull'utilizzo del patrimonio di dotazione (acquisto/vendite di *asset* in ipotesi opere d'arte), dall'altro, la necessità di dotare da subito la fondazione di un patrimonio anche monetario che consenta l'effettivo svolgimento delle attività propedeutiche alla realizzazione dello scopo(109). L'istituzione di un trust, a differenza della fondazione, non richiede, invece, una dotazione economica iniziale minima o organi di *governance* obbligatori.

Inoltre, come spesso accade nella prassi, quando il fondatore ricopre un ruolo di rilevanza nell'organo amministrativo dell'ente, ciò può rivelarsi, da un lato, un'opportunità per attuare concretamente la *vision* dell'attività progettuale della fondazione, dall'altro, un rischio, nella misura in cui il legame e il coinvolgimento emotivo del fondatore mettano a repentaglio la gestione della fondazione. Senz'altro, tali rischi non si configurerebbero con l'istituzione di un trust, e, dunque, con la presenza di una figura terza, imparziale e professionale quale è il trustee.

Va, infine, sottolineato che l'istituzione di un trust può avvenire anche per realizzare accanto a finalità di utilità sociale scopi privatistici quali il mantenimento dell'artista o dei suoi eredi. In questo ambito il trust non subisce la concorrenza della fondazione in quanto la stessa, essendo vincolata per legge allo scopo solidaristico, non può prevedere, ad esempio, la devoluzione ad una certa data del patrimonio a favore degli eredi del fondatore, comportando

---

(109) - Sul tema cfr.: SONCINI e FASANI, *I veicoli per la trasmissione delle collezioni*, cit., 147, dove si precisa che: «uno dei punti più importanti è, quindi, l'entità del patrimonio rappresentante il capitale di dotazione che verrà vincolato e dovrà essere adeguato al perseguimento dello scopo della fondazione. Non esistono disposizioni di legge che stabiliscono i parametri necessari per svolgere determinate attività: la valutazione della congruità del patrimonio rientra nella discrezione dell'ufficio competente. Se il patrimonio sarà rappresentato anche da collezioni o opere d'arte, risulterà quindi necessario procedere con una valutazione delle stesse al momento della dotazione della fondazione».

l'impossibilità di perseguire finalità di passaggio generazionale[110]. Il trust, infatti, assicurerebbe anche la realizzazione di ulteriori vantaggi, come, ad esempio, consentire che l'artista o il collezionista o anche i suoi eredi possano utilizzare i beni costituenti il *trust fund* (godendo, altresì, dei frutti da essi prodotti), nonché permettere a ciascuno di tali soggetti una partecipazione attiva e dinamica a supporto del trustee nell'attuazione dello scopo del trust.

Da ultimo, si sottolinea come ulteriore differenza rispetto al trust in cui la libertà negoziale è massima anche circa la destinazione finale dei beni oggetto del *trust fund*, che quando la fondazione non è più in grado di perseguire lo scopo per il quale è stata istituita, il patrimonio eventualmente residuo, compresa, pertanto, anche la singola opera d'arte o la collezione di opere d'arte, diverranno di proprietà pubblica e saranno devoluti ad una fondazione che persegua uno scopo simile.

b. La società benefit

Accanto agli strumenti tradizionali finora descritti usualmente utilizzati per soddisfare le variegate esigenze dei protagonisti dell'*art market* in ambito filantropico si collocano alcune soluzioni giuridiche più "innovative", tra cui sicuramente spiccano le società *benefit*.

Tale nuova forma societaria, ispirata alle *Benefit Corporation* del modello americano[111], è stata di recente introdotta nell'ordinamento italiano dalla Legge di Stabilità del 2016[112]. Si tratta di società a scopo di lucro che esercitano un'attività economica e perseguono contemporaneamente una o più attività di beneficio comune volte ad ottenere un impatto positivo sull'ambiente e sulla società civile operando in modo responsabile e sostenibile (mentre distribuiscono gli utili) e così coniugando il *for profit* con il *for benefit* (o

---

(110) - Sul tema cfr. MONEGAT, *Strumenti tradizionali di protezione patrimoniale e trust*, cit., 352.

(111) - La *Benefit corporation* è un istituto giuridico – ammesso in 35 Stati degli USA, in Puerto Rico, in Italia (dal 1° Gennaio 2016) come società *benefit*, in Colombia (2018), British Columbia (2018), e Scozia (2018) – pensato per aziende *for-profit* che vogliano andare oltre l'obiettivo del profitto, e che vogliano massimizzare il loro impatto positivo verso la società e l'ambiente.

(112) - Cfr. art. 1 comma 378 lett. a) della Legge 208/2015.

non-profit)[113]. Le finalità sociali perseguite devono essere specificamente inserite nello statuto societario come oggetto sociale e vanno monitorate attraverso relazioni annuali di valutazione complessiva dell'impatto generato.

Tali società hanno, inoltre, precise regole di gestione amministrativa[114], che comportano l'obbligo di individuazione e segnalazione dei soggetti responsabili del perseguimento dell'obiettivo comune da realizzare bilanciando l'interesse dei soci con quello di coloro sui quali l'attività sociale ha impatto. Il vantaggio di questo tipo di società è poter usare la denominazione società *benefit* nei titoli emessi e in tutte le documentazioni verso terzi, ottenendo quindi un riconoscimento reputazionale di trasparenza.

Ad oggi il numero di società *benefit* esistenti in Italia è abbastanza esiguo, soprattutto con riguardo a società aventi come *assets* opere d'arte e collezioni d'arte, tuttavia la possibilità rivolta alle imprese di recare un impatto positivo sull'ambiente senza, al contempo, rinunciare ai profitti le rende una valida alternativa ai trust e alle fondazioni per la pianificazione del passaggio generazionale di patrimoni artistici. Infatti, tra le finalità di beneficio comune che la società *benefit* può perseguire, da indicare nel proprio oggetto

---

(113) - Sul tema cfr. RIZZO, *Società benefit: un nuovo modo di fare impresa*, 2020 https://www.altalex.com/guide/societa-benefit, ultimo accesso: 7 agosto 2020.

(114) - Come stabilito dalla Legge n. 208 del 28 dicembre 2015 la gestione degli amministratori dovrà essere «*responsabile, sostenibile e trasparente*» e dovrà essere volta «*al bilanciamento con l'interesse dei soci e con l'interesse di coloro sui quali l'attività sociale possa avere un impatto*». Nella relazione annuale, da allegare al bilancio, si include: (a) la descrizione degli obiettivi specifici, delle modalità e delle azioni attuate dagli amministratori per il perseguimento delle finalità di beneficio comune e delle eventuali circostanze che lo hanno impedito o rallentato; (b) la valutazione dell'impatto generato utilizzando lo "standard di valutazione esterno" (ossia, modalità e criteri di cui all'all. 4 della Legge di Stabilità), che comprende le "aree di valutazione" (ossia gli ambiti settoriali indicati nell'all. 5 della Legge di Stabilità); (c) una sezione dedicata alla descrizione dei nuovi obiettivi che la società intende perseguire nell'esercizio successivo). Lo statuto è depositato, iscritto e pubblicato nel rispetto di quanto previsto per ciascun tipo di società dagli artt. 2252, 2300 e 2436 del codice civile. In mancanza dell'attuazione delle formalità richieste è previsto un regime sanzionatorio elevato: la società *benefit* che non persegua le finalità di beneficio comune è soggetta alle disposizioni di cui d.lgs. 145/2007, in materia di pubblicità ingannevole e alle disposizioni del codice del consumo, di cui al d.lgs. 206/2005. Di conseguenza rileva la responsabilità degli amministratori e dei soggetti responsabili.

sociale, ben si potrebbero includere la valorizzazione e preservazione di un patrimonio artistico, nonché la produzione artistica di un artista.

L'utilizzo delle società *benefit* potrebbe cogliere ulteriori consensi in quanto, al pari del trust, consente un vincolo di destinazione sul patrimonio e, in aggiunta al trust, presenta il vantaggio che nel panorama nazionale si ha certamente più familiarità con l'utilizzo dello strumento società. Ciononostante, il trust resta ancora un istituto più competitivo rispetto alle società *benefit* nella misura in cui attribuisce maggiore autonomia e discrezionalità al disponente nel "creare" la struttura di trust e nel redigere le sue regole secondo quelli che sono i suoi *desiderata*.

Inoltre, a differenza della società *benefit*, per cui il beneficio comune può essere realizzato solo da società (non potendo le imprese individuali ufficializzare tali scopi in uno statuto), il trust lascia spazio anche all'imprenditore individuale di perseguire l'obiettivo del beneficio comune, magari anche affiancando a questo altre finalità strettamente più "egoistiche".

2.3.3. STRUMENTI DI GARANZIA

*a. L'*escrow agreement

Con riguardo, infine, agli strumenti utilizzabili in alternativa al trust per scopi di garanzia o per supportare operazioni commerciali, tralasciando gli istituti tradizionali di pegno e ipoteca, rileviamo come un posto di tutto rilievo anche in Italia, soprattutto a far data dagli ultimi venti anni, sia rivestito dall'*escrow agreement*(115). Tale tipo di contratto è stato importato dal mondo anglosassone ed è utilizzato in larga scala nelle operazioni commerciali di vendita nazionale e internazionale, nonché nei rapporti tra privati. Nello

(115) - L'*escrow agreement* rappresenta un negozio atipico nel diritto italiano, che pur non trovando riconoscimento esplicito nel nostro ordinamento trova la sua base giuridica nel principio dell'autonomia negoziale delle parti sancito dall'art. 1322 del codice civile. Come noto, tale norma attribuisce alle parti contrattuali la libertà di determinare il contenuto del contratto e anche di stipulare contratti non disciplinati dalla legge, purché diretti a realizzare interessi meritevoli di tutela secondo l'ordinamento giuridico.

specifico, l'operazione si sostanzia in un "deposito in garanzia" con cui le parti di un contratto affidano in custodia uno o più beni di varia natura (beni mobili o immobili, denaro, azioni, documenti, etc.) ad un soggetto terzo ed imparziale, c.d. *escrow agent*, sino all'avveramento della condizione stabilita.

Il contratto di *escrow agreement* usualmente si inserisce come contratto "accessorio" a supporto e a garanzia di un contratto per così dire "principale" allo scopo di garantire che le obbligazioni che derivano dal contratto principale (quali ad esempio trasferimento del bene e trasferimento della somma di denaro) avvengano sulla base degli accordi presi dalle parti[(116)].

L'*escrow* presenta come il trust il vantaggio di essere una figura negoziale molto duttile, che si presta alle più svariate applicazioni, e trova in Italia la sua massima diffusione in relazione ad operazioni di garanzia in alternativa alle tradizionali garanzie personali e reali[(117)].

Uno dei suoi più frequenti utilizzi si rinviene in sede di sottoscrizione di contratti di cessione di partecipazioni, in cui di solito il soggetto interessato si avvale anche dell'interposizione di una società fiduciaria a cui dà l'incarico di sottoscrivere un mandato avente ad oggetto l'intestazione delle partecipazioni, nonché un *escrow agreement* volto a specificare gli obblighi che la fiduciaria dovrà porre in essere in osservanza di quanto concordato nel contratto di cessione.

Altra utile applicazione è quella in cui si ha una contestazione tra le parti su un diritto spettante su un certo bene: in questi casi il bene su cui si basa la controversia potrà essere affidato ad un terzo che lo custodirà sino a quando un arbitro o un giudice avrà deciso

---

(116) - Cfr. FUSARO, *La clausola di escrow account*, in *Nuova Giur. Civ. Comm.*, 2015, 566; ZAGAMI, *L'escrow agreement negli ordinamenti di common law e nell'ordinamento italiano,* in *Trusts e attività fiduciarie*, n. 4/2012, 365; ZAGAMI, *Poteri e responsabilità dell'escrow holder nel diritto statunitense*, in *Trusts e attività fiduciarie*, n. 1/2018, 16; LUCIANI, *Escrow,* in *Contr. Impr.*, 2005, 801.

(117) - Le garanzie reali sono quelle che gravano su beni (mobili o immobili), quali ad esempio il pegno (2784 c.c.) e l'ipoteca (2808 c.c.), mentre quelle personali, quali la fidejussione (1936 c.c.) gravano su un soggetto terzo, che si costituisce garante e risponde dell'obbligazione, con tutto il suo patrimonio, in caso di inadempimento del debitore principale. Sul tema si confronti anche MACCHIA, *L'acquisto di partecipazioni: il ruolo della fiduciaria*, in *We Wealth*, 2018.

chi è l'effettivo titolare del diritto per poi consegnarlo a quest'ultimo una volta terminata la disputa.

Di frequente, la contestazione verte proprio sulla titolarità del diritto di proprietà di una certa opera; in tali casi, l'utilizzo dell'*escrow agreement* tutela le parti, evitando che chi ne sia materialmente in possesso possa effettuare ulteriori trasferimenti dell'opera d'arte che ne renderebbero poi difficile il recupero della stessa.

L'utilizzo di tale contratto si rivela, infine, estremamente interessante anche in tutti quei casi in cui un soggetto è interessato all'acquisto di un bene e vorrebbe finalizzare l'operazione, ma la conclusione dell'affare è condizionata al realizzarsi di uno o più eventi (ad esempio, la scadenza di un termine, il raggiungimento di un obiettivo, l'esecuzione di una certa attività, etc.). Declinando tale ultima applicazione nel mondo dell'arte, pensiamo, ed esempio, al caso di un collezionista che voglia acquistare un'opera d'arte priva di stima o garanzia di provenienza e, pertanto, prima di procedere all'acquisto sarà opportuno porre in essere una serie di attività di *due diligence* che richiedono tempo. Per ovviare a tale problema e tutelare e garantire entrambe le parti contraenti, si affida il bene all'*escrow agent*, soggetto autonomo ed indipendente, che lo custodisce fino a quando le condizioni indicate nel contratto principale (ad esempio, il completamento di una *due diligence*, etc.) non si realizzano, per poi attuare il trasferimento del bene stesso. L'acquirente, confortato dalla presenza del garante, verserà su un conto dedicato (*escrow account*) la somma concordata per l'acquisto del bene così il venditore, certo dell'esito positivo delle operazioni di verifica, eviterà anche possibili ripensamenti da parte del collezionista. Nel caso in cui le condizioni stabilite nel contratto principale non si verificano, la somma di denaro e il bene oggetto di *escrow* rientreranno nella disponibilità del titolare.

Sicuramente l'accordo di *escrow* risponde efficacemente ad uno degli aspetti più critici delle transazioni commerciali ovvero quello di tutelare l'esatta esecuzione delle rispettive obbligazioni, inserendo una garanzia ulteriore, oltre a consentire di massimizzare il tempo di impiego nella negoziazione, ridurre sensibilmente il rischio eventuale di possibili contenziosi tra le parti e far risparmiare ingenti somme di denaro.

Tuttavia, occorre sottolineare il rischio che il soggetto terzo e imparziale, *escrow agent*, possa incorrere, ad esempio, a causa di situazioni debitorie personali (non attinenti all'accordo di *escrow*), in un sequestro di beni o un pignoramento degli stessi. Ciò comporterà che anche la somma depositata, finirà per essere coinvolta nelle vicende personali dell'*escrow agent*, non essendosi creato nel patrimonio di quest'ultimo un vincolo di destinazione. Per ovviare a tale situazione, in Italia si ricorre all'utilizzo come *escrow agent* di banche o società fiduciarie. L'intervento di una società fiduciaria in qualità di *escrow agent* presenta ulteriori vantaggi in termini di efficacia, riservatezza, costi e flessibilità, ciò in quanto attraverso il mandato fiduciario sarà possibile personalizzare i termini dell'accordo in funzione delle caratteristiche del caso concreto da gestire ben prestandosi la stessa, ad esempio, a gestire la custodia di opere d'arte o del *caveau* dedicato. Va, però, sottolineato come anche nel caso di utilizzo di *escrow agent* "fidati" il ricorso a tale contratto non garantisce la segregazione del bene da vicende personali e patrimoniali delle parti che sottoscrivono l'accordo (quali, ad esempio, la morte ovvero un'aggressione patrimoniale) ed è qui che rileva, ancora una volta, il valore aggiunto del trust rispetto a tale strumento.

3. Dalla progettazione alla gestione del trust: caratteri generali e peculiarità dei trust aventi ad oggetto opere d'arte/collezioni

Oggetto di questo paragrafo è delineare i passaggi che in concreto portano alla istituzione di un trust e alla sua dotazione, nonché le principali attività (gestorie e di altra natura) cui è chiamato il trustee durante la vita del trust al fine di realizzare gli interessi dei beneficiari o gli scopi del trust. L'analisi sarà compiuta evidenziando le peculiarità che presentano sia l'atto istitutivo di trust che l'attività del trustee quando il *trust fund* sia costituito da opere d'arte/collezioni d'arte ovvero si perseguano con il trust scopi filantropici nel mondo dell'arte, il tutto corredato da un'analisi generale di carattere legale e fiscale.

3.1. La progettazione di un trust

A differenza degli istituti tradizionali con cui nel paragrafo 2 di questo Capitolo abbiamo raffrontato il trust, i quali trovano la loro fonte nella legge e soggiacciono, di conseguenza, ad una disciplina normativa rigida e predeterminata, il trust trova la sua fonte nell'autonomia privata che si esprime attraverso l'atto istitutivo di trust. Il che significa, fermo restando il vincolo per cui sul trustee incombono doveri fiduciari (ed il conseguente controllo delle corti e dei giudici), nonché ulteriori limitazioni imposte dalla legge straniera chiamata a regolare il rapporto di trust[118], valorizzare al massimo l'autonomia privata, limitando il raggio di interferenza della legge e dei regolamenti.

Ne discende che il professionista chiamato a redigere un atto istitutivo di trust ha non solo ampio spettro d'azione al fine di soddisfare fino al minimo dettaglio le richieste del cliente (purché chiaramente nei limiti della liceità e della meritevolezza[119]),

---

(118) - Tra i limiti si annoverano quelli in materia di durata, ad esempio:

a) con riguardo all'ordinamento inglese, l'art. 5(1) del *Perpetuities and Accumulation Act* 2009, determina un unico e non derogabile periodo di durata del trust di 125 anni;

b) con riguardo all'ordinamento della Repubblica di San Marino, l'art. 9, legge 1 marzo 2010, n. 42, fissa la durata massima del trust in 100 anni;

c) con riguardo all'ordinamento del Belize, l'art. 6(1) del *Trusts Act* fissa la durata massima del trust in 120 anni;

d) con riguardo, infine, all'ordinamento di Jersey, l'art. 15, *Trusts (Jersey) Law* 1984, non prevede alcun termine massimo di durata, consentendo, quindi, anche l'istituzione di trust perpetui.

In tema di limiti si pensi ancora alla presenza obbligatoria del guardiano nei trust di scopo imposta da talune leggi che regolano il trust, quali, ad esempio, la Legge di San Marino (legge n. 42 del 1 marzo 2010) il cui art. 52 dispone che "*l'atto istitutivo di trust di scopo prevede l'ufficio del guardiano e lo legittima a agire contro il trustee in caso inadempimento*" ovvero la *Trusts (Jersey) Law* 1984 il cui art. 12 qualifica come non invalido il trust di scopo *charitable* purché sia prevista la nomina di un guardiano. Per approfondimenti cfr. Busani, *Il Trust. Istituzione, gestione, cessazione*, cit., 24 e ss.; Panico, *Trust di scopo*, cit., 473.

(119) - Giova sottolineare che il trust deve sempre rispondere a requisiti di liceità, pertanto non deve essere contrario alle norme imperative né di ordine pubblico o buon costume vigenti nel Paese in cui opera. Si pensi ad esempio, per quanto riguarda il nostro Paese, alle norme del codice civile poste a tutela degli eredi legittimari *ex* art. 536 c.c. o alle tutele previsti per i creditori, tra cui emerge l'azione revocatoria *ex* art. 2901 c.c.. Sul punto cfr. art. 13 Convenzione dell'Aja del 1 luglio 1985, a norma del quale «*Nessuno Stato è tenuto a riconoscere un trust i cui elementi importanti, ad eccezione della scelta della legge da applicare,*

ma può anche prevedere, tramite l'inserimento di clausole *ad hoc* nell'atto istitutivo di trust, la possibilità di apportare variazioni e integrazioni successive allo stesso, nel presupposto che il trustee sia un soggetto di fiducia e competente in grado di effettuare le scelte opportune per la gestione del patrimonio nell'interesse dei beneficiari o dello scopo del trust(120). In altre parole, attraverso il trust è possibile pianificare la gestione in considerazione di accadimenti contingenti che si possono verificare nel tempo e, dunque, considerando anche la variabile temporale, che altri istituti, invece, non contemplano.

---

del luogo di amministrazione e della residenza abituale del trustee, sono più strettamente connessi a Stati che non prevedono l'istituto del trust o la categoria del trust in questione" e l'art. 18 Convenzione dell'Aja del 1 luglio 1985, a norma del quale "*Le disposizioni della Convenzione potranno essere non osservate qualora la loro applicazione sia manifestamente incompatibile con l'ordine pubblico*».

In aggiunta al requisito della liceità che un trust deve rispettare vi è poi il vaglio di meritevolezza, ossia un giudizio circa l'idoneità dello strumento utilizzato a regolare i diversi interessi in assenza di una preventiva opera di tipizzazione legislativa, che dottrina e giurisprudenza dominante fino a qualche tempo fa ritenevano doveroso effettuare sul singolo trust di volta in volta istituito. Sul punto cfr. Tribunale di Bologna, 1° ottobre 2003 n. 4545; Tribunale di Reggio Emilia, Ordinanza collegiale 12 maggio 2014; Tribunale di Urbino, 11 novembre 2011; Tribunale Ordinario di Milano sentenza n. 7670 del 2014. Per la giurisprudenza di Cassazione cfr. Cass. civ. Sez. VI - 5, Ord., 19-11-2012, n. 20254.

Una decisa inversione di tendenza a riguardo si è avuta nel 2018 a seguito di una pronuncia della Cassazione la quale ha affermato che il giudizio di meritevolezza si ritiene insito nell'avvenuta ratifica della Convenzione dell'Aja del 1 luglio 1985 da parte dello Stato italiano e, pertanto, di questo requisito non va, di volta in volta, accertata la presenza. In tal senso Cass., 19 aprile 2018, n. 9637 secondo cui «La valutazione (astratta) della meritevolezza di tutela è stata compiuta, una volta per tutte, dal legislatore. La L. 16 ottobre 1989, n. 364 (Ratifica ed esecuzione della convenzione sulla legge applicabile ai trusts e sul loro riconoscimento, adottata a L'Aja il 1 luglio 1985), infatti, riconoscendo piena validità alla citata convenzione dell'Aja, ha dato cittadinanza nel nostro ordinamento, se così si può dire, all'istituto in oggetto, per cui non è necessario che il giudice provveda di volta in volta a valutare se il singolo contratto risponda al giudizio previsto dal citato art. 1322 c.c. ». Sul punto cfr. BUSANI, in *Notariato*, 2018, 4, 473; in *Foro It.*, 2018, 10, 1, 3136; in *Giur. It.*, 2019, 8-9, 1833, con nota di MUNARI, *Alcune considerazioni in tema di trust*, 2019.

(120) - Frequente nella prassi dei trust interni è rinvenire negli atti istitutivi di trust clausole che legittimano il trustee, magari subordinando l'esercizio di questo potere a consensi/pareri di terzi, ad apportare modifiche a talune previsioni dell'atto. Una clausola diffusa è quella del seguente tenore: «*Il Trustee, sentito il parere del Guardiano, può modificare questo Strumento come egli ritenga sia opportuno nell'interesse generale del Trust*».

In taluni casi, anche se più rari e limitati solo a talune specifiche disposizioni dell'atto di trust, tale potere è rimesso ai beneficiari mentre è assolutamente sconsigliato, anche per ragioni di carattere fiscale, che lo stesso sia riconosciuto al disponente.

Va, inoltre, ribadito che da come si redige il trust dipende sostanzialmente l'operatività del trustee. Di conseguenza, risulta di cruciale importanza da parte del professionista, il quale deve avere specifici requisiti oltre che di competenza anche di esperienza[121], dedicare tempo a questa attività, ponendo alla base della stessa il costante dialogo con il cliente che rappresenta uno dei punti più delicati e, al contempo, fondamentali alla base di ogni operazione di pianificazione patrimoniale, dalla più semplice alla più complessa. Ciò rileva a maggior ragione con riguardo ai colloqui prodromici all'istituzione di trust in quanto questo strumento, a differenza di altri istituti giuridici che perseguono finalità analoghe, non si presta a tipizzazioni. Come già più volte ribadito in questo Capitolo, ogni atto istitutivo di trust è, infatti, un *unicum* in quanto:

- a seconda della finalità che il cliente vuole perseguire cambia l'impostazione dell'atto istitutivo di trust (ogni tipologia ha delle clausole tipiche e caratterizzanti);

- anche all'interno della stessa tipologia di trust non esiste un atto *standard* poiché ogni atto di trust è e singolare nel suo contenuto, essendo costruito *tailor made* sulle esigenze del cliente.

Al fine di assicurare quanto più possibile la personalizzazione del trust è, altresì, importante che il professionista nella fase progettuale di redazione dell'atto istitutivo di trust si interfacci anche con i professionisti (ad esempio, avvocati, commercialisti e nei trust relativi ad opere d'arte anche altre figure specializzate in materia) che da sempre affiancano il cliente e il cui ruolo potenzialmente sarà cruciale anche dopo l'istituzione del trust, tant'è che il più delle volte figurano all'interno del trust o come guardiani o come consulenti del trustee. Ciò fa capire che il trust non stravolge tutte le dinamiche pregresse ma le incorpora in sé, le razionalizza e le ottimizza al fine di assicurare la realizzazione al meglio delle finalità per cui è stato istituito. Parimenti importante in questa fase è la condivisione con i familiari del cliente e, più in generale, con i soggetti destinatari del

(121) - Per i trust aventi ad oggetto opere d'arte serve anche una competenza nel settore dell'arte, tra l'altro interdisciplinare, e se, come normalmente accade, il professionista non la possiede, dovrà farsi affiancare da specialisti in materia coinvolgendoli da subito nel processo di pianificazione.

progetto quali beneficiari ovvero ad altro titolo perché tendenzialmente saranno loro che ad una certa data dovranno interfacciarsi con il trustee e sarà verso di loro che il trustee dovrà talora operare delle scelte atteso che il più delle volte l'atto istitutivo presenta margini di discrezionalità a suo carico.

Tutte queste cautele e queste condivisioni sicuramente allungano l'*iter* operativo e sono foriere di conflittualità che possono portare il disponente anche a ripensamenti, ma sono fondamentali per la stabilità del trust negli anni a venire per evitare cause e litigiosità in generale che potrebbero compromettere il buon lavoro del trustee.

3.2. Le attività preliminari alla dotazione di un trust

Parallelamente al processo più prettamente tecnico legale di redazione delle clausole dell'atto istitutivo di trust è buona norma che venga avviata dal professionista un'attività istruttoria, di *due diligence* e ricognitiva in relazione ai beni che il disponente o terzi vogliano apportare nel costituendo trust al fine di consentire al trustee di perseguire gli scopi per cui il trust è posto in essere.

Tale attività investe plurimi aspetti, alcuni di carattere prettamente legale e fiscale, altri più strettamente correlati alle peculiarità dei beni oggetto di trasferimento e, di conseguenza, può venire a coinvolgere professionisti con diverse specializzazioni.

In primis, sarà opportuno verificare che gli *asset* conferiti in trust non ledano la quota di eventuali eredi legittimari del soggetto conferente[122]. Tale verifica, chiaramente, non darà mai certezza assoluta

[122] - Anche qualora si rilevasse una lesione di legittima, il trust non è da considerarsi nullo, atteso che l'atto istitutivo si considera valido, ma l'atto di apporto di beni in trust potrà essere oggetto di azione di riduzione in relazione alla quota lesiva dei diritti dei legittimari, ossia coloro ai quali spetta *ex lege* una quota del patrimonio del *de cuius* ai sensi degli articoli 536 e ss. del c.c.. In tal senso si è espressa la giurisprudenza: cfr. Trib. Lucca, 23 settembre 1997, secondo cui «la disposizione con cui il testatore dichiara di "lasciare in eredità" al fiduciario, in proprietà assoluta, ogni suo avere, ma a beneficio della figlia, va interpretata non come una sostituzione fedecommissaria, ma come disposizione istitutiva di "trust"; la lesione delle aspettative del legittimario non determina la nullità del "trust", ma la possibilità di applicare le disposizioni di diritto interno strumentali alla reintegrazione della quota riservata ai legittimari», in *Giur. It.*, 1999, 68; in *Foro It.*, 1998, I, 2007, 3391, con nota di Brunetti, *Il testamento dello zio d'America. Il "trust" testamentario* e di Lupoi, *Aspetti gestori e dominicali,*

in tal senso, atteso che il dato patrimoniale si cristallizzerà solo al momento della morte del soggetto conferente; in ogni caso si potrà arrivare ad un buon livello di approssimazione e l'attività ricognitiva fatta sarà di sicuro supporto al trustee laddove, anche magari dopo decenni dall'istituzione/dotazione di un trust che amministra sarà costretto a difendersi da un'azione di riduzione[123].

Altro approfondimento da effettuare riguarda la verifica dei valori "economici" dei beni oggetto di apporto, intendendo per tali

segregazione: "trust" e istituti civilistici. Cfr. anche: Trib. Lucca, 19 aprile 2017, in *Trusts e attività fiduciarie*, n. 6/2017, 645, secondo cui «è riducibile la disposizione testamentaria mediante la quale il de cuius lascia al coniuge, in qualità di trustee, il proprio residuo patrimonio, pretermettendo le due figlie, a favore di ciascuna delle quali il trust prevede esclusivamente il versamento di una esigua somma di denaro»; Cass., Sez. Un., 20 giugno 2014, n. 14041, in *Riv. Dir. Proc.*, 2015, 4-5, 1316, la quale, seppur in via indiretta, ha implicitamente riconosciuto che l'atto di dotazione del trust lesivo dei diritti di un legittimario non sia da qualificarsi in termini di nullità, essendo solamente contestabile con l'azione di riduzione.

In dottrina cfr. Busani, *Pavarotti, la "legittima" resiste al trust Usa*, in *Il Sole 24Ore*, 20 settembre 2007; Bartoli, *Il Trust*, cit., 647; Moja, *Il trust nel diritto civile e tributario*, cit., 291; Moscati, *Studi di diritto successorio*, Torino, 2013, 276; Romano, *Gli effetti del trust oltre la morte del disponente,* cit., 613; Rota-Biasini, *Il trust e gli istituti affini in Italia*, cit., 38; Saraceno, *Destinazione di beni e tutela dei legittimari*, in *Riv. Not.*, 4, 2013, 1066; Zanchi, *La tutela dei creditori e dei legittimari nel trust*, relazione svolta nel corso del Convegno *Struttura ed evoluzione della fattispecie. Il rapporto con il mandato fiduciario e con il nuovo contratto di fiducia* tenutosi presso la Camera di Commercio di Milano il 22 e 23 giugno 2010, 66.

(123) - A riguardo potrebbe essere utile a ridurre il rischio di controversie l'inserimento nell'atto istitutivo di trust di una clausola del seguente tenore:

«A. *Qualora, defunto il Disponente, un suo legittimario comunichi al Trustee che i proprî diritti sarebbero lesi dalla prosecuzione del Trust e richieda il trasferimento di beni in trust nella misura necessaria per fare venire meno tale lesione:*

1. *il Trustee, ottenuto il consenso del legittimario richiedente e di tutti gli altri legittimari che siano Beneficiari, trasferisce al richiedente i beni in trust fra tutti convenuti contestualmente alla sottoscrizione di un atto nel quale il richiedente dichiari di essere stato soddisfatto e rinunci a qualsiasi diversa o ulteriore pretesa verso il Trustee e verso coloro che hanno prestato il proprio consenso;*

2. *altrimenti, qualora il legittimario introduca una domanda giudiziale, il Trustee:*

a. *si costituisce in giudizio,*

b. *si rimette a giustizia,*

c. *in pendenza della definizione del giudizio non compie alcun atto che possa pregiudicare gli interessi del legittimario richiedente.*

B. *In entrambi i casi il richiedente e i suoi discendenti sono esclusi dalla categoria dei Beneficiari e da ogni vantaggio derivante loro da questo Strumento*».

Per ulteriori approfondimenti cfr. Lupoi, *Atti istitutivi di Trust*, Milano, 2017.

sia i valori "fiscali" dei beni che quelli "di mercato", valori che nel caso delle opere d'arte coincidono[124]. Questa attività risulta particolarmente laboriosa laddove oggetto di conferimento in trust siano opere d'arte in quanto in tali casi non esistono regole certe e definite ma solo prassi operative[125] e il notaio, a meno che a riguardo non sussista già documentazione in tal senso, dovrà farsi affiancare da un esperto che provvederà alla valutazione dell'opera d'arte interessata. Laddove poi trattasi, come accade nella maggior parte dei casi, di una collezione di opere d'arte, sarà opportuno affiancare a tale attività la redazione di un inventario[126]. Senza arrivare agli eccessi quali potrebbero essere la redazione di un catalogo ragionato è, comunque, opportuno che sia effettuata qualcosa in più di una mera descrizione dei singoli oggetti facenti parte di una collezione, ad esempio una catalogazione attraverso la compilazione di una scheda tecnica che contenga tutti gli elementi distintivi dei singoli beni (specificità tipologica, materica, storica, giuridica, conservativa, etc.).

L'attività in questione (inventario e stima opere) è importante, oltre che per effettuare a fini successori la ricognizione sopradescritta, anche per altri scopi, ovvero:

- a fini fiscali in relazione all'applicazione delle imposte connesse ai trasferimenti dei beni dal disponente/conferente al trust (e per esso al trustee). Ciò, chiaramente, laddove si propenda per

---

(124) - Per un approfondimento generale circa i meccanismi di valutazione ai fini del calcolo delle imposte di donazione e successione in relazione alle peculiarità dei singoli beni oggetto di trasferimento cfr. SCARIONI-ANGELUCCI, *La tassazione delle opere d'arte*, Milano, 2014; BUSANI, *Il Trust. Istituzione, gestione, cessazione,* cit., 722 ss.

(125) - Per approfondimenti sulla Circolare dell'Agenzia delle entrate 48/E del 6 agosto 2007 cfr. TASSANI, *Trust: trattamento tributario*, in *Quaderni della Fondazione italiana del Notariato,* in *www.fondazioneitalianadelnotariato.it:* ultimo accesso 7 agosto 2020; GUFFANTI, *I trust nelle imposte indirette alla luce delle indicazioni dell'Agenzia delle entrate*, in *Corr. trib.*, 2007, 3836; STEVANATO, *La reintroduzione dell'imposta sulle successioni e donazioni*, cit., 247 e ss.; BELLINI, *La "nuova" imposta sulle successioni e donazioni*, in *Il fisco*, 2006, p. 7230 e ss.; TASSANI, *I trust: trattamento tributario*, in *Analisi interpretative e novità della circolare 3/E 2008 dell'Agenzia delle Entrate*, in *Il Sole 24Ore*, Milano, 2008, 42 – 53.

Inoltre, cfr. SCARIONI-ANGELUCCI, *La tassazione delle opere d'arte*, cit.; LONGO, *Profili tributari del trust la gestione e la valorizzazione e il trattamento di patrimoni artistici e culturali*, in *Trust*, *Patrimoni artistici e collezioni* (a cura di) Cenini, Milano, 2019, 254 ss.

(126) - Per un approfondimento circa le tecniche di redazione di un inventario di opere d'arte e sul contenuto e modalità delle operazioni di stima v. in questo testo Capitolo 1, paragrafo 2.

seguire l'atteggiamento conservativo inaugurato dall'Agenzia delle Entrate con la circolare 48/E e da essa mai smentito che applica l'imposta di successione e donazione al momento del trasferimento dei beni dal disponente al trustee e non il recente orientamento portato avanti dalla Suprema Corte che, al contrario, posticipa il momento impositivo alla data dell'attribuzione dei beni da parte del trustee ai beneficiari, applicando al trasferimento iniziale dal disponente/conferente al trustee unicamente un'imposta fissa(127);

- affinché il trustee abbia cognizione del valore dei beni oggetto del *trust fund* sia al fine di monitorare il valore della consistenza del patrimonio artistico nel tempo sia ai fini delle sue attività di gestione del fondo, nonché delle distribuzioni ad una certa data di tale patrimonio tra i beneficiari del trust;

- a fini assicurativi affinché i beni siano adeguatamente tutelati e protetti e, in caso di furto, per inserire le opere nel *database* delle opere trafugate.

Collegata e spesso ricompresa nell'attività di inventario e stima è quella relativa allo stato di conservazione delle opere e ai luoghi ove sono attualmente conservate, soprattutto qualora il conferimento in trust comporti uno spostamento delle stesse (ad esempio, da dimore private a *caveau* di operatori specializzati).

Un'ulteriore verifica da effettuare è se, poi, all'interno della collezione vi siano opere notificate, in quanto in tal caso scatterebbero le norme di tutela poste dall'ordinamento italiano, ovvero denuncia del trasferimento ed autorizzazione all'eventuale spostamento dell'opera interessata(128).

Va, infine, rilevata una cautela aggiuntiva da porre in essere qualora la dotazione del trust sia effettuata dal disponente/conferente tramite testamento e solo relativamente alle ipotesi il cui trust (*rectius* il trustee *medio tempore* del trust) sia nominato erede(129). In

(127) - Per approfondimenti cfr. LONGO, *Profili tributari del trust*, cit., 254 ss.; BUSANI, *Trust, la Cassazione conferma: atto di dotazione solo con il registro fisso*, in *Quotidiano del Fisco*, 30 giugno 2020.

(128) - In tal senso cfr. in questo testo Capitolo 3, paragrafo 3.

(129) - Nel caso di legato il problema non sussiste, atteso che il legatario subentra solo nella posizione attiva ma non eredita la posizione passiva. Per approfondimenti v. artt. 649 e ss. c.c.

tali casi, poiché l'erede subentra non solo nei rapporti patrimoniali attivi facenti capo al *de cuis*, ma anche in quelli passivi di cui dovrà rispondere è buona norma anche se il trustee non è obbligato[130] che lo stesso accetti l'eredità con beneficio di inventario[131]. Ciò gli consentirà di effettuare una valutazione preventiva sulla composizione della massa ereditaria al fine di decidere se accettare o rinunciare all'eredità nell'interesse del trust e dei beneficiari.

Una volta conclusosi il processo di redazione dell'atto istitutivo di trust e le attività di cui sopra, a meno che non si propenda per l'istituzione di un trust testamentario[132], si procede alla implementazione dell'operazione tramite la sottoscrizione da parte del cliente dell'atto istitutivo di trust e dell'atto di dotazione. Tale attività è espletata usualmente innanzi a notaio e avviene nelle forme dell'atto pubblico o della scrittura privata autenticata[133]. Per ragioni di

---

(130) - L'accettazione con beneficio inventario è obbligatoria per fondazioni e associazioni. In tal senso si esprime l'art. 473 c.c. a norma del quale "*L'accettazione delle eredità devolute alle persone giuridiche o ad associazioni, fondazioni ed enti non riconosciuti non può farsi che col beneficio d'inventario. Il presente articolo non si applica alle società*".

(131) - L'accettazione con beneficio di inventario è una forma di accettazione dell'eredità, soggetta a specifici requisiti di forma ad *substantiam*, che consente di tenere il patrimonio del *de cuius* separato da quello personale dell'erede, ponendo un limite alla responsabilità di costui per i debiti del defunto, dei quali risponderà solo nei limiti del valore di quanto ricevuto. Ciò assume rilievo soprattutto nei casi in cui sia stata prescelta come legge regolatrice del trust una legge, quale quella inglese, che non contiene limitazioni alla responsabilità patrimoniale del trustee che potrebbe, pertanto, rispondere addirittura con il suo patrimonio dei debiti del *de cuius*; sul punto cfr. Torrente-Schlesinger, *Manuale di diritto privato*, 2019; Gazzoni, *Manuale diritto privato*, 2019; Di Marzio, *L'accettazione dell'eredità con beneficio d'inventario*, Milano, 2013.

(132) - Il trust testamentario è quella particolare fattispecie di trust nella quale l'atto istitutivo e l'apporto dei beni vincolati in trust sono contenuti all'interno di uno strumento testamentario (sia esso un testamento di tipo olografo, pubblico o segreto). A riguardo cfr. Busani, *Il Trust. Istituzione, gestione, cessazione*, cit., 102 ss.; Muritano, *Attribuzione di beni al trustee di trust testamentario e imposta di successione*, in *Trusts e attività fiduciarie*, n. 2/2020, 168; Paradiso, *Trust testamentario*, (a cura di) Monegat-Lepore-Valas, *Trust. Aspetti sostanziali e applicazioni nel diritto di famiglia e delle persone*, Torino, 2010, 463; Romano, *Gli effetti del trust oltre la morte del disponente,* cit., 593; Rota-Biasini, *Il trust e gli istituti affini in Italia*, cit., 67; Virgadamo, *La costituzione di patrimoni separati per testamento: appunti e spunti a margine di un recente contributo*, in *Dir. Fam. Pers.*, 2018, 2, 754. De Donato, *Le vicende successorie*, in *Materiali sul trust*, n. 12, allegato al n. 3 di *Federnotizie*, 2001, 25.

(133) - Invero, il ricorso al notaio relativamente agli atti di conferimento di beni in trust risulta obbligatorio solo nei casi in cui vi sia l'apporto di beni immobili, quote di società a responsabilità limitata e, in generale, di ogni altro bene per il cui trasferimento la legge impone la forma dell'atto pubblico. Tuttavia, si registra come nella prassi dei trust interni vi

riservatezza la prassi dei trust interni è solita prevedere la stipula di due separati (anche se il più delle volte contestuali) atti per l'istituzione e la dotazione del trust, benché nulla vieti che si possa incorporare il tutto in un unico documento. Infine, si segnala che abitualmente l'atto istitutivo di trust contiene anche la nomina del trustee, nonché delle altre figure chiamate a operare in via permanente nel rapporto (quali guardiano, comitato di tecnici etc.), che sottoscrivendo lo stesso accettano la carica.

3.3. La gestione di un trust

Formalizzato l'atto istitutivo di trust ed effettuata la dotazione del trust si passa alla fase operativa dello stesso che vede come protagonista indiscusso il trustee, eventualmente affiancato come più volte già ribadito, da uno o più soggetti che lo supportano, controllano e indirizzano al fine di consentirgli di realizzare al meglio gli scopi del trust e gli interessi dei beneficiari.

Abbiamo finora sottolineato più volte che ogni atto istitutivo di trust è *tailor made*, cioè costruito dal professionista sulla base delle esigenze e dei *desiderata* del singolo cliente.

Da questo assunto discende come inevitabile corollario che anche la gestione del *trust fund* da parte del trustee sarà di volta in volta diversa in quanto indirizzata e vincolata dalle previsioni contenute a riguardo nell'atto istitutivo di trust, benché sempre finalizzata alla realizzazione dello scopo del trust e degli interessi dei beneficiari.

È, pertanto, auspicabile che l'atto istitutivo di trust preveda per ogni bene potenzialmente segregabile in trust non solo i beneficiari finali, ma anche le modalità di gestione e i destinatari dei frutti *medio tempore* prodotti dal fondo in trust. Ciò in quanto il *trust fund* non rappresenta qualcosa di statico e, sempre che tale possibilità non sia preclusa, in tutto o in parte, da specifiche clausole dell'atto istitutivo

---

sia, in quanto ritenuto più tutelante, un costante ricorso al supporto notarile anche qualora si conferiscano in trust beni di altra natura, come nel caso delle opere d'arte. Sul punto cfr. Soncini e Fasani, *I veicoli per la trasmissione delle collezioni*, cit., 143-144.

di trust, il trustee potrà sempre movimentarlo procedendo a vendite, permute, costituzione di garanzie o riconoscimento di diritti sullo stesso a favore dei beneficiari, etc.

Questo ragionamento a maggior ragione vale ove il *trust fund* sia costituito da opere d'arte in quanto alle attività per così dire "standard" che lo stesso deve porre in essere se ne aggiungono altre la cui specificità sarà oggetto della trattazione a seguire e che differenzieremo per tipologie di trust[134].

In relazione a *trust di passaggio generazionale di opere d'arte* (e questo vale sia per trust con beneficiari privati che per trust filantropici) *in primis* va rilevato come il trustee appena entra in possesso dell'opera, singola o collezione che sia, deve provvedere alla sua "messa in sicurezza" ovvero:

- verificare che sussista una copertura assicurativa adeguata e nel caso manchi o sia parziale, finalizzarla o integrare i massimali[135];
- verificare che il bene sia custodito in locali idonei e con adeguati presidi in termini di protezione e garanzia di conservazione.

Tali attività vanno espletate sia che il trustee abbia la piena proprietà sia che sia solo nudo proprietario del bene e nella prassi dei trust interni capita sovente che sia lo stesso atto istitutivo di trust che obblighi il trustee a porle in essere[136].

---

(134) - Sul punto cfr. in questo Capitolo, paragrafo 1.

(135) - Con riferimento alla polizza con garanzia *all risks*, che è la formula di copertura più ampia esistente sul mercato, cfr. in questo libro Capitolo 4, paragrafo 6.

(136) - Una delle clausole usualmente utilizzate nella prassi dei trust interni sul tema recita così:

«*Il Trustee, impiegando il fondo in trust:*

1. *custodisce il fondo in trust;*
2. *ne tutela la consistenza fisica, il titolo di appartenenza e, se del caso, il possesso;*
3. *in quanto la natura di un bene in trust lo consenta, cura che ne mantenga il valore nel tempo;*
4. *se non esonerato dal Guardiano, assicura ogni bene in trust, diverso dai valori mobiliari nominativi, secondo la natura del bene, contro il rischio di perimento e incendio;*
5. *si assicura contro la responsabilità civile derivante dalla sua attività quale trustee o da altri fatti inerenti il suo rapporto con i singoli beni in trust*».

Qualora poi il bene sia stato ricevuto dal trust per successione e il trustee non disponga di informazioni complete, dettagliate e aggiornate dell'opere d'arte segregate (*i.e.* per ogni bene almeno una scheda tecnica redatta da specialista in materia con accurata descrizione, attribuzione, tecnica e misure, anno o periodo di esecuzione, nonché tutti i dati della catalogazione, fattura di acquisto o altro atto di provenienza, attestazione di autenticità o dati delle pubblicazioni, dettagli bibliografici ed espositivi) è importante da subito che coinvolga un professionista e lo incarichi di redigere un inventario. Ciò in quanto, essendo le opere d'arte beni mobili ed essendo il più delle volte il trust destinato a durare per molto tempo e ben oltre la vita del disponente, è fondamentale che il trust abbia un elenco preciso di ciò che possiede, con le informazioni relative alle opere d'arte costantemente aggiornate.

Durante la vita del trust il trustee deve, poi, curarsi che venga periodicamente controllato lo stato di conservazione delle opere. E tale attività andrà di volta in volta espletata da un tecnico di fiducia specializzato che stenderà un documento (c.d. *condition report*)(137) sulla condizione dell'opera che verrà a descriverne lo stato attuale, se vi sono stati interventi di restauro successivi alla realizzazione dell'opera, se vi sono danni o anche solo segni del tempo. Lo stato di conservazione dell'opera è un elemento determinante per il valore della stessa e va tenuto aggiornato; è, inoltre, utile anche in caso di movimentazione dell'opera in occasione di restauri ovvero prestiti a mostre o a musei.

Tutte queste attività sono strettamente collegate al fatto che il trustee che gestisce opere d'arte, a differenza di quando il *trust fund* è composto di soli strumenti finanziari, si deve assumere la responsabilità del valore storico e culturale incorporato nel bene facente parte del patrimonio del trust. Durante la vita del trust, il trustee deve, quindi, adempiere alcuni ulteriori oneri come una costante attività di manutenzione al fine di garantire all'opera la sua conservazione nel tempo, evitando il deterioramento che può essere causato da polveri, fratture o ulteriori danni dovuti ad atti vandalici piuttosto che il verificarsi di calamità naturali che potrebbero

(137) - A riguardo cfr. in questo libro Capitolo 1, paragrafo 5.4.1.

comprometterne la sicurezza. Ulteriori rischi potrebbero essere rappresentati da un possibile furto o incendio.

Passando, poi, alla *gestione corrente del bene*, a seconda di come è strutturato l'atto istitutivo di trust e della natura dei diritti conferiti(138) il trustee porrà in essere tutte le attività finalizzate a seconda dei casi alla gestione e valorizzazione del patrimonio artistico nell'interesse dei beneficiari ovvero, relativamente ai trust filantropici, per realizzare lo scopo del trust.

A riguardo vanno fatte due precisazioni di carattere generale:

- la prima è che nel caso di trust di gestione di patrimoni culturali l'atto istitutivo di trust solitamente prevede una peculiarità con particolare riferimento agli obblighi fiduciari del trustee, ovvero clausole che si discostano dai normali doveri di gestione prudenziale, che con riguardo alla gestione di patrimoni spesso coincide con la diversificazione degli investimenti(139);
- la seconda è che in ognuna di queste ipotesi al fine di assicurare un servizio eccellente potrebbe essere opportuno coinvolgere nella vita del trust anche altri soggetti. Tali soggetti potranno coincidere con coloro che hanno affiancato il disponente/conferente nel corso della sua vita, aiutandolo e consigliandolo nella costituzione della collezione ovvero essere identificati in soggetti specializzati indipendenti e di nuova nomina scelti dal trustee secondo criteri di eccellenza e miglior rapporto qualità-prezzo della prestazione(140). Ciò in quanto, sebbene sia opportuno che il ruolo del trustee venga

(138) - Spesso, soprattutto nei trust aventi ad oggetto opere d'arte in virtù del particolare legame che unisce il disponente/conferente all'opera, viene trasferita al trustee solo la nuda proprietà delle stesse, con ritenzione dell'usufrutto in capo al disponente/conferente che così può goderne e utilizzarne i frutti finché vive.

(139) - A riguardo l'atto istitutivo di trust potrebbe contenere una clausola del seguente tenore:

«*Il Trustee, non è tenuto*

1. *a preservare o accrescere il valore del Fondo in Trust né a diversificare gli investimenti;*
2. *a valutare periodicamente il valore di mercato del Fondo in Trust*».

(140) - È buona norma che il trustee ogni qualvolta debba conferire un incarico a terzi proceda a commissionare preventivi a più interlocutori per raggiungere il massimo risultato, atteso che tra i doveri del trustee vi è quello di lealtà e indipendenza di cui tale aspetto costituisce un corollario.

svolto da un soggetto professionale a tal proposito incaricato, nulla esclude che sussistano altri soggetti che affianchino il trustee e lo supportino.

Relativamente alla tipologia di rapporto che tali soggetti possono avere con il trustee, esso può essere permanente o occasionale e trovare la sua fonte:

- in maniera esplicita nell'atto istitutivo di trust: ad esempio, si pensi ai casi sempre più frequenti di nomina dell'*art advisor* o del *collecting manager* quali guardiani del trust, riconoscendo agli stessi il compito di vigilare sull'attività del trustee ed apportare il loro contributo nelle scelte relative alla vita della collezione (ad esempio, se e a chi prestare, se ed a chi vendere, come e quando valorizzare e coordinare le eventuali attività di investimento in ulteriori opere che possano arricchire il valore della collezione);

- più in generale, nell'autonomia riconosciuta al trustee nell'esercizio del suo potere discrezionale in relazione alla gestione del *trust fund*(141). Rientrano in tale categoria i contratti che possono

---

(141) - A riguardo la maggior parte delle leggi che disciplinano l'istituto del trust facoltizza il trustee a dare deleghe a terzi o farsi supportare da terzi in relazione ad attività su cui non sia specializzato.

Sul punto v. art. 11 *Trustee Act* 2000, a norma del quale «*Subject to the provisions of this Part, the trustees of a trust may authorise any person to exercise any or all of their delegable functions as their agent.*

(2) In the case of a trust other than a charitable trust, the trustees' delegable functions consist of any function other than:

(a) any function relating to whether or in what way any assets of the trust should be distributed,

(b) any power to decide whether any fees or other payment due to be made out of the trust funds should be made out of income or capital,

(c) any power to appoint a person to be a trustee of the trust, or

(d) any power conferred by any other enactment or the trust instrument which permits the trustees to delegate any of their functions or to appoint a person to act as a nominee or custodian.

(3) In the case of a charitable trust, the trustees' delegable functions are:

(a) any function consisting of carrying out a decision that the trustees have taken;

(b) any function relating to the investment of assets subject to the trust (including, in the case of land held as an investment, managing the land and creating or disposing of an interest

in the land); (c) any function relating to the raising of funds for the trust otherwise than by means of profits of a trade which is an integral part of carrying out the trust's charitable purpose;

(d) any other function prescribed by an order made by the Secretary of State. [...]»; v. art. 25 *Trust (Jersey) Law* 1984 che consente espressamente al trustee, salvo diversa previsione dell'atto istitutivo, di delegare, in via generale, le proprie funzioni (sia decisionali che amministrative), consentendo ai delegati anche la facoltà di subdelega; inoltre, ove la nomina dei delegati da parte del trustee sia avvenuta in buona fede e senza negligenza, viene, altresì, esclusa la responsabilità del trustee per gli atti compiuti dai delegati medesimi; v. art. 33, legge 1 marzo 2010, n. 42 della Repubblica di San Marino che dispone: «*1. Salvo diversa disposizione della legge o dell'atto istitutivo, il trustee può delegare i propri poteri relativi al compimento di atti o operazioni relative all'amministrazione del fondo in trust e al compimento di atti dispositivi di beni in trust.*

2. I seguenti poteri non sono delegabili:

a) il potere di decidere secondo quali modalità e tempi attribuire i beni in trust ai beneficiari;

b) il potere di nominare un nuovo trustee;

c) il potere di delega.

3. Nell'amministrare il trust, il trustee può delegare la scelta degli investimenti esclusivamente a banche e a imprese di investimento soggette a vigilanza prudenziale, non costituite o amministrate in Paesi individuati con apposito provvedimento dell'Autorità di Vigilanza, che procedono alla selezione degli investimenti secondo i criteri specificati dal trustee in apposito documento.

4. La delega a favore di più soggetti si intende congiunta.

5. Colui che è delegato ad esercitare un potere ai sensi del presente articolo è tenuto a rispettare

i medesimi obblighi del trustee ai sensi delle Sezioni II e III del presente capo.

6. Il trustee può delegare poteri a beneficiari, ma solo qualora il trust abbia un guardiano legittimato ad agire contro il trustee e il guardiano consenta.

7. Il trustee vigila sull'operato del delegato e risponde delle istruzioni e delle direttive impartite a quest'ultimo.

8. Qualsiasi beneficiario o il guardiano possono agire direttamente contro il delegato.

9. Se sono nominati più trustee, ciascun trustee può delegare l'esercizio del proprio ufficio ad altri trustee, purché i trustee siano almeno tre. La delega non può avere durata superiore a un anno e non ha effetto se è compiuta per consentire o facilitare la violazione da parte di altri trustee degli obblighi derivanti dal trust.

10. L'atto istitutivo può prevedere che, qualora vi siano più trustee, la amministrazione del fondo e il compimento di atti dispositivi di beni in trust sia delegata a uno solo di essi, con esonero da responsabilità in favore degli altri trustee per gli atti compiuti dal trustee delegato.

Il trustee delegato è comunque tenuto a comunicare agli altri trustee una volta all'anno tutti gli atti da lui compiuti allo scopo di formare collegialmente il bilancio annuale».

Per approfondimenti dottrinali cfr.: LA TORRE – SARRO, *Trustee Act 2000,* Congresso Nazionale Associazione "Il trust in Italia", Roma, 21/23 ottobre 2005; SARRO – LA TORRE, *Leggi Tradotte II*, in Lupoi (a cura di), *Trusts e attività fiduciarie Quaderni*, 2005.

essere stipulati dal trustee, secondo le tempistiche e le modalità più svariate, con vari soggetti quali:

• l'*art strategist*: trattasi usualmente di contratti aventi ad oggetto la definizione delle linee di sviluppo (valori, obiettivi, posizionamento, offerta artistica, modello operativo, marketing e comunicazione, presenza sui canali *on line* e fisici) di una collezione e l'ottenimento di una crescita sostenibile e profittevole;

• lo storico dell'arte: trattasi di incarichi affidati dal trustee, ad esempio, in fase di acquisto di una nuova opera da parte del trust e al fine di essere supportati tramite un'attività specialistica di ricerca primaria e archivistica nell'elaborazione di una *due diligence* corretta;

• il consulente legale o fiscale: trattasi di mandati professionali conferiti dal trustee al fine di essere supportato nella costruzione/mantenimento di una collezione "stabile" dal punto di vista della *compliance* legale e fiscale. Tale supporto è essenziale sia relativamente alla fase del trust collegata al trasferimento (a seguito di atto tra vivi o *mortis causa*) della proprietà della collezione al trust e, per esso al trustee, sia durante la vita del trust medesimo in quanto in un mercato sempre più complesso e globalizzato attività come

---

In proposito si, sottolinea, altresì, la frequente previsione all'interno degli atti istitutivi di trust di clausole del seguente tenore: «*Nel corso della Durata del Trust il Trustee può conferire mandati a chiunque, anche a un Beneficiario o a un Trustee, quando siano più di uno nell'ufficio, aventi quale oggetto l'esercizio di uno specifico potere gestionale purché non in contrasto con le disposizioni della legge regolatrice del Trust e per un periodo determinato:*

1. *alle condizioni che ritenga*

2. *e in forza di atto scritto,*

a. *che non consenta all'altra parte deleghe di funzioni, limitazioni di responsabilità al di là delle limitazioni applicabili al Trustee, compimento di attività in circostanze che possano dare luogo a conflitto di interessi,*

b. *e che consenta la libera revoca qualora mandatario sia un Beneficiario o un Trustee*».

Oppure, con riferimento agli investimenti finanziari, ricorrente è la seguente clausola «*Il Trustee può stipulare contratti per la prestazione dei servizi e attività di investimento regolate dal Testo Unico della Finanza (d.lgs. n. 58 del 1998) per una più efficiente gestione delle disponibilità finanziarie del Trust*».

Infine, con riguardo al potere di consultazione del trustee, si utilizza sovente la seguente clausola «*Nel corso della Durata del Trust il trustee può chiedere (sentito il parere/ottenuto il consenso del guardiano) consulenza a professionisti relativamente ad atti da compiere in relazione al trust e conferire loro incarico per una prestazione professionale*».

comprare, vendere, importare, prestare, possono avere un impatto non indifferente sulla vita di una collezione e il loro tecnicismo richiede figure *ad hoc* che siano in grado di offrire un servizio di consulenza altamente specializzato e qualificato.

Sul punto, di seguito si riportano due esempi che fanno emergere l'importanza di tale supporto:

- sul versante legale, pensiamo alla difficile tematica della "movimentazione" durante la vita del trust delle opere d'arte da parte del trustee attraverso i confini, che andrà monitorata dal punto di vista delle norme italiane di tutela (necessità di attestati di libera circolazione/licenze di esportazione temporanea o definitiva in caso di uscita; importazioni temporanee, in caso di entrata) e con attenzione ancora maggiore in caso di "beni vincolati"(142).

- sul versante fiscale, pensiamo al problema sovente ricorrente quando il trustee effettua nell'ambito della gestione della collezione numerose transazioni, ovvero plurime attività finalizzate a valorizzare l'opera tanto da integrare il requisito dell'abitualità che lo assimila a livello fiscale al mercante d'arte. In tali casi c'è il rischio concreto che l'attività del trustee venga configurata non come una mera dismissione patrimoniale ma come esercizio di un'attività commerciale, con conseguente realizzazione di una fattispecie imponibile(143). Ma anche quando manchi il requisito dell'abitualità bisogna stare attenti in quanto l'amministrazione finanziaria potrebbe ritenere che i proventi derivanti dalla cessione di opere e realizzati con intento speculativo possano fare rientrare il trustee contribuente nella generale categoria dello "speculatore occasionale" i cui proventi vengono tassati ai sensi dell'art. 67, lettera i), Tuir, a norma

(142) - Cfr. in questo testo Capitolo 3, paragrafo 3.

(143) - In pratica al trustee può essere riconosciuta la diversa natura del mercante d'arte, ovvero di chi abitualmente svolge attività finalizzata allo scambio di opere e i cui proventi possono essere attratti nell'ambito della tassazione prevista per le persone fisiche che svolgono attività di impresa. Ciò può accadere quando il trustee effettua nell'ambito della gestione della collezione numerose transazioni, ovvero numerose attività finalizzate a valorizzare l'opera tanto da integrare il requisito dell'abitualità che lo assimila a livello fiscale al mercante d'arte. In dottrina, cfr. SCARIONI - ANGELUCCI, *La tassazione delle opere d'arte*, cit.; LONGO, *Profili tributari del trust*, cit., 254 ss.; BUSANI, *Il Trust. Istituzione, gestione, cessazione,* cit., 722 ss.; PECORI GIRALDI, *Collecting Art. Guida non artistica per collezionisti e appassionati,* cit..

del quale i redditi derivanti da attività commerciali non esercitate abitualmente rientrano nella categoria dei redditi diversi. Occorre, pertanto, che il trustee presti particolare attenzione a tutte quelle attività e transazioni che, sebbene eseguite al solo scopo di migliorare la qualità ed aumentare il valore della collezione, possano essere riqualificate come attività di impresa, e, per l'effetto, tassate e supportate adeguatamente da un professionista esperto nel settore.

Ulteriore tematica da richiamare in merito alla gestione del trust riguarda la stipula da parte del trustee con terzi (beneficiari del trust quali, ad esempio, i discendenti del disponente, ovvero altri soggetti individuati nell'atto istitutivo di trust quali, ad esempio, musei o fondazioni) di contratti *ad hoc* funzionali a immettere tali soggetti nel godimento dei beni vita natural durante o per un certo periodo di tempo. Anche se non mancano casi di utilizzo dietro corrispettivo, la formula più utilizzata per realizzare tale obiettivo è quella di attribuire da parte del trustee a terzi il godimento a titolo gratuito del bene tramite comodati o prestiti(144). Ciò potrebbe suscitare perplessità con riguardo a trust privati, ma è la prassi nel caso di trust pubblici, come già anticipato nel paragrafo 2.2.3. del presente Capitolo.

Passando, infine, alla gestione di trust con scopi di garanzia/supporto di operazioni di finanziamento o di trust con scopi di investimento in opere d'arte, essi presentano alcune peculiarità gestionali che li diversificano notevolmente rispetto a quelli aventi finalità di passaggio generazionale e che saranno di seguito esplorate.

Con riguardo ai trust di garanzia, fermo restando la necessità di porre in essere da parte del trustee tutte le attività materiali e professionali sopradescritte a protezione del patrimonio, sicuramente l'operatività del trustee è più snella rispetto ai trust finora esaminati poiché trattasi di operazioni che si estrinsecano in un limitato arco temporale e in cui il trustee è alquanto passivo e, nella maggior parte dei casi, la sua attività si limita alla detenzione e custodia dell'opera d'arte o della collezione. Inoltre:

---

(144) - Per un approfondimento sul punto v. in questo testo Capitolo 4, paragrafo 3.

- l'attività di *due diligence*, la valutazione iniziale del valore dell'opera d'arte/collezione e il *condition report* sono svolti da professionisti esterni addirittura prima dell'istituzione del trust e il trustee, di conseguenza, e a meno che l'atto istitutivo di trust non contenga previsioni aggiuntive, dovrà limitarsi a recepirle e tenerle periodicamente aggiornate;

- il guardiano di tali trust è, di regola, individuato in un soggetto non di fiducia del disponente/conferente, ma della controparte coinvolta nell'operazione che attraverso lo stesso controlla che l'operato del trustee sia conforme al dettato dell'atto istitutivo di trust.

In questi trust, inoltre, anche il *trust fund* è maggiormente diversificato rispetto alle ipotesi precedenti in quanto, da una parte, abbiamo il conferimento di opere d'arte, dall'altra, il trasferimento della liquidità necessaria per l'acquisto delle stesse (nei trust a garanzia di transazioni commerciali) o per operazioni di *art lending* (nei trust a supporto di operazioni di finanziamento). Ciò comporta che per la gestione di questa tipologia di trust la scelta del trustee ricada su operatori professionali con particolare *expertise* anche in ambito finanziario o, come accade più spesso, che il trustee si avvalga del supporto di operatori specializzati in materia di strumenti finanziari.

Passando, infine, ai trust di investimento in opere d'arte, sottolineamo come in relazione alla gestione degli stessi da parte del trustee valga quanto finora detto per le altre tipologie di trust, rilevando, in aggiunta, la peculiarità che l'attività del trustee potrebbe dimostrarsi più complessa sia in relazione ai rapporti dello stesso con i beneficiari (soprattutto laddove l'atto istitutivo di trust contempli che nel corso della durata del trust possano mutare, a seconda degli apporti e/o di altri eventi naturali o volontari, sia la composizione della classe beneficiaria che le quote di beneficio spettanti a ciascun beneficiario), che in merito alla gestione del *trust fund*, essendo questa potenzialmente molto attiva e variegata e implicando, di conseguenza, la necessità di un supporto pressoché permanente al trustee da parte di esperti di settore nei più svariati campi[(145)].

---

(145) - In relazione a questa tipologia di trust è spesso complessa anche la gestione di tipo amministrativo e contabile, soprattutto laddove l'atto istitutivo di trust contempli la

4. Casi pratici

Scopo di questo paragrafo è passare dalla teoria alla pratica, attraverso la descrizione di una serie di casi concreti in cui il trust è stato utilizzato in Italia con riguardo al mondo dell'arte per realizzare gli obiettivi descritti nei paragrafi precedenti di questo Capitolo.

Tutti i casi rappresentati sono tratti da storie vere (opportunamente "rivisitate" per tutelare la riservatezza delle parti) che mi sono trovata ad affrontare o come avvocato o come trustee professionale nel corso della mia esperienza lavorativa e che porto all'attenzione del lettore al fine di diffondere una cultura positiva del trust e auspicando che lo stesso possa trarne spunti interessanti per la sua vita professionale o personale.

4.1. Trust di passaggio generazionale di opere d'arte all'interno di una famiglia: il caso di Lorenzo De Lorenzi

Lorenzo De Lorenzi è un architetto veneto quarantenne, amante dell'arte, che da sempre vive insieme ai suoi genitori, entrambi ottantenni, ed ai due fratelli, pressoché suoi coetanei, in una maestosa villa palladiana sui colli vicentini.

Tutta la famiglia De Lorenzi va molto fiera di questa villa, di cui sono proprietari in pari quote i genitori e i tre figli e che è vincolata alle Belle Arti, ma, soprattutto, è affezionatissima al suo contenuto, costituito da mobili d'epoca di pregio e dipinti e sculture del Seicento. Tale patrimonio in parte deriva alla famiglia da eredità (la villa di Vicenza è di proprietà dei De Lorenzi da più di due secoli), in parte è frutto di investimenti fatti prevalentemente da Lorenzo.

Le preoccupazioni della famiglia De Lorenzi, ma soprattutto di Lorenzo, che è l'unico che ad oggi si occupa attivamente dei beni di famiglia, sono prevalentemente tre:

---

necessità di trasmettere *report* periodici da parte del trustee ai beneficiari circa la sua operatività corrente. In tali casi si rivela, pertanto, opportuno che il trustee al fine di garantire una gestione efficiente del patrimonio sia coadiuvato non solo da esperti in materie artistiche, in qualità di consulenti, ma anche da figure specializzate in altri ambiti. In tal senso cfr. Busani, *Il Trust. Istituzione, gestione, cessazione*, cit., 2020.

- mantenere l'unitarietà e la consistenza attuale del patrimonio, evitandone il frazionamento nel tempo, ad esempio in caso di successione o a causa di alienazione da parte di uno dei membri della famiglia o di suoi successori;

- difendere tale patrimonio da azioni da parte di terzi;

- organizzare un passaggio generazionale graduale e preordinato di tale patrimonio.

Ciò anche in considerazione del fatto che a breve uno dei fratelli di Lorenzo, Maurizio, si sposerà e la futura moglie ha già espresso il desiderio di andare a vivere a Firenze, sollecitandolo Maurizio a vendere la sua quota di proprietà della villa di Vicenza, nonché parte della collezione di opere d'arte condivisa con i familiari per realizzare la liquidità necessaria ad acquistare un nuovo appartamento in Toscana. Nel contempo, Lorenzo vorrebbe trovare una soluzione che gli consenta di continuare a godere insieme alla sua famiglia del patrimonio artistico, nonché di partecipare attivamente alla sua gestione, conservazione e valorizzazione.

Valutato che un trust interno adeguatamente strutturato avrebbe consentito di realizzare tutti i *desiderata* sovradescritti, Lorenzo è ricorso a tale strumento istituendo un trust avente come scopo la preservazione nel tempo dell'unitarietà e del valore del patrimonio artistico della famiglia De Lorenzi e insieme ai suoi familiari ha segregato nel trust così istituito la villa di Vicenza, il patrimonio artistico in essa contenuto e una considerevole somma di denaro funzionale a garantire la conservazione e gestione del *trust fund* da parte del trustee.

Andando ad esaminare come è stato strutturato l'atto istitutivo di trust, notiamo, da un lato la presenza di clausole che assicurano il mantenimento dell'unitarietà del patrimonio segregato, dall'altro l'inserimento di previsioni che permettono al gruppo familiare di non perdere il contatto con i beni segregati in trust. Più specificamente, relativamente alla villa, l'atto istitutivo è stato predisposto in modo tale da vietare al trustee la sua alienazione se non per ragioni legate a sopravvenute difficoltà economiche dei membri della famiglia De Lorenzi o per consenso unanime di tali soggetti. È stata, inoltre, prevista la possibilità per il trustee di stipulare con i membri della famiglia De Lorenzi un contratto di comodato gratuito al fine di consentire loro di abitare nella villa.

Analoghe clausole sono state previste relativamente alle opere d'arte circa le modalità di alienazione, nonché l'affidamento in custodia delle stesse ai membri della famiglia De Lorenzi (cosa che, invece, potrà avvenire tramite la stipula di un contratto di deposito e custodia nei loro confronti).

È stato, infine, contemplato il divieto in capo al trustee di trasferire le opere d'arte in luogo diverso dall'ubicazione da loro avente al momento della segregazione in trust se non con il consenso unanime di tutti i membri della famiglia De Lorenzi o per ragioni di sicurezza.

Quanto alla gestione e valorizzazione delle opere d'arte, l'atto istitutivo contiene specifiche clausole che danno al trustee la possibilità di ricorrere a consulenti specializzati in materia al fine di supportarlo nella gestione del fondo in trust; il primo consulente (nominato già nell'atto istitutivo di trust) sarà Lorenzo mentre, dopo la sua morte o in caso di sua incapacità o rinunzia, il trustee dovrà effettuare la scelta del consulente scegliendo il soggetto che rivestirà tale ruolo all'interno dei membri della famiglia De Lorenzi e, solo in mancanza di soggetti idonei o interessati, optando per un consulente esterno.

Un cenno merita, inoltre, il trattamento fiscale a cui è stato sottoposto l'atto di segregazione in trust della villa di Vicenza. Poiché l'immobile, come abbiamo già accennato, essendo di rilevante interesse storico ed artistico è vincolato (ai sensi dell'attuale d.lgs. 22 gennaio 2004, n. 42) la sua segregazione in trust non ha subito l'applicazione del tributo successorio ai sensi dell'art. 59 del d.lgs. 346/90, che esclude *tout court* l'applicabilità dell'imposta proporzionale sulle donazioni per i trasferimenti di immobili vincolati. Di conseguenza, è stata pagata la sola imposta di registro in misura fissa. Per ragioni prudenziali insieme a tale imposta sono state pagate le imposte ipotecarie e catastali, nell'attuale aliquota del 3% del valore catastale della villa, nonostante l'esistenza di un orientamento, in dottrina ed anche in giurisprudenza, che ritiene tale conferimento esente anche da queste ultime imposte. Giova, infine, sottolineare, che anche il trust, al pari dei precedenti proprietari della villa, potrà avvalersi delle disposizioni agevolative in tema di beni vincolati, tra cui la deducibilità delle detrazioni per oneri di cui ai costi sostenuti per il restauro e la conservazione della villa.

4.2. *Trust istituito dagli eredi di un famoso artista: il caso di Giulia e Loris*

Giulia e Loris sono due fratelli intorno alla cinquantina, entrambi sposati e con prole, figli e unici eredi di Rudì, un famoso pittore contemporaneo italiano scomparso alcuni anni fa.

Loris da sempre ha affiancato il padre nell'attività di promozione e valorizzazione del suo pensiero e della sua attività, supportandolo nella redazione di un Archivio delle sue opere il cui completamento è avvenuto qualche mese prima della sua scomparsa. Giulia, invece, è una *manager* di un'azienda farmaceutica e, pur amando l'arte, non ha mai seguito attivamente alcun progetto del padre.

A seguito della morte del padre, i due fratelli hanno ricevuto in pari quote in eredità un importante patrimonio costituito prevalentemente da quadri e da altre opere dell'artista, oltre che da alcuni immobili di pregio e liquidità.

Il padre ha affidato le sue ultime volontà ad un testamento molto particolare, attraverso cui ha lasciato i suoi beni ai figli, ma ponendo a loro carico tutta una serie di vincoli volti prevalentemente a tutelare il patrimonio artistico. In particolare, l'artista ha espresso la volontà che:

- gli immobili ricevuti dai figli in eredità fossero prevalentemente utilizzati per custodire le opere d'arte o per ospitare mostre dedicate all'artista;

- la liquidità fosse di supporto per conservare e tutelare le opere d'arte ovvero per valorizzare il pensiero e l'opera dell'artista;

- le sue opere d'arte costituissero un *unicum* indivisibile di cui preservare l'unitarietà e integrità nel tempo;

- il suo pensiero e le sue opere artistiche fossero valorizzate, salvaguardate e protette, con possibilità di alienazione di queste ultime da parte dei figli solo in caso di loro estrema necessità o di vendita/donazione che ne avrebbe accresciuto il prestigio.

A voler essere più precisi, le disposizioni testamentarie di Rudì onerano di tale ultima incombenza esclusivamente Loris, a riconoscimento delle sue maggiori inclinazioni e competenze e del fatto che da sempre si è occupato in maniera pressoché esclusiva di accreditare e supportare il lavoro artistico del padre.

Giulia e Loris intendono rispettare le volontà paterne espresse nel testamento e sono alla ricerca di uno strumento che consenta loro di realizzare tale obiettivo in maniera organica e duratura nel tempo, evitando che, dopo la loro morte, i rispettivi eredi possano disattendere le volontà testamentarie alla fonte della pianificazione.

Dopo un primo approccio esplorativo all'istituto della fondazione, che come già rilevato nelle pagine precedenti di questo testo è ancora lo strumento maggiormente utilizzato in Italia al fine di assicurare la protezione, l'unitarietà, la conservazione nel tempo e la valorizzazione di patrimoni artistici, i due fratelli si sono avvicinati al trust, riconoscendo in esso lo strumento più idoneo a perseguire le volontà paterne e preferendolo all'istituzione di una fondazione. Ciò in quanto il trust, oltre a consentire, al pari della fondazione, la realizzazione degli scopi sovradescritti, evitando il frazionamento del patrimonio artistico nel tempo (ad esempio, in caso di successione o a causa di alienazione da parte di uno dei membri della famiglia o di suoi successori) e difendendo, altresì, tale patrimonio da azioni da parte di terzi, presenta ulteriori vantaggi. Il trust, infatti può prevedere che gli eredi dell'artista possano utilizzare i beni costituenti il fondo in trust (godendo, altresì, dei frutti da essi prodotti), nonché assicurare agli eredi che lo desiderino e/o nei siano capaci una partecipazione attiva e dinamica a supporto del trustee nell'attuazione dello scopo del trust. Inoltre, l'istituzione di un trust, a differenza della fondazione, può avvenire anche per realizzare accanto a finalità di utilità sociale scopi privatistici quali, come nel caso di specie, il mantenimento degli eredi dell'artista e dei di loro discendenti.

Da queste considerazioni è nata per Giulia e Loris l'idea dell'istituzione di un trust di durata illimitata, avente in dotazione la totalità dei beni costituenti l'eredità lasciata loro dal padre, come beneficiari dei frutti i due fratelli e, dopo la loro morte, i rispettivi discendenti e come finalità la valorizzazione del pensiero e dell'opera dell'artista scomparso. In particolare, il trust è stato strutturato con precise clausole sia per quanto riguarda la destinazione degli immobili (che dovranno essere utilizzati dal trustee prevalentemente per custodire le opere d'arte del defunto artista e, relativamente a quelli non strumentali, potranno essere messi a disposizione dei due figli o dei di loro discendenti o venduti) e della liquidità (che dovrà essere impiegata dal trustee prevalentemente per la custodia e conservazione delle opere d'arte) segregati in trust, che per quanto riguarda eventuali impieghi di future entrate derivanti da vendite, mostre o dallo sfruttamento del diritto d'autore (che dovranno o essere ripartiti fra i due fratelli e, dopo la di loro morte, tra le persone da essi indicate o investiti nell'acquisto di altre opere d'arte dell'artista defunto se questo sarà ritenuto funzionale a valorizzare la collezione preesistente).

Non sono stati contemplati beneficiari finali del trust ma è stata prevista una clausola di salvaguardia a favore di Giulia e Loris e delle rispettive famiglie che consentirà al trustee addirittura di alienare l'intero patrimonio in trust in caso di bisogno di liquidità per malattie o difficoltà finanziarie sopravvenute, non causate da dolo o colpa grave, dei soggetti interessati del beneficio. Al di fuori di questi casi al trustee è precluso vendere le opere d'arte a meno che questo non serva per uno scopo particolare di valorizzazione delle stesse; parimenti, sono stati previsti casi particolarissimi e rari di potenziali donazioni di opere dell'artista da parte del trustee solo ed esclusivamente a favore di istituzioni museali di elevato *standing* e sempre che ciò si inquadri in un progetto di valorizzazione del restante patrimonio. Al fine, poi, di rispettare il desiderio dell'artista defunto di una gestione attiva delle sue opere d'arte da parte del figlio Loris, dopo aver valutato e scartato la possibilità che quest'ultimo assumesse il ruolo di trustee del costituendo trust (che, almeno apparentemente, sarebbe stata la strada più semplice da seguire ma che, in realtà, avrebbe fatto gravare sullo stesso anche forti responsabilità e oneri gestionali, nonché ingenerato potenziali conflitti di interesse), è stata prevista nell'atto istitutivo del trust la figura del "consulente artistico" a cui il trustee, identificato in una *trust company* professionale indipendente, dovrà obbligatoriamente rivolgersi prima di intraprendere qualsiasi attività concernente le opere d'arte presenti nel fondo in trust. Tale compito sarà svolto in prima battuta da Loris e, solo in caso di sua morte, incapacità o dimissioni, dai soggetti da lui indicati. Legge di riferimento chiamata a regolamentare il rapporto è la legge di Jersey in quanto consente di istituire trust di durata illimitata.

Concretamente l'operazione si è realizza tramite i seguenti passaggi:

- predisposizione dell'atto istitutivo di trust e sottoscrizione dello stesso da parte di Loris e Giulia in qualità di disponenti;

- redazione, ad opera di Loris, di un inventario delle opere d'arte da segregare in trust, con indicazione della tipologia dei singoli beni, della relativa ubicazione, del valore commerciale e delle coperture assicurative esistenti;

- trasferimento per atto pubblico dei beni immobili, della liquidità e delle opere d'arte oggetto di inventario dai disponenti al trustee con conseguente presa in carico da parte di quest'ultimo dei beni segregati in trust e contestuale assegnazione delle opere d'arte a Loris in qualità di custode.

4.3. Trust a supporto di una fondazione e di una famiglia: il caso Bini

La dott.ssa Rita Bini è coniugata ed ha un'unica figlia, anch'essa sposata e madre di quattro figli tutti minorenni di età compresa tra i 6 e i 13 anni.

La dott.ssa Bini è piena proprietaria di un importante patrimonio artistico ereditato a seguito della morte del padre Marcello, noto artista italiano, nonché di altri beni mobili e immobili.

La dott.ssa Bini si è distinta negli anni nella gestione e valorizzazione della produzione artistica del padre, collaborando da sempre attivamente con lo stesso e costituendo, qualche anno dopo la di lui morte la Fondazione Marcello Bini, il cui scopo è quello di conservare e promuovere le opere dell'artista Marcello Bini attraverso studi, ricerche, convegni, pubblicazioni, mostre e esposizioni sia di interesse scientifico che culturale. La Fondazione Marcello Bini ha sede nell'immobile milanese di proprietà della dott.ssa Bini in virtù di un contratto di comodato d'uso gratuito. Quanto all'organizzazione della Fondazione essa è molto snella e ruota prevalentemente intorno a tre persone: la dott.ssa Bini, Mario, di professione *art strategist* e Paride, di professione storico dell'arte. Né il marito della dott.ssa Bini né la figlia sono parte attiva della Fondazione.

La Fondazione non dispone di spazi espositivi aperti al pubblico, si sostiene prevalentemente grazie ad erogazioni liberali della dott. ssa Bini e non è proprietaria di alcuna opera di Marcello Bini. Ciò in quanto il patrimonio artistico ereditato dal padre della dott.ssa Bini per espressa scelta della stessa fa ancora tutto parte del suo patrimonio personale. Attualmente parte di questo patrimonio è conservato nelle dimore della famiglia Bini parte è oggetto di un contratto di prestito per l'esposizione stipulato dalla dott.ssa Bini con una galleria americana, avente spazi espositivi in diverse città, tra cui Zurigo, New York, Los Angeles e Londra.

La dott.ssa Bini, che ad oggi ha effettuato solo un testamento olografo con cui ha designato suoi eredi la figlia e il marito e disposto, con riguardo alla parte disponibile del suo patrimonio, un legato a favore della Fondazione Marcello Bini, avrebbe interesse a effettuare una pianificazione maggiormente strutturata del passaggio generazionale dell'intero suo patrimonio. In particolare, le sue preoccupazioni maggiori riguardano la sorte del patrimonio artistico e della Fondazione Marcello Bini, in relazione a cui ha espresso le seguenti volontà:

- mantenere unita la collezione anche dopo la di lei morte e, nel contempo, valorizzarla anche al fine di produrre redditi;

- alienare, se del caso, alcune opere d'arte, secondo condizioni e modalità di volta in volta individuate direttamente da lei sinché in vita e, dopo la sua morte, da soggetti terzi di sua fiducia;

- disporre condizioni e vincoli per la fruizione del suo patrimonio artistico da parte delle sue future generazioni, con particolare riguardo alla vendita di opere a terze parti;

- sostenere economicamente anche dopo la di lei morte la Fondazione Marcello Bini, al fine di salvaguardare, valorizzare e promuovere il pensiero e l'opera del padre Marcello.

Stanti tali premesse, lo strumento individuato come il più funzionale al perseguimento degli scopi della dott.ssa Bini e per la realizzazione dei suoi *desiderata* è stato un trust interno in cui la dott. Bini ha conferito la piena proprietà di una posizione finanziaria importante, nonché tutto il suo patrimonio immobiliare e artistico. Relativamente alle opere d'arte e agli immobili, è stata trasferita la sola nuda proprietà, con mantenimento dell'usufrutto in capo alla disponente fino a morte o sopravvenuta incapacità, sia per consentire alla stessa di continuare una gestione attiva degli *asset* fino al realizzarsi di uno di questi due eventi che per ridurre i compensi del trustee.

Preliminarmente al conferimento del patrimonio artistico, avvenuto tramite atto notarile, è stata effettuata un'attività ricognitiva di tale patrimonio, sfociata nella predisposizione di un inventario-catalogazione dei beni artistici con relativa stima.

Focalizzando la nostra attenzione sulle principali caratteristiche del Trust, partendo dalle finalità e dalla durata, si evidenzia che:

- il Trust ha come scopo quello di mantenere unito il patrimonio della dott.ssa Bini tramite il conferimento dello stesso ad un trustee professionale che gestisca i beni in maniera autonoma, riservata e secondo criteri di efficienza, nonché di valorizzarlo ed eventualmente alienarlo, in tutto o in parte, qualora ricorrano determinate condizioni di opportunità o necessità dei discendenti della dott.ssa Bini. Il Trust si configura, pertanto, come trust misto ovvero, al contempo, un trust di scopo (valorizzare il pensiero e l'opera di Marcello Bini anche attraverso il sostegno della Fondazione Marcello Bini) e con beneficiari finali (i discendenti della dott.ssa Bini);

- è stata prevista una durata del Trust molto lunga riconoscendo, al contempo, al trustee la possibilità di porre fine anticipatamente al Trust in connessione all'esaurimento del fondo o alla valutazione che la prosecuzione del Trust non abbia più alcun senso economico.

Quanto ai soggetti:

- disponente è la dott.ssa Rita Bini;

- beneficiari i discendenti della dott.ssa Rita Bini nati entro il termine finale di durata del Trust;

- relativamente al trustee, in un primo tempo la scelta della dott.ssa Bini era orientata nell'identificare tale figura in Mario, ma attesa la necessità di assicurare, da un lato, una continuità nel tempo al Trust, alla luce del progetto di ampio respiro da perseguire e, dall'altro, una gestione professionale e integrata del *trust fund* e della molteplicità delle attività da porre in essere, la decisione finale è ricaduta su una *trust company* indipendente di emanazione professionale.

L'atto istitutivo affianca, inoltre, al trustee ulteriori due figure:

- il guardiano, con compiti generali di supervisione dell'operato del trustee e potere di revoca dello stesso senza dover fornire alcuna motivazione. Il guardiano è stato identificato dalla dott.ssa Bini nel dott. Colli, suo commercialista di fiducia da sempre;

- il comitato degli esperti, con compiti più specifici di consulenza e indirizzo al trustee relativamente alla gestione del patrimonio artistico (ad esempio, disporre che il trustee doni opere d'arte a istituzioni museali, disporre in tema di deposito di opere d'arte presso istituzioni museali, autorizzare l'alienazione di opere d'arte, etc.). Il comitato degli esperti, il cui numero non potrà mai essere inferiore a tre e superiore a cinque, è inizialmente formato dalla dott. ssa Bini, da Mario e da Paride e successivamente dai soggetti indicati dalla dott.ssa Bini al trustee nel corso della durata del Trust con atto separato. Qualora tale indicazione manchi o il soggetto nominato rinunci, diventi incapace o muoia, alla nomina provvederà il trustee, consultandosi con il presidente della Fondazione Marcello Bini.

Legge chiamata a regolare il rapporto è quella della Repubblica di San Marino del 1° marzo 2010 n. 42, in quanto ritenuta la più conforme al raggiungimento delle finalità prefissate dalla disponente. In particolare, la legge di San Marino nel caso di specie è stata utilizzata perché:

- consente di istituire trust misti (di scopo e con beneficiari);

- permette di attribuire determinati poteri alla disponente, consentendo alla stessa di essere entro certi limiti partecipe della gestione del trust senza per ciò solo inficiarne la tenuta;

- impedisce, se l'atto istitutivo di trust così dispone, ai beneficiari di pretendere dal trustee la cessazione del trust e il trasferimento di beni in proprio favore o secondo le loro indicazioni (a differenza di quanto accade utilizzando la legge inglese, nonché la legge di Jersey e altre leggi del modello internazionale).

Quanto alla giurisdizione, si è optato per la Corte per il trust e i rapporti fiduciari di San Marino, che è un organo operante dal 2012 nella Repubblica di San Marino e avente come giudici soggetti aventi una forte specializzazione in materia di trust.

Passando all'impiego del fondo in trust, l'atto istitutivo riconosce al trustee il compito non solo di mantenere unito il patrimonio artistico conferito in trust, ma anche di gestirlo professionalmente tramite vendite con contestuali reimpieghi, acquisizioni, valorizzazioni. La libertà in tal senso è totale salvo alcuni temperamenti espressamente voluti dalla dott.ssa Bini. Ad esempio, è stato previsto che, dopo la morte della disponente, i beni artistici potranno essere alienati a terzi solo in caso di assoluta necessità dei beneficiari e sempre che il fondo in trust non comprenda altri beni smobilizzabili. Relativamente, infine, a eventuali proventi derivanti dall'utilizzo all'esterno di tali beni o alla dismissione degli stessi, è stato previsto che una parte di essi vada ai beneficiari, una parte sia destinata al supporto della Fondazione Marcello Bini ed un'altra, infine, vada accantonata. In ogni caso, l'atto istitutivo di trust prevede espressamente che il trustee non potrà mai svolgere alcuna attività commerciale, neanche incidentalmente o secondariamente.

Nell'atto istitutivo di trust sono state, poi, dettate una serie di disposizioni volte a tutelare il lavoro e il pensiero dell'artista Marcello Bini e a far sì che la collezione resti unita e permanga durante i futuri passaggi generazionali all'interno della sfera patrimoniale della famiglia Bini.

Parimenti, specifiche norme sono state previste al fine di consentire da parte del Trust:

- il supporto economico della Fondazione Marcello Bini e l'utilizzo da parte della stessa dell'immobile (segregato in trust) ove attualmente ha sede;

- il supporto economico della figlia della dott.ssa Bini e dei di lei discendenti, nonché l'utilizzo da parte di questi soggetti del patrimonio immobiliare facente parte del *trust fund*.

Sarà, poi, il trustee unitamente al guardiano e al comitato degli esperti a vigilare affinché tali disposizioni siano puntualmente adempiute.

Allo stesso modo il trustee, seguendo le disposizioni dettate dall'atto istitutivo di trust e avvalendosi del supporto del comitato degli esperti, dovrà occuparsi direttamente di valorizzare la collezione mediante attività di promozione, come prestiti e mostre, e di procedere alla vendita di alcune opere se di interesse o in caso di necessità dei beneficiari.

In particolare, nella gestione ed amministrazione del patrimonio artistico, il trustee coadiuvato dal comitato degli esperti, in aggiunta alle attività normalmente espletate nell'esercizio dell'incarico, si potrà occupare:

- dell'analisi del mercato dell'arte in caso di acquisti o cessioni;
- della valutazione di prestiti e comodati per arricchire il pregio e la gestione del patrimonio artistico;
- del monitoraggio del valore patrimoniale della collezione nel tempo;
- della protezione del patrimonio artistico attraverso la scelta di una primaria ed adeguata compagnia di assicurazione italiana e estera e l'adozione di cautele relative ai locali che ospiteranno la collezione;
- della valorizzazione del patrimonio artistico e della pianificazione del futuro della collezione.

Solo a fine di completezza della trattazione, si precisa che la dott. ssa Bini, contestualmente all'istituzione del Trust, ha effettuato un testamento pubblico con cui ha revocato il precedente testamento e nominato il Trust erede universale dell'intero patrimonio, disponendo, altresì, in legato in sostituzione di legittima, una considerevole somma di denaro a favore del marito.

4.4. Trust istituito da un collezionista e dalla moglie con scopi filantropici: il caso di Mirko e Cosetta

Mirko Perpini è un imprenditore siciliano appassionato d'arte. Ottantacinquenne, benestante, sposato da quarant'anni con Cosetta, non ha eredi diretti né parenti prossimi e da quando è andato in pensione si dedica in via esclusiva alla cura e valorizzazione della sua preziosa collezione di opere d'arte composta da oltre 200 quadri dei più importanti artisti dell'Ottocento italiano e francese (tra cui spiccano, oltre a tre opere di Gustave Courbet di importante valore, pitture di Dupré, Mitchell, Rousseau, Daubigny, Diaz de la Pena, Daubigny, De Nittis, Morelli, Mancini, Michetti). La collezione è attualmente ospitata in parte nell'abitazione di Mirko, in parte in *caveau* specializzati, in parte (in virtù di prestiti) presso enti e prestigiose istituzioni culturali italiane ed estere, tra cui spicca il Museo d'Orsay di Parigi, che da sempre corteggia Mirko con proposte per una donazione a suo favore.

Mirko si sente prossimo alla fine della sua esistenza e vorrebbe preordinare il passaggio generazionale della collezione, creando una struttura che, da un lato, dia lustro e protezione nel tempo alla collezione e, dall'altro, consenta alla collettività la fruibilità della sua bellezza.

In particolare, il sogno di Mirko è la realizzazione presso la sua città natale, cui è molto legato, di un museo privato, intitolato alla memoria sua e della adorata moglie Cosetta, in cui esporre in via permanente la collezione, nonché di un progetto artistico di più ampio respiro volto ad approfondire, sviluppare e valorizzare il collegamento tra la Scuola di Barbizon e le Scuole napoletane. Progetto che Mirko vorrebbe portare avanti in prima persona insieme alla moglie e al suo amico storico Giulio, famoso critico d'arte e a cui vorrebbe destinare, oltre che la collezione di quadri, anche parte del suo rilevante patrimonio finanziario mantenendo, però su quest'ultimo, fino a sua morte o incapacità, una posizione attiva nella scelta degli investimenti da effettuare.

Cosetta condivide con Mirko la passione per l'arte e, dal canto suo, è disposta a mettere a disposizione del progetto un immobile di grande valore artistico di sua esclusiva proprietà e fino ad allora utilizzato come sede di rappresentanza da una banca storica del territorio, affinché tale immobile possa ospitare la collezione.

Per la realizzazione del progetto ci vorranno però, almeno tre anni e i coniugi sono timorosi che la morte di uno di essi possa impedire l'attuazione dei rispettivi proponimenti e sono alla ricerca di uno strumento da implementare nell'immediato per realizzarli.

In un primo tempo l'attenzione dei coniugi si è focalizzata sulla fondazione, soluzione poi accantonata in quanto, se pure corrispondente alla loro volontà di creare in relazione ai beni da gestire un patrimonio separato e insensibile alle rispettive vicende personali, non avrebbe consentito a Mirko e Cosetta di avere un ruolo attivo nella gestione dell'iniziativa filantropica. La scelta finale è, pertanto, caduta sull'istituzione di un trust.

Il Trust istituito vede come disponenti Mirko e Cosetta, è stato strutturato come trust di scopo applicando ad esso la *Trust (Jersey) Law* 1984 e il suo termine finale di durata coincide con l'esaurimento delle risorse costituenti il *trust fund*. Trattandosi di un trust di scopo è stata necessariamente prevista la figura del guardiano, cui sono stati attribuiti una serie di poteri di indirizzo e controllo dell'operato del trustee e che è stato individuato in una *trust company* costituita da professionisti in modo tale da supportare il trustee (identificato in una *trust company* appartenente ad un gruppo bancario) nella cura dei molteplici adempimenti di carattere legale e fiscale connessi alla gestione del fondo in trust.

Contestualmente all'istituzione del Trust Mirko ha redatto un testamento pubblico ove ha nominato il Trust così istituito (*rectius* il trustee del Trust) suo erede universale, lasciando in legato alla moglie una somma ragionevolmente sufficiente per consentirle di vivere agiatamente per il resto dei suoi anni.

Quanto alla dotazione del Trust Mirko ha conferito una rilevante somma di denaro e l'intero patrimonio artistico di sua proprietà e Cosetta la piena proprietà dell'immobile sovradescritto, fermo restando che l'atto istitutivo è stato redatto in modo tale da consentire a chiunque voglia contribuire alla realizzazione del progetto la possibilità di incrementare il fondo in trust in ogni momento tramite nuovi apporti di beni. La dotazione da parte dei coniugi è avvenuta qualche mese dopo l'istituzione del Trust poiché gli stessi hanno atteso che il trustee richiedesse e ottenesse per il Trust la qualifica di Ente del Terzo Settore (a tal fine si segnala che l'atto istitutivo di trust contiene anche tutte le prescrizioni imposte dalla legge in materia di ETS), con i relativi vantaggi fiscali ad esso connessi, primo tra tutti l'esenzione dall'imposta di successione e donazioni in merito alle dotazioni ricevute. Ne è conseguito che gli atti di trasferimento dei beni *de quibus* da parte di Mirko e Cosetta al Trust non hanno scontato alcuna imposta e che anche futuri apporti, da parte loro o di terzi saranno soggetti al regime di *favor* previsto dal legislatore in materia di Enti del Terzo Settore.

Passando allo scopo, il Trust è volto in via esclusiva alla realizzazione di obiettivi di carattere filantropico nel mondo dell'arte. Più specificamente, il trustee avrà il compito di creare un museo privato che si occuperà di realizzare un grande progetto espositivo permanente con la collezione d'opere d'arte di Mirko, nonché di prendere ogni iniziativa funzionale a valorizzare e promuovere la raccolta d'arte. Il trustee sarà supportato nella sua operatività da un comitato di tecnici la cui composizione iniziale vede la presenza oltre che di Mirko, Cosetta e Giulio, di uno storico dell'arte e di un restauratore (entrambi specializzati nella pittura dell'800) e che a seguito di morte/incapacità/rinuncia di tali soggetti sarà nominato dal guardiano all'interno di una cerchia di persone (non superiore a tre) già individuate nell'atto istitutivo di trust. L'attività riconosciuta dall'atto istitutivo di trust al comitato dei tecnici è molto intensa e diversificata in quanto spazia dalla definizione del progetto culturale alla pianificazione della strategia di sostenibilità del museo fino ad arrivare all'individuazione delle azioni da porre in essere di volta in volta per accrescere e diffondere il prestigio dell'iniziativa filantropica nel ricordo di Mirko e Cosetta e il valore della collezione. A tal fine, ad esempio, l'atto istitutivo di trust dispone che una piccola parte della collezione composta da 15 opere di primissimo livello di scuola francese ottocentesca (da Barbizon e Fontaineblea) sia data dal trustee in comodato gratuito al Museo d'Orsay di Parigi. Il nucleo principale della collezione, composto prevalentemente da opere di pittori dell'800 della scuola italiana, in particolare napoletana, sarà, invece, custodito a Noto, dove la collezione è nata, nell'immobile trasferito al Trust da Cosetta; a riguardo, prima di effettuare lo spostamento della collezione, sul trustee incombe l'onere di apportare all'immobile in questione tutte le opportune modifiche strutturali e gli accorgimenti necessari per renderlo adeguato ad ospitare un museo.

Quanto alla gestione di liquidità/strumenti finanziari costituenti il fondo in trust è previsto che il trustee debba consultare in prima battuta Mirko e, dopo la sua morte o in caso di incapacità dello stesso, un *advisor* finanziario per concordare con esso sia la scelta dell'intermediario cui affidare la gestione delle disponibilità liquide che gli investimenti finanziari da effettuare, di volta in volta, con tale liquidità. Il primo *advisor* è già nominato nell'atto istitutivo di trust ed è un *multi-family office* di rilievo nazionale che da sempre affianca Mirko sul versante investimenti finanziari; per i successivi la nomina sarà a cura del guardiano che dovrà individuarli all'interno di una cerchia di soggetti con determinate caratteristiche di struttura, procedure e professionalità.

4.5. Trust filantropico a sostegno dell'arte: il caso di Michel

Michel è un famoso critico d'arte francese sulla settantina, trasferitosi in Italia da ormai dieci anni e da sempre appassionato di arte contemporanea. Michel non ha né moglie, né figli e parenti prossimi e vive da solo sul lago di Como in una splendida villa dell'Ottocento di sua proprietà. Da molti anni Michel sostiene a titolo liberale una serie di iniziative in Italia volte a incentivare la diffusione dell'arte. In particolare:

- supporta artisti emergenti tramite il finanziamento parziale della loro attività;
- organizza aste benefiche, mettendo a disposizione suoi capitali e opere d'arte;
- pianifica e promuove mostre ed eventi.

Inoltre, Michel ospita frequentemente nella sua villa giovani artisti stranieri per consentire loro di "assaporare" la vita italiana e relazionarsi con artisti e artigiani locali per nuovi progetti artistici, organizzando, altresì, in tale sede ogni anno svariati eventi sia privati che aperti al pubblico.

Anche in considerazione dell'avanzare dell'età che potrebbe impedirgli di continuare a seguire in maniera diretta e attiva i vari progetti filantropici, Michel vorrebbe trovare una soluzione che per il futuro gli consenta di:

- offrire una veste più organica a tutti i progetti *no profit* da esso posti in essere in materia di arte e di artisti emergenti tramite la creazione di una struttura da lui indipendente e in grado di assicurare continuità nel tempo ed efficienza nella gestione e realizzazione delle varie attività sovraesposte;
- fare sì che la struttura così costituita possa beneficiare anche di apporti da parte di soggetti diversi da lui, ad esempio, promotori pubblici e/o privati italiani ed esteri;

- assicurare che a regime la struttura in oggetto possa almeno parzialmente autofinanziarsi grazie a erogazioni liberali di terzi (sia di denaro che di opere d'arte), nonché alle attività da essa direttamente espletate nel campo dell'arte;

- consentire alla struttura neocostituita di utilizzare la sua villa sia come sua sede che per continuare a ospitare artisti ed eventi.

Stanti tali premesse, la soluzione proposta ed accolta con entusiasmo da Michel, che ne ha subito provveduto alla implementazione, è stata l'istituzione di un trust in Italia avente come scopo quello di supportare iniziative nel mondo dell'arte e di cui di seguito si riportano le caratteristiche principali.

Disponente del Trust è Michel, guardiano il commercialista storico di Michel, trustee una *trust company* professionale insieme a Renè, critico d'arte e amico da sempre di Michel. Relativamente al trustee, l'atto istitutivo di trust prescrive l'obbligatorietà sempre di due trustee, da nominare ad opera del guardiano, di cui uno specializzato in materia di trust da individuare preferibilmente all'interno di società svolgenti tale attività in via esclusiva e uno collegato al mondo dell'arte. È stato, inoltre, previsto un "Comitato dei tecnici" con un duplice ruolo, ovvero propositivo e consultivo circa le iniziative del Trust da porre in essere e di monitoraggio su quelle *in itinere*.

L'atto istitutivo di trust non prevede beneficiari in quanto trattasi di un trust di scopo avente come finalità esclusiva quella di promuovere iniziative di volta in volta funzionali a diffondere la cultura dell'arte e a sostenere la crescita di artisti emergenti.

Quanto alla durata trattasi di un Trust di durata illimitata; a tal fine è stata scelta come legge chiamata a regolare il rapporto la *Trust (Jersey) Law* 1984 che espressamente consente di istituire trust con tale caratteristica.

Si segnala, inoltre, che al fine di ottemperare alle prescrizioni imposte dalla legge per far rientrare il Trust nella categoria degli Enti del Terzo Settore, l'atto istitutivo di trust contiene tutta una serie di previsioni in materia.

Relativamente, infine, alla dotazione, Michel ha effettuato subito dopo l'ottenimento da parte del Trust della qualifica di ETS un conferimento allo stesso della nuda proprietà della sua villa di Como e di un'importante somma di denaro, fermo restando la sua volontà di incrementare ulteriormente il *trust fund* tramite la nomina del Trust come suo erede universale a mezzo di un testamento. L'atto istitutivo di trust contiene, altresì, una clausola in virtù della quale il trustee può accettare incrementi del fondo in trust da chiunque in modo tale da consentire apporti al Trust da parte di sostenitori pubblici e privati e riconosce al trustee la facoltà di istituire specifici sottofondi per ogni iniziativa filantropica posta in essere, con separata rendicontazione contabile e documentazione delle attività implementate relativamente a ciascun progetto.

Trust come quello istituito da Michel, come abbiamo sottolineato nei paragrafi precedenti di questo Capitolo, sono particolarmente diffusi all'Estero già da diversi secoli e negli ultimi vent'anni hanno anche iniziato a svilupparsi con successo in Italia.

Evidenti sono i vantaggi sia per i promotori degli stessi come Michel che per i futuri sostenitori. In particolare il trust consente di:

- proteggere le somme destinate alla finalità benefica, evitando che esse possano essere aggredite tramite la costituzione di un fondo separato sia rispetto a quello dell'apportatore di beni al trust che rispetto a quello del trustee, in modo da preservarlo e impiegarlo in maniera efficiente;

- vincolare le somme messe a disposizione dal disponente e dai conferenti esclusivamente alla realizzazione della finalità benefica da essi indicata (eventualmente anche specificando il progetto che si vuole sostenere), evitando che esse possano essere utilizzate per scopi difformi;

- verificare da parte degli apportatori nel corso del tempo l'attuazione del progetto benefico, con la possibilità di sospendere le erogazioni in caso di accertata impossibilità totale o parziale di realizzazione del progetto stesso;

- avere la possibilità di attrarre nuovi capitali per finanziare le varie attività benefiche da promuovere, sollecitando i sostenitori a conferire anche beni di non immediata liquidabilità (quali opere d'arte, ma anche immobili, partecipazioni societarie, etc.) e stimolando donazioni anche modeste;

- seguire da parte degli apportatori attivamente l'evoluzione dei progetti, con un'informativa dettagliata da parte del trustee e la pubblicazione di tutte le informazioni sulle iniziative in essere e future, nonché una contabilità e rendicontazione in grado di assicurare la tracciabilità di tutto quanto accade;

- qualora il trust acquisisca la qualifica di ETS (Ente del Terzo Settore), usufruire da parte del disponente e di eventuali terzi apportatori successivi, in relazione alle donazioni effettuate al trust, dei benefici fiscali previste dalla legge italiana in materia.

4.6. *Trust a garanzia della vendita di un'opera d'arte: il caso di Marlene e Rolando*

Marlene è una arzilla ottantenne di origine francese appassionata di opere d'arte, vive a Venezia, ma viaggia molto frequentemente sia in Italia che all'estero in cerca di "capolavori" che possano arricchire la sua collezione.

In occasione del suo ultimo viaggio Marlene ha incontrato a Roma ad una mostra d'arte Rolando, suo coetaneo e, approfondendo successivamente la sua conoscenza, ha scoperto che lo stesso possiede una collezione di famiglia di tutto rispetto di opere d'arte e sta procedendo ad una dismissione progressiva della stessa, avendo già un'età avanzata e nessuno dei suoi eredi interessato alla gestione e conservazione della collezione.

In particolare, Marlene è interessata ad acquistare da Rolando una scultura lignea di un famoso artista dell'Ottocento; l'oggetto, detenuto da Rolando presso la sua abitazione capitolina, fu regalato da un caro amico a suo nonno che poi, a seguito della sua morte glielo lasciò in legato, non ha mai subito restauri da quando è di proprietà della sua famiglia e non è dotato né di certificato di provenienza, né di autenticità.

Marlene, atteso il prezzo importante richiesto da Rolando per la vendita della scultura, vorrebbe preliminarmente all'acquisto assicurarsi che l'opera sia autentica e che lo stato di conservazione della stessa sia consono.

Rolando, dal canto suo, è disposto ad assecondare tali richieste ma vorrebbe avere la certezza che una volta che la *due diligence* in questione si sia conclusa positivamente, Marlene acquisti la scultura. Dopo varie consultazioni avute con professionisti ed esperti di settore, Marlene e Rolando si sono accordati per una vendita della scultura funzionalmente collegata ad un trust di garanzia. Nello specifico, le parti hanno:

- sottoscritto un contratto di compravendita tra di loro avente ad oggetto la scultura lignea, la cui finalizzazione è subordinata alla condizione del buon esito della *due diligence* sull'opera d'arte;

- istituito congiuntamente, in qualità di disponenti, un trust in cui Marlene ha trasferito il prezzo pattuito per la compravendita e Rolando la statua lignea, affidando ad un trustee professionale, terzo ed indipendente rispetto alle parti, il compito di custodire l'opera e i soldi fino all'avveramento delle condizioni stabilite nel contratto principale.

Con riguardo al Trust si sottolinea che è stato strutturato un Trust di garanzia nella forma del trust di scopo e che sono stati affidati al trustee del Trust così istituito, individuato in un soggetto di emanazione professionale terzo e indipendente rispetto alle parti, i seguenti compiti:

- custodire l'opera d'arte, tramite deposito in *caveau* presso strutture specializzate, fino all'avveramento delle condizioni stabilite nel contratto principale, a seguito del quale il bene verrà trasferito all'avente diritto;

- commissionare alla Fondazione dell'artista che ha creato la scultura uno studio per verificare l'autenticità dell'opera d'arte e ad un professionista specializzato nel settore un *condition report* della scultura;

- investire *medio tempore* la liquidità segregata in trust in strumenti finanziari che garantiscano la restituzione del capitale abbinata ad un interesse positivo di mercato.

È stata, altresì, prevista la presenza di un guardiano, con compiti prevalentemente di controllo dell'operato del trustee sia dal punto di vista contabile/amministrativo che su scelte "tecnico-artistiche", con affidamento congiunto di tale funzione ad un commercialista veneto facente parte di uno studio tributario di primaria rilevanza e ad uno storico dell'arte di fama internazionale.

Lo scopo del trust è espressamente quello di rafforzare le tutele di una trattativa a garanzia di entrambe le parti; depositare materialmente l'oggetto delle reciproche obbligazioni garantirà sia l'acquirente, che ha versato subito il prezzo concordato su un conto dedicato intestato al trustee, sia il venditore che - certo degli esiti positivi delle operazioni di verifica da compiersi - eviterà il rischio di ripensamenti da parte del collezionista circa l'oggetto dell'acquisto, avendo la certezza di ricevere la somma pattuita con l'acquirente al quale il trustee consegnerà l'opera. In caso contrario, ovvero qualora la condizione stabilita non si avveri, il bene e il denaro seguiranno il percorso inverso, rientrando nelle disponibilità degli effettivi proprietari. Tale ipotesi, che di fatto è conseguenza di una inadempienza delle parti contraenti, è stata regolata sulla base delle previsioni del contratto principale di compravendita.

Il trustee è il custode responsabile di ciò che rimane a lui affidato fino alla conclusione della transazione e che dovrà, quindi, procedere materialmente al trasferimento del denaro ad una parte e del bene all'altra, una volta avveratesi le condizioni concordate nel contratto principale. Egli opera sulla base del titolo giuridico previsto dal contratto di deposito (art. 1766 cc) e ha, quindi, l'obbligo di custodire ciò che ha ricevuto dalle parti in forza del contratto e di consegnare le somme di denaro e l'opera ai soggetti designati dallo stesso.

Va, infine, sottolineato come la scelta del trust in questo caso ha comportato anche due vantaggi aggiuntivi per le parti in quanto ha sterilizza il bene da qualsiasi evento che potrebbe paralizzare la compravendita (compresa la morte o sopravvenuta incapacità di una delle parti, ipotesi non remote attesa l'età di entrambi) e ha consentito di trarre profitto da una gestione oculata da parte del trustee delle risorse finanziarie che fino al sopravvenire del termine finale di durata del Trust verranno da esso investite in strumenti finanziari produttivi di rendimenti (la cui destinazione seguirà la strada della somma principale per la parte che residuerà dopo che il trustee avrà pagato il suo compenso, nonché tutte le altre spese a carico del Trust).

Infine, solo per ragioni di completezza, si precisa che Marlene ha ricevuto la somma impiegata per l'investimento in questione tramite un'operazione di *art lending* effettuata da una primaria casa d'aste internazionale che ha preso come garanzia per l'erogazione del finanziamento una parte dei beni della collezione privata di Marlene di comprovato valore e facilità di vendita per esclusività e pregio. Il fatto che ci fosse a garanzia della trattativa sulla scultura un trust ha facilitato l'erogazione del prestito anche in virtù del fatto che il Trust di cui sopra presenta una clausola innovativa a garanzia della casa d'aste in virtù della quale, qualora l'operazione di compravendita non vada a buon fine e Marlene *medio tempore* sia premorta, il trustee dovrà versare direttamente alla casa d'aste la somma necessaria per estinguere il finanziamento, trasferendo solo la differenza, qualora sussistente, alle persone indicate da Marlene come beneficiari in sua mancanza.

4.7. Trust per operazioni di investimento in opere d'arte: il caso di Martin Glov

Martin Glov ha ottanta anni, è un fotografo italiano di fama internazionale e ha lavorato per le più importanti riviste e case di moda a livello mondiale. Le fotografie di Martin Glov sono state esposte in numerosi musei e sono parte di importanti collezioni pubbliche e private in tutto il mondo. Martin Glov ha una figlia, Annalisa, la quale oltre ad essere una rinomata *photo editor*, è fra i migliori esperti della produzione artistica del padre ed interpreti del suo pensiero.

Il patrimonio artistico di Martin Glov è principalmente composto da un archivio fotografico, ad oggi costituito da circa 5.000 immagini, in parte inserite in libri fotografici.Un numero pari a circa 500 immagini è, fra l'altro, considerato di particolare importanza in quanto facente parte di un novero di fotografie divenute iconiche a livello mondiale.

Attualmente Martin Glov gode della stima e del supporto di numerosi collezionisti sia italiani che esteri, i quali periodicamente acquistano sue fotografie anche in virtù dell'ottimo rapporto tra il valore di acquisto delle opere e la loro quotazione sul mercato dell'arte.

I desideri di Martin Glov sono molteplici; *in primis*, egli desidera assicurare un'adeguata protezione, conservazione e valorizzazione alle proprie opere e alla propria filosofia di vita per il tempo attuale e per il futuro, anche dopo la sua morte.Martin Glov, vorrebbe, inoltre, poter continuare a beneficiare dei ricavi della vendita delle proprie opere e per il futuro, dopo la sua morte, assicurare tale beneficio ai soggetti che lo stesso individuerà.

Nel contempo, i collezionisti sovracitati sarebbero disposti a creare una struttura finalizzata ad acquisire almeno parte dell'archivio di Martin Glov (quello relativo alle "immagini iconiche" o ad altre fotografie di pari rilevanza storica e sociologica) e a valorizzarla attraverso la creazione di uno spazio espositivo permanente e dedicato al maestro. Parallelamente, tali collezionisti ed altri terzi investitori potrebbero essere interessati ad acquistare e/o vendere opere dell'artista a condizioni più vantaggiose rispetto a quelle che sarebbero praticate verso di loro nell'ambito di una usuale trattativa privata evitando, fra l'altro, ulteriori aggravi connessi a costi di intermediazione.

La situazione individuata e applicata nel caso di specie come maggiormente rispondente a soddisfare le esigenze sopra rappresentate è stata l'istituzione di un trust secondo il seguente schema:

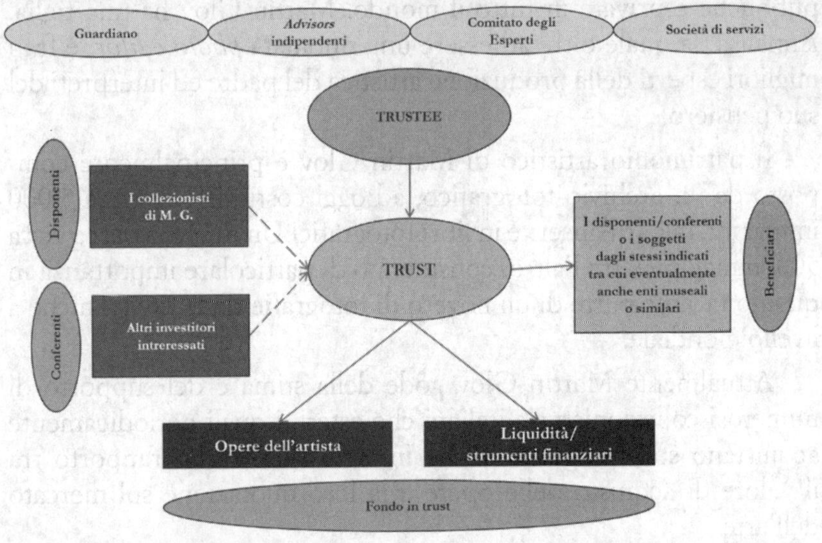

Di seguito si riepilogano le caratteristiche della pianificazione. Il Trust è stato istituito dai collezionisti di Martin Glov, ciascuno dei quali ha assunto la qualifica di disponente. È stata, inoltre, prevista la possibilità che all'operazione possano partecipare anche soggetti diversi dagli originari sostenitori, ciascuno dei quali assumerà la figura di conferente. La gestione del Trust è stata affidata ad un trustee professionale indipendente affiancato da un trustee di emanazione bancaria.

Beneficiari del Trust saranno i disponenti/conferenti medesimi o i soggetti dagli stessi indicati tra cui, eventualmente, anche enti museali o similari.

Per meglio consentire di attuare le finalità di valorizzazione dei beni da trasferire in trust si è istituito un Trust di durata illimitata con la possibilità, per ciascun disponente/conferente, di 'uscire' dal progetto dopo almeno cinque anni dal conferimento individuale.

Il fondo in trust è costituito da liquidità/strumenti finanziari apportati da ciascun disponente/conferente, nonché dalle opere dell'artista acquistate dal trustee mediante tali risorse finanziarie.

Il trustee svolgerà, in generale, un'attività finalizzata a consentire ai soggetti coinvolti di partecipare tramite lo strumento del trust ad operazioni che, per la complessità del *closing* e per la numerosità degli interlocutori, potrebbero risultare di difficile attuazione per le singole controparti. Più precisamente, il trustee:

- curerà l'acquisto di opere dell'artista mediante le risorse finanziarie apportate dai disponenti/conferenti nel fondo in trust;

- si occuperà della vendita delle opere dell'artista acquistate mediante le risorse finanziarie apportate dai disponenti/conferenti nel fondo in trust;

- potrà porre in essere attività ulteriori volte a generare una remunerazione quali:

• la cessione a titolo oneroso del *copyright* delle opere dell'artista;

• servizi collaterali di *merchandising*, libri, eventi, etc.

Il trustee svolgerà, inoltre, un'attività filantropica *lato sensu* di valorizzazione del pensiero e dell'opera dell'artista, che si estrinsecherà in attività quali, ad esempio:

- la cura della creazione di spazi espositivi all'interno dei quali esporre le opere dell'artista;

- la cura della creazione di un catalogo ufficiale universale delle opere dell'artista che consentiranno, in aggiunta, di individuare ulteriori soggetti, oltre agli iniziali disponenti, che desiderano investire nel campo dell'arte e partecipare al progetto oltre, naturalmente, a perseguire la finalità filantropica del trust.

Il Trust così delineato presenta i seguenti principali vantaggi:

- per i disponenti/conferenti: possibilità di beneficiare di economie di scala acquistando/vendendo opere a condizioni più vantaggiose rispetto a quelle che sarebbero praticate verso di loro nell'ambito di una usuale trattativa privata evitando, fra l'altro, ulteriori aggravi connessi a costi di intermediazione;

- per Martin Glov: possibilità di valorizzare la propria opera e, nel contempo, di assicurarne, ove necessario, una redditività ottimale.

Il trustee non svolgerà il proprio ruolo autonomamente, ma sarà supportato nell'attività dai tre organismi di seguito delineati:

- guardiano: il ruolo del guardiano sarà quello di indirizzare il trustee nell'attuazione delle finalità del Trust, nonché di controllarne l'operato del trustee ed approvarne la rendicontazione. Per l'importanza del ruolo, l'incarico di guardiano è stato affidato congiuntamente ad un avvocato specializzato in consulenza su patrimoni artistici e ad un *photo editor* di fama internazionale.

- *advisors* indipendenti: il ruolo degli *advisors* indipendenti sarà quello di supportare il trustee nell'attività di acquisto/vendita delle opere d'arte, le quali dovranno avvenire esclusivamente sulla base di stime certificate da tali soggetti. Tali *advisors* dovranno essere individuati di volta in volta a cura del guardiano all'interno di una cerchia di soggetti qualificati quali case d'asta, gallerie accreditate, periti stimatori, etc.

- comitato degli esperti: il ruolo del comitato degli esperti sarà di tipo propositivo ed autorizzativo e si concreterà in attività quali, ad esempio:

• avallare operazioni di acquisto o di vendita delle opere dell'artista;

• stabilire periodicamente le condizioni di acquisto o di vendita per talune opere o serie di opere dell'artista;

• individuare gallerie, musei, etc. presso i quali esporre le opere dell'artista;

• autorizzare l'ingresso di nuovi investitori nel progetto;

• più in generale, proporre periodicamente al trustee iniziative per la migliore gestione e valorizzazione del fondo in trust.

Inoltre, l'atto istitutivo di trust contempla la possibilità della costituzione, ad opera del Trust, di una società di servizi il cui ruolo sarà quello di supportare il trustee nell'espletamento delle attività pratiche connesse al perseguimento delle finalità suddette quali, ad esempio, cura dei rapporti con enti museali, editori, case d'asta, etc.

A fini di completezza dell'esposizione del caso concreto, si aggiunge che Martin Glov, contestualmente all'istituzione del Trust sovradescritto, ha istituito un secondo trust finalizzato all'esclusiva salvaguardia e valorizzazione delle opere di sua proprietà, nonché alla garanzia di una tutela economica dello stesso Martin Glov e dei soggetti da esso individuati. I beneficiari di tale secondo Trust sono stati individuati in:

- Martin Glov finché in vita;

- dopo la morte di Martin Glov, nella figlia Annalisa e nei di lei discendenti.

Il Trust terminerà ottanta anni dopo la sua istituzione e ha come *trust fund* l'archivio fotografico apportato direttamente dal disponente mediante atto di dotazione contestuale all'istituzione del trust.

All'interno del fondo in trust sono state istituite due categorie di beni:

- la prima relativa ad un nucleo di opere incedibili (per importanza e rappresentatività);

- la seconda relativa ad opere cedibili a terzi alle condizioni fissate dal disponente mediante atti separati o testamento.

Il trustee gestirà il fondo in trust:

- nel breve periodo, nell'interesse ed a beneficio esclusivo del disponente;

- dopo la di lui morte, per una parte nell'interesse e a beneficio di Annalisa e dei di lei discendenti, per un'altra parte al fine di proteggere, valorizzare ed evitare la dispersione del patrimonio artistico di Martin Glov.

A tali fini il trustee potrà, ad esempio:

- valorizzare le opere attraverso prestiti mirati in Italia o all'Estero, organizzazione di mostre, eventi, etc.;

- con riferimento alle opere incedibili, porre in essere di volta in volta la cessione dei diritti di utilizzazione economica di tali opere;

- con riferimento alle opere cedibili, porre in essere di volta in volta la vendita a terzi, il tutto secondo le condizioni fissate dal disponente e con la possibilità di finalizzare tali cessioni anche in favore del primo Trust precedentemente delineato.

Si rileva, infine, che anche per tale Trust è stata prevista la presenza di un soggetto che riveste il ruolo di guardiano, individuato in prima battuta nell'avvocato di fiducia di Martin Glov e a cui sono state attribuite funzioni analoghe a quelle riconosciute al guardiano del primo Trust, nonché di organi indipendenti a supporto del trustee le cui funzioni replicano su scala più ridotta quelle dei protagonisti del primo Trust.

Wolters Kluwer

La Mia **Biblioteca**

è consultabile online su lamiabiblioteca.com

Grazie all'acquisto, puoi consultare questo testo anche online. Accedi subito al servizio *La Mia* ***Biblioteca***: la prima biblioteca professionale digitale con migliaia di testi pubblicati da CEDAM, UTET Giuridica, IPSOA, il fisco, LEGGI D'ITALIA e Altalex.

PER GLI ACQUIRENTI IN LIBRERIA

Basta accedere al sito www.lamiabiblioteca.com/registralibri e seguire le indicazioni per l'attivazione

16595899

Il servizio di consultazione online del presente testo viene offerto al lettore a titolo completamente gratuito ed a fini promozionali del servizio La Mia Biblioteca e potrebbe essere soggetto a revoca dall'Editore

Questo volume sprovvisto del talloncino è da considerarsi copia fuori commercio come da normativa vigente, mentre il solo talloncino costituisce prova d'acquisto.

Le opere d'arti e le collezioni

(Cod. 00247478)

5 000002 474781

9 788813 374891

€ 70,00 I.V.A. INCLUSA